PUTIN E OS OLIGARCAS
A ARMADILHA DO KREMLIN

AMY KNIGHT

PUTIN E OS OLIGARCAS
A ARMADILHA DO KREMLIN

Tradução por
Cláudio Blanc

SÃO PAULO | 2024

Título: *Putin e os Oligarcas – A Armadilha do Kremlin*
Copyright © 2024 Amy Knight
As opiniões e os comentários feitos nesta publicação são pessoais e não representam necessariamente a opinião das instituições às quais os autores estejam vinculados.

Os direitos desta edição pertencem à LVM Editora, sediada na
Rua Leopoldo Couto de Magalhães Júnior, 1098, Cj. 46
04.542-001 • São Paulo, SP, Brasil
Telefax: 55 (11) 3704-3782
contato@lvmeditora.com.br

Editor-Chefe | Marcos Torrigo
Editores assistentes | Felipe Saraiça e Geizy Novais
Tradução | Cláudio Blanc
Preparação de texto | Sandra Scapin
Revisão ortográfica e gramatical | Diego Perandré
Capa e projeto gráfico | Mariângela Ghizellini
Diagramação | Décio Lopes

Impresso no Brasil, 2024

Dados Internacionais de Catalogação na Publicação (CIP)
Angélica Ilacqua CRB-8/7057

K77p   Knight, Amy

Putin e os oligarcas: a armadilha do Kremlin / Amy Knight; tradução de Claudio Blanc. – São Paulo: LVM Editora, 2024.
320 p.

ISBN 978-65-5052-228-5
Título original: *The Kremlin's Noose: Putin's Bitter Feud with the Oligarch Who Made Him Ruler of Russia (NIU Series in Slavic, East European, and Eurasian Studies)*

1. Putin, Vladimir Vladimirovich, 1952 – Rússia (Federação) – Política e governo – 1991   I. Título   II. Blanc, Claudio

24-3484   320.947

Índices para catálogo sistemático:
1. Putin, Vladimir Vladimirovich, 1952-

Reservados todos os direitos desta obra.

Proibida a reprodução integral desta edição por qualquer meio ou forma, seja eletrônica ou mecânica, fotocópia, gravação ou qualquer outro meio sem a permissão expressa do editor. A reprodução parcial é permitida, desde que citada a fonte.

Esta editora se empenhou em contatar os responsáveis pelos direitos autorais de todas as imagens e de outros materiais utilizados neste livro. Se porventura for constatada a omissão involuntária na identificação de algum deles, dispomo-nos a efetuar, futuramente, as devidas correções.

Este livro é dedicado às muitas vítimas de Vladimir Putin.

Berezovsky foi o arquiteto da Rússia pós-soviética não uma, mas duas vezes. Sua primeira invenção foi a diabólica equação da era Yeltsin, quando os ricos tomaram para si grandes porções da propriedade estatal e, em seguida, transformaram repetidamente o dinheiro ganho em poder [...]. Mas é o segundo legado de Berezovsky que vivemos hoje: Vladimir Putin. Putin foi criação de Berezovsky.

– Owen Matthews, The Daily Beast,
24/mar/2013

A vida na Rússia é perigosa para todo empresário, não apenas para bilionários. Eu fiz a minha escolha: poderia ter me sentado em um canto sossegado e me concentrado em minha ciência, que amo – mas isso não combina comigo.

– Entrevista de Berezovsky à BBC,
março de 2003

SUMÁRIO

Abreviaturas   10

Nota a respeito de transliteração   11

Introdução   13

1. A prole do sistema soviético   19
2. Um encontro em São Petersburgo   43
3. Eleições e muito mais   69
4. Por trás dos muros do Kremlin   93
5. Turbulência   119
6. Um herdeiro do trono   143
7. O caminho de Putin até a vitória   167
8. Um embate de titãs   191
9. O pária versus o tirano   215
10. O Kremlin na ofensiva   241
11. Uma vida desmoronando   267
12. O fim de Berezovsky   293

Agradecimentos   319

ABREVIATURAS

CEI Comunidade dos Estados Independentes (Sodruzhestva nezavisimykh gosudarstv)

FSB Serviço Federal de Segurança (Federal'naia sluzhba bezopasnosti)

FSO Serviço Federal de Guarda (Federal'naia sluzhba okhrany)

GKU Diretoria Principal de Controle (Glavnoe kontrol'noe upravlenie)

GRU Diretoria Principal de Inteligência (Glavnoe razvedivatelnoe upravlenie)

KGB Comitê de Segurança do Estado (Komitet gosudarstveno bezopasnosti)

MVD Ministério dos Assuntos Internos (Ministerstvo vnutrennikh del)

NTV Canal de Televisão Russo Nacional

ORT Televisão Pública Russa (Obshchestvennoe rossiiskoe televidenie)

PA Administração Presidencial

SBP Serviço de Segurança Presidencial (Sluzhba bezopasnosti prezidenta)

SPS Partido União das Forças de Direita (Soiuz pravykh sil)

URPO Diretoria de Crime Organizado do FSB (Upravlenie po razrabotke prestupnykh organizatsii)

URSS União das Repúblicas Socialistas Soviéticas (Savez sovjetskih socijalističkih republika)

NOTA A RESPEITO DE TRANSLITERAÇÃO

Ao longo deste livro, para a transliteração do cirílico ao alfabeto latino, utilizo o sistema da Biblioteca do Congresso, exceto nos casos em que os nomes são bem conhecidos e há uma grafia familiar, como Yeltsin (em vez de El'tsin) e Berezovsky (em vez de Berezovskii), e nos casos em que nomes ou palavras aparecem em citações ou notas de referência com uma transliteração diferente.

INTRODUÇÃO

> Uma história ruim, assim como o câncer, tende a ser recorrente, e há um tratamento radical: terapia feita a tempo para destruir as células mortais. Não fizemos isso. Arrastamo-nos para fora da URSS e para dentro da "Nova Rússia" ainda infestada com nossos percevejos soviéticos.
>
> – Anna Politkovskaya (1958-2006), Putin's Russia

Este livro é a história de dois russos que forjaram uma relação nos primeiros anos da era Yeltsin, a qual acabaria por se tornar uma amarga querela disputada em meio a negócios bilionários, contendas no Kremlin e lances de política internacional. Um deles, o oligarca Boris Berezovsky (1946-2013), está morto há mais de uma década. O outro, o presidente russo Vladimir Putin, está bem vivo e, em fevereiro de 2022, iniciou uma devastadora campanha militar na Ucrânia que destruiu grande parte desse país, matou milhares de ucranianos e forçou o deslocamento de milhões de outros. Putin também transformou seu próprio país em uma fortaleza fechada, onde as liberdades democráticas e o Estado de Direito, que começaram a se desenvolver durante a presidência de Boris Yeltsin (1956-2007), deixaram de existir.

Apelidado de "padrinho do Kremlin" pelo jornalista norte-americano assassinado Paul Klebnikov (1963-2004), Berezovsky, um matemático que se tornou empresário de sucesso e magnata da mídia, desempenhou um papel desproporcional na Rússia após 1991. Com um patrimônio declarado de três bilhões de dólares em 1997, ele se saiu vencedor, entre os oligarcas emergentes, na notória disputa pelos despojos do antigo Estado soviético; além disso, engendrou a reeleição de Yeltsin para presidente em 1996 e negociou com sucesso o fim da guerra na Chechênia de 1995 a 1996. Ainda mais importante: Berezovsky foi crucial na ascensão de Putin à presidência da Rússia em março de 2000.

PUTIN E OS OLIGARCAS

No momento em que Berezovsky disse seu último adeus a Putin em uma reunião privada no Kremlin em agosto de 2000, ele já estava arrependido de ter dado seu apoio ao líder russo. Putin já havia começado a desmantelar as reformas que Yeltsin introduzira e havia promovido investigações criminais contra alguns dos principais empresários da Rússia, incluindo Berezovsky. Enfrentando possível acusação e prisão, Berezovsky fugiu da Rússia em outubro de 2000 e mais tarde obteve asilo na Grã-Bretanha, onde se dedicou – devotando inclusive sua fortuna – a promover uma campanha de grande divulgação contra o regime de Putin.

Logo depois de Berezovsky deixar seu país para sempre, o comentarista político russo Andrei Piontkovsky observou: "A relação entre Putin e Berezovsky está começando a se assemelhar à de Stalin (1878-1953) e Trotsky (1879-1940). Este caso corre o risco de terminar com Berezovsky levando um tiro na cabeça"[1]. Exilado no México, Leon Trotsky, um ex-líder bolchevique que entrou em conflito com Stalin, foi assassinado por ordens do Kremlin, em 1940, após anos de exposição dos crimes de Stalin. Seu assassinato foi um aviso claro do destino que aguardava aqueles que se opunham ao ditador soviético onde quer que procurassem refúgio.

Mais de sete décadas depois, em março de 2013, Berezovsky foi encontrado morto, um lenço amarrado em volta do pescoço, no chão do banheiro da mansão de sua ex-mulher, nos arredores de Londres. Quanto à morte de Berezovsky ter sido um suicídio por enforcamento, como alguns – incluindo o Kremlin – afirmam, ou assassinato, como insistem sua família e amigos próximos, permanece o mistério. O legista britânico informou que a causa da morte era indeterminada. Contudo, uma coisa é certa: aos olhos de Putin, Berezovsky era um traidor. Ele acusara Putin de crimes desprezíveis. O fato de Putin dever favores a Berezovsky por ajudá-lo a conquistar a presidência russa o tornava ainda mais desleal aos olhos do líder do Kremlin. E Putin havia deixado muito claro ser da opinião de que os traidores merecem a morte[2].

---

1. Moscow Agence France-Presse, 15/nov/2000, http://www.russialist.org/archives/4638.html.
2. Veja, por exemplo, um vídeo de Putin falando em *The Independent*, 7/mar/2018: https://www.independent.co.uk/news/world/europe/vladimir-putin-traitors-kick-bucket-sergei-skripal-latest-video-30-pieces-silver-a8243206.html.

INTRODUÇÃO

Putin assemelha-se a Stalin em sua capacidade de vingança. Embora sua imagem pública seja a de um líder que mantém suas emoções sob controle, é bem conhecido o fato de que Putin nutre profundos ressentimentos contra aqueles que o desafiaram de alguma forma. Talvez esse traço, como alguns sugeriram, resulte da experiência de infância de Putin, um garoto de compleição pequena que teve de se defender dos valentões nas ruas das vizinhanças empobrecidas de Leningrado. Ou, talvez, esteja relacionado à sua carreira na KGB, onde a menor expressão de oposição ao dogma comunista era considerada uma ameaça. Seja qual for o motivo, Putin revelou sua sede de vingança de forma clara e consistente em comentários como o que fez sobre os chechenos no outono de 1999, quando prometeu "liquidar os bandidos na privada". Putin cumpriu sua palavra, lançando uma brutal guerra militar na Chechênia, que destruiu a capital, Grósnia, e causou a morte de centenas de milhares de chechenos inocentes.

Muitos assassinatos, ou tentativas de assassinato, de opositores políticos de Putin têm sido abertamente atribuídos ao Kremlin. Depois que relatei vários desses casos em meu livro de 2017, *Orders to Kill: the putin regime and political murder*[3], mais alvos e vítimas foram adicionados à lista: o desertor da GRU (inteligência militar) Sergei Skripal e sua filha Iulia foram envenenados na Grã-Bretanha com o agente nervoso Novichok em março de 2018; Nikolai Glushkov (1949-2018), ex-sócio de Berezovsky, foi estrangulado em sua casa em Londres poucos dias após o ataque a Skripal; e em agosto de 2020, o político de oposição mais proeminente da Rússia, Aleksei Navalny (1976-2024), foi envenenado com Novichok durante uma visita à cidade siberiana de Tomsk, um ataque do qual ele mal sobreviveu. O próprio Berezovsky recebeu inúmeras ameaças de morte durante seus quase doze anos de exílio na Grã-Bretanha. Em uma das ocasiões, a polícia britânica prendeu um agressor em potencial russo com uma arma no prédio de escritórios de Berezovsky, em Londres, e, provavelmente, para evitar uma disputa diplomática com Moscou, as autoridades britânicas simplesmente optaram por enviá-lo de volta à Rússia. O contínuo bombardeio de exigências do Kremlin para que Berezovsky fosse extraditado da Grã-Bretanha sob acusações criminais falsas, embora recusadas pelas

---

3. Em tradução livre, *Ordens para Matar: o regime de Putin e o assassinato político*. (N. T.)

autoridades britânicas, aumentou a percepção de que ele estava sitiado. Em 2012, após perder um caso legal, altamente divulgado na Alta Corte de Londres, contra Roman Abramovich, um oligarca próximo a Putin, parecia que Berezovsky estava derrotado. Supostamente, até escreveu a Putin pedindo desculpas e dizendo que queria retornar à Rússia. Seria isso o suficiente para acalmar a sede de vingança do presidente russo? Ou, como Stalin com Trotsky, Putin precisava de uma solução mais definitiva para o problema Berezovsky?

Marina Litvinenko, esposa de Alexander Litvinenko (1962-2006), ex-oficial do FSB que foi assassinado com uma dose de veneno radioativo, certa vez me disse que "com Putin, tudo é levado ao nível pessoal"[4]. Isso explica em grande parte o motivo de Putin ter insistido na vingança contra Berezovsky e outros oponentes políticos, mesmo depois de estar seguro no poder no Kremlin. Berezovsky, arrogante e imprudente, também foi motivado por razões pessoais em sua campanha autodestrutiva, promovida a partir de Londres, para orquestrar a queda de Putin. Mas a história dessa disputa vai além de um choque de personalidades. Faz parte de um contexto maior, de como a Rússia caiu de uma democracia incipiente após o colapso soviético para o que hoje é a ditadura de um único homem de Vladimir Putin. Nem Berezovsky nem outros que usaram sua vasta riqueza para promover a liderança de Putin e depois se tornaram suas vítimas foram heróis. Não apenas cometeram o erro crucial de subestimar Putin, mas prepararam o terreno para o inevitável fim da democracia russa. A "operação sucessor", realizada pelo círculo interno de Yeltsin para elevar Putin, então chefe do FSB, à presidência foi em grande parte um negócio faustiano cínico, feito para proteger a família de Yeltsin e seus associados próximos de investigações de corrupção. O grupo, incluindo Berezovsky, pensava que seria capaz de controlar Putin depois que ele substituísse Yeltsin, e de manter a Rússia em um caminho democrático. Estavam terrivelmente enganados.

Ao contrário dos muitos oligarcas russos que escolheram ignorar a transformação de Putin em um autocrata sem respeito pela lei e lhe deram seu apoio inquestionável, Berezovsky fez tentativas determinadas, no exílio,

---

4. Entrevista do autor com Marina Litvinenko, abr/2014.

INTRODUÇÃO

para revelar os perigos do regime de Putin tanto para seus compatriotas quanto para o Ocidente. Suas advertências foram amplamente ignoradas. Putin manteve uma população leal, revertendo o declínio econômico da Rússia e alistando a mídia controlada pelo Estado para promover o culto à sua liderança. Com relação aos líderes ocidentais, estes foram incrivelmente lentos em reconhecer que Putin estava longe de ser o democrata que afirmava ser. Em uma crítica feita a *Patriots*, uma recente peça de teatro londrina sobre Berezovsky e Putin, seu antigo assistente Alex Goldfarb deixou claro: "Aqueles entre nós que, como Boris, assistiram da relativa segurança de Londres a maneira como Putin transformou a Weimar russa livre de Yeltsin em um Estado policial, ainda não conseguem entender como um exército de legisladores ocidentais pôde ignorar esses sinais iniciais"[5].

Grande parte do material deste livro vem dos extensos relatos na mídia russa durante o período em questão, acessados de arquivos online. Também me baseei em reportagens produzidas no Ocidente, biografias de Putin, Berezovsky e outros, nos escritos de Berezovsky e em entrevistas pessoais com familiares e colaboradores próximos de Berezovsky. Documentos dos inúmeros casos envolvendo Berezovsky e julgados nos tribunais britânicos e aqueles provenientes da investigação sobre a morte de Litvinenko também são fontes adicionais inestimáveis. Utilizei minha longa experiência de pesquisa e escrita sobre a União Soviética e a Rússia – juntamente com inúmeras visitas ao país – para interpretar esses materiais e criar uma narrativa com a qual espero oferecer aos leitores novas perspectivas sobre a história recente da Rússia. A política do Kremlin sempre foi um enigma, mas é justamente isso que a torna tão fascinante.

---

5. Alex Goldfarb, "A Russian View of Patriots, Peter Morgan's Play about Boris Berezovsky", *The Guardian*, 15/jul/2022, https://www.theguardian.com/world/2022/jul/15/patriots-peter-morgan-play-boris-berezovsky-russian-view.

CAPÍTULO 1

A PROLE DO SISTEMA SOVIÉTICO

> Depois que eu morrer, colocarão minhas ações em uma balança – de um lado, o mal; do outro, o bem. Espero que o bem supere o mal.
> – Nikita Khrushchev, citado em William Taubman, Khrushchev: the man and his era

Embora fizessem parte da geração soviética do pós-guerra, Boris Abramovich Berezovsky e Vladimir Vladimirovich Putin não poderiam ser mais diferentes. Berezovsky era um judeu exuberante, carismático e gastador, incapaz de esconder suas paixões, especialmente pelas mulheres. Um ex-colega de escola de Berezovsky observou: "Boris era como o centro do universo, o ponto focal para o qual todos eram atraídos... Um gerador de energia"[6]. Nas palavras de seu amigo íntimo, o escritor Iulii Dubov: "Tudo nele era extravagante, principalmente porque ele não entendia o que era o meio-termo, adotar a moderação na vida... Ele reconhecia apenas as posições extremas do pêndulo; no meio, ele se entediava"[7].

Por outro lado, Putin, com seu olhar penetrante, foi descrito como focado, cauteloso, dissimulado, insensível e controlador. Em 2015, o primeiro-ministro húngaro, Viktor Orban, observou: "Alguém já viu a personalidade de Putin? Ele não é um homem com uma personalidade conhecida, então não o imagine do mesmo modo que você gosta de imaginar os líderes

---

6. Petr Aven, *Vremia Berezovskogo*. (Moscow: Al'pina, 2017), p. 62.
7. Anastasiia Egorova, "Kem i kakim on vsz-taki byl?", *Novaia gazeta*, 4/mar/2016, https://novayagazeta.ru/articles/2016/03/04/67671-yuliy-dubov-171-za-vsyu-svoyu-zhizn-ne-vstrechal--podobnogo-berezovskomu-a-ya-videl-mnogih-187.

ocidentais"[8]. A autora Masha Gessen, apropriadamente, apelidou-o de "homem sem rosto"[9]. Quando se pensa em Putin, vem à mente a observação de Hannah Arendt (1906-1975) sobre a banalidade do mal[10].

Um judeu criado na era pós-Stalin

Quando Stalin morreu, em março de 1953, Berezovsky tinha acabado de completar seis anos, de modo que ele teve pouca experiência de vida sob o ditador soviético. E Putin não tinha nem um ano de idade nessa ocasião. Todavia, o legado de Stalin lançou uma sombra soturna sobre a vida dos cidadãos soviéticos nos anos seguintes, apesar das muito alardeadas reformas que vieram com o chamado "degelo" sob seu sucessor, Nikita Khrushchev (1894-1971). Stalin executou mais de um milhão de cidadãos durante as purgas de 1936 a 1939 e enviou mais catorze milhões de cidadãos para o notório Gulag. Pouco antes de morrer, havia iniciado uma nova purga de médicos judeus, que ameaçou a comunidade mais ampla de figuras científicas e culturais judaicas.

Para os pais de Berezovsky e outros membros da *intelligentsia* judaica de Moscou, a morte repentina de Stalin foi um alívio. Embora o antissemitismo continuasse a prevalecer em todos os aspectos da vida soviética, o perigo de prisões indiscriminadas e possíveis execuções de judeus terminou quando os capangas de Stalin, em particular seu notório chefe de polícia, Lavrenty Beria (1899-1953), interromperam abruptamente o chamado Complô dos Médicos[11]. O pai de Berezovsky, Abraham, pôde continuar sua bem-sucedida carreira de engenheiro civil na região de Moscou, inclusive ganhando um prêmio do Conselho de Ministros da URSS por seu trabalho.

---

8. Matthew Kaminski, "Viktor Orban: Putin Has No Personality", *Politico*, 23/nov/2015, https://www.politico.eu/article/viktor-orban-putin-has-no-personality/.
9. Masha Gessen, *The Man without a* Face: The Unlikely Rise of Vladimir Putin. (New York: Riverhead Books, 2012).
10. Segundo Arendt, o mal se torna banal (a banalidade do mal) quando ele se torna uma prática comum, um mal constante, usado na rotina de trabalho das forças políticas. (N. T.)
11. Sobre a "liberalização" de Beria pós-Stalin, ver Amy Knight, *Beria: Stalin's First Lieutenant*. (Princeton, NJ: Princeton University Press, 1993).

Abraham conheceu sua esposa, Anna Gelman, quando ela estudava medicina em Moscou, e os dois se casaram em 1943. Doze anos mais jovem que o marido, Anna abandonou sua promissora carreira como médica quando deu à luz Boris, no início de 1946 – apesar de, posteriormente, ter trabalhado como assistente de laboratório no Instituto de Pediatria da Academia de Ciências. Segundo um ex-colega, Anna era devotada ao extremo a Boris, seu filho único: "Ela idolatrava o filho, devotava sua vida completamente a ele... Ela nem queria ter um segundo filho porque não conseguia imaginar compartilhar seu amor por Boris com mais alguém"[12]. Em uma entrevista por ocasião do sexagésimo aniversário de seu filho, Anna lembrou que uma vez, quando se viu obrigada a disciplinar o pequeno Boris dando-lhe uma palmada, chorou em seguida[13].

Na União Soviética, a nacionalidade era determinada pela etnia. Não havia uma nacionalidade "soviética" nos passaportes. O pai de Berezovsky era judeu, mas Anna, embora judia, afirmava ter nacionalidade russa pelo lado materno. Isso implicava que Berezovsky também poderia ser legalmente russo. Segundo Elizaveta, filha de Berezovsky, Anna e seu marido pretendiam registrar Berezovsky como judeu em sua certidão de nascimento, mas a funcionária do cartório aconselhou-a: "Por favor, não estrague a vida do menino. Registre-o como russo". E assim, registrado oficialmente como russo, aos dezesseis anos ele recebeu um passaporte russo[14]. Em comparação com os sombrios padrões soviéticos da época, a família Berezovsky vivia razoavelmente bem. Abraham ganhava o suficiente para que Anna não precisasse trabalhar nos primeiros anos de vida de seu filho – um privilégio raro para as mulheres soviéticas, especialmente considerando que a muitas famílias faltava o pai, em razão das mortes na guerra. Eles tinham uma televisão, o que era considerado um luxo. Mas em comparação com as crianças da elite de Moscou – cientistas, artistas e oficiais militares – que frequentavam a Escola Especial Inglesa Nº 4 com Berezovsky, o estilo de vida da família era bastante modesto. O

---

12. A. Khinshtein, *Berezovskii i Abramovich*: Oligarkhi s bol'shoi dorogi (Moscow: Lora: 2007), p. 10.
13. Nataliya Gevorkyan, "Interv'iu s mater'iu Berezovskogo: Ia plakala, kogda on rodilsia", *Vokrug novostei*, 30/jan/2004, http://www.vokrugnovostei.ru/Politika-i-ekonomika/Intervyu-s-materyu-Berezovskogo-Ya-plakala-kogda-on-rodilsya/.
14. Entrevista da autora com Elizaveta Berezovskaya, Londres, 27/out/2022.

sistema soviético era altamente estratificado, e essas crianças não viviam em apartamentos comunitários, como os Berezovsky; algumas delas até mesmo eram levadas para a escola em carros particulares. Berezovsky ansiava por algo melhor. Anna recordou-se de que, "quando ele tinha cinco ou seis anos, estávamos andando pela Rua Stoleshnikov e ele viu um casaco na vitrine de uma loja. Ele me disse: 'Mãe, quando eu crescer vou comprar um casaco igual a este para você'"[15].

Berezovsky começou a frequentar a Escola Especial Inglesa, nos arredores de Moscou, na sexta série e lá continuou pelos seis anos seguintes. Seu desempenho acadêmico geral não foi excepcional, mas ele se destacou em matemática e representou sua escola em inúmeras competições[16]. Em 1962, após sua formatura, Berezovsky inscreveu-se para ingressar no departamento de física da Universidade Estadual de Moscou, mas foi recusado porque sua condição de judeu era clara, apesar de seu passaporte russo. Mikhail Fridman, diretor do Alfa Bank, um judeu que chegou a conhecer bem Berezovsky – e que depois se desentendeu com ele –, observou:

> Ele era absolutamente judeu, tanto na aparência, no seu modo de falar e em suas entonações, quanto no seu sobrenome, nome próprio, patronímico e assim por diante. Sem dúvida alguma, como uma pessoa soviética que viveu uma vida longa e produtiva nesse sistema, ele viveu plenamente, tenho certeza, todos os tipos de antissemitismo discriminatório que na época eram generalizados[17].

De fato, em sua autobiografia, Berezovsky descreve instâncias de discriminação antissemita contra ele, mas não ficou amargurado nem tentou retaliar: "Prefiro não lutar contra moinhos de vento, e mesmo assim considero que pertenço à cultura russa"[18]. Berezovsky também afirmou que estava longe de ser um dissidente em sua juventude. Pelo contrário: era um membro entusiasmado e ativo do Komsomol (Liga da Juventude Comunista) e mais tarde, em 1978, ingressou no Partido Comunista. Quando discordava dos membros de seu comitê do partido,

---

15. Khinshtein, *Berezovskii i Abramovich*, p. 11.
16. Khinshtein, *Berezovskii i Abramovich*, p. 14-15.
17. Aven, *Vremia Berezovskogo*, p. 40.
18. Boris Berezovsky, *Avtoportret, ili zapiski poveshennogo*. (Moscow: Tsen-trpoligraf, 2013), p. 54-55.

ele não renunciava à sua filiação. "Eu era um exemplo de carreirista soviético clássico", escreveu Berezovsky[19]. Conforme observou Peter Pomerantsev, jornalista britânico nascido na União Soviética, Berezovsky era um representante do estado de espírito predominante entre a elite que cresceu no final da União Soviética:

> Você lhes pergunta se acreditam no comunismo, e eles dizem: "Não seja bobo". "Mas vocês cantavam as canções? Eram membros fiéis do Komsomol?". "Claro que sim, e nos sentíamos bem quando as cantávamos. E logo em seguida ouvíamos Deep Purple e 'as vozes' – Radio Liberty, a BBC". "Então vocês eram dissidentes? Acreditavam no fim da URSS?". "Não. Não é assim. Você simplesmente fala vários idiomas ao mesmo tempo, o tempo todo. Existem vários 'vocês'"[20].

Um homem de família

Rejeitado na Universidade Estadual de Moscou, Berezovsky ingressou na Faculdade de Engenharia Eletrônica e de Computação no Instituto Florestal de Moscou, onde conheceu Nina Korotkova, que estava dois anos atrás dele nos estudos. Casaram-se em 1970, e em um ano Elizaveta nasceu. Ekaterina veio dois anos depois. Segundo Ekaterina, "mamãe era incrivelmente bonita, e papai sempre amou mulheres bonitas"[21]. Eles moravam com os pais de Berezovsky, que, nessa época, tinham um apartamento no Leninskii Prospekt, perto do Instituto Florestal, espaçoso pelos padrões soviéticos – quatro quartos. Eles também tinham uma dacha [casa de campo] nos arredores da cidade. No entanto, em sua biografia, Berezovsky lembrou-se de que, quando suas duas filhas chegaram, eles tiveram dificuldades para fechar as contas com a sua bolsa de cem rublos por mês, e ele precisou conseguir um emprego de meio período[22].

---

19. Berezovsky, *Avtoportret*, p. 30-31.
20. Peter Pomerantsev, "Berezovsky's Last Days", *London Review of Books* 35, n. 8, 25/abr/2013, https://www.lrb.co.uk/the-paper/v35/n08/peter-pomerantsev/diary.
21. Entrevista de Elizaveta Berezovskaya com Dmitrii Gordon em *gordonua.com*, 20/jun/2018, https://gordonua.com/publications/doch-berezovskogo-mne-kazhetsya-papu-otravili-tak-chtoby-vsem-kazalos-on-v-depressii-a-v-itoge-ubili-chtoby-vse-poverili-v-samoubiystvo-250144.html.
22. Berezovsky, *Avtoportret*, p. 31.

Depois de obter as melhores notas no Instituto Florestal, Berezovsky pôde prosseguir seus estudos de pós-graduação no início dos anos 1970 na Faculdade de Mecânica e Matemática da Universidade Estadual de Moscou, fazendo um mestrado em matemática aplicada. Em seguida, tornou-se pesquisador no prestigioso Instituto de Ciências de Controle da Academia de Ciências da URSS, onde se doutorou em 1983, além de se tornar chefe de um laboratório. O instituto atraía os principais cientistas judeus do país. "Na esfera da vida soviética", segundo um ex-aluno, "era onde se reuniram as pessoas mais brilhantes. Foi, em certa medida significativa, um Instituto Judaico"[23]. Em dezembro de 1991, Berezovsky, com inúmeros artigos e monografias acadêmicas em seu currículo, seria eleito membro correspondente da Academia de Ciências da Rússia na Seção de Matemática, Mecânica e Ciência da Computação.

Berezovsky, posteriormente, assim descreveu esse período de sua vida:

> Eu aproveitei a vida como cientista na União Soviética. Um dia de trabalho não regimentado. Eu não precisava estar de pé às oito da manhã e enfrentar multidões no metrô. Podia dormir até mais tarde e, ao mesmo tempo, podia ficar acordado até as quatro da manhã e refletir sobre problemas interessantes. Eu levava a vida de um artista soviético, não a de um trabalhador soviético, atrás de uma máquina desde que soava a sirene para começar o trabalho. Do amanhecer ao anoitecer eu ficava sozinho com meus pensamentos e a companhia de quem eu escolhia[24].

No entanto, sempre inquieto, Berezovsky não pôde resistir às novas oportunidades. No fim dos anos 1980, o Instituto de Ciências de Controle começou a colaborar com o maior fabricante de automóveis soviético – AvtoVAZ, localizado a setecentos quilômetros a leste de Moscou, na cidade de Togliatti –, introduzindo sistemas de design assistido por computador e software. A colaboração, na qual Berezovsky desempenhou um papel-chave, permitiu-lhe estabelecer-se na administração da AvtoVAZ, o que se mostrou determinante para sua subsequente entrada no mercado automobilístico. Ele, posteriormente, disse ao jornalista norte-americano

---

23. David E. Hoffman, *The Oligarchs: Wealth and Power in the New Russia*. (New York: Public Affairs, 2001), p. 130-31.
24. Berezovsky, *Avtoportret*, p. 31.

David Hoffman (1953-2024): "Nós simplesmente usamos o conhecimento que eu adquiri profissionalmente no instituto e o trabalho que lá tínhamos feito, e começamos a vender esse trabalho"[25].

A ligação com a AvtoVAZ permitiu que Berezovsky se tornasse sócio na propriedade de um automóvel enquanto ainda era pesquisador do instituto. Um colega mais jovem, Leonid Boguslavskii, comentou com ele que sua mãe tinha um carro muito velho que estava enferrujado e caindo aos pedaços. Berezovsky, então, propôs que ele percorreria uma longa distância até Togliatti para consertá-lo na AvtoVAZ, e então ele e Boguslavskii compartilhariam a propriedade do veículo. Boguslavskii insistiu primeiramente em fazer um teste de direção para Berezovsky, no qual ele fracassou completamente. Como Boguslavskii relembrou, "aqui, eu senti os poderes de persuasão absolutamente fantásticos de Boria, como ele conseguia convencer alguém alternando magnetismo e uma atitude calorosa com argumentos convincentes; ele me pressionou a ceder e partiu para Togliatti"[26]. Depois, Boguslavskii ficou sabendo que, no caminho até Togliatti, Berezovsky caiu em uma vala e capotou o carro, mas, de alguma forma, realizou sua missão. De acordo com todos os relatos, Berezovsky era um mulherengo incorrigível. Conforme os anos 1980 avançavam, ele aparentemente se cansou de Nina – também estava perdendo interesse por matemática – e começou um relacionamento com uma mulher doze anos mais nova que ele: Galina Besharova. Besharova vinha de uma família da classe trabalhadora e trabalhava no Instituto Blagonravov de Construção de Máquinas, em Moscou. Em 2013, após a morte de Berezovsky, ela comentou que "Boris tinha uma qualidade muito rara entre os homens – ele conseguia encantar a todos... Seu carisma era irresistível. Era muito difícil dizer 'não' a ele"[27]. Por um tempo, Berezovsky conseguiu levar suas duas vidas separadamente, mas em um certo momento, para seu desgosto, ao chegar ao Aeroporto de Sheremetyevo, vindo de uma viagem aos

---

25. Hoffman, *Oligarchs*, p. 140.
26. Aven, *Vremia Berezovskogo*, p. 32.
27. Aven, *Vremia Berezovskogo*, p. 69.

Estados Unidos, descobriu que tanto sua esposa quanto sua namorada haviam aparecido para encontrá-lo[28].

Embora Besharova tenha dado à luz seu filho, Artem, em 1989, Berezovsky não se divorciou de sua esposa e não se casou com Besharova até 1991. E em 1992, na época em que o casal teve uma filha, Anastasia, Berezovsky já estava envolvido com uma beldade russa chamada Elena Gorbunova, ex-aluna da Universidade Estadual de Moscou, quase vinte anos mais nova que ele. Em 1993, depois que Berezovsky foi morar com Gorbunova, Besharova deixou a Rússia e se estabeleceu em Londres. Em 2011, ela ganhou de Berezovsky o maior acordo de divórcio já concedido na Grã-Bretanha: 150 milhões de dólares[29].

A amizade próxima entre Berezovsky e Petr Aven, o bilionário ex-diretor do Alfa Bank da Rússia que testemunhou no inquérito de Robert Mueller sobre Putin e a campanha de Trump de 2016, abrangeu os relacionamentos do primeiro com essas três mulheres. Oleg (1927-1992), o pai de Aven, era diretor do Instituto de Ciências de Controle, além de supervisor da dissertação de doutorado de Berezovsky, e, na década de 1970, Berezovsky passou a frequentar a casa dos Aven. Nove anos mais novo que Berezovsky, Aven era um prodígio. Obteve seu doutorado em economia na Universidade Estadual de Moscou em 1980, com apenas vinte e cinco anos, e tornou-se pesquisador sênior no Instituto de Pesquisas de Sistemas da Academia de Ciências da URSS. Imediatamente após o colapso da União Soviética, Aven juntou-se à nova equipe de reformadores econômicos de Yeltsin, liderada por Egor Gaidar (1956-2009) (um colega de Aven na Universidade Estadual de Moscou), como chefe do novo Comitê de Relações Econômicas Exteriores e, em seguida, depois que a Federação Russa foi formada no fim de 1991, ministro de Relações Econômicas Externas. Aven forneceria a Berezovsky ligações cruciais com o círculo interno de Yeltsin e usaria sua posição para promover os projetos empresariais de Berezovsky.

---

28. Aven, *Vremia Berezovskogo*, p. 70.
29. Owen Bowcott, "Boris Berezovsky Pays Out £100m in UK's Biggest Divorce Settlement", *The Guardian*, 22/jul/2011, https://www.theguardian.com/world/2011/jul/22/boris-berezovsky-divorce-record-payout.

Um começo improvável

Ao contrário dos Berezovsky, os pais de Putin, Vladimir Spiridonovich Putin (1911-1999) e Maria Ivanovna Shelomova (1911-1998), eram de origem humilde, com pouca educação[30]. Os antepassados de Vladimir Spiridonovich tinham sido servos da região de Tver, na Rússia. O avô de Putin, Spiridon Ivanovich Putin (1879-1965), foi o primeiro da família Putin a não ter nascido sob o jugo da servidão, que terminou em 1861 sob o czar reformista Alexandre II. Vladimir e Maria se casaram em 1928, quando ambos tinham dezessete anos de idade, e se mudaram para Leningrado alguns anos depois. Durante a Segunda Guerra Mundial, Vladimir serviu em um batalhão do Comissariado do Povo para Assuntos Internos (NKVD) atrás das linhas alemãs e foi gravemente ferido. (A partir de então, ele mancaria pelo resto de sua vida). Seu filho, Vladimir Vladimirovich Putin, nasceu apenas em 1952, quando Maria, que mal havia sobrevivido ao cerco de Leningrado, tinha quase quarenta e um anos de idade. Os dois irmãos de Putin nascidos antes dele morreram devido a doenças. Assim como Berezovsky, ele foi criado como filho único. Vladimir Spiridonovich trabalhava como ferramenteiro em uma fábrica de Leningrado que produzia vagões para metrô e ferrovia. Segundo Vera Gurevich, ex-professora de escola primária de Putin, "Seu pai era muito sério e imponente. Costumava ostentar um olhar zangado. A primeira vez que fui vê-lo, fiquei até assustada... Então descobri que era muito bondoso"[31].

Após sofrer os danos causados pela guerra e pelo stalinismo, os cidadãos soviéticos não davam a vida como garantida. Assim como os pais de Berezovsky, os Putin mimavam seu único filho. A ex-esposa de Putin,

---

30. Os detalhes dos primeiros anos de Putin aparecem na obra de Oleg Blotskii, *Vladimir Putin: Istoriia zhizni* (Moscow: Mezhdunarodnye otnosheniia, 2001). Veja também a biografia de Steven Lee Myers: *The New Tsar: The Rise and Reign of Vladimir Putin* (New York: Knopf, 2015); e de Philip Short, *Putin: His Life and Times* (New York: Henry Holt, 2022). Short usa muitas fontes citadas por Myers, inclusive Blotskii, mas também fornece alguns detalhes novos sobre o início da vida de Putin.
31. Vladimir Putin, *First Person*: an astonishingly frank self-portrait by Russia's president Vladimir Putin, com Nataliya Gevorkyan, Natalya Timakova e Andrei Kolesnikov, trad. Catherine A. Fitzpatrick. (New York: Public Affairs, 2000), p. 17.

Liudmila, observou que "ele era seu sol, lua e estrelas; eles faziam tudo o que podiam por ele"[32]. Quando criança, Putin lembrou: "Eu não ia à creche. Era filho único, e meus pais se preocupavam muito comigo, então ficavam de olho em mim o tempo todo. Mamãe até deixou de trabalhar por um tempo, para passar todo o tempo comigo"[33]. Maria Ivanovna conseguiu um emprego que lhe permitisse passar seus dias com seu filho pequeno. Ela trabalhava à noite em uma padaria, descarregando bandejas de pão, e como guarda noturna em uma loja de artigos de segunda mão. Os Putin eram tão protetores com o filho que ele só começou a estudar quando tinha quase oito anos, em 1960. Ele passava a maior parte do tempo brincando no pátio do prédio. Segundo Putin: "Às vezes, mamãe colocava a cabeça para fora da janela e gritava, 'Você está no pátio?' Eu sempre estava"[34].

A moradia dos Putin se resumia a um quarto em um apartamento comunitário no quinto andar, compartilhado com outras duas famílias. O único fogão a gás para as famílias prepararem as refeições, juntamente com uma pia, ficava no corredor. E perto das escadas, uma cabine sem aquecimento abrigava um vaso sanitário, sobre o qual os moradores se empoleiravam para se lavar, jogando água sobre si mesmos. O biógrafo de Putin, Steven Lee Myers, descreveu a habitação: "As escadas até o quinto andar eram cheias de buracos, fétidas e mal iluminadas; cheiravam a suor e a repolho cozido. O prédio era infestado de ratos, que [Putin] e seus amigos perseguiam com paus"[35].

Na Escola Nº 193 de Leningrado, Putin foi um estudante inquieto e desatento. Segundo Vera Gurevich: "Volodia [diminutivo de Vladimir] não conseguia ficar parado durante as aulas. Estava sempre girando na cadeira, olhando pela janela ou embaixo da mesa"[36]. Putin também era muito agressivo com seus colegas. Seu amigo da escola, Viktor Borisenko, recordou: "Ele brigava com qualquer um. Ele não era o mais forte da

---

32. Putin, *First Person*, p. 63.
33. Blotskii, *Vladimir Putin*, p. 25-26.
34. Putin, *First Person*, p. 22-23.
35. Myers, *New Tsar*, p. 14.
36. Blotskii, *Vladimir Putin*, p. 105.

nossa turma, mas vencia qualquer um em uma briga porque se empolgava e lutava até o fim"[37]. Gurevich mencionou um incidente, quando levou a turma para uma excursão e houve uma briga entre alguns dos meninos. Putin jogou um de seus colegas de classe, K., no chão, quebrando seu tornozelo: "Eu disse a Volodia que não era necessário usar a força contra K., bastava apenas falar com ele de forma convincente. A isso, meu aluno respondeu: 'Vera Dmitrievna, há pessoas que não entendem as palavras ou não as querem entender. Entendem apenas a força'. Isso ficou na minha cabeça desde então"[38].

Depois da escola, Putin ficava no pátio com os rapazes durões, dois ou três anos mais velhos que ele – e fisicamente muito maiores. Viktor Borisenko descreveu como era Putin nessa época: "Lembro-me bem dele no pátio. Nos primeiros anos, o pátio para Putin era uma janela para o mundo. A atmosfera lá era terrível: caras sujos e barbados, com vinho do porto e cigarros. Bebidas, obscenidades, brigas. E Putin entre todos esses vândalos"[39]. Essas experiências parecem ter tido um efeito significativo na formação da personalidade dele. De forma significativa, Gurevich é citada na autobiografia de Putin, *First Person*[40], dizendo: "Acho que Volodia é uma boa pessoa. Mas ele nunca perdoa pessoas que o traem ou que são más com ele"[41].

Quando foi para o ensino médio e foi escolhido para fazer parte do Komsomol[42], Putin começou a passar menos tempo no pátio, e seu desempenho acadêmico melhorou. Embora tenha obtido apenas notas médias em matemática e química, teve as melhores notas em história e alemão. Enquanto isso, Putin, esguio e de baixa estatura (cerca de um

---

37. Blotskii, *Vladimir Putin*, p. 68-69.
38. Konstantin Rylev, "'Zapreshchennye' fakty o Putine", *Fokus*, 13/maio/2022, https://focus.ua/world/515409-zapreshchennye-fakty-o-putine-pato logicheskaya-zhestokost-agressivnost-s-vyazi-s-kriminalom. O artigo cita trechos da primeira edição de Vera Gurevich, *Vladimir Putin: Roditeli, druz'ia, uchitelia* (St. Petersburg: Izdatel'stvo Iuridicheskogo instituta, 2004) que foram omitidos nas edições posteriores por conta do retrato negativo de Putin.
39. Blotskii, *Vladimir Putin*, p. 68.
40. Em tradução livre, *Em Primeira Pessoa*. (N. T.)
41. Putin, *First Person*, p. 21.
42. O Komsomol, ou União da Juventude Comunista, era a organização juvenil do Partido Comunista da União Soviética. (N. T.)

metro e sessenta e sete quando adulto), começou a praticar artes marciais, em particular sambo, que combinava judô e luta livre. Segundo Myers: "As artes marciais transformaram a sua vida, dando-lhe meios de se afirmar contra meninos maiores e mais durões"[43]. Putin continuaria a cultivar uma imagem de aptidão física e habilidades atléticas durante todo o seu reinado como líder da Rússia.

No fim de seus anos de ensino médio, Putin decidiu que queria se tornar espião. Inspirado na minissérie de televisão russa de enorme sucesso em 1968, *Espada e Escudo* (*Shchit i mech*), sobre um agente secreto soviético que penetra na inteligência militar nazista e mais tarde na SS, Putin entrou no quartel-general da KGB de Leningrado (o chamado Grande Prédio, *Bol'shoi dom*) e perguntou como poderia se juntar à KGB. O oficial responsável disse a ele que a KGB não contratava pessoas que simplesmente apareciam por lá e que ele deveria ter mais formação acadêmica antes de se inscrever. Putin então pressionou seu interlocutor para sugerir a melhor linha de estudo para um aspirante a candidato da KGB e foi informado de que a faculdade de direito seria uma boa escolha[44].

Ao comentar a história de Putin, a jornalista russa Nataliya Gevorkyan observou: "Imagine um garoto que sonha ser oficial da KGB quando todos os outros querem ser astronautas"[45]. Mas uma carreira na KGB não era apenas prestigiosa; trazia recompensas materiais. Os oficiais da KGB, especialmente os de nível sênior, viviam melhor do que seus colegas no exército, na promotoria ou na polícia. Eles, normalmente, recebiam moradias mais espaçosas e podiam se beneficiar de confortáveis casas de repouso e sanatórios que a KGB disponibilizava para seus funcionários e suas famílias. Se alguém tivesse sorte o suficiente para conseguir um lugar no cobiçado ramo de inteligência estrangeira – muitas vezes conseguido por meio de ligações partidárias ou do alto escalão da KGB –, teria a oportunidade de viajar para o exterior: um grande privilégio que era negado aos cidadãos soviéticos comuns. Em resumo, é fácil entender

---

43. Myers, *New Tsar*, p. 16.
44. Blotskii, *Vladimir Putin*, p. 199-202.
45. Conforme citado em Gessen, *Man without a Face*, p. 52.

por que um jovem como Putin, de uma família pobre e sem educação, seria atraído pela KGB, independentemente de suas visões ideológicas[46].

Em 1970, seguindo o conselho do oficial da KGB, Putin ingressou na faculdade de direito da Universidade Estadual de Leningrado (LSU, conforme a sigla em inglês), então uma das melhores do país. Dito isso, o direito soviético era antes de tudo uma arma política do Estado usada para manter o regime, não para proteger direitos legais. Embora métodos stalinistas não fossem mais empregados, os indivíduos que desafiassem de qualquer forma o Estado eram severamente punidos sob o sistema legal soviético, que estava subordinado à liderança do Partido Comunista Soviético. Putin estava, assim, obtendo uma educação superior em um campo que se concentrava no dogma comunista, em vez de na justiça. Ironicamente, em seu terceiro ano na LSU, Putin, chamado de Put'ka por seus colegas estudantes, pôde experimentar um prazer não ideológico: guiar seu próprio carro, um Zaporozhets fabricado na União Soviética. Sua mãe, por um golpe de sorte incrível, ganhara o carro em uma loteria. Nas palavras de Putin: "O dinheiro era curto em nossa família, e me dar o carro foi uma loucura absoluta. Poderíamos tê-lo vendido, afinal, e recebido pelo menos 3.500 rublos por ele [...]. Mas meus pais decidiram me mimar"[47].

Na LSU, Putin fez amizade com dois homens que desempenhariam papéis-chave em sua carreira futura, vindo a ser parte do grupo de seus aliados dos serviços de segurança e agências legais em Leningrado/São Petersburgo, que, posteriormente, o seguiram para Moscou. Um deles era Viktor Cherkesov (1950-2022), que estava dois anos na frente de Putin. Após a formatura na faculdade de direito, seguida por alguns anos no exército e na Procuradoria de Justiça, Cherkesov ingressou na filial de Leningrado da infame Quinta Diretoria Principal da KGB, onde ganhou notoriedade como um implacável perseguidor de dissidentes. Após o colapso da União Soviética em 1991, Cherkesov ascendeu e se tornou chefe do FSB de São Petersburgo (o órgão que veio a suceder a KGB),

---

46. Vide meu estudo sobre a KGB: Amy Knight, *The* KGB: police and politics in the Soviet Union. (Boston: Unwin-Hyman, 1988).
47. Putin, *First Person*, p. 36.

e mais tarde trabalhou sob seu velho amigo, quando Putin foi nomeado chefe do FSB russo em 1998[48]. O segundo amigo próximo e colega de classe era Aleksandr Bastrykin, que desde 2011 é o chefe do poderoso Comitê de Investigação da Rússia, conhecido por processar casos políticos e econômicos de alto perfil, importantes para a agenda do Kremlin[49].

A Casa Grande

Em 1975, após se formar na faculdade de direito, Putin foi formalmente admitido na KGB, supostamente por causa de suas boas notas. Depois de completar seis meses de treinamento em uma escola de contrainteligência da KGB, tornou-se oficial pleno em Leningrado. Putin apenas menciona em sua autobiografia que trabalhou em contrainteligência. Isso poderia indicar que ele trabalhou para a Segunda Diretoria Principal, responsável pelo controle político interno dos cidadãos soviéticos e estrangeiros residentes no país, conforme afirmam Steven Myers e outras fontes. Também é possível que Putin tenha se associado ao seu colega da faculdade de direito, Cherkesov, na Quinta Diretoria Principal, que se concentrava mais especificamente em dissidentes[50]. De qualquer forma, como observa Myers, Putin "participou de operações não contra o inimigo externo, mas contra o inimigo interno"[51].

Nesse período, o regime de Brejnev (1906-1982) estava reprimindo a dissidência política com medidas cada vez mais drásticas, implementadas pelo presidente da KGB, Iurii Andropov, cuja estratégia característica era a internação de dissidentes em hospitais psiquiátricos. Vladimir Bukovsky (1942-2019), o ativista de direitos humanos que divulgou ao mundo essa prática, foi expulso da União Soviética em 1976, e Alexander

---

48. "Cherkesov, Viktor", *Lenta.ru*, https://lenta.ru/lib/14169763/full.htm.
49. Amy Knight, *Orders to Kill: the Putin regime and political murder* (New York: Thomas Dunne, 2017), p. 44-45.
50. Vide Irina Stoilova, "Ital'ianskaia gazeta 'Repubblika' opublikovala v sredu pervuiu iz serii statei, posviashchennykh proshlomy presidenta Rossii Vladimira Putina", Radio Svoboda, 11/jul/2001, https://www.svoboda.org/a/24223192.html; e Vladimir Usol'tsev, *Sosluzhivets*: Neizvestnye stranitsy zhizni prezidenta (Moscow: Eksmo, 2004), p. 186.
51. Myers, *New Tsar*, p. 25.

Soljenítsin (1918-2008) havia sido exilado dois anos antes. Leningrado era um centro do movimento dissidente, no qual pequenos grupos de intelectuais e figuras culturais da cidade espalhavam literatura *samizdat* (que Berezovsky consumia avidamente) e organizavam pequenos protestos contra o regime. Para Putin e seus colegas da KGB, esses dissidentes eram inimigos perigosos do Estado[52].

O ex-general da KGB, Oleg Kalugin, designado para a KGB de Leningrado como primeiro vice-chefe em 1980, depois de ter trabalhado no exterior na inteligência estrangeira, descreveu a Casa Grande anos depois:

> Eu nasci em Leningrado, mas ainda parecia que estava no fim do mundo. O trabalho aqui não era contra estrangeiros, mas sim contra cidadãos soviéticos... O sistema estava focado em expor aqueles com atitudes reformistas, pessoas que queriam mudar, melhorar as coisas. Eram essas as pessoas com as quais a KGB se ocupava, em vez de se concentrar nos verdadeiros espiões[53].

Certa vez, ao ser questionado sobre o que ele lembrava de Putin naquela época, Kalugin respondeu: "Ele me trouxe alguns papéis para assinar. Não foi uma interação real [...]. As pessoas me perguntam o que penso dele, o que sei sobre sua vida. Não gosto desse tópico de discussão e respondo que seria melhor perguntar à sua ex-esposa. Ela viveu com ele por trinta anos e o conhece melhor do que eu"[54].

Enquanto Putin espionava seus concidadãos, ele fez amizades duradouras com dois colegas de trabalho na KGB de Leningrado – Nikolai Patrushev e Aleksandr Bortnikov. Patrushev serviria como primeiro vice de Putin depois que este se tornou chefe do FSB, em 1998, e o sucederia

---

52. O biógrafo de Putin, Philip Short, escreve que, em cidades como Leningrado, a KGB tinha parado de usar a repressão aberta contra os dissidentes na segunda metade da década de 1970 e até permitiu a circulação do samizdat (Short, *Putin*, p. 72-73). Embora os Acordos de Helsinque de 1975 tenham resultado em uma certa moderação temporária da política da KGB em relação à dissidência, a repressão aberta continuou. Os membros dos grupos de monitoramento de Helsinque foram frequentemente detidos, e Andrei Sakharov – Prêmio Nobel da Paz – foi enviado para o exílio interno em 1980 por conta de sua defesa dos direitos humanos.
53. Entrevista com Oleg Kalugin, Radio Svoboda, 28/mar/2015, https://www.svoboda.org/a/26920026.html.
54. Entrevista com Oleg Kalugin por Dmitrii Gordon, 7/maio/2015, https://gordonua.com/news/war/eks-nachalnik-putina-kalugin-vse-zayavleniya-o-razmeshchenii-yadernogo-oruzhiya--v-krymu-blef-putin-sam-boitsya-takogo-razvitiya-sobytiy-79494.html.

como chefe do FSB em agosto de 1999. Em 2008, após Patrushev assumir a liderança do poderoso Conselho de Segurança Nacional da Rússia, Bortnikov assumiu seu cargo no FSB. Ambos os homens são implacáveis e linhas-duras. Em 2017, em uma declaração notória, Bortnikov defendeu as purgas de Stalin, dizendo que "um número significativo de casos criminais era baseado em evidências factuais"[55]. Patrushev, talvez o mais próximo de todos os aliados de Putin, também é o mais hostil ao Ocidente e foi um forte defensor da invasão da Ucrânia pela Rússia em 2022. Segundo a analista política russa Tatiana Stanovaya, "suas ideias formam os alicerces das decisões tomadas por Putin; ele é uma das poucas figuras que Putin ouve"[56]. Quem teria previsto que Putin e seus dois amigos, simples funcionários da KGB em meados dos anos 1970, acabariam exercendo tanto poder em seu país?

Putin manteve seu emprego na KGB em segredo da maioria de seus conhecidos, inclusive, por algum tempo, de sua futura esposa Liudmila, que conheceu em 1980 por meio de um amigo de São Petersburgo. Sempre cauteloso, esperou três anos e meio para pedi-la em casamento. Liudmila, uma comissária de bordo de Kaliningrado, inicialmente achou Putin "comum e entediante", mas logo sentiu-se atraída por sua "força interior"[57]. Depois de casados, os dois foram morar com os pais de Putin, como era o costume na época soviética – devido à extrema escassez de moradia –, e o nascimento de sua primeira filha, Masha, veio logo em seguida. A segunda filha dos Putin, Katerina, nasceu em Dresden, na Alemanha Oriental, para onde a família se mudou em 1985. De acordo com um colega da KGB, Vladimir Usol'tsev, "Putin era quem mandava em casa. Isso era claro... Liudmila simplesmente conhecia o seu lugar, por assim dizer. Ela era modesta, quieta. Às vezes, só com os olhos, Volodia dizia para ela: 'olha, estou falando, e você fica calada', ou algo do tipo"[58].

---

55. "Head of FSB Defends Purges, Denounces Traitors on Cheka Anniversary", *Moscow Times*, 20/dez/2017, https://www.themoscowtimes.com/2017/12/20/fsb-chief-defends-purges-denounces-traitors-on-cheka-anniversary-a60002.
56. Catherine Belton, "The Man Who Has Putin's Ear – and May Want His Job", *Washington Post*, 13/jul/2022, https://www.washingtonpost.com/world/2022/07/13/nikolai-patrushev-russia-security-council-putin/.
57. Putin, *First Person*, p. 59.
58. Entrevista com Vladimir Usol'tsev, Radio Svoboda, 11/nov/2003, https://www.svoboda.org/a/24187711.html.

Em sua autobiografia, Putin foi vago a respeito de quanto tempo trabalhou na contrainteligência para a KGB de Leningrado, e os biógrafos ofereceram relatos contraditótios[59]. Mas uma biografia oficial, publicada em seu aniversário de sessenta e nove anos, afirma que Putin permaneceu como funcionário da contrainteligência até depois de ser enviado a Moscou, em 1979, para treinamento na Escola Superior Felix Dzerzhinsky da KGB – um trampolim para o avanço na carreira[60]. De acordo com um estudo para o Wilson Center de Washington, a Escola Dzerzhinsky dedicava considerável atenção ao "cultivo do que eram descritos como valores 'chekistas' [uma referência à polícia secreta de Lenin, a Cheka]: lealdade inquestionável ao sistema comunista soviético e sua defesa contra adversários estrangeiros e domésticos"[61]. Poucos meses após seu retorno a Leningrado, Putin foi transferido para o Primeiro Departamento (inteligência estrangeira) da KGB daquela cidade, onde trabalhou como oficial na diretoria da RT, que realizava "reconhecimento a partir do território da URSS" (*razvedka s territorii*). Os oficiais da RT recrutavam estrangeiros que estavam visitando a cidade e funcionários de consulados estrangeiros para espionar para a KGB. De acordo com o jornalista russo Andrei Soldatov: "A diretoria da RT tinha uma abordagem verdadeiramente totalitária para a inteligência. Ela transformava o território da União Soviética em uma armadilha gigantesca – todos os escritórios regionais da KGB tinham departamentos especiais encarregados de buscar maneiras de recrutar estrangeiros em seu solo"[62].

---

59. Vide, por exemplo, Myers, *New Tsar*, p. 24-28; e Short, *Putin*, p. 71-72. Vide também Viktor Rezunkov, "Vladimir Putin: Kak zakalialas' stal'", Radio Svoboda, 8/jan/2016, https://www.svoboda.org/a/27474231.html.
60. TASS, "Biografiia Vladimira Putina", 7/out/2021, https://tass.ru/info/12592215?utm_source=google.com&utm_medium=organic&utm_campaign=google.com&utm_referrer=google.com.
61. Filip Kovacevic, "Chekism 101: An Independent Study Plan for a KGB Officer in the 1980s", Wilson Center blog, 15/nov/2021, https://www.wilsoncenter.org/blog-post/chekism-101-independent-study-plan-kgb-officer-1980s.
62. Citado por Michael Weiss em "Revealed: The Secret KGB Manual for Recruiting Spies", *Daily Beast*, 27/dez/2017. Weiss reproduziu um manual altamente secreto, "Political Reconnaissance from the Territory of the USSR", publicado em 1989 pelo Andropov Red Banner KGB Institute para seus alunos. Para uma descrição do meu encontro em 1981 com um provável oficial da RT em Leningrado, vide Amy Knight, "The Two Worlds of Vladmir Putin", *Wilson Quarterly* 24, n. 2 (2000): 32-41.

Alemanha acima de tudo

O avanço na carreira de Putin foi lento. Foi apenas em 1984 que ele foi destacado para um ano de estudos no Instituto KGB da Bandeira Vermelha Andropov, nos arredores de Moscou, e recebeu o treinamento em espionagem que o preparou para o trabalho no exterior. Um ano depois, no verão de 1985, ele foi enviado para a cidade industrial alemã de Dresden, onde poderia usar o alemão que aprendeu na escola e depois aprimorou no Instituto Bandeira Vermelha. Dresden não era uma designação privilegiada da KGB, de forma alguma. Se Putin tivesse causado uma impressão maior em seus professores no Instituto Bandeira Vermelha ou em seus superiores em Leningrado, ele poderia ter sido enviado para a Alemanha Ocidental disfarçado de diplomata, ou pelo menos para Berlim Oriental, onde a KGB tinha uma presença muito maior devido ao acesso próximo ao Ocidente. Conforme observou um ex-colega da KGB: "Em princípio, Vladimir Vladimirovich fazia exatamente o mesmo trabalho em Dresden que fazia em Leningrado, só que a partir do território da RDA [República Democrática Alemã]"[63].

Em Dresden, Putin se uniu a um grupo de oito oficiais da KGB cujo trabalho era fazer a ligação com funcionários do Ministério da Segurança do Estado da RDA – mais conhecido como Stasi, a polícia política da Alemanha Oriental – e, possivelmente, recrutar empresários, cientistas e estudantes estrangeiros que visitavam a cidade. Como havia mais dois com o nome Volodia no grupo, Putin era chamado de "pequeno Volodia", aparentemente porque era de baixa estatura[64]. Liudmila chegou a Dresden com Maria no fim de outubro de 1985. Conforme declarou

---

63. Oleg Blotskii, *Vladimir Putin: Doroga k vlasti* (Moscow: Osmos-Press, 2002), p. 211 (doravante *Doroga k vlasti*). Em sua biografia de Putin, o escritor alemão Alexander Rahr escreveu: "Se perguntarmos hoje a um oficial da KGB quão importante era o trabalho de um agente em Dresden em 1985, a única resposta seria um sorriso cansado. Nenhum oficial de carreira queria ser enviado para Dresden. Quase não havia nada para espionar em Dresden no que dizia respeito à RDA" (*Wladimir Putin*: Präsident Russlands – Partner Deutschlands [Munich: Universitas Verlag, 2000], p. 58-59).
64. Entrevista de Usol'tsev. Vide também Myers, *New Tsar*, p. 39. Depois de entrar na vida pública, Putin aumentou sua altura ao usar elevadores de sapatos que eram cobertos por calças mais longas. Vide "Putin Makes Effort to Keep His Height Secret from Voters", *Washington Times*, 23/mar/2000, https://www.washingtontimes.com/news/2000/mar/23/20000323-011028-2791r/.

posteriormente a um biógrafo de Putin, ela imediatamente se sentiu em casa lá, porque crescera em Kaliningrado, anteriormente uma cidade alemã, Königsberg, que passou para o controle soviético após a Segunda Guerra Mundial: "As mesmas mansões sólidas e antigas, misturadas com prédios novos. E então aquele cheiro de briquetes de carvão especial usados em casa para fazer bifes, assim como em Kaliningrado. Um cheiro específico que é único"[65].

Liudmila lembrou que seu marido havia reservado algum dinheiro para ela comprar algo para si mesma quando chegou e depois ficou "desagradavelmente surpreso" quando, em vez de roupas novas, ela comprou itens práticos para casa. "Quanto às roupas", ela disse, "eu fiz quase todas as minhas próprias roupas desde a oitava série. E na Alemanha não foi diferente"[66]. Putin, por outro lado, não foi tão contido. Masha Gessen entrevistou um ex-membro do grupo terrorista radical Facção do Exército Vermelho (RAF), que a KGB estava formando, e este disse que Putin estava sempre ansioso para colocar as mãos em itens cobiçados do Ocidente e até mesmo conseguiu obter dele um rádio de ondas curtas de última geração e um aparelho de som para carro[67].

Os biógrafos de Putin, tanto ocidentais quanto russos, têm dissecado sua carreira em Dresden para determinar exatamente o que ele fazia no posto avançado da KGB. Vladimir Usol'tsev retratou Putin como um habilidoso investigador da KGB: "Em Dresden, Putin recrutava candidatos para se tornarem agentes ilegais. É um trabalho muito difícil, meticuloso, e Putin era bom em esquemas secretos"[68]. A jornalista Catherine Belton parece ter entrevistado o mesmo ex-membro da RAF, aparentemente chamado Klodo, que falou com Masha Gessen. Belton conclui que Putin estava liderando reuniões estratégicas com o grupo e dando ordens, mas Gessen teve uma impressão diferente: "Atribuir tarefas aos radicais da RAF, responsáveis por mais de duas dezenas de assassinatos e ataques terroristas entre 1970 e 1998, é exatamente o tipo de trabalho com o qual

---

65. Blotskii, *Doroga k vlasti*, p. 219.
66. Blotskii, *Doroga k vlasti*, p. 220.
67. Gessen, *Man without a Face*, p. 65.
68. Entrevista de Usol'tsev.

Putin sonhara, mas não há evidências de que ele estava diretamente ligado a isso"⁶⁹. O jornalista russo Dmitrii Zapol'skii, que acompanhou de perto a carreira de Putin, esclareceu sua relação com a RAF:

> O grupo em Dresden era, claramente, apenas uma unidade "técnica", uma "engrenagem" na máquina da rede de inteligência soviética. Putin não desempenhava um papel independente. Ele apenas transmitia ordens de seus superiores imediatos. Eu não exageraria seus contatos com Klodo ou seu trabalho nessa linha⁷⁰.

Por mais difícil que seja para os admiradores de Putin aceitarem que o atual líder da Rússia era um funcionário comum da KGB, os registros falam por si. Mark Galeotti, especialista em serviços de segurança russos, concluiu a partir de um relatório recentemente liberado da KGB sobre Putin que, em Dresden, ele estava atuando em uma capacidade administrativa, em vez de se envolver pessoalmente com recrutas em potencial: "Tecnicamente, isso era trabalho da Primeira Diretoria Principal, mas de muitas maneiras não era. Ele não estava recrutando e dirigindo agentes tanto quanto compilando relatórios, fazendo contatos com a Stasi da Alemanha Oriental (que lhe deu seu próprio passe de acesso) e respondendo a consultas de Moscou"⁷¹.

Em seu documentário de janeiro de 2021, *O Palácio de Putin*, Aleksei Navalny, que teve acesso aos arquivos da Stasi em Dresden, descreveu a passagem de Putin pela Alemanha Oriental da seguinte forma: "Putin chegou a Dresden em 1985 como um funcionário menor da KGB, um funcionário comum da residência não secreta – o escritório oficial da KGB na Alemanha Oriental [...] era onde os funcionários ociosos participavam de reuniões de partido e se premiavam uns aos outros com lembranças"⁷². Como observou

---

69. Catherine Belton, *Putin's People: how the KGB took back Russia and then took on the west*. (New York: Farrar, Straus, and Giroux, 2020), p. 39-42. Vide também "Bombist" no website "Putinizm kak on est", 18/fev/2021, https://putinism.wordpress.com/2021/02/18/bombist/#more-3126.
70. Entrevista de Dmitrii Zapol'skii, "Putinizm kak on est'", 17/jan/2020, https://putinism.wordpress.com/2020/01/17/zapolsky/.
71. Mark Galeotti, "Putin's Declassified KGB Record Shows He Was No High-Flier, but a Solid B", *Moscow Times*, 4/nov/2019, https://www.themoscowtimes.com/2019/11/04/putins-gb-declassified-record-show-that-he-was-no-high-flier-but-a-solid-b-a68024.
72. Aleksei Navalny, "Dvorets dlia Putina" (Putin's Palace), https://palace.navalny.com.

o jornalista veterano russo Leonid Mlechin: "Com o tempo, tem havido muita conversa sobre Vladimir Putin pertencer ao grupo dos superespiões do século XX. Na realidade, ele era um funcionário de baixo escalão em uma posição menor. Putin não fez uma grande carreira na inteligência"[73].

Gorbachev muda tudo

Qualquer que tenha sido o trabalho de Putin em Dresden, foi difícil para ele assistir ao colapso do império soviético na Europa Oriental durante sua permanência lá, de 1985 a 1990. Os líderes soviéticos haviam enfrentado a crise de 1980 na Polônia, desencadeada pelos distúrbios trabalhistas nos estaleiros de Gdansk e pelo surgimento do movimento Solidariedade. Mas a decisão do Kremlin de não enviar tropas para o país foi um prenúncio da sua não intervenção em outros países do Bloco Soviético. Na primavera de 1985, após as mortes de Andropov, reverenciado ex-chefe da KGB que serviu como chefe do Partido Comunista Soviético entre 1982 e 1984, e de seu sucessor, Konstantin Chernenko (1911-1985), um líder reformista mais jovem, Mikhail Gorbachev (1931-2022), assumiu o comando. Não demorou muito para que o "novo pensamento" de Gorbachev na política externa resultasse em esforços para encerrar a dispendiosa corrida armamentista com o Ocidente e relaxar o controle de Moscou sobre os países do Bloco Soviético. Na Alemanha Oriental, a KGB logo perdeu o acolhimento que tivera.

Após a queda do Muro de Berlim no início de novembro de 1989, milhares de manifestantes invadiram o prédio da Stasi, em Dresden, em 5 de dezembro, enquanto Putin e seus camaradas observavam da sacada de seu complexo na esquina da Angelikastrasse. De acordo com o relato de Putin, quando os manifestantes começaram a se reunir do lado de fora do prédio da KGB, ele, como o oficial mais graduado presente na época, ligou para o comando militar soviético em Dresden para pedir proteção, mas teve seu pedido recusado, porque eram necessárias ordens de Moscou. Embora não tivesse autorização para agir por conta própria, ele decidiu que precisava

---

73. L. M. Mlechin, *KGB: Predsedateli organov gosbezopasnosti: Rassekrechennie sud'by*. (Moscow: Tsentrpoligraf, 2011), p. 628.

proteger os arquivos altamente sensíveis da KGB. Putin lembrou que, apesar dos avisos de seus colegas, ele saiu, acompanhado por um soldado soviético, e se aproximou da multidão enfurecida. Disse-lhes que o complexo era um posto militar soviético e seria defendido com armas se alguém tentasse entrar. Então, ordenou ao soldado que recarregasse sua arma para reafirmar seu ponto de vista, e os dois voltaram a entrar no prédio. Embora os manifestantes não tenham tentado invadir o prédio, eles não saíram até que paraquedistas soviéticos finalmente chegassem e cercassem o complexo[74].

Após Putin se tornar presidente da Rússia, a televisão estatal retratou-o como um herói que salvou seus camaradas enfrentando uma multidão de milhares de pessoas. Na verdade, relatos subsequentes de testemunhas oculares revelaram que não havia mais do que quinze ou vinte manifestantes do lado de fora do prédio da KGB[75].

Gorbachev também estava fazendo mudanças importantes em casa, introduzindo a *demokratizatsiia* (eleições com vários candidatos tanto para órgãos do partido quanto do Estado), *glasnost* (liberdade para expressar opiniões publicamente) e *perestroika* (reestruturação política e econômica). Ele compreendia que a economia de orientação soviética já não era viável. A situação econômica do país estava declinando rapidamente, em grande parte devido aos gastos militares exorbitantes, e alguma forma de privatização era necessária. Duas novas leis, aprovadas sob a direção de Gorbachev em 1987, permitiam que empresas estatais adotassem práticas usadas por empresas privadas e liberavam investimentos estrangeiros em empresas soviéticas. Essas mudanças pavimentaram o caminho para Berezovsky se tornar empresário. Em suas palavras:

> Eu estava absolutamente feliz na União Soviética. E então essa vida terminou, em 1989, quando o instituto parou de pagar os salários, e eu senti uma espécie de incerteza, ou ameaça, pairando no ar, e a vida se tornou desconfortável. Tomei uma decisão absolutamente crucial: parar de fazer ciência e começar a fazer negócios, o que, na época, se

---

74. Blotskii, *Doroga k vlasti*, p. 260-65. Vide também Myers, *New Tsar*, p. 50-51, para ver um relato um pouco diferente.

75. Ray Furlong, "Showdown in Dresden: The Stasi Occupation and the Putin Myth", RFE/RL, 2/dez/2019, https://www.rferl.org/a/showdown-in-dresden-the-stasi-occupation-and--the-putin-myth/30302831.html.

chamava "especulação". Para mim, começou uma vida completamente diferente, com risco, responsabilidade e liberdade[76].

Berezovsky abordou a direção da AvtoVAZ com uma proposta para formar uma *joint venture* com um fornecedor italiano da Fiat, a Logosystem, e, em maio de 1989, a LogoVAZ foi estabelecida, com Berezovsky como diretor-geral. Badri Patarkatsishvili (1955-2008), um georgiano responsável pela distribuição de peças de reposição da AvtoVAZ no Cáucaso, forneceu parte do capital inicial para a LogoVAZ e, mais tarde, uniu-se à sua administração. Conforme observou o falecido jornalista norte-americano Paul Klebnikov, a LogoVAZ foi estabelecida para fornecer software de computador de última geração à AvtoVAZ, mas logo a nova empresa abandonou essa missão e começou a vender automóveis fabricados pela AvtoVAZ[77].

A AvtoVAZ era a maior fabricante de automóveis da União Soviética, produzindo cerca de 700 mil carros (das marcas Lada e Zhiguli) anualmente, e os cidadãos soviéticos, ávidos por mobilidade e status, os adquiriam por todos os meios possíveis. O diretor da AvtoVAZ, Vladimir Kadannikov (1941-2021), e seu vice tornaram-se acionistas da LogoVAZ, mantendo seus cargos nessa empresa e garantindo que a nova *joint venture* fosse lucrativa. A LogoVAZ comprava os carros a preços artificialmente baixos estabelecidos pelo Estado e os vendia no mercado interno com lucro considerável. Nas palavras do jornalista David Hoffman: "Os comerciantes estavam efetivamente sugando o valor da AvtoVaz, mas o faziam com permissão dos próprios gerentes da empresa"[78].

Em apenas três anos, a LogoVAZ estava vendendo 45 mil carros AvtoVAZ anualmente e faturando quase 300 milhões de dólares apenas com essas vendas[79]. Andrei Vasiliev, editor do *Kommersant* quando, mais tarde, Berezovsky era proprietário da publicação, fez estas observações irônicas após a morte de Berezovsky:

---

76. Berezovskii, *Avtoportret*, p. 35.
77. Paul Klebnikov, *Godfather of the Kremlin*: The Decline of Russia in the Age of Gangster Capitalism (Orlando: Harcourt, 2000), p. 55. Klebnikov, que era editor da revista *Forbes* em Moscou, seria brutalmente morto a tiros em 2004. Seus assassinos nunca foram encontrados.
78. Hoffman, *Oligarchs*, p. 146.
79. Aven, *Vremia Berezovskogo*, p. 34-35; Klebnikov, *Godfather of the Kremlin*, p. 93; Hoffman, *Oligarchs*, p. 141-45.

> Boria [Boris] realmente tinha uma intuição brilhante. Quando ainda estavam trabalhando como revendedores da AvtoVAZ, ele veio e disse: "Vamos comprar todos os Zhiguli que a AvtoVAZ tem para o próximo ano". E compraram todo o estoque; pegaram as economias que suas mães guardavam debaixo dos travesseiros e colchões, venderam suas esposas, e investiram tudo nessas latas chamadas Zhiguli. Naquele momento, a economia passou para o dólar, o rublo entrou em colapso, e o preço do Zhiguli foi fixado em moeda forte [...]. Foi assim que ele ganhou seus primeiros milhões[80].

Ansioso para expandir seus negócios exportando matérias-primas da Rússia, Berezovsky viajou para Lausanne, na Suíça, no início de 1991, com Nikolai Glushkov, membro fundador da LogoVAZ e diretor financeiro da AvtoVAZ. Glushkov, que tinha doutorado em física teórica e matemática, havia trabalhado no Ministério do Comércio Exterior da Rússia durante dez anos e, portanto, tinha uma valiosa experiência com mercados estrangeiros. Ele seria um dos aliados mais próximos de Berezovsky por muitos anos. Berezovsky e Glushkov conseguiram atrair uma empresa suíça de comércio de commodities, André & Cie, para fazer negócios com a LogoVAZ como uma *joint venture* suíço-russa, mas com Berezovsky e seus parceiros possuindo a maioria das ações. Nas palavras de Klebnikov:

> Para Berezovsky, a reincorporação da LogoVAZ representou uma conquista extraordinária. A União Soviética ainda não havia caído, e aqui estava um empresário russo, operando sem o conselho da KGB ou de outras partes da elite soviética internacionalmente orientada, criando uma sofisticada estrutura financeira internacional completa, com parceiros estrangeiros respeitáveis, empresas de fachada e paraísos fiscais[81].

Mais tarde, Berezovsky lembrou-se de que quando começou seus negócios, em 1989, tinha apenas três mil rublos em seu nome, "a metade do preço de um carro".[82] Não demorou muito para ele começar a frequentar uma loja de roupas masculinas exclusiva em Zurique e dirigir um Mercedes.

---

80. Yevgenia Albats, "Berezovskii byl chast'iu nashei zhizni: I chast'iu zhizni Putina – tozhe". *Novoe vremia*, 31/mar/2013, https://newtimes.ru/articles/detail/64630/.
81. Klebnikov, *Godfather of the Kremlin*, p. 72.
82. Berezovsky, *Avtoportret*, p. 75.

CAPÍTULO 2

UM ENCONTRO EM SÃO PETERSBURGO

> Naquela época, era assim na Rússia – não estava claro quem era mais culpado: o governo ou os especuladores financeiros. No entanto, estava bem claro quem eram os perdedores: os russos comuns.
> – Paul Klebnikov, *Godfather of the Kremlin*

Ao retornarem a Leningrado, em janeiro de 1990, os Putin encontraram a vida soviética em tumulto. As reformas de Mikhail Gorbachev haviam desencadeado um amplo descontentamento étnico nas repúblicas não russas, e a economia soviética estava em queda livre. Ainda mais significativo, uma mudança fundamental estava ocorrendo nos valores e expectativas das pessoas em relação ao seu governo. Embora houvesse exemplos históricos, poucos antecipavam que a liberalização cautelosa de Gorbachev "de cima para baixo" desencadearia uma revolução "de baixo para cima". À medida que as reivindicações por mudanças democráticas atingiam um ponto crítico, o controle da KGB sobre a sociedade ficou ameaçado. Pouco depois do retorno de Putin a Leningrado, Oleg Kalugin, seu ex-chefe, fez manchetes ao criticar duramente a KGB em uma série de entrevistas para a mídia russa[83].

O período de cinco anos de Putin em Dresden foi reduzido em seis meses, porque a Primeira Diretoria Principal, não surpreendentemente, estava diminuindo seu pessoal no exterior. Putin afirmou em sua autobiografia que lhe foi oferecido um cargo na sede de inteligência em Moscou,

---

83. Vide Bill Keller, "Another K.G.B. Officer Is Charging Incompetence and Graft". *The New York Times*, 8/set/1990, https://www.nytimes.com/1990/09/08/world/another-kgb-officer-is-charging-incompetence-and-graft.html.

mas ele recusou porque "o país não tinha futuro. E seria muito difícil ficar dentro do sistema e esperar que tudo desabasse ao meu redor"[84]. Mas o ex-chefe de Putin em Dresden, Lazar Matveev, lembrou-se de que, embora Liudmila estivesse ansiosa para ir para Moscou, Putin optou por voltar ao seu antigo emprego em Leningrado, porque a proposta de Moscou não incluía um apartamento[85]. A Primeira Diretoria Principal, como regra, fornecia moradia – que era de propriedade do Estado – para todo o seu pessoal; então, se a agência fez uma oferta a Putin, esta não pode ter sido séria. Obviamente, os Putin não poderiam mudar de volta para Moscou sem ter um lugar para morar.

Liudmila Putina lembrou-se da situação de emprego de Putin de maneira diferente de seu marido: "Agora nem consigo lembrar por que Vladimir Vladimirovich recusou a posição em Moscou. Parece que eles [a KGB] não cumpriram o que propuseram, e o emprego não tinha boas perspectivas"[86]. O biógrafo de Putin, Alexander Rahr, observou que "um véu de mistério" envolve a questão de saber se Putin realmente recebeu uma oferta para se transferir para Moscou e sugere que seus superiores estavam descontentes com o fato de ele e seus colegas de Dresden não terem previsto o colapso da liderança comunista da Alemanha Oriental. Como resultado, escreveu Rahr, Putin acabou em um cargo menor em Leningrado: "Putin estava de volta ao ponto de partida de quinze anos antes – suas tarefas eram novamente espionar e recrutar estudantes estrangeiros"[87].

Com apenas uma máquina de lavar de vinte anos que lhes foi dada por um vizinho de Dresden e uma pequena quantia de dólares americanos, Putin e sua família não tiveram escolha senão se mudar para a casa dos pais, onde ocuparam o espaço menor em um apartamento de dois quartos. Em março de 1990, após assumir um cargo de monitoramento de estudantes estrangeiros na Universidade Estadual de Leningrado – sob a cobertura de vice-reitor para assuntos internacionais –, Putin tornou-se membro da

---

84. Putin, *First Person*, p. 85.
85. Blotskii, *Doroga k vlasti*, p. 280-83.
86. Blotskii, *Doroga k vlasti*, p. 273.
87. Rahr, *Vladimir Putin*, p. 67. Philip Short teoriza que Putin foi chamado de Dresden antecipadamente para realizar uma missão especial sob as ordens do chefe da Diretoria Z da KGB, Filipp Bobkov. (Putin, p. 120-22).

"reserva ativa" da KGB. Mas o dinheiro estava curto. Liudmila lembrou: "Por três meses, ele não recebeu seu salário. Lembro que, no final do terceiro mês, comecei a ficar seriamente alarmada, porque simplesmente não tínhamos dinheiro. Mas, então, tudo foi pago a ele de uma só vez"[88]. Em maio de 1990, enquanto mantinha seu cargo na universidade, Putin tornou-se conselheiro de Anatoly Sobchak (1937-2000), o recém-eleito presidente do Conselho da Cidade de Leningrado e um conhecido democrata. Segundo Putin, quando ele disse a Sobchak, que fora um de seus professores no departamento de direito da LSU, que ele ainda estava na folha de pagamento da KGB, Sobchak ignorou, dizendo: "Bem, dane-se". Aparentemente, Sobchak decidiu que, dada a agitação política na época, era útil ter um assistente com uma linha direta para a KGB, apesar da afirmação subsequente de Putin de que, "embora eu estivesse formalmente listado nos órgãos de segurança, raramente colocava os pés no prédio da direção [da KGB]"[89].

Na verdade, Oleg Kalugin disse que Sobchak procurava ativamente alguém da KGB para servir em sua equipe[90]. Isso é confirmado pelo jornalista Dmitrii Zapol'skii, autor de *Putinburg*, um livro sobre São Petersburgo na década de 1990. Zapol'skii apontou que Sobchak precisava de alguém da KGB para servir como seu "observador", que manteria um olho nos fluxos financeiros, especialmente os obscuros, e resolveria quaisquer problemas que surgissem com os serviços de segurança. Putin foi selecionado por Sobchak porque não estava trabalhando para a KGB abertamente, mas sob o disfarce de um funcionário universitário, para que a imagem de Sobchak como democrata não fosse afetada[91]. Conforme Masha Gessen colocou: "Sobchak era esse tipo de político: ele tinha um discurso pró-democracia colorido, mas gostava de ter uma

---

88. Blotskii, *Doroga k vlasti*, p. 271-73.
89. Putin, *First Person*, p. 88-89. Short (Putin, p. 135) afirma que Putin não começou a trabalhar para Sobchak até outubro de 1990, mas a maioria das fontes diz que ele já era conselheiro de Sobchak em maio ou junho. Vide, por exemplo, sua biografia em zampolit.com: https://zampolit.com/dossier/putin-vladimir-vladimirovich/. Vide também Myers, *New Tsar*, p. 58-59.
90. Myers, *New Tsar*, p. 58.
91. Dmitrii Zapol'skii, *Putinburg* (Cheltenham, UK: PVL Consulting Ltd., 2019), Kindle ed., p. 214-15.

base conservadora sólida para fazê-lo... Sobchak – que subiu pelas fileiras tanto na universidade quanto no Partido Comunista – sabia que era mais sábio escolher seu próprio manipulador da KGB do que ter um escolhido para você"[92].

Em junho de 1991, depois de ser eleito prefeito de Leningrado, Sobchak nomeou Putin presidente do recém-formado Comitê Municipal de Relações Econômicas Externas, com a responsabilidade de atrair investimentos estrangeiros. Entre aqueles que trabalhavam no escritório de Sobchak estava outro de seus ex-alunos, o futuro presidente da Rússia, Dmitry Medvedev; o economista Aleksei Kudrin; e Igor Sechin, ex-oficial de inteligência, que ficaria conhecido pejorativamente como "o carregador da maleta de Putin". Anatoly Chubais, presidente do Comitê de Reforma Econômica de Leningrado e defensor fervoroso do que veio a ser conhecido como "terapia de choque", também trabalhou brevemente para Sobchak antes de se mudar para o governo de Yeltsin. Mais tarde, Putin afirmou de forma pouco convincente que enviara uma carta de demissão para a KGB quando começou a trabalhar para Sobchak, em 1990, mas que "ficou presa em algum lugar", de modo que ele ainda era um oficial ativo da KGB quando ocorreu a tentativa de golpe de agosto de 1991. Portanto, em 20 de agosto ele renunciou[93]. Naquela época, no entanto, ficou claro que os comunistas linhas-duras de Moscou fracassaram em assumir o poder. Putin, ao que parece, estava se protegendo, e no último minuto aliou-se aos democratas.

Putin e sua esposa estavam de férias no Mar Báltico, perto da cidade natal de Liudmila, Kaliningrado, quando as notícias da tentativa de golpe foram divulgadas, em 19 de agosto. Embora tenha telefonado para Sobchak naquela noite, Putin não voltou a Leningrado até o dia seguinte, unindo-se a Sobchak em uma sessão especial do conselho da cidade no Palácio Mariinsky e informando-o de sua decisão de deixar a KGB. O *timing* de Putin foi perfeito. Até 21 de agosto, a tentativa de golpe havia falhado. Em entrevistas subsequentes logo após o golpe, Putin revelou seu passado na KGB, mas insistiu que havia sido apenas um oficial

---

92. Gessen, *Man without a Face*, p. 97.
93. Putin, *First Person*, p. 91-93.

de inteligência estrangeira e que não desempenhara nenhum papel nas nefastas operações domésticas da KGB[94].

Quando da tentativa de golpe, Berezovsky também estava de férias nas Ilhas Seychelles com sua namorada Elena Gorbunova. Como a maioria dos cidadãos soviéticos, eles foram completamente surpreendidos e não sabiam o que esperar ao voltar para Moscou. Mas quando ficou claro que Yeltsin, um ex-apparatchik do partido que agora bradava os *slogans* da democracia, emergira vitorioso, Berezovsky viu novas e ilimitadas oportunidades para perseguir seus objetivos comerciais. Putin teve uma reação diferente. Posteriormente, ele disse que o colapso soviético e o fim da KGB foram um choque desagradável: "Durante os dias do golpe, todos os ideais, todos os objetivos que eu tinha quando entrei para a KGB, desmoronaram. Claro, foi incrivelmente difícil passar por isso. Afinal, a maior parte da minha vida foi dedicada ao trabalho nos órgãos de segurança"[95].

Dinheiro, dinheiro, dinheiro

Segundo o biógrafo de Putin, Chris Hutchins:

> O sonho de Anatoly Sobchak era transformar a nova São Petersburgo [assim rebatizada em setembro de 1991] na capital financeira da Rússia; um projeto que exigiria um organizador com muita habilidade e nervos de aço. Putin poderia ser um novato político, mas tinha um diploma em direito internacional, falava algumas línguas, administrava um escritório eficiente e parecia ser quase destemido[96].

Sobchak, segundo todos os relatos, considerava Putin um membro inestimável de sua equipe, nomeando-o vice-prefeito da cidade no final de 1991 e delegando grande parte da tomada de decisões a ele. Karen Dawisha, autora da profícua obra *Putin's Kleptocracy*[97], observou: "Os estrangeiros que faziam negócios na Rússia relatavam universalmente que, se você quisesse fazer algo na cidade, deveria trabalhar com Putin, não com

---

94. Myers, *New Tsar*, p. 62-67.
95. Putin, *First Person*, p. 94.
96. Chris Hutchins, Putin, with Alexander Korobko. (Leicester, UK: Matador, 2012. Kindle ed.), Cap. 4, loc. 1026.
97. Em tradução livre, *A Cleptocracia de Putin*. (N. T.)

Sobchak"[98]. Enquanto isso, em setembro de 1991, Berezovsky disse a um jornal russo que a LogoVAZ havia recebido um empréstimo sindicalizado de 20 milhões de dólares de seis bancos russos para a AvtoVAZ fabricar dez mil carros para venda no mercado doméstico a preços europeus[99]. E graças ao seu amigo Petr Aven, que se tornou ministro das Relações Econômicas Exteriores no novo governo de Yeltsin, a LogoVAZ pôde expandir ainda mais seus negócios. A empresa obteve uma licença para exportar matérias-primas, como petróleo e alumínio, que eram as principais fontes de moeda forte da Rússia. Empresas russas que obtiveram direitos de comércio exterior por meio de conexões governamentais conseguiram adquirir essas mercadorias a preços estatais baixos e vendê-las a preços muito mais altos no exterior[100].

Berezovsky, que certa vez disse a Aven "não vou parar até ganhar um bilhão de dólares", estava em alta[101]. Em 1992, a LogoVAZ criou uma *joint venture* com uma empresa de petróleo de Oklahoma chamada GHK Corp e a produtora de petróleo russo Samaraneftegaz para a exportação de petróleo russo. As exportações de petróleo e de outras matérias-primas também traziam retornos enormes para os especuladores, pois evitavam impostos, escondendo seus lucros no exterior. Em maio de 1992, Aven disse a Klebnikov: "Não temos ideia de quanto dinheiro passa sem pagar impostos"[102].

Aven renunciaria ao seu cargo em dezembro de 1992, em meio a acusações de que as receitas das exportações da Rússia estavam sendo desviadas ilegalmente; ele, rapidamente, ingressou em uma empresa pela qual era responsável pela regulação: o Grupo Alfa, que estava enriquecendo por meio de exportações de petróleo e metais. Mais tarde, veio a dizer a um repórter:

> Quando eu era ministro, o Boria [Berezovsky] se agarrava a mim em todos os lugares que eu ia. Ele levava as minhas malas, estava na minha casa todos os dias. Uma vez, passamos a noite no mesmo

---

98. Karen Dawisha, *Putin's Kleptocracy: Who Owns Russia?* (New York: Simon and Schuster, 2014), p. 82.
99. Conforme relatado em *Kommersant vlast'*, 23/set/1999, https://www.kommersant.ru/doc/909.
100. Klebnikov, *Godfather of the Kremlin*, p. 95-97.
101. Khinshtein, *Berezovskii i Abramovich*, p. 49.
102. Klebnikov, *Godfather of the Kremlin*, p. 98-100.

lugar. Quando me levantei às sete e meia da manhã, Berezovsky, já vestido, embora com uma cara sonolenta, correu para me escoltar até o carro, na chuva, segurando cuidadosamente um guarda-chuva para me proteger da chuva. Mas assim que fui demitido, ele desapareceu imediatamente[103].

Na verdade, Aven e Berezovsky permaneceram amigos até 1999, quando o Grupo Alfa teve uma disputa com Berezovsky sobre a aquisição do jornal *Kommersant*, e Fridman, o CEO do Grupo, acusou Berezovsky de ameaçá-lo.

Putin e Berezovsky foram apresentados por Aven em outubro de 1991, apenas dois meses após a tentativa de golpe. Aven e Berezovsky trouxeram o chefe da GHK, Robert Hefner, e o governador de Oklahoma, David Walters, para São Petersburgo para conhecer Sobchak, uma reunião que Putin havia organizado a pedido de Aven. Depois que o grupo se sentou para ouvir Sobchak, com Putin e Berezovsky de cada lado do prefeito, Berezovsky, que havia bebido muito vinho no almoço, cochilou. Segundo Aven, Putin ficou indignado e recusou-se a apertar a mão de Berezovsky quando ele saiu. Putin até chamou Aven de lado e disse: "Fiz tudo por você, para então ele se comportar assim, dormir em uma reunião tão importante [...]. Não me ligue mais e não conte com a minha ajuda... melhor [Berezovsky] não aparecer novamente em nossa cidade. Se eu o encontrar, quebro suas pernas"[104]. Berezovsky lembrou-se da reunião de forma diferente, afirmando que foi Sobchak, e não Putin, quem expressou raiva por Aven. Segundo Berezovsky, ele desenvolveu uma relação cordial com Putin após esse primeiro encontro, passando pelo escritório dele sempre que visitava São Petersburgo: "Não posso dizer que isso se transformou em uma amizade muito próxima. Mas continuou a evoluir e, por fim, tornou-se amizade... o relacionamento era de muita confiança e, desde o início, se desenvolveu bastante rapidamente, assim como tudo na Rússia"[105].

---

103. Khinshtein, *Berezovskii i Abramovich*, p. 59.
104. Aven, *Vremia Berezovskogo*, p. 74.
105. Entrevista de Berezovsky com Masha Gessen, 2008, publicada na *Republic*, 25/mar/2013, https://republic.ru/posts/l/923157.

A LogoVAZ havia começado a importar carros estrangeiros – Mercedes e Volvo –; então Berezovsky abordou Putin com a ideia de um centro de serviço para eles em São Petersburgo. Putin "respondeu com grande entusiasmo" à proposta. Berezovsky, mais tarde, comentaria com Masha Gessen, de forma pouco convincente, que Putin foi o primeiro burocrata que conheceu que não aceitava subornos[106]. Mas tanto Putin quanto Sobchak parecem ter se beneficiado pessoalmente do acordo; logo, ambos estavam guiando Mercedes para ir ao trabalho nos escritórios do prefeito, no Instituto Smolny[107].

Não é de surpreender que Berezovsky, um cientista judeu que se tornou empresário, estivesse cortejando um ex-oficial de baixo escalão da KGB que passara vários anos combatendo dissidentes soviéticos em Leningrado. Também não é difícil entender por que Putin desempenharia um papel tão importante no novo governo democrático de São Petersburgo. Como observou amargamente o ativista de direitos humanos exilado Vladimir Bukovsky, após retornar a Moscou depois do colapso soviético de 1991: "Para a Rússia, o resultado foi uma tragicomédia desprezível, na qual ex-dirigentes de partido de segunda classe e generais da KGB desempenharam o papel de principais democratas e salvadores do país contra o comunismo"[108].

Bukovsky instou Yeltsin a instituir um acerto de contas, no estilo Nuremberg, com os crimes do regime passado, mas isso, é claro, nunca aconteceu. Como resultado, a revolução desencadeada pelas reformas de Gorbachev e a emergência de Yeltsin como presidente da Rússia não foram suficientes para superar a cultura de autoritarismo profundamente enraizada no país, uma cultura que durante décadas privou o povo russo de qualquer tradição de autogoverno. Todos quiseram ganhar dinheiro nos anos em que Yeltsin foi presidente. Mas em vez de um sistema capitalista governado pelo Estado de Direito, a Rússia estava se tornando um país

---

106. Gessen, *Man without a Face*, p. 15-16.
107. Dawisha, *Putin's Kleptocracy*, p. 65.
108. Vladimir Bukovsky, *Judgment in Moscow: Soviet Crimes and Western Complicity*, trans. Alyona Kojevnikov, edição em inglês preparada por Paul Boutin (California: Ninth of November Press, 2019), p. 59. Vide minha crítica do livro de Bukovsky: "The Secret Files of the Soviet Union", *New York Review of Books*, 16/jan/2020.

onde suborno e violência se combinavam para sufocar a livre concorrência. Nesse ambiente, era natural que Putin e Berezovsky estivessem se ajudando mutuamente. As facas só seriam desembainhadas muito mais tarde.

Facilitando acordos no escritório do prefeito

Petr Aven descreveu como era viver na Rússia no início dos anos 1990:

> O que parecia fora de alcance se tornou possível: dinheiro, viagens, livros. Até ontem, todos recebiam quase o mesmo salário e passavam dez anos juntando dólares; só se podia visitar a Polônia com permissão do comitê distrital [do partido]; os livros mais importantes eram obtidos apenas por meio de *samizdat*[109]. Agora, havia novas e grandes oportunidades; novas recompensas, antes impensáveis, das quais a mais importante [...] era a riqueza e o poder, obtidos juntos[110].

Putin, o oficial da KGB de fala direta que se tornou democrata, que apenas ocasionalmente tomava vodka, dificilmente era imune a esses atrativos. Responsável pela emissão de licenças de exportação e regulamentação de empreendimentos estrangeiros conjuntos em São Petersburgo, a maior cidade comercial da Rússia, ele encontrou amplas oportunidades para colher os benefícios da nova economia russa, muitas vezes por meios corruptos. Sobchak, que fazia frequentes viagens ao exterior para se encontrar com líderes estrangeiros, deu a Putin carta branca para administrar o poderoso gabinete do prefeito, até mesmo deixando-o com uma pilha de documentos oficiais em branco assinados, para serem preenchidos como decretos por Putin, quando necessário[111]. Além de Putin, Sobchak contratou numerosos outros ex-funcionários do Partido Comunista e oficiais da KGB para trabalhar para ele, o que criou um clima de impunidade no governo de São Petersburgo. Conforme observou Myers sobre Sobchak: "Para garantir seu poder, ele precisava dos aparelhos, não dos democratas. Este seria um dilema central na Rússia

---

109. Dissidência cultural em que as pessoas reproduziam, muitas vezes à mão, e circulavam publicações censuradas pelo regime comunista. (N. T.)
110. Aven, *Vremia Berezovskogo*, p. 12.
111. Vide o filme biográfico de 2018 sobre Sobchak, criado por sua filha, Ksenia Sobchak, e Vera Krichevskaia, Delo Sobchak (*The case of Sobchak*), https://www.imdb.com/title/tt8342962/.

nos anos seguintes"[112]. Não surpreende o fato de que essa situação tenha colocado Sobchak em desacordo com o Conselho Municipal democraticamente eleito, que, em 1992, iniciou esforços infrutíferos para realizar o seu *impeachment*.

O primeiro de muitos escândalos que ocorreram em torno de Putin na época envolveu a indústria de jogos de azar, uma das muitas responsabilidades que Sobchak delegou ao seu vice. Como Putin relatou em *First Person*, a cidade ganhou o controle de 51% dos cassinos, oferecendo aluguel gratuito de prédios municipais aos donos de cassinos; porém, de alguma forma, deixou de receber qualquer lucro dos jogos de azar. Putin explicou que o dinheiro tinha sido "desviado" e que "nosso erro clássico foi cometido por pessoas que entraram no livre mercado pela primeira vez". Muitos assumiram que parte dos lucros dos cassinos foi desviada para a prefeitura e acabou nas mãos de Putin e Sobchak. Como Putin observou: "Mais tarde, especialmente durante a campanha eleitoral de Anatoly Sobchak em 1996, nossos oponentes políticos tentaram encontrar algo criminoso em nossas ações e nos acusaram de corrupção"[113]. Nenhum crime foi comprovado. Mas, anos depois, o site de notícias investigativas *The Insider* entrevistou Franz Zedelmeier, um empresário alemão cuja empresa era responsável pela segurança da filial do Credit Lyonnais em São Petersburgo, no início dos anos 1990. Zedelmeier afirmou que, a cada semana ou dez dias, Sobchak levava ao banco uma mala cheia de dinheiro para transferência para o exterior[114].

O notório escândalo do "petróleo por alimentos" criou uma polêmica política muito maior, ameaçando até mesmo o emprego de Putin. Após o colapso da União Soviética, uma escassez de alimentos causada, em parte, pela pior colheita em uma década, tornou-se grave em São Petersburgo, e o governo não tinha fundos para pagar a importações de alimentos. (A inflação estava tão fora de controle, que as pessoas vendiam bitucas de cigarro por um rublo cada uma). A cidade até introduziu cartões

---

112. Myers, *New Tsar*, p. 77.
113. Putin, *First Person*, p. 102.
114. Anastasiia Kirilenko, "Kazhduiu nedeliu Sobchak prinosil v bank port-fel' kesha", *The Insider*, 1º/mar/2017, https://theins.ru/korrupciya/46539.

de racionamento para leite, carne e linguiça. No fim de 1991, Petr Aven e o primeiro-ministro interino Egor Gaidar concordaram com o pedido de Putin à autoridade legal para emitir licenças para a exportação de matérias-primas (produtos de petróleo, metais, madeira, cobre, alumínio e cimento) localizadas na região de São Petersburgo. As empresas intermediárias licenciadas deveriam negociar ou vender as matérias-primas no exterior em troca de produtos alimentícios, mas as únicas importações de alimentos recebidas na troca foram 128 toneladas de óleo vegetal. Em 1992, uma comissão de deputados do Conselho Municipal de Leningrado, liderada por Marina Sal'e (1934-2012), conduziu uma investigação sobre o golpe e descobriu que mais de 100 milhões de dólares em exportações tinham desaparecido sem nenhuma prestação de contas[115].

Os contratos, distribuídos por Putin sem licitação, foram assinados sem datas, nomes e números de registro, e os valores das matérias-primas a serem vendidas foram demasiadamente subestimados. Quando Sal'e e outro membro da comissão pediram a Putin documentação detalhada sobre os contratos e o destino das entregas, ele se recusou, alegando que "essas informações são um segredo comercial". Em um artigo para a *Novaia Gazeta*, o jornalista Oleg Lur'e estimou que as empresas envolvidas em "salvar São Petersburgo da fome" lucraram cerca de 34 milhões de dólares[116].

Quando os legisladores de São Petersburgo exigiram a demissão de Putin por causa do golpe, Aven protegeu-o, evitando que ele perdesse o emprego[117]. (Isso pode explicar, em parte, por que Aven se tornou um dos oligarcas favoritos de Putin, desfrutando de conversas ocasionais a sós com o presidente russo). Tanto o gabinete do prefeito de São Petersburgo quanto o Kremlin conseguiram frear a investigação de Sal'e, e o alvoroço

---

115. Dawisha, *Putin's Kleptocracy*, p. 106-25; Yuri Felshtinsky e Vladimir Pribylovsky, *The Corporation: Russia and the KGB in the Age of President Putin* (New York: Encounter Books, 2008), p. 71-82; Robert Coalson, "Marina Salye: The St. Petersburg Lawmaker Who Became Putin's First Accuser", RFE/RL, 19/maio/2022, https://www.rferl.org/a/putin-corruption-accusation/31855104.html.

116. Oleg Lu're, "Kolbasa dlia Pitera", *Novaia gazeta*, 13/mar/2000, https://on-demand.eastview.com/browse/doc/3464053.

117. Anastasiia Kirilenko and Iurii Timofeev, "Pochemu Marina Sal'e molchala o Putine 10 let?", Radio Svoboda, 2/mar/2010, https://www.svoboda.org/a/1972366.html.

acabou por se acalmar. Sobchak, que ignorou as exigências de remoção de Putin pelo Conselho Municipal de Leningrado, até mostrou sua confiança nele ao nomeá-lo primeiro vice-prefeito, em junho de 1994[118].

Mafioso por meio período

Mais tarde foi revelado que Putin concedera contratos de exportação a vários de seus amigos, inclusive àqueles que tinham ligações com a máfia, os quais vendiam as matérias-primas e depositavam os lucros em contas no exterior. Um exemplo foi uma licença para exportar mais de 30 milhões de dólares em produtos petrolíferos que Putin deu à Nevskii Dom, empresa de São Petersburgo de propriedade de seu amigo Vladimir Smirnov (1954-1982), empresário e associado próximo do notório Vladimir Kumarin, líder do grupo criminoso Tambov. Os produtos derivados de petróleo acabaram na Grã-Bretanha, e o dinheiro desapareceu[119].

Smirnov e Kumarin (que também usava o nome Barsukov) tornaram-se coproprietários da St. Petersburg Fuel Company, que, em 1994, graças a Putin, recebeu direitos exclusivos de fornecer gasolina a São Petersburgo, juntamente com a permissão para estabelecer uma rede de postos de gasolina[120]. Smirnov, que por fim se tornou chefe da agência de energia atômica da Rússia, associou-se a Putin e a alguns financiadores alemães, em agosto de 1992, para estabelecer a, agora infame, St. Petersburg Real Estate Holding Co., conhecida como SPAG. Oficialmente, a SPAG era um empreendimento russo-alemão para atrair investimentos no setor imobiliário de São Petersburgo. Na realidade, porém,

---

118. Philip Short afirma erroneamente que Putin era inocente de qualquer irregularidade no escândalo do petróleo por alimentos, que Karen Dawisha documentou em *Putin's Kleptocracy*. Short diz que Dawisha estava doente quando escreveu o seu livro e que, portanto, "contém erros que, se ela estivesse bem, certamente não teria deixado passar" (Short, *Putin*, 729n162). Dawisha morreu de câncer em 2018, quatro anos depois de seu livro inovador ter sido publicado com grande aclamação por acadêmicos e jornalistas. Aparentemente, Short não consultou as muitas fontes em língua russa sobre o escândalo da troca de petróleo por alimentos que Dawisha se baseou na sua exaustiva investigação.
119. Dmitrii Volchek, "Delo Sobchaka: Zagadki biografii pokrovitelia Putina", Radio Svoboda, 9/jul/2018, https://www.svoboda.org/a/29278219.html; Dawisha, *Putin's Kleptocracy*, p. 116-17.
120. Felshtinsky e Pribylovsky, *Corporation*, p. 94.

a SPAG era um veículo para lavagem de dinheiro dos cartéis de drogas da América do Sul e do grupo criminoso Tambov, tendo a prefeitura como intermediária. Em 1994, Putin assinou uma declaração dando a Smirnov direitos de voto sobre as ações da SPAG pertencentes ao governo de São Petersburgo. Putin atuou no conselho consultivo da SPAG até depois de ser eleito presidente russo em 2000, incentivando assim o investimento na empresa e conferindo-lhe respeitabilidade[121].

Kumarin – chamado de "governador da noite" de São Petersburgo, por causa de sua poderosa influência na política e nos negócios da cidade – está, desde 2009, cumprindo uma longa pena de prisão por extorsão e assassinato, inclusive pelo assassinato da parlamentar Galina Starovoitova (1946-1998). Aparentemente, na esperança de que Putin viesse a ordenar sua libertação, Kumarin negou ter conhecido Putin[122], mas numerosas fontes, incluindo a filha de Sobchak, Ksenia, contestaram sua alegação. Ksenia Sobchak disse no canal de televisão Dozhd, em 2016: "Todo mundo conhecia Kumarin. Eu, pessoalmente, estive em várias reuniões em que ele estava com Putin [...]. Eu era uma menininha e eles [meu pai, Putin e Kumarin] estavam juntos em uma mesa. Isso aconteceu muito". Apontando que Kumarin teria muito a revelar sobre Putin, Sobchak observou que Kumarin não percebeu que a decisão de Putin de mantê-lo atrás das grades nunca mudaria[123].

A aliança que o governo de São Petersburgo forjou com o crime organizado e os serviços de segurança foi claramente exibida quando Ilya Traber, um dos mafiosos mais poderosos da cidade, obteve o controle do vital porto marítimo de São Petersburgo – responsável por todo o tráfego

---

121. Volchek, "Delo Sobchaka"; Dawisha, *Putin's Kleptocracy*, p. 132-41.
122. Amy Knight, *Orders to Kill*, p. 70-74. Kumarin foi acusado pelo assassinato de Starovoitova depois que o meu livro foi publicado. Para uma excelente e detalhada biografia de Kumarin, consulte "Putin's List", em Free Russia Forum: https://www.spisok-putina.org/en/personas/barsukov-kumarin-2/.
123. Dozhd, 27/mar/2016, https://tvrain.ru/teleshow/bremja_novostej/lobkov_raskryvaet_sekrety_vzryvchatki-406267/. Dmitrii Zapol'skii soube por intermédio de Irina Iakovleva, esposa de Vladimir Iakovlev, ex-governador de São Petersburgo, e amiga próxima de Kumarin, que este permanecera em contato com Putin após a sua prisão. Zapol'skii observou que o contato com Putin não ajudou muito Kumarin: "Pelo menos ele ainda está vivo. Não assassinado, não envenenado, apenas preso. Não em uma gaiola dourada, mas em uma gaiola comum" (*Putinburg*, p. 120).

de carga para a Rússia europeia – e do terminal de petróleo da cidade. O apoio de Putin foi crucial para os esforços de Traber, pois ele emitia licenças para Traber e seu amigo Gennadii Timchenko, supostamente um ex-funcionário da KGB, as quais lhes conferiam um monopólio sobre as exportações de petróleo através do terminal petrolífero. A jornalista Catherine Belton, que entrevistou vários ex-associados de Traber para seu livro *Putin's People*[124], observa que a aliança entre Traber e Putin "preocupava até mesmo empresários". Citando um ex-alto funcionário da KGB, Belton afirma que "com a ajuda dos homens de Putin na Prefeitura, o porto marítimo tornou-se um importante centro para o contrabando de drogas da Colômbia para a Europa Ocidental"[125].

Traber era conhecido em São Petersburgo como "o Antiquário", porque fizera fortuna no início dos anos 1990 como comerciante de antiguidades. (Um de seus parceiros nesse negócio era o amigo próximo de Putin, Nikolai Shamalov, cujo filho se casaria com Katerina, uma das filhas de Putin, e mais tarde se divorciaria dela). Em uma entrevista de 2017, Dmitrii Zapol'skii observou que a casa de Sobchak e sua esposa, Liudmila Narusova, que ele visitara, estava repleta de antiguidades de Traber[126]. Muito tempo depois, Putin também se beneficiaria dos talentos de Traber. De acordo com uma investigação de 2017 de Aleksei Navalny, Traber reformou uma luxuosa vila secreta para Putin, em uma ilha no Golfo da Finlândia, entre os anos de 2011 e 2013[127].

Em 2016, promotores espanhóis emitiram um mandado de prisão internacional contra Traber, como parte de sua investigação sobre lavagem de dinheiro pelos grupos criminosos Tambov e Malyshev. Mais tarde, durante um julgamento em 2018 do caso de lavagem de dinheiro de dez anos em Madri, Traber, que não era réu porque os tribunais espanhóis não julgam pessoas à revelia, foi citado como membro do grupo Tambov.

---

124. Em tradução livre, *A Gente de Putin*. (N. T.)
125. Belton, *Putin's People*, p. 102-3.
126. Dozhd, 24/ago/2017, https://tvrain.ru/teleshow/piterskie/piterskie_otets_i_syn-442938/. Veja também Belton, *Putin's People*, p. 98-99.
127. Ver Mike Eckel, "Navalny Punches Even Higher with New Video Alleg-ing Secret Island Dacha Used by Putin", RFE/RL, 30/ago/2017, https://www.rferl.org/a/russia-navalny-putin-island-dacha/28705917.html.

Ele teria ficado tão furioso, que ameaçou o investigador principal, Jose Grinda, e sua família com represálias[128].

Em *Putinburg*, Zapol'skii ofereceu sua visão de como a cidade operava com Putin e Sobchak no comando:

> No início dos anos 1990, um novo modelo econômico de um estado gangster emergiu em São Petersburgo, sob o qual qualquer iniciativa imediatamente caía sob o controle de bandidos e seus curadores nos serviços especiais. Nenhum bandido, nenhum grupo criminoso organizado podia surgir sem a aprovação dos oficiais operativos autorizados da KGB e seus sucessores.

Segundo Zapol'skii, quando Putin assumiu pela primeira vez o cargo de vice de Sobchak, ele era visto pelos oficiais dos serviços de segurança de São Petersburgo com desprezo, por causa de seu histórico pouco impressionante na KGB. Mas a opinião deles mudou à medida que Putin se tornou "o supervisor que controlava o fluxo de dinheiro e poder na pantanosa cidade de São Petersburgo"[129].

Nos momentos de crise, Putin recorria a amigos de confiança dos "órgãos de poder" – militares, policiais e serviços de segurança. Uma dessas crises ocorreu em outubro de 1993, quando Liudmila Putina se envolveu em um grave acidente automobilístico. Os Putin estavam hospedados em sua dacha, em Zelenogorsk, enquanto seu apartamento na cidade estava sendo reformado. Katerina, então com sete anos de idade, estava em casa doente, mas no fim da manhã persuadiu sua mãe a levá-la à escola para que pudesse participar de uma peça teatral. Conforme Liudmila relembrou, elas tiveram que se apressar para chegar a tempo. Quando estavam se aproximando da escola, o carro dela atravessou um cruzamento e foi atingido na lateral por outro veículo. Katerina teve apenas hematomas, mas Liudmila ficou inconsciente e sofreu ferimentos extensos, inclusive fraturas na coluna e no crânio[130].

---

128. Anastasia Kirilenko, "Konets piterskoi 'prachechnoi'", *Novoe vremia*, 17/abr/2018, https://newtimes.ru/articles/detail/158697/.
129. Zapol'skii, *Putinburg*, p. 437-38, p. 445.
130. Blotskii, *Doroga k vlasti*, p. 351-54.

No momento do acidente, Putin estava acompanhando Ted Turner e Jane Fonda em São Petersburgo. O casal visitava a cidade porque Turner estava considerando realizar os Jogos da Boa Vontade de 1994 lá. Mais tarde, Fonda lembrou-se de que, quando Putin lhes disse que sua esposa tinha sofrido um acidente, Turner instou-o a ir ao hospital, mas "Vladimir Putin não quis fazer isso. Ele ficou conosco"[131]. Em sua autobiografia, Putin diz que foi logo ao pronto-socorro do hospital, onde um médico lhe assegurou que sua esposa ficaria bem, então saiu sem vê-la[132]. Putin já havia enviado seu assessor Igor Sechin ao local do acidente para buscar Katerina e, naquela noite, ligou para o proeminente médico Iurii Shevchenko para transferir Liudmila do hospital local à Academia Médica Militar, onde, no dia seguinte, ela foi submetida a uma cirurgia na coluna[133]. Depois de semanas de reabilitação, Liudmila precisava de mais tratamento, não disponível na Rússia. Então, o amigo de Putin, Matthias Warnig, o ajudou. Warnig foi um oficial da Stasi, que conhecera Putin em Dresden e que recentemente havia aberto a filial de São Petersburgo do Dresdner Bank. Warnig conseguiu que o Dresdner Bank não apenas pagasse o transporte aéreo de Liudmila para uma clínica em Bad Homburg, na Alemanha, bem como também cobrisse algumas de suas despesas naquele hospital[134]. O gesto de Warnig compensou. Mais tarde, ele foi convidado a integrar os conselhos do Bank Rossiia e do VTB Bank, assim como os da gigante do petróleo Rosneft e da Rusal, a grande produtora de alumínio[135].

Enquanto Liudmila Putina se recuperava, o outro motorista envolvido, Sergei Levkin, de vinte e um anos, acusou-a de causar o acidente ao atravessar ilegalmente um cruzamento em alta velocidade. Uma longa batalha legal se seguiu, durante mais de dois anos. Finalmente, graças aos

---

131. Kylie Mar, "Jane Fonda's Bizarre Story about Vladimir Putin Once Being Her Travel Guide", Yahoo.com, 17/set/2020, https://www.yahoo.com/entertainment/jane-fondas-bizarre-story-about-vladimir-putin-once-being-her-travel-guide-052904255.html.
132. Putin, *First Person*, p. 104.
133. Myers, *New Tsar*, p. 89-92; Putin, *First Person*, p. 105-10.
134. Guy Chazan e David Crawford, "A Friendship Forged in Spy-ing Pays Dividends in Russia Today", *Wall Street Journal*, 23/fev/2005, http://online.wsj.com/news/articles/SB110911748114361477.
135. "Circles of Power: Putin's Secret Friendship with Ex-Stasi Officer", *The Guardian*, 13/ago/2014, https://www.theguardian.com/world/2014/aug/13/russia-putin-german-right-hand-man-matthias-warnig.

esforços de um investigador-chefe do Departamento de Assuntos Internos de São Petersburgo, o tribunal decidiu que Levkin era responsável pelo acidente. Embora Levkin tenha recebido apenas uma sentença suspendendo sua carteira de motorista por três anos, ele, supostamente, foi ordenado a pagar 15 milhões de rublos (mais de 500 mil dólares) à esposa de Putin como indenização[136]. A equipe jurídica de Levkin, claramente, não era páreo para os recursos que Putin conseguiu reunir.

Berezovsky consegue sua *krysha*[137]

Como Putin, quando se tratava de ganhar dinheiro, Berezovsky não tinha escrúpulos. Ele convenceu Petr Aven a dobrar as taxas alfandegárias sobre carros importados, o que tornou as marcas nacionais vendidas pela LogoVAZ mais populares. (Berezovsky prometeu a Aven uma parte da LogoVAZ em troca do favor, mas, no fim, deu a ele apenas um período de seis meses como consultor da LogoVAZ, indo ao trabalho com um Mercedes branco[138]). A LogoVAZ também conseguiu comprar grandes frotas de carros AvtoVAZ em consignação (com 10% de entrada), reembolsando a empresa no preço acordado em rublos mais de dois anos depois, quando o rublo, em rápida queda, havia se desvalorizado muito. Como observou Hoffman, a AvtoVAZ se transformou em uma "mina de ouro" para Berezovsky, que, mais tarde, disse a Hoffman: "Eu entendi uma coisa importante. Naquela época, um número enorme de pessoas queria comprar carros. Não importava se não tivessem seu próprio apartamento. Não importava se não tivessem roupas. *O que importava era terem um carro!*"[139].

Além dos enormes lucros que estava obtendo com a LogoVAZ, Berezovsky iniciou uma nova empreitada, que aproveitou o esquema de privatização introduzido em 1992 pelo Estado, instigado por Anatoly Chubais, membro do gabinete de Yeltsin. *Vouchers* com valor nominal de 10

---

136. Argumenty i Fakty, 14/mar/2002, https://aif.ru/archive/1724337.
137. "Telhado", em russo. O termo, porém, passou a designar "proteção". *Krysha* cobria uma ampla gama de serviços, incluindo proteção física, resolução de disputas e lobby. (N. T.)
138. Khinshtein, *Berezovskii i Abramovich*, p. 59. Aven, *Vremia Berezovskogo*, p. 124.
139. Hoffman, *Oligarchs*, p. 137.

mil rublos foram distribuídos a todos os russos. Eles poderiam, então, ser trocados por ações das empresas estatais que estavam sendo privatizadas ou vendidas. Em vez de criar milhões de acionistas, o resultado foi que a propriedade valiosa da Rússia acabou nas mãos de empresários astutos, que compraram *vouchers* e os usaram para adquirir empresas leiloadas a preços de pechincha. Conforme observou Hoffman: "O *voucher* abriu uma porta, e além dela havia um mundo de títulos não regulamentados, dinheiro substituto e finanças selvagens; um período que foi uma perfeita ilustração do que acontece quando o mercado não tem regras"[140].

O novo esquema de Berezovsky envolveu uma empresa – a Aliança Automobilística Toda Russa – que ele fundou com grande pompa no fim de 1993 para fabricar um "carro popular" para venda doméstica. Kadannikov (1941-2021), o respeitado diretor da AvtoVAZ, era o presidente, e Berezovsky, diretor-geral da empresa, que começou a emitir os chamados certificados ao portador para compra pública a dez mil dólares cada um. Embora semelhantes a ações, os certificados não incluíam o nome do titular, o que dificultava a obtenção de dividendos futuros, sendo desencorajada a sua negociação por ações genuínas. No entanto, entre dezembro de 1993 e meados de 1994, o público comprou 50 milhões de dólares em certificados. O projeto, todavia, nunca saiu do papel, e a fábrica planejada para produzir os carros nunca foi construída[141].

Assim como outros poderosos empresários russos, Berezovsky precisava de um *krysha* para protegê-lo e proteger seus colegas da violência de gangues, que se tornara uma ocorrência cotidiana na Rússia. Conforme Khinshtein apontou, o negócio automobilístico era especialmente vulnerável a criminosos: "Em Togliatti [sede da AvtoVAZ], nenhum carro poderia sair dos portões da fábrica, a menos que os bandidos locais recebessem sua porcentagem das vendas"[142]. No fim de 1993, depois que os estacionamentos da LogoVAZ foram atacados várias vezes e uma granada explodiu em uma de suas salas de exposição, Berezovsky fugiu

---

140. Hoffman, *Oligarchs*, p. 214.
141. Khinshtein, *Berezovskii i Abramovich*, p. 80; Hoffman, *Oligarchs*, p. 215-18.
142. Khinshtein, *Berezovskii i Abramovich*, p. 88.

brevemente para Israel, onde conseguiu obter cidadania, embora não tivesse intenção de residir lá permanentemente. Israel se tornaria um porto seguro para Berezovsky quando as coisas se tornassem difíceis na Rússia[143].

A raiz da guerra de gangues era um conflito entre os dois principais grupos criminosos da Rússia: os chechenos e a chamada gangue Solntsevo, que era um grupo eslavo da parte sudoeste de Moscou. Rumores amplamente divulgados afirmavam que chechenos ligados à máfia eram empregados para proteger Berezovsky e a LogoVAZ, e que o georgiano Badri Patarkatsishvili, parceiro de negócios de Berezovsky, tinha contatos com o submundo criminoso no Cáucaso[144]. Contudo, independentemente da veracidade dos rumores, o esquema de segurança de Berezovsky não conseguiu evitar um atentado que quase o matou. (A conversão precipitada de Berezovsky à ortodoxia russa, acompanhada por uma visita ao Patriarca Aleksei dois meses antes, também não o protegeu[145]). Em 7 de junho de 1994, Berezovsky estava no banco de trás de seu Mercedes, saindo da sede da LogoVAZ, no centro de Moscou, quando uma bomba explodiu em um carro estacionado nas proximidades. Seu motorista foi morto, e seu segurança perdeu um olho. A parceira de Berezovsky, Elena Gorbunova, deveria tê-lo acompanhado no carro; ela o esperava na LogoVAZ, mas, por sorte, ficou impaciente com a demora e saiu sozinha dez minutos antes[146]. Berezovsky sofreu queimaduras tão graves, que precisou viajar para a Suíça, onde permaneceu vários meses em tratamento. Os responsáveis pelo ataque nunca foram encontrados; inicialmente, Berezovsky atribuiu-os a concorrentes na indústria automobilística. (Tempos depois,

---

143. Klebnikov, *Godfather of the Kremlin*, p. 23. Klebnikov disse que Berezovsky estava acompanhado de sua esposa, Galina, e de seus dois filhos mais novos, mas, nesse tempo, Berezovsky já tinha uma nova parceira, Elena Gorbunova.

144. Veja, por exemplo, Khinshtein, *Berezovskii i Abramovich*, p. 89; e o artigo não assinado "*Godfather of the Kremlin?*" *Forbes*, 30/dez/1996, https://www.forbes.com/forbes/1996/1230/5815090a.html?sh=33c65a5f7562. O artigo da *Forbes*, discutido mais detalhadamente no capítulo 3, diz: "De acordo com relatórios da polícia de Moscou, Berezovsky iniciou sua concessionária de automóveis em estreita colaboração com os poderosos grupos criminosos chechenos. Presumivelmente, eles lhe deram proteção física – um 'telhado', como é chamado na gíria russa".

145. Dmitrii Gordon, *Berezovskii i Korzhakov: Kremlevskie tainy* (Moscow: Algoritm, 2013), p. 45.

146. Vide relato de Gorbunova's em Aven, *Vremia Berezovskogo*, p. 337.

ele atribuiria falsamente o atentado a Vladimir Gusinsky, o magnata da televisão, juntamente com Iurii Luzhkov, prefeito de Moscou e aliado político de Gusinsky[147].

Berezovsky já empregava homens do antigo Nono Diretório (guardas) da KGB, juntamente com alguns chechenos, para garantir segurança para si e para a LogoVAZ, mas, aparentemente, o incidente da bomba e sua crescente visibilidade pública convenceram-no da necessidade de uma proteção mais abrangente. Um ex-oficial do MVD, de nome Sergei Sokolov (1911-2012), que dirigia uma empresa de segurança chamada Atoll, afirmou que foi contratado para liderar o esquema de segurança de Berezovsky em 1995. Sokolov foi, posteriormente, a fonte de um relatório secreto de 1997 do FSB, alegando que a Atoll fornecia a Berezovsky não apenas proteção física, mas também informação privilegiada. Segundo o relatório, Sokolov recebeu um milhão de dólares de Berezovsky para a compra de equipamentos sofisticados de vigilância a serem usados contra concorrentes comerciais e outros oponentes[148]. Depois que Berezovsky se tornou parte do círculo íntimo de Yeltsin, relatos na mídia, a respeito de a Atoll estar espionando membros da família de Yeltsin e figuras do governo, causariam um escândalo e atrairiam a atenção das autoridades russas.

Berezovsky penetra na "família" de Yeltsin

Em 1993, as ambições de Berezovsky já não se limitavam apenas a ganhar dinheiro. Assim como anteriormente ele descartara a distinção acadêmica pelo sucesso nos negócios, agora ele aspirava à influência política. Seu suntuoso LogoVAZ Club, na Rua Novokuznetskaia, em Moscou, tornou-se o local de encontro preferido de políticos importantes e empresários, que lá se reuniam para discutir a situação política e econômica do país e comer no restaurante do clube. Alex Goldfarb, assessor e amigo próximo de Berezovsky, descreveu o clube:

---

147. Klebnikov, *Godfather of the Kremlin*, p. 38-39.
148. "Spravka FSB 'V otnoshenii ChOP 'Atoll-1'", *Kompromat.ru*, 9/jun/2000, http://www.compromat.ru/page_9782.htm?c40973262dabf77e303a0bf66332df1fb26801=00c67cf150353ecc8434fd9b30306eb4.

Uma visita lá era prova de status. A qualidade do vinho e o talento do chef eram lendários... Sobre o bar, que também servia de sala de espera, estava pendurada a primeira TV de alta resolução de Moscou. Havia um piano de cauda branco, tocado ocasionalmente por um dos velhos amigos de Boris, um judeu idoso de terno branco. No canto, por razões desconhecidas, havia um crocodilo empalhado[149].

O maior objetivo de Berezovsky era ter acesso a Yeltsin e seu círculo interno. Essa oportunidade surgiu no fim de 1993, quando, aconselhado por Aven, um jovem jornalista chamado Valentin Iumashev abordou Berezovsky para perguntar se ele estaria disposto a financiar a publicação russa do segundo livro de Yeltsin, *Notas de um presidente* (Zapiski prezidenta, no título original), que Iumashev escrevera como *ghostwriter*. Iumashev, que mais tarde se casou com a filha de Yeltsin, Tatiana, era editor adjunto da revista *Ogonek*, que pretendia publicar o livro, mas faltava o financiamento necessário. O guarda-costas pessoal de Yeltsin na época, Aleksandr Korzhakov, disse posteriormente a Paul Klebnikov que Iumashev apresentou Berezovsky a ele, e ele, então, apresentou-o a Yeltsin. Berezovsky e o chefe da AvtoVAZ, Vladimir Kadannikov, contribuíram com 250 mil dólares cada um para a publicação do livro[150].

O lançamento oficial do livro de Yeltsin ocorreu em 12 de junho de 1994, apenas cinco dias após o violento ataque que Berezovsky sofreu no exclusivo President's Club, ao qual foi convidado a ingressar como resultado do acordo do livro. De fato, ele foi o primeiro empresário a ser aceito no clube. Berezovsky, com seus ferimentos dolorosamente visíveis no rosto e nas mãos, decidiu comparecer à celebração para demonstrar ao presidente russo quão grave a violência havia se tornado. Ele foi bem-sucedido em seu propósito. Como observou Elena Gorbunova, "é claro que Boris Nikolaevich ficou impressionado"[151]. De acordo com outra fonte, Yeltsin ficou horrorizado. Dois dias depois, ele assinou um decreto

---

149. Alex Goldfarb, *Death of a Dissident: The Poisoning of Alexander Litvinenko and the Return of the KGB*, com Marina Litvinenko (New York: Free Press, 2007), p. 54-55.
150. Aven, *Vremia Berezovskogo*, p. 385; Klebnikov, *Godfather of the Kremlin*, p. 116-17.
151. Aven, *Vremia Berezovskogo*, p. 133.

"Sobre Medidas Urgentes para Proteger a População do Banditismo e Outras Manifestações do Crime Organizado"[152].

O President's Club, na Rua Kosygin, 42, contava com quadras de tênis, onde Yeltsin jogava regularmente; uma piscina; saunas; um bar e um restaurante. Entre os membros estavam Mikhail Barsukov, chefe do FSB; Korzhakov, guarda-costas de Yeltsin; além de alguns de seus conselheiros mais próximos, empresários e figuras do universo cultural preferidas pelo então presidente russo[153]. Lá, Berezovsky começou a se reunir com Korzhakov regularmente. Segundo todos os relatos, Korzhakov, que estava ao lado de Yeltsin em um tanque, em agosto de 1991, quando Yeltsin e seus seguidores frustraram a tentativa de golpe, e depois escreveu um livro tendencioso sobre sua experiência trabalhando para Yeltsin, tinha um tremendo poder com o presidente russo[154]. Korzhakov, um ex-oficial da Nona Diretoria da KGB, havia sido guarda-costas de Yeltsin desde o final da década de 1980 e se tornara seu conselheiro político, porteiro, parceiro de tênis e monitor (alguns dizem cúmplice) do consumo prodigioso de álcool de Yeltsin. Este lembrou em suas memórias: "A cada mês e a cada ano, o papel político do Serviço Federal da Guarda, e especificamente do meu chefe de segurança, Aleksandr Korzhakov, estava crescendo. Korzhakov brigava com todos que não se submetiam à sua influência e com qualquer um que ele considerasse 'estranho'"[155]. Korzhakov tornou-se tão poderoso, que, conforme Yeltsin escreveu, na primavera de 1996, quando os médicos de Yeltsin expressaram graves preocupações com o coração de seu

---

152. Mikhail Zygar, *Vse svobodny: Istoriia o tom, kak v 1996 godu v Rossii zakonchilis' vybory* (Moscow: Al'pina, 2020), Kindle ed., p. 41-42.

153. Timothy J. Colton, *Yeltsin: A Life* (New York: Basic Books, 2008), p. 340-41. Uma cópia das regras de adesão, assinadas por Yeltsin e pelos outros dez fundadores do clube, pode ser acessada nos arquivos de Yeltsin em: https://yeltsin.ru/archive/paperwork/48914/. Os sócios podiam trazer esposas e filhos como convidados aos domingos.

154. Aleksandr Korzhakov, *Boris El'tsin: Ot rasveta do zakata*. Moscow: Interbuk, 1997. Korzhakov forneceu muitos detalhes sobre Berezovsky em entrevistas com Klebnikov para o livro deste último, mas, dado o profundo ódio de Korzhakov por Berezovsky depois que os dois se desentenderam em 1996, seus relatos não podem ser considerados confiáveis.

155. Boris Yeltsin, *Midnight Diaries*, trans. Catherine A. Fitzpatrick. New York: Public Affairs, 2000, p. 215.

paciente e cogitaram uma operação, eles enviaram uma carta coletiva a Korzhakov, que só a mostrou a Yeltsin posteriormente[156].

Berezovsky cultivou uma relação próxima com Korzhakov, mas este acabou se revelando um interlocutor instável e manipulador, que seria demitido por Yeltsin em 1996, em parte por instigação de Berezovsky. Em uma entrevista de 2002, Berezovsky classificou Korzhakov de modo desprezível, afirmando que ele era um "bobo da corte", que se insinuou na guarda de Yeltsin a fim de espioná-lo para a KGB[157]. Todavia, em meados da década de 1990, Berezovsky, assim como todos os outros no mundo político e financeiro da Rússia, recorria a Korzhakov quando precisava de algo do Kremlin.

No fim de 1994, Korzhakov ajudou Berezovsky a persuadir Yeltsin a privatizar sem leilão o Canal Um, de propriedade estatal, e oferecê-lo a um grupo de financistas, incluindo Berezovsky. Berezovsky conseguiu consolidar a maioria das ações e ganhar controle da nova emissora, batizada com o acrônimo ORT, de Obshchestvennoe rossiiskoe televidenie (Televisão Pública Russa). Para resolver os conflitos entre os anunciantes existentes, que desviavam lucros do estado, Berezovsky decidiu começar do zero e impor uma moratória de três meses sobre a publicidade. A moratória, que naturalmente despertou a ira dos anunciantes, foi anunciada no Canal Um em 20 de fevereiro de 1995, por Vladislav Listev (1956-1995), âncora de televisão extremamente popular da Rússia, que se tornaria o novo diretor executivo da ORT em abril. Poucos dias depois do anúncio da moratória, em 1° de março de 1995, Listev, de trinta e oito anos de idade, foi baleado fatalmente no corredor do seu apartamento, em Moscou. O assassinato do amado apresentador de notícias abalou profundamente o país[158]. Berezovsky, que na época estava em Londres com o primeiro-ministro russo, Viktor Chernomyrdin (1938-2010), voltou imediatamente para casa em seu jato particular, apenas para descobrir que a polícia estava prestes a vasculhar seu escritório, porque ele era suspeito do assassinato. Em

---

156. Yeltsin, *Midnight Diaries*, p. 39-40.
157. Entrevista inédita com Berezovsky, em Boris Berezovsky, *The Art of the Impossible*. (Falmouth, MA: Terra-USA, 2006), 1:332-64 (357).
158. Hoffman, *Oligarchs*, p. 281-84; Gordon, *Berezovskii i Korzhakov*, p. 52-55.

meados de fevereiro, Berezovsky havia se encontrado com dois policiais, que o apresentaram a um estranho, o qual afirmava conhecer a pessoa responsável pelo atentado a bomba na LogoVAZ. Berezovsky pagara 100 mil dólares como taxa a esse estranho para evitar uma nova tentativa de matá-lo, mas, aparentemente, tal pagamento foi uma armadilha projetada para incriminá-lo pelo assassinato de Listev. Na verdade, Berezovsky fez com que seus seguranças gravassem a transação, e então entregou a fita à polícia. Mais tarde, ele usou essa gravação como parte das evidências que apresentou a Yeltsin, em um bem-sucedido apelo para persuadir o presidente russo de sua inocência[159].

Embora houvesse outros suspeitos, incluindo o executivo de publicidade Sergei Lisovskii, o assassinato de Listev nunca foi resolvido, e o caso foi encerrado em 2009. Paul Klebnikov, em sua biografia altamente crítica de Berezovsky, elaborou a teoria de que o pagamento de 100 mil dólares de Berezovsky era evidência de que ele havia contratado os assassinos de Listev[160]. Klebnikov sugeriu que o motivo de Berezovsky foi a declaração de moratória sobre a publicidade do Canal Um por Listev, quando, na verdade, a moratória tinha sido uma decisão de Berezovsky, e Listev, inicialmente, se opusera à ideia. Não é de surpreender que em 2000, depois de Berezovsky ter fugido da Rússia, a sua culpa tenha se tornado amplamente aceita no país. Como observou em 2018 o jornalista russo Aleksandr Politkovskii, marido da jornalista assassinada Anna Politkovskaya (1958-2006): "Berezovsky se tornou um fugitivo, e é sempre fácil culpar um fugitivo de algum crime"[161]. De forma significativa, em uma entrevista televisiva de fevereiro de 2020, marcando 25 anos do assassinato de Listev, sua viúva insistiu que Berezovsky não teve nada a ver com o crime: "A morte dele [Listev] foi um golpe terrível para Berezovsky. Ele ficou muito abalado"[162].

---

159. Hoffman, *Oligarchs*, p. 527-28 (nota 26).
160. Klebnikov, *Godfather of the Kremlin*, p. 159-69.
161. Veja "Kollegi Vladislava List'eva napisali imia predpolagaemogo ubiitsy", *Lenta.ru*, 16/fev/2020. https://lenta.ru/news/2020/02/26/listyev/.
162. "Russia 24", 29/fev/2020. https://www.youtube.com/watch?v=yztN3d6cZww.

UM ENCONTRO EM SÃO PETERSBURGO

A intriga contínua e o conflito interno, muitas vezes instigados por Korzhakov, enquanto Yeltsin mergulhava em problemas de saúde e alcoolismo, fazem com que se questione como o Kremlin funcionava nessa época. O governo de São Petersburgo, é claro, tinha sua própria parcela de disfunção, com a infraestrutura decadente da cidade, corrupção e violência, mas Putin era hábil em gerenciar os diversos clãs que competiam pelas riquezas econômicas e influência política. Ao contrário de Berezovsky, que lutava contra inimigos por todos os lados, Putin tinha uma sólida "equipe de São Petersburgo" (Sechin, Medvedev, Kudrin), na qual podia confiar. Ele também manteve ligações com seus inestimáveis ex-colegas da KGB, como o chefe do FSB de São Petersburgo, Viktor Cherkesov. Dito isso, tanto Putin quanto Berezovsky enfrentaram a incerteza política representada pelas eleições de 1996: a reeleição de Sobchak em São Petersburgo e a tentativa de Yeltsin de se manter na presidência da Rússia. Essas disputas se mostrariam cruciais para as ambições de ambos, pois cada um buscava traçar seu caminho em meio ao tumulto da política russa.

CAPÍTULO 3

ELEIÇÕES E MUITO MAIS

> A opinião pública está sendo persuadida de que tem
> apenas a opção de um mal menor, como se hoje, além
> do "partido do poder", que quer ver Yeltsin reeleito, e
> do Partido Comunista não houvesse outras
> forças capazes de governar a Rússia.
> – MIKHAIL GORBACHEV, JULHO DE 1996, *Memórias*

Enquanto Berezovsky ganhava espaço nos círculos do alto escalão do Kremlin, a presidência de Yeltsin começava a se desfazer. No início de 1996, Yeltsin já havia sofrido uma série de ataques cardíacos e continuava a consumir álcool copiosamente, apesar das advertências de seus médicos sobre os efeitos nocivos à sua saúde. Segundo Korzhakov, no dia de seu primeiro infarto, em julho de 1995, Yeltsin havia compartilhado com Mikhail Barsukov dois litros de Cointreau – "uma dose mortal de açúcar para o pâncreas" –, para comemorar a nomeação deste como novo chefe do FSB[163].

Embora Yeltsin tenha sido um herói em 1991, o público russo estava agora desiludido com o seu governo. Apesar – ou por causa – das reformas de Yeltsin, a economia russa estava se saindo mal. O PIB do país permanecia negativo, a inflação anual estava próxima de 100%, o desemprego aumentava e a renda disponível continuava a cair. Quase um quarto da população vivia abaixo da linha da pobreza, enquanto a elite rica da Rússia ficava ainda mais rica. A guerra na Chechênia, lançada pelo Kremlin em dezembro de 1994 porque Yeltsin chegara a acreditar que a independência declarada da Chechênia em relação à Rússia levaria à fragmentação de todo o país, foi um completo fiasco. Contrariando as

---

163. Korzhakov, *Boris El'tsin*, p. 325-26.

suposições do Kremlin, o exército russo mostrou-se incapaz de prevalecer decisivamente contra os separatistas militantes e acabou se envolvendo em um conflito que resultou na morte de, pelo menos, 6 mil soldados russos, juntamente com cerca de 100 mil chechenos. Conforme observou o biógrafo de Yeltsin, Timothy Colton, o lance militar de Yeltsin poderia ser comparado à Baía dos Porcos, ao Vietnã e ao Iraque, exceto pelo fato de que "a carnificina e a miséria vistas nas notícias televisivas não estavam em alguma terra distante, mas num canto da Rússia"[164].

As eleições parlamentares de dezembro de 1995 refletiram o humor do público. O Partido Comunista da Federação Russa (CPRF, sigla do idioma original), liderado por Gennady Zyuganov, conquistou 22,3% dos votos proporcionais, enquanto o ultranacionalista Partido Liberal Democrático recebeu mais de 11% dos votos. Já o partido cuja formação Yeltsin havia patrocinado, Nossa Casa é a Rússia, liderado pelo primeiro-ministro de Yeltsin, Viktor Chernomyrdin (1938-2010), obteve pouco mais de 10% dos votos. Zyuganov era agora considerado o favorito na corrida presidencial agendada para junho de 1996. Anatoly Chubais, o vice-primeiro-ministro de Yeltsin e o líder por trás do esforço para construir o capitalismo de mercado na Rússia, tornara-se um fardo político, com os comunistas exigindo até mesmo sua prisão sob a alegação de que estava vendendo aquilo que legitimamente pertencia ao povo russo. Em janeiro de 1996, a pedido de Korzhakov, Yeltsin demitiu Chubais. E também demitiu Andrei Kozyrev, seu ministro liberal das Relações Exteriores, substituindo-o pelo antigo chefe dos serviços secretos estrangeiros, Evgeny Primakov (1929-2015), um linha-dura que em breve se aliaria aos oponentes de Yeltsin.

Como o próprio Yeltsin lembrou-se mais tarde, ele, psicologicamente falando, atingira um ponto baixo no início de 1996:

> Naina, minha esposa, era categoricamente contra eu me candidatar novamente. Eu também sentia como se o estresse constante estivesse me esgotando completamente e me esmagando. E, talvez, pela primeira vez em minha vida, senti como se estivesse quase completamente isolado em termos políticos. A questão não era apenas a minha taxa

---

164. Colton, *Yeltsin*, p. 291.

de aprovação de 3% nas pesquisas... Pelo contrário, parei de sentir o apoio daqueles com quem comecei minha carreira política, as pessoas com quem embarquei nas primeiras eleições parlamentares e depois na corrida presidencial[165].

Berezovsky entra em ação

Mas Yeltsin não perdera o apoio dos oligarcas, que entraram em pânico diante da perspectiva de um comunista vencer a presidência. Berezovsky estava participando do Fórum Econômico Mundial em Davos, Suíça, no início de fevereiro de 1996, quando teve uma conversa com George Soros, o bilionário húngaro. Os dois se conheceram quando Berezovsky contribuiu com 1,5 milhão de dólares para a Fundação Soros para cientistas russos. Soros disse a Berezovsky que Yeltsin não tinha chance de vencer a eleição e aconselhou-o a deixar a Rússia antes que os comunistas assumissem o poder e ele fosse morto. As palavras de Soros não tiveram o efeito pretendido. Em vez disso, elas instigaram Berezovsky a agir em nome da candidatura de Yeltsin. Observando a maneira como os políticos e CEOs ocidentais em Davos adulavam Zyuganov, como se sua eleição estivesse garantida, Berezovsky decidiu então unir-se aos outros oligarcas em Davos, com o objetivo de usar seus recursos financeiros para reverter a situação a favor de Yeltsin[166].

Berezovsky voltou para seu quarto no Hotel Fluela e, imediatamente, telefonou para um dos homens mais ricos da Rússia, Vladimir Gusinsky, que estava no mesmo hotel, e convidou-o para tomar um drinque. Berezovsky e Gusinsky tinham uma forte rivalidade, pois este era dono do Banco Most, bem como da popular emissora de televisão independente NTV, que competia com o canal de Berezovsky, a ORT.

---

165. Yeltsin, *Midnight Diaries*, p. 16.
166. Entrevista de Berezovsky com Nataliya Gevorkyan, *Kommersant*, 17/jun/1997, em *Berezovsky, Art of the Impossible*, 1:131-45; Berezovsky, *Avtoportret*, p. 41-42. Soros, que mais tarde viria a desprezar Berezovsky, relembrou a reunião de forma diferente: "Queria que ele [Berezovsky] apoiasse Grigory Yavlinsky, a quem considerava o único reformador honesto entre os candidatos, mas fui ingênuo. Não percebi até que ponto Berezovsky estava envolvido em negócios sujos com a família de Yeltsin" (George Soros, "Who Lost Russia", *New York Review of Books*, 13/abr/2000).

No fim de 1994, o Banco Most e Banco AvtoVAZ, no qual Berezovsky tinha uma participação significativa, competiram para fornecer serviços bancários para a companhia aérea russa Aeroflot. Graças às conexões de Berezovsky com o Kremlin, o Banco AvtoVAZ saiu vencedor. Mais tarde, Korzhakov afirmou que Berezovsky havia espalhado boatos venenosos sobre Gusinsky, inclusive alegações de que ele estava conspirando com o prefeito de Moscou, Iurii Luzhkov (1936-2019), para substituir Yeltsin como presidente da Rússia. (Gusinsky foi prejudicado pelo fato de a NTV ser altamente crítica à guerra do Kremlin na Chechênia, o que deu a Korzhakov o pretexto para, em dezembro de 1994, enviar seus capangas a fim de intimidar e ameaçar Gusinsky e sua equipe de segurança)[167].

Gusinsky não precisou de muita persuasão antes de consentir em parar de rivalizar com Berezovsky e unir forças com ele. Como parte da meta comum, os dois concordaram que a guerra na Chechênia precisava ser interrompida e que Yeltsin precisaria conter tanto os militares quanto os serviços de segurança[168]. Berezovsky, então, convidou outros oligarcas de Davos, inclusive Mikhail Khodorkovsky, do Menatep Bank, e Vladimir Vinogradov (1955-2008), do Inkombank, para uma reunião, na qual decidiram unir seus ativos financeiros para alavancar a campanha de Yeltsin. Chubais, agora desempregado, também estava presente. Os oligarcas pediram-lhe que formasse um grupo analítico para administrar a campanha de Yeltsin em paralelo ao grupo liderado por Oleg Soskovets, primeiro vice-primeiro-ministro; Korzhakov; e Barsukov, o chefe do FSB, que era, oficialmente, o encarregado. Segundo Berezovsky, eles recorreram a Chubais porque a elite financeira confiava nele: "Sabíamos que, quando fora funcionário público, ele tinha sido completamente honesto conosco. Talvez isso fosse o principal – nunca duvidamos de sua honestidade. Além disso, havia sua inteligência, força e habilidades organizacionais. Ele era a única figura sólida"[169]. Assim, por iniciativa de Berezovsky, foi formado o, chamado, pacto de Davos.

---

167. Hoffman, *Oligarchs*, p. 285-93. Gusinsky foi até mesmo forçado a fugir com sua família para Londres por alguns meses.
168. Goldfarb, *Death of a Dissident*, p. 64-65.
169. Entrevista com Gevorkyan, p. 132.

É claro que, primeiro, eles tiveram de convencer Yeltsin a concordar com seu plano. Ao retornar a Moscou, Berezovsky entrou em contato com Viktor Ilyushin, chefe de gabinete e homem de confiança de Yeltsin, e pediu-lhe que organizasse uma reunião entre o presidente russo e os oligarcas. Na reunião, que ocorreu no Kremlin algumas semanas após o encontro de Davos, seis empresários estavam presentes – Berezovsky; Gusinsky; Vinogradov; Khodorkovsky; Vladimir Potanin, presidente do Uneximbank; e Aleksandr Smolensky, do SBS-Agro (Stolichnyi) Bank –, assim como Chubais, que, aparentemente, dominou o encontro. Chubais explicou a Yeltsin que sua campanha estava em maus lençóis e que ele certamente perderia a eleição, a menos que energizasse sua campanha eleitoral com o envolvimento dos empresários e do próprio Chubais. Yeltsin, inicialmente na defensiva, disse ao grupo que eles tinham informações erradas, mas, no fim, falou a Chubais: "Anatoly Borisovich, sou grato por sua contribuição"[170].

Após a reunião, Berezovsky teve uma breve conversa em particular com Yeltsin para acertar os detalhes do plano, conversa essa que ele conseguiu por intermédio de Naina, esposa de Yeltsin. Berezovsky também informou a Yeltsin que Korzhakov queria que as eleições fossem canceladas, porque as chances de Yeltsin eram muito baixas, e alertou o presidente de que tal medida poderia resultar em uma guerra civil[171]. As advertências de Berezovsky sobre Korzhakov logo se confirmaram. Em 17 de março, a pedido de Korzhakov e Soskovets, Yeltsin fez seus assessores elaborarem um plano operacional para dissolver a Duma – que acabara de aprovar uma resolução revogando os Acordos de Belovezh, de 1991, os quais marcaram o fim oficial da União Soviética –, como também para adiar as eleições presidenciais até 1998 e proibir o Partido Comunista. Apesar das fortes objeções de Anatolii Kulikov, ministro do Interior, Yeltsin manteve o plano até, finalmente, ser persuadido contra isso por sua filha Tatiana D'iachenko e Chubais, que argumentaram acirradamente com Yeltsin

---

170. Entrevista com Gevorkyan, p. 134; Colton, Yeltsin, p. 355; Hoffman, *Oligarchs*, p. 332-33. Hoffman escreve que Gusinsky também falou.
171. Hoffman, *Oligarchs*, p. 333.

durante cerca de uma hora. Yeltsin recordou em seus *Midnight Diaries*[172]: "E, finalmente, reverti uma decisão que já havia quase tomado. Até hoje sou grato ao destino e a Anatoly Borisovich Chubais e Tanya"[173].

O grupo analítico de Chubais começou a operar com força total. Chubais, que recebia um salário polpudo dos oligarcas de pelo menos 50 mil dólares por mês, recrutou especialistas em mídia de ponta e política, além de pesquisadores de opinião, para determinar em quais eleitores focar e como elaborar as mensagens. Muito dinheiro foi direcionado para publicidade na TV, o que desempenhou um papel crucial no processo de influenciar os eleitores a favor de Yeltsin, especialmente em decorrência da presença mínima de televisão na campanha de Zyuganov. Segundo algumas fontes, a maior parte do dinheiro para a campanha não veio diretamente dos oligarcas, mas sim de um esquema oculto pelo qual seus bancos compravam títulos do governo com um grande desconto e os revendiam a preços de mercado. Os lucros, ou partes deles, eram então usados para a reeleição de Yeltsin[174]. Outras fontes dizem que os magnatas contribuíram para um "tesouro negro" destinado à campanha, como pagamento pelos leilões de empréstimos para ações, em 1995, nos quais eles obtiveram permissão de ganhar, e por futuros acordos de privatização[175].

A grande recompensa

No entanto, independentemente de como a campanha de Yeltsin tenha sido financiada, seus resultados foram positivos. No primeiro turno da eleição presidencial, realizada em 16 de junho de 1996, Yeltsin conquistou 35% dos votos; Zyuganov, 32%; Aleksandr Lebed, um general popular, 15%; e o democrata liberal Grigory Yavlinsky, 7%. Mas foi preciso realizar um segundo turno entre Yeltsin e Zyuganov, e para garantir a vitória de

---

172. Em tradução livre, *Diários da Meia-noite*. (N. T.)
173. Yeltsin, *Midnight Diaries*, p. 25; Colton, *Yeltsin*, p. 356-57; Hoffman, *Oligarchs*, p. 336-40.
174. Hoffman, *Oligarchs*, p. 348-50; Zygar, *Vse svobodny*, p. 204-6.
175. Klebnikov, *Godfather of the Kremlin*, p. 222-23. Yeltsin afirmou mais tarde: "Todos os figurões dos negócios foram atraídos para a sede da campanha. Eles 'fizeram investimentos' – alguns em apoio logístico, alguns com ideias conceituais e alguns financeiramente" (*Midnight Diaries*, p. 26).

Yeltsin, o apoio de Lebed (1950-2002) era essencial. Berezovsky já havia se encontrado com Lebed no início de maio e prometido que a equipe de Yeltsin financiaria secretamente sua campanha para desviar votos do campo comunista. Lebed também aceitou a oferta de Berezovsky de um cargo no governo em troca de apoiar Yeltsin após o primeiro turno das eleições. De acordo com Chubais, essa oferta foi ideia de Berezovsky. Como resultado, em 18 de junho, Lebed emitiu uma declaração de apoio à candidatura de Yeltsin, e este anunciou que Lebed seria seu novo secretário no Conselho de Segurança Nacional[176].

No dia seguinte, 19 de junho, Korzhakov fez um movimento audacioso contra o grupo de Chubais, movimento esse que resultou em sua queda. Ele fez com que seus seguranças prendessem dois dos principais assessores de campanha de Chubais quando estes saíam do Russian White House com 50 mil dólares em dinheiro, supostamente para o pagamento de artistas que se apresentariam durante a campanha. Berezovsky estava reunido no Clube LogoVAZ com Chubais, Gusinsky e outros quando o grupo ouviu a notícia. Segundo o presidente da NTV, Igor Malashenko (1954-2019), que também estava presente: "As duas cabeças mais frias, como de costume, eram as de Boris [Berezovsky] e Goose [Gusinsky]. Eles se sentaram com Chubais para revisar os nossos ativos"[177]. Esses ativos incluíam tanto a NTV quanto a ORT, que foram bem utilizadas com transmissões naquela noite, retratando as prisões como uma tentativa de golpe pelos serviços de segurança. Como Berezovsky relatou posteriormente: "Enquanto decidíamos o que fazer, formulamos, pela primeira vez, a seguinte ideia: se agirmos secretamente, sempre perderemos para os serviços de segurança. Mas assim que os confrontarmos abertamente, a situação mudará"[178].

Berezovsky telefonou para Tatiana D'iachenko, que chegou à 1h da manhã com Valentin Iumashev, seu futuro segundo marido, e ficou no clube durante a noite, bebendo café sem parar. Os homens

---

176. Aven, *Vremia Berezovskogo*, p. 398; Klebnikov, *Godfather of the Kremlin*, p. 236-37; Colton, Yeltsin, p. 360; Goldfarb, *Death of a Dissident*, p. 77-78; Hoffman, *Oligarchs*, p. 348.
177. Goldfarb, *Death of a Dissident*, p. 80.
178. Berezovsky, *Art of the Impossible*, 1:138.

de Korzhakov vigiavam o prédio ameaçadoramente, mas o grupo presumiu corretamente que eles não chegariam ao ponto de entrar ali com a filha de Yeltsin presente. Na manhã seguinte, Chubais foi ver Yeltsin, que havia sido informado da situação, mas dormira a noite toda. Yeltsin, imediatamente, demitiu Korzhakov, Barsukov e Soskovets com um discurso transmitido em cadeia nacional[179]. Em 3 de julho de 1996, Yeltsin foi reeleito como presidente da Rússia com 54% dos votos, contra os 40% de Zyuganov. No entanto, em 26 de junho, ele sofreu um grave ataque cardíaco, que foi mantido em segredo do público, e ficou semi-incapacitado durante os próximos meses. Isso significava que, com Korzhakov finalmente fora do quadro, as decisões seriam tomadas pela Família – um termo usado no jargão político russo para descrever a equipe de Yeltsin, composta por Tatiana, Iumashev e seus conselheiros próximos. Em 16 de julho, Yeltsin levou Chubais de volta ao Kremlin como chefe da Administração Presidencial, enquanto Chernomyrdin permanecia como primeiro-ministro.

Se não fossem os esforços bem-sucedidos de Berezovsky para obter apoio financeiro de empresários russos para a campanha de Yeltsin, bem como a cobertura favorável de Yeltsin na ORT e NTV, ele, provavelmente, não teria sido reeleito. Conforme observou posteriormente o editor do *Ekho Moskvy* [Eco de Moscou], Aleksei Venediktov: "Berezovsky sabia como unir pessoas que normalmente não se uniriam... E assim, em Davos, ele incluiu o excluído Chubais... A contribuição de Berezovsky para a eleição de Yeltsin em 1996, como aquele que organizou esse grupo de pessoas, foi enorme"[180]. Anos depois, até Chubais, que logo se desentenderia com Berezovsky, reconheceu, a contragosto: "Claro, o magnetismo de Berezovsky era colossal. Seu intelecto vivo e forte, suas reações instantâneas, sua capacidade de gerar soluções originais... Ele desempenhou um dos papéis mais importantes, se não o principal, nas eleições de 1996"[181].

---

179. Khinshtein, *Berezovskii i Abramovich*, p. 209-29.
180. "Aleksei Venediktov o Borise Berezovskom", *Ekho Moskvy*, 24/mar/2013, https://echo.msk.ru/programs/svoi-glaza/1038068-echo/.
181. Aven, *Vremia Berezovskogo*, p. 396.

Na noite em que os resultados do segundo turno da eleição foram contados, membros da equipe de campanha foram para o Clube Logo-VAZ. Naina Yeltsina também estava lá, e celebraram até o amanhecer. Enquanto estava sentado na varanda com Tatiana e Iumashev, Berezovsky serviu-se de um copo de conhaque, deu um gole e colocou-o sobre a mesa; então, de repente, o copo se quebrou em pequenos pedaços. Mais tarde, Berezovsky refletiu: "Não acredito em coisas místicas, mas creio que tanta energia se acumulou ao longo desses meses que, de súbito, explodiu e quebrou esse copo"[182].

A derrota do chefe de Putin

Apesar do apoio de Sobchak a Yeltsin durante a tentativa de golpe ocorrida em agosto de 1991, bem como durante a invasão do parlamento russo em outubro de 1993, ele era visto com desconfiança pelo presidente russo, que o marginalizou politicamente após a derrota dos conspiradores. A frieza de Yeltsin em relação a Sobchak foi, em grande parte, resultado de sua preocupação com as ambições políticas deste. O belo e telegênico Sobchak era membro da intelectualidade, que se vestia com elegância e falava com eloquência. Ele e sua atraente e autoconfiante esposa, Liudmila Narusova, interagiam facilmente com dignitários estrangeiros e, claramente, desfrutavam do centro das atenções. (Segundo uma fonte, Narusova se tornou um problema para Sobchak, porque "agia mais como Raisa Gorbachev do que como Naina Yeltsina"[183]). Yeltsin, um ex-operário da construção civil com traços rudes, ressentia-se de Sobchak frequentar líderes ocidentais, especialmente depois que soube que ele questionava sua competência e queria concorrer à presidência[184].

Não surpreendentemente, Korzhakov, sempre engenhoso, interveio em certo momento, ligando para o chefe da segurança de Sobchak, Viktor Zolotov, para dizer "não trabalhe mais para Sobchak; sabemos o que ele

---

182. Zygar, *Vse svobodny*, p. 429.
183. Zygar, *Vse svobodny*, p. 329-30.
184. Filme *Delo Sobchaka*. Entrevistado para o filme, Putin afirma: "Era absolutamente óbvio para mim que os líderes ocidentais o tratavam [Sobchak] como um potencial sucessor de Yeltsin".

está tramando"[185]. Zolotov, um colega veterano da Nona Diretoria da KGB, não obedeceu. Em 1995, Korzhakov providenciou a nomeação de um novo procurador-geral, Iurii Skuratov, que concordou em investigar Sobchak por corrupção. Sobchak, enquanto isso, deixou claro que não concorreria com Yeltsin pela presidência russa, mas sim como governador (o novo nome para o cargo de prefeito) de São Petersburgo nas eleições de maio de 1996. Mas Korzhakov e seus comparsas, inclusive Barsukov e Soskovets, deram seu apoio ao concorrente de Sobchak, Vladimir Iakovlev, e minaram a reputação de Sobchak ao divulgar que ele estava sendo investigado criminalmente[186].

Seus esforços causaram danos consideráveis à imagem de Sobchak, já problemática em razão da sua dificuldade em se comunicar com os eleitores da classe trabalhadora. Além disso, Sobchak passava tanto tempo viajando para o exterior ou organizando festivais e exposições internacionais na Rússia, que não conseguia fazer muito para melhorar a situação dos habitantes de São Petersburgo. O escritor de São Petersburgo, Mikhail Vil'kobrisskii, lembrou-se de ter ouvido o prefeito apresentar um relatório na União de Empresas Industriais: "O único projeto de investimento concluído naquele ano foi a segunda fase da construção e comissionamento de um crematório. Durante essa era de reforma econômica, a taxa de mortalidade aumentou, e como não havia dinheiro para enterros, as autoridades municipais encontraram uma solução adequada"[187].

Ao contrário do que alguns de seus biógrafos escreveram, Putin não coordenou a campanha de reeleição de Sobchak. Ele assumiu as funções de Sobchak como prefeito para que este pudesse se dedicar totalmente à sua reeleição. Como lembrou um ex-membro da equipe de campanha de Sobchak: "Putin foi encarregado da gestão da cidade. Ele não teve tempo

---

185. Filme *Delo Sobchaka*.
186. Vide Yeltsin, *Midnight Diaries*, p. 323-26. Yeltsin fingiu desaprovar o ataque de Korzhakov e Skuratov contra Sobchak, mas não fez nada para detê-los. O próprio Sobchak sugere em seu livro sobre a campanha que Yeltsin deu ordens a Korzhakov e seus homens para tomarem medidas contra ele (*Diuzhina nozhei v spinu: Pouchitel'naia istoriia o politicheskikh nravakh*. Moscow: Vagrius-Petro-News, 1999, p. 78-81.
187. Mikhail Vil'kobrisskii, *Kak delili* Rossiiu: Istoriia privatizatsii. San Petersburgo: Piter, 2014, p. 185. Posteriormente, Vil'kobrisskii emigrou para Israel.

para mais nada, o que explica por que sua participação na campanha eleitoral foi tão pequena"[188]. Putin confirmou isso no documentário produzido por Ksenia Sobchak: "Sobchak deixou claro que não queria que sua equipe estivesse envolvida em sua campanha. Ele disse: 'Eu tenho uma equipe que cuidará da minha campanha. Vocês apenas continuem fazendo seus trabalhos'"[189].

A esposa de Sobchak, Narusova, assumiu a liderança da tentativa de reeleição de seu marido, juntamente com Aleksandr Prokhorenko, ex-professor da Universidade Estadual de Leningrado e membro da Assembleia Legislativa de São Petersburgo. Segundo todos os relatos, eles não estavam à altura da tarefa. A campanha estava completamente desorganizada e sem dinheiro – um contraste marcante com a campanha de Vladimir Iakovlev, que estava repleta de dinheiro de apoiadores de Moscou e capaz de contratar consultores profissionais. Putin, mais tarde, disse que, após o primeiro turno, em 19 de maio de 1996, quando Sobchak obteve 28% dos votos e Iakovlev 21%, ele e Aleksei Kudrin tentaram "entrar na briga, mas então era inútil"[190]. No segundo turno, em 2 de junho, que seguiu um desempenho extremamente fraco de Sobchak em um debate televisivo entre os dois concorrentes, Iakovlev recebeu o apoio de comunistas e de nacionalistas que perderam o primeiro turno. Ele derrotou Sobchak com 47,5% dos votos contra 45,8%. Narusova admitiu, mais tarde, que foi um erro ela ter coordenado a campanha de seu marido, e explicou: "Minha lógica foi esta: se Tatiana D'iachenko pôde desempenhar um papel importante na campanha de Yeltsin, por que eu me sairia pior"[191]?

Putin afirmou que chamou Iakovlev de "judas" por concorrer contra Sobchak e se retratou como um sólido apoiador do prefeito titular[192]. Como presidente da filial de São Petersburgo do partido pró-Kremlin Nossa Casa é a Rússia, ele também enviou uma carta a Yeltsin, Skuratov

---

188. Entrevista com Aleksei Shustov, Radio Svoboda, 5/fev/2016, https://www.svoboda.org/a/27534956.html.
189. Filme *Delo Sobchaka*.
190. Putin, *First Person*, p. 112-13.
191. Zygar, *Vse svobodny*, p. 330.
192. Putin, *First Person*, p. 113.

e Chernomyrdin protestando contra a investigação de Sobchak feita por Skuratov[193]. Mas Dmitrii Zapol'skii, que estava ajudando no esforço de Sobchak, lembrou-se do papel de Putin de forma diferente: "Os rumores de que Putin tinha animosidade em relação a Iakovlev são falsos. Eu ouvi repetidamente, tanto de Iakovlev quanto de Putin, que este nunca havia considerado Iakovlev um traidor, e Iakovlev valorizava o tirocínio de Putin"[194]. Segundo Zapol'skii, Putin e seus aliados no gabinete do prefeito acabaram mudando secretamente seu apoio para Iakovlev. Zapol'skii lembra-se de ter sido chamado ao escritório de Putin em uma manhã de sábado para ajudar no fim da campanha. Putin, Aleksei Kudrin e Igor Sechin já estavam lá havia várias horas. Zapol'skii ficou surpreso com o que observou: "A equipe de Sobchak não estava nervosa porque ele poderia perder. Não, estavam preocupados é que ele ganhasse". E concluiu que "havia um comando superior [do Kremlin]: afogar Sobchak"[195]. Anos depois, um ex-associado de Putin em São Petersburgo disse algo muito semelhante à jornalista Catherine Belton: "É totalmente possível que Putin estivesse seguindo as ordens do Kremlin. Se você imaginar que essa era uma operação especial para eliminar Sobchak como concorrente, então tudo fica claro"[196].

Em um livro de 1999 sobre a sua campanha, Sobchak mal menciona Putin, exceto para defendê-lo: "Putin, ao longo de toda essa história, mostrou-se uma pessoa muito decente. Ele não apenas não me traiu, como muitos outros, mas também veio em minha defesa e enviou uma carta às mais altas autoridades... protestando contra os rumores e calúnias contra mim"[197].

Será que Sobchak realmente acreditava que Putin era leal a ele? Ou seria porque, de acordo com os rumores de então, Putin deveria ser o sucessor designado de Yeltsin, e Sobchak estava simplesmente tentando se manter próximo dele?

---

193. A carta foi reproduzida em Sobchak, *Diuzhina nozhei v spinu*, p. 92-93.
194. Zapol'skii, *Putinburg*, p. 112.
195. Zapol'skii, *Putinburg*, p. 433-45.
196. Belton, *Putin's people*, p. 113.
197. Sobchak, *Diuzhina nozhei v spinu*, p. 92.

Mudança para Moscou

Em sua autobiografia, Putin diz que suas relações com Iakovlev "não se deterioraram" por causa da campanha eleitoral, e que este até mesmo lhe oferecera o cargo de vice-governador. Putin recusara a oferta porque havia assinado uma declaração dizendo que deixaria o governo de São Petersburgo se Sobchak perdesse[198]. Mas pode ter havido outra razão para a recusa de Putin. Zapol'skii afirmou que membros da equipe de Yeltsin garantiram a Putin que seu futuro seria tutelado: "Eu acho que, na época, Putin já sabia que, se Anatoly Aleksandrovich [Sobchak] perdesse, ele [Putin] receberia um cargo muito bom na Administração Presidencial – a supervisão de propriedades estrangeiras. E isso significava muito dinheiro, um montante colossal. Essa posição já lhe tinha sido reservada"[199]

De fato, a natureza exata do cargo prometido a Putin em Moscou só foi determinada dois meses após a eleição para governador. Quando Chubais foi nomeado para chefiar a Administração Presidencial, em julho de 1996, ele revogou a oferta de seu antecessor de tornar Putin vice-chefe de gabinete, sob a alegação de que a posição proposta não existia mais. (Isso pode ter sido o motivo pelo qual Putin pareceu menosprezar Chubais em sua autobiografia, dizendo: "ele é tão inflexível quanto um bolchevique"[200]). Chubais, então, deixou para Kudrin, recém-nomeado para comandar a Diretoria de Controle Principal do presidente, a tarefa de encontrar outra posição para Putin. Com a ajuda de seu amigo Aleksei Bolshakov (1939-2017), primeiro vice-primeiro-ministro, Kudrin fez com que Pavel Borodin, chefe da Diretoria Administrativa do Presidente, tornasse Putin seu subordinado, o que ocorreu em agosto de 1996[201].

Qualquer que tenha sido o papel de Putin na derrota de Sobchak, Yeltsin tinha outros motivos para querer Putin em sua equipe. Durante seu tempo no cargo de prefeito, Putin adquiriu uma valiosa experiência tratando com empresas privadas na Rússia e no exterior e com os clãs da

---

198. Putin, *First Person*, p. 113.
199. Entrevista de Zapol'skii na Radio Svoboda, 5/jun/2016, https://www. svoboda.org/a/27777165.html.
200. Isso foi observado por Myers, *New Tsar*, p. 108.
201. Putin, *First Person*, p. 125-28; Blotskii, *Doroga k vlasti*, p. 385-94.

máfia que controlavam muitas dessas empresas. Além disso, seus fortes laços com os órgãos de aplicação da lei, segurança e militares foram um grande trunfo para o governo de Yeltsin. Como Putin disse ao seu biógrafo Blotskii: "Eu não era o líder máximo na cidade, mas devo dizer que a esfera de minhas responsabilidades era muito ampla. Além disso, trabalhei em estreita colaboração com os órgãos de poder, com todos eles. Como resultado, conheço todos por dentro, completamente. E essa é uma grande experiência"[202]. Para os membros da administração Yeltsin, ter alguém em sua equipe com linha de comunicação diretas com esses órgãos, além dos muitos anos de serviço na KGB, seria um benefício importante.

    A confirmação da nomeação de Putin veio em um momento oportuno. Apenas alguns dias antes, em 12 de agosto, a dacha dos Putin havia sido totalmente queimada devido a um aquecedor com defeito na sauna. Putin fez um resgate dramático de sua filha Maria e de sua secretária, que o estava visitando com o marido naquela noite, no segundo andar da dacha. No incêndio, ele perdeu uma maleta contendo as economias da família – cinco mil dólares. Mas Putin conseguiu que os construtores reconstruíssem a dacha sem nenhum custo, e sua esposa encarou o golpe de forma filosófica: "Depois dessa experiência, percebi que casas, dinheiro e coisas materiais não devem ser motivo de estresse na sua vida. Não vale a pena. Sabe por quê? Porque, a qualquer momento, podem simplesmente pegar fogo"[203].

    Ao chegarem a Moscou, em meados de agosto, os Putin passaram a residir em um apartamento de propriedade do governo, no mesmo prédio alto que Kudrin e sua família. De acordo com Kudrin: "Como vizinhos, Vladimir Vladimirovich sempre vinha nos visitar, com suas filhas. As meninas brincavam com meu Labrador. Acho que foi por isso que elas pegaram o Koni [o Labrador de Putin] para elas"[204]. Um conhecido de Putin e Sechin, que Putin levou para Moscou para ser seu vice, relatou que Putin ficou descontente quando descobriu que o apartamento de

---

202. Blotskii, *Doroga k vlasti*, p. 361. Mais adiante no livro (386-87), Putin é citado como tendo dito que Iakovlev pode ter desejado que ele deixasse São Petersburgo porque suas "relações especialmente calorosas" com os órgãos de poder o deixavam desconfortável.
203. Putin, *First Person*, p. 122.
204. "Kudrin rasskazal o druzhbe s Putinym," *Lenta.ru*, 12/out/2020, https://lenta.ru/news/2020/10/12/kunrin_putin/.

Sechin tinha 317 metros quadrados, enquanto o dele tinha apenas 286. Mas não havia dúvida de que a mudança para Moscou melhorara o estilo de vida dos Putin. Naquele inverno, eles passaram várias semanas esquiando em Davos, com a família de Nikolai Shamalov, o futuro sogro de sua filha Katerina[205].

Administrando a propriedade do Kremlin

O novo chefe de Putin, Pavel Borodin, era um ex-*apparatchik*[206] do Partido Comunista, que havia sido prefeito de Yakutsk antes de entrar para o governo de Yeltsin em 1993. Borodin havia se encontrado com Putin em São Petersburgo em algumas ocasiões, mas, segundo consta, não estava entusiasmado em trazê-lo a bordo, por causa de suas conhecidas conexões com os serviços de segurança[207]. Putin, por sua vez, em uma de suas primeiras entrevistas, pareceu entusiasmado com Borodin: "Falando francamente, para mim, o primeiro telefonema de Borodin foi incrível. Eu não esperava aquilo! Sim, discutimos questões imediatas. E nada mais. Mas o fato de ele ter demonstrado atenção, preocupação, foi inesperado. Eu não esperava esse telefonema de Borodin!"[208].

Depois de assumir seu cargo, que incluía a administração de todas as propriedades do Kremlin, Borodin ficou conhecido por fazer uso rápido e liberal desses ativos – grandes propriedades imobiliárias, fábricas, aeronaves, obras de arte e palacetes, avaliados em mais de 600 bilhões de dólares. De acordo com o biógrafo de Yeltsin, Timothy Colton: "Borodin passou os seis anos seguintes distribuindo regalias em nome de Yeltsin – escritórios, apartamentos e dachas, vales para viagens e férias, internações em hospitais e até mesmo livros e telefones celulares – para legisladores,

---

205. Vide Navalny, "Dvorets dlia Putina"; David Crawford and Marcus Bensmann, "Putin's Early Years," Correctiv, 30/jul/2015, https://web.archive.org/web/20190509203842/https://correctiv.org/en/latest-stories/the-system-of-putin/2015/07/30/putins-early-years.
206. Membro assalariado do Partido Comunista que, no antigo Estado soviético, ocupava qualquer cargo de responsabilidade burocrática ou política. (N. T.)
207. Felshtinsky e Pribylovsky, *Corporation*, p. 112.
208. Blotskii, *Doroga k vlasti*, p. 398-99.

secretários e juízes"[209]. Borodin gabou-se, muitos anos depois, de que seu departamento chegara a ter 96 mil funcionários e um orçamento anual de 2,5 bilhões de dólares[210].

No momento em que Putin iniciava seu novo trabalho, o departamento de Borodin firmava um contrato sem licitação para a reforma do Kremlin com a empresa Mercata, uma filial da companhia de construção suíça Mabetex, que já havia obtido contratos de construção em Yakutsk quando Borodin era prefeito da cidade. Em 1999, Borodin se tornaria o foco de uma investigação de lavagem de dinheiro e suborno, feita por promotores suíços, que revelaram que o custo da reforma foi supervalorizado em 30%, montante desviado por Borodin e seus comparsas e depositado em contas bancárias suíças[211].

As responsabilidades de Putin incluíam a supervisão de contratos e de assuntos legais relacionados às propriedades do Kremlin no exterior. Felix Turover – um jovem funcionário do Banca del Gottardo, que mantinha as contas suíças da Mabetex e mais tarde auxiliou os promotores suíços na investigação de Borodin – disse em uma entrevista à *Novaia Gazeta*, em dezembro de 1999, que, quando Putin colocou as mãos em todas essas propriedades, ele criou empresas de fachada para reter os ativos: "Assim, a propriedade no estrangeiro foi completamente saqueada antes de o Estado pôr as mãos nela"[212]. As alegações de Turover nunca foram verificadas e, felizmente para Putin, ele deixou a Diretoria Administrativa de Borodin em março de 1997, antes de estourar o escândalo da Mabetex. Ele foi substituído em seu cargo por seu vice, Sergei Chemezov, um colega da KGB de Dresden.

Berezovsky no centro das atenções

Na época em que Putin chegou a Moscou, Berezovsky estava na Chechênia com o secretário do Conselho de Segurança, Aleksandr Lebed, conduzindo negociações de paz com membros do movimento separatista

---

209. Colton, *Yeltsin*, p. 327.
210. Zygar, *Vse svobodny*, p. 114.
211. Zygar, *Vse svobodny*, p. 114.
212. Conforme citado em Dawisha, *Putin's Kleptocracy*, p. 172.

checheno, liderados pelo comandante militar Aslan Maskhadov (1951-2005). Em 30 de agosto de 1996, após horas de negociações, Lebed e Maskhadov assinaram um acordo de paz em Khasavyurt, Daguestão, próximo à fronteira com a Chechênia. O acordo, que previa a retirada das tropas russas até o fim daquele ano e adiava a questão da independência da Chechênia até o final de 2001, abriu caminho para a assinatura de um tratado formal por Yeltsin e Maskhadov no Kremlin, em maio de 1997. Mais tarde, Berezovsky disse que havia se oposto aos termos da paz que Lebed negociou, mas depois de alguns meses de novas reuniões com os chechenos, ele percebeu que "Lebed havia tomado a decisão certa e tivemos que recuar para conseguir agir em conjunto, a fim de adotar uma nova abordagem para resolver o problema em seu novo estágio"[213]. Quanto aos líderes chechenos, Akhmad Kadyrov (1951-2004), que mais tarde se tornaria presidente da república, afirmou que foi Berezovsky o responsável por ter acabado com a guerra e salvado os chechenos do genocídio[214].

Os líderes militares russos e o chefe do MVD, Anatolii Kulikov, cujas tropas internas tinham uma grande presença na Chechênia, ficaram furiosos com os Acordos de Khasavyurt. Em suas memórias, publicadas em 2002, logo após a morte de Lebed em um acidente de helicóptero, Kulikov chamou Lebed de traidor e acusou-o de ter entregado a Rússia aos terroristas[215]. Mas o povo russo apoiou a paz demasiadamente. Na verdade, Lebed teve sua popularidade tão projetada, que até começou a se referir a si mesmo como um possível sucessor de Yeltsin, e em uma entrevista no final de setembro, sugeriu que Yeltsin, depois da cirurgia do coração planejada para novembro, deveria ceder o poder ao seu primeiro-ministro. Isso não foi bem aceito pela equipe de Yeltsin, inclusive por Berezovsky. Logo os canais de televisão ORT e NTV, que retratavam Lebed como um herói, mudaram de opinião e começaram a associá-lo a organizações fascistas. Kulikov, valendo-se do descontentamento que

---

213. Entrevista de Berezovsky à Zavtra, 29/out/2002, em *Berezovsky, Art of the Impossible*, 1:573-77 (576).
214. "Venediktov o Borise Berezovskom". O filho de Akhmad Kadyrov, Ramzan, mais tarde se tornaria o presidente notoriamente implacável da Chechênia.
215. Anatolii Kulikov, Tiazhelye zvezdy (Moscow: Voina i mir buks, 2002). Versão eletrônica em https://royallib.com/book/kulikov_anatoliy/tyagelie_zvezdi.html, p. 105-7.

as ambições políticas de Lebed estavam causando no Kremlin, deu uma entrevista coletiva em 16 de outubro, na qual acusou Lebed de conspirar para tomar o poder por meio de uma "Legião Russa" especial, uma força militar que estaria diretamente subordinada ao Conselho de Segurança Nacional. No dia seguinte, Yeltsin anunciou a demissão de Lebed. Mais tarde, Chubais lembrou que, antes do anúncio de Yeltsin, o governo havia reforçado a segurança do Kremlin, incluindo veículos blindados de transporte de pessoal, em um grau nunca visto desde a prisão do chefe de polícia de Stalin, Lavrenty Beria, em dezembro de 1953[216].

Berezovsky beneficiou-se diretamente dessa última rodada de conflitos internos no Kremlin. De maneira sábia, ele ficou do lado de Chubais e de Chernomyrdin ao pedir a remoção de Lebed, principalmente porque este se unira ao seu inimigo Korzhakov e endossara a candidatura de Korzhakov à Duma como delegado da cidade de Tula. Como resultado, Berezovsky foi recompensado com o cargo de vice-secretário do Conselho de Segurança da Rússia no final de outubro de 1996. Yeltsin já havia nomeado Ivan Rybkin, ex-presidente da Duma e fiel ao Kremlin, para substituir Lebed na direção desse órgão. Berezovsky, conforme Rybkin anunciou, foi encarregado da "interação financeira" com a Chechênia. Mas como o tesouro do Estado estava vazio, Berezovsky teria de incentivar o setor privado russo e os empresários estrangeiros a investirem na república devastada pela turbulência[217].

Como observou o ex-genro de Yeltsin, Leonid D'iachenko, em 2021, o objetivo de Berezovsky era "oferecer aos chechenos oportunidades econômicas especiais em troca de lealdade formal a Moscou e rejeição da ideia de secessão da Rússia". Isso implicava interações diretas com os líderes chechenos, um desafio perigoso para Berezovsky. Nas palavras de D'iachenko:

> Os serviços militares e especiais estavam envolvidos na Chechênia. Mas havia a necessidade urgente de um civil capaz de "resolver" as questões e não ter medo de levar informações inconvenientes para os chechenos e para os militares de todos os escalões. Além disso,

---

216. Kulikov, *Tiazhelye zvezdy*, p. 105-7; Michael Spector, "The Wars of Aleksandr Ivanovich Lebed", *The New York Times*, 13/out/1996, https://www.nytimes.com/1996/10/13/magazine/the-wars-of-aleksandr-ivanovich-lebed.html; Zygar, Vse svobodny, p. 458-59.
217. *Kommersant*, 31/out/1996, Tradução para o inglês em *Berezovsky, Art of the Impossible*, 1:468-69.

essa pessoa precisaria ter a coragem de ir de fato à Chechênia, para negociar no próprio covil dos bandidos. A chance de Berezovsky ser baleado ou se tornar prisioneiro era real. Afinal de contas, ele viajava com frequência sem proteção ostensiva. Sim, ele conhecia muitos chechenos influentes. Mas seria isso uma garantia[218]?

Embora a nomeação de Berezovsky para o Conselho de Segurança tenha sido uma afirmação do governo de Yeltsin de seu valor como conselheiro e negociador, ele ainda sentia a necessidade de se gabar. Quando entrevistado pelo *The Financial Times*, no início de novembro de 1996, ele gabou-se tolamente de que ele e seis outros empresários – Potanin, Gusinsky, Khodorkovsky, Smolensky, Aven e Fridman – controlavam 50% da economia russa (um grande exagero), e responsabilizou o seu grupo pela engenharia da reeleição de Yeltsin. Também deixou claro que ele e outros magnatas usavam as televisões e os jornais que possuíam para promover seus próprios objetivos. Pior ainda, o *Financial Times* citou Chubais, que teria afirmado: "Eles [os principais empresários] roubam, roubam e roubam. Eles estão roubando absolutamente tudo, e é impossível detê-los"[219].

Não surpreendentemente, o artigo do *Financial Times* deu aos detratores de Berezovsky (e eram muitos) uma oportunidade de depreciá-lo. O *St. Petersburg Times* observou que: "O histórico de Berezovsky como empresário russo [...] não se distingue pelo sucesso na administração de empresas", e citou Andrei Piontkovsky, na época diretor do Centro de Estudos Estratégicos de Moscou: "Berezovsky conquistou sua riqueza graças, não ao capitalismo, mas à existência de burocratas que assinam os documentos os quais ele precisa"[220]. No mês seguinte, a revista *Forbes* publicou um perfil mordaz de Berezovsky, retratando-o como "um poderoso chefe de gangue" que colaborava com criminosos chechenos e

---

218. Blog de Aleksei [Leonid] D'iachenko *Ekho Moskvy*, 2/jul/2021, https://echo.msk.ru/blog/dyachenko_a/2864448-echo/.

219. Chrystia Freeland, John Thornhill e Andrew Gowers, "Moscow's Group of Seven", *Financial Times* 1º/nov/1996, https://archive.org/details/FinancialTimes1996UKEnglish/Nov%2001%201996%2C%20Financial%20Times%2C%20%231%2C%20UK%20%28en%29/page/n13/modo /2acima.

220. Sergei Lukianov, "The Berezovsky 7: Russia Inc.", *St. Petersburg Times*, n. 215-16, 25/nov/1996 – 25/dez/1996, https://web.archive.org/web/20000818172446/http://www.sptimes.ru/archive/times/215-216/bc.html.

era o principal suspeito do assassinato de Listev. O artigo, que não estava assinado, também afirmava, falsamente, que o parceiro de Berezovsky, Nikolai Glushkov, fora condenado por roubo em 1982[221]. Berezovsky e Glushkov processaram a *Forbes* por difamação em um tribunal de Londres e, em 2003, receberam uma retratação da revista, bem como o pagamento dos honorários advocatícios. De acordo com Berezovsky, os serviços de segurança russos, juntamente com Korzhakov, forneceram o material para o artigo, cujo autor foi Paul Klebnikov. A biografia de Klebnikov sobre Berezovsky, *Godfather of the Kremlin*[222], foi publicada em 2000[223].

Negócios por baixo dos panos

Quaisquer que sejam as afirmações falsas ditas sobre Berezovsky, não se pode negar que ele lucrou financeiramente com os acordos feitos nos bastidores com os associados do Kremlin. A história da Sibneft é um bom exemplo. Em 1995, Berezovsky iniciou uma colaboração com um comerciante de petróleo de 29 anos de idade chamado Roman Abramovich, que conhecera enquanto passeava pelo Caribe no iate de Petr Aven, em dezembro de 1994. Abramovich propôs a Berezovsky que ambos se associassem para criar uma empresa de petróleo integrada verticalmente, combinando produção e refino, que veio a se chamar Sibneft. Embora não tivesse nenhuma experiência com petróleo, Berezovsky gostou da ideia e a levou a Korzhakov, à filha de Yeltsin, Tatiana, e ao primeiro-ministro Chernomyrdin, que deram seu apoio porque Berezovsky lhes disse que usaria os lucros do petróleo para financiar o canal de televisão ORT, um ativo essencial para a campanha presidencial de Yeltsin. Apesar da diferença

---

221. "Godfather of the Kremlin?", *Forbes*. Uma legenda diz: "Boris Berezovsky poderia ensinar uma ou duas coisas aos caras da Sicília". A *Forbes* repetiu as alegações do artigo sobre Berezovsky após a morte deste em 2013, acrescentando, erroneamente, que o oligarca era o principal suspeito do assassinato de Klebnikov em 2004. Veja Richard Behar, "Did Boris Berezovsky Kill Himself?", *Forbes*, 24/mar/2013, https://www.forbes.com/sites/richardbehar/2013/03/24/did-boris-berezovsky-kill-himself-more-compelling-did-he-kill-forbes-editor-paul-klebnikov/?sh=5a02f3567295.
222. Em tradução livre, *Padrinho do Kremlin*. (N. T.)
223. Christian Caryl, "The Tycoon and the World He Has Made", *Wall Street Journal*, 18/set/2000, https://www.wsj.com/articles/SB968810474971 03152.

de idade, Berezovsky e Abramovich logo se tornaram próximos e se viam quase diariamente. A companheira de Berezovsky, Elena Gorbunova, e a então esposa de Abramovich, Irina, tornaram-se amigas, e as duas famílias passaram férias juntas entre 1995 e 1998[224].

A Sibneft foi oficialmente criada por decreto presidencial em agosto de 1995 e, graças ao lobby de Berezovsky, foi incluída no leilão de empréstimos em troca de ações no final de dezembro daquele ano. Depois de outros licitantes terem sido persuadidos a retirar suas ofertas ou a oferecer quantias menores, Berezovsky e Abramovich ganharam, com uma oferta de 100,3 milhões de dólares, o direito de fornecer um empréstimo ao governo russo garantido por 51% das ações da Sibneft. Por meio de leilões monetários subsequentes, em 1996 e 1997, os dois sócios, juntamente com Patarkatsishvili, adquiriram uma participação de 89% na Sibneft. Abramovich, mais tarde, afirmaria que, na verdade, Berezovsky e Patarkatsishvili nunca adquiriram ações na Sibneft e eram apenas facilitadores do acordo. A disputa seria debatida em um julgamento muito divulgado entre 2011 a 2012 em um tribunal de Londres[225].

Outro dos esquemas financeiros de Berezovsky também apareceria em um caso judicial subsequente em Londres, desta vez como resultado de acusações criminais feitas pelas autoridades russas que perseguiram Berezovsky no exílio. Em algum momento de 1994, Berezovsky mirou os lucros da companhia aérea russa Aeroflot e usou sua influência com o Kremlin para fazer com que a referida companhia aérea transferisse suas contas para o Banco AvtoVAZ, que também geria as contas da LogoVAZ e citava Berezovsky como um grande acionista. Então, conforme Berezovsky praticamente admitiu em uma entrevista ao *Kommersant*, ele, em 1995, engendrou a nomeação do maleável marechal Evgenii Shaposhnikov (1942-2020), ex-ministro da Defesa, como diretor-geral da Aeroflot e conseguiu que vários funcionários de alto escalão da

---

224. Mrs. Justice Gloster, "Approved Judgment, Berezovsky v. Abramovich", 31/ago/2012, https://www.judiciary.uk/wp-content/uploads/JCO/Documents/Judgments/berezovsky-judgment.pdf; Vladislav Dorofeev and Tat'iana Kostyleva, "Printsip Abramovicha: Talant delat' den'gi," Kommersant, 21/jul/2021, https://www.kommersant.ru/doc/1180652.
225. Gloster, "Approved Judgment, Berezovsky v. Abramovich". Vide também "Bitva za 'Sibneft'", *FreeLance Bureau*, 18/fev/2000, http://www.compromat.ru/page_9457.htm.

LogoVAZ fossem contratados para trabalhar sob sua chefia. Entre eles estava Glushkov, que ingressou na Aeroflot no final de 1995 como primeiro vice-diretor financeiro[226].

Quando Glushkov assumiu as finanças da Aeroflot, a companhia aérea enfrentava muitos problemas. Não apenas sua frota de aeronaves estava em péssimo estado, mas também as finanças, pois os lucros das vendas de passagens eram transferidos para centenas de contas bancárias estrangeiras pertencentes a 150 escritórios regionais. Pior ainda: grande parte da receita era desviada por funcionários nos escritórios da Aeroflot, dos quais, quase um terço eram oficiais de inteligência e do FSB. Glushkov e Berezovsky queriam transformar a Aeroflot em uma empresa no estilo ocidental, com um sistema de pagamento centralizado; então, em junho de 1996, Shaposhnikov determinou que todos os escritórios da Aeroflot no exterior enviassem suas receitas para uma empresa suíça chamada Andava, que serviria como central dos depósitos bancários. Como eram necessárias injeções de capital ocidental, juntamente com *expertise* na organização de empréstimos, outra empresa suíça, a Forus, foi contratada como consultora financeira da Aeroflot e intermediária com bancos estrangeiros. A empresa se tornou depositária para pagamentos à Aeroflot feitos por companhias aéreas estrangeiras por conta de voos sobre o território russo[227].

A situação era, no mínimo, preocupante. Berezovsky e Glushkov haviam fundado a Forus em 1992 como uma empresa financeira de negociação de câmbio, e, embora Glushkov tenha transferido suas ações para Berezovsky antes de assumir seu cargo na Aeroflot, ele continuou fazendo parte do conselho de administração da Forus. Ambos também tinham participações substanciais na Andava, fundada em 1994 como tesouraria central do AvtoVAZ. Entrevistado quatro anos depois, Glushkov

---

226. "AvtoVAZbank rasshiriaet svoiu deiatel'nost' v Moskve", *Kommersant*, 23/maio/1995, https://www.kommersant.ru/doc/109377; entrevista com Berezovsky, *Kommersant*, 16/nov/1995, https://www.kommersant.ru/doc/121790; Klebnikov, *Godfather of the Kremlin*, p. 170-72.
227. Goldfarb, *Death of a Dissident*, p. 142-43; entrevista de Berezovsky ao *Kommersant*, 13/abr/1999, em Berezovsky, *Art of the Impossible*, 1:186-96; Mrs. Justice Rose, "Approved Judgment, PJSC Aeroflot-Russians Airlines v Leeds & Anor (Trustees of the Estate of Boris Berezovsky) & Ors", 6/jul/2018, https://www.casemine.com/judgement/uk/5b443b1f2c94e02f3f9261ce.

disse de forma um tanto neutra: "Naquela época, nós sabíamos que a situação poderia parecer duvidosa, mas estava tudo bem do ponto de vista dos interesses comerciais da Aeroflot". Segundo Glushkov, as operações da Aeroflot se tornaram lucrativas, com suas ações individuais subindo de 7 dólares para 150 dólares em 1998, e o número de passageiros tendo aumentado em quase um milhão[228].

Não surpreende o fato de os serviços de segurança russos não terem ficado satisfeitos com a reestruturação da Aeroflot: uma fonte de receita fácil para seus funcionários havia sido cortada. Mais tarde, Glushkov lembrou-se de que Korzhakov "disse que ia me decapitar e me colocar na cadeia [...] se eu continuasse a violar os direitos do FSB"[229]. Em 1999, depois que o chefe de inteligência estrangeira Evgeny Primakov (1929-2015) se tornou primeiro-ministro, uma investigação criminal seria lançada sobre as finanças da Aeroflot. As alegações de fraude contra Berezovsky e Glushkov persistiram por anos, assim como as disputas judiciais, até que, finalmente, um tribunal britânico as encerrou em 2018, com o juiz concluindo que não havia evidências de que ambos haviam desviado fundos da Aeroflot[230].

Em 1997, a analista política russa Lilia Shevtsova descreveu o regime político russo como um sistema baseado em governança personalizada e paternalista, em vez de fundamentado em tomada de decisões coletivas, como até mesmo o regime totalitário soviético praticava. Informantes políticos poderosos, escreveu ela, estavam enfraquecendo instituições políticas legítimas e criando uma "política das sombras", oculta do público, e isso fornecia "solo fértil para a corrupção do poder e a criminalização da política". O regime dependia da lealdade do círculo próximo do presidente

---

228. Entrevista de Glushkov ao Kommersant, 23/nov/2000, em Berezovsky, *Art of the Impossible*, 2:537-46 (542); Hoffman, *Oligarchs*, p. 401.
229. Alan Cullison, "A Trio of Wealthy Russians Made an Enemy of Putin: Now They're All Dead", *Wall Street Journal*, 10/out/2018, citando o depoimento da testemunha de Glushkov em Aeroflot *v.* Leeds & Anor, https://www.wsj.com/articles/a-trio-of-wealthy-russians-made-an-enemy-of-putin-now-theyre-all-dead-1539181416.
230. Rose, "Approved Judgment, Aeroflot *v.* Leeds & Anor"; Iurii Skuratov, *Kremlevskie podriady: Poslednee delo Genprokurora* (Moscow: Litres, 2017), https://play.google.com/books/reader?id=bUthAAAAQBAJ&pg=GBS.PT 321_14, 159.

e das estruturas de poder, em vez de se basear no apoio público. Yeltsin "ganhou uma eleição democrática, mas apenas disfarçado de um homem lamentavelmente doente, fornecendo uma cortina de fumaça para os clãs em conflito às suas costas"[231].

De forma ameaçadora, Shevtsova observou que os serviços de segurança e a polícia estavam agora mais poderosos do que na época soviética. Ela descrevia, então, o cenário perfeito para o surgimento de um líder autoritário que ganharia a confiança pública como porta-voz dos interesses populares, enquanto sustentava seu poder com o apoio crucial das agências de segurança e de execução da lei. Estavam lançadas as bases para a futura presidência de Putin.

---

231. Lilia Shevtsova, "Dilemmas of Post-Communist Russia", *Security Dialogue* 28, n. 1 (1997): p. 83-96.

CAPÍTULO 4

POR TRÁS DOS MUROS DO KREMLIN

> À medida que a irmandade do Kremlin se acostumava com limusines blindadas e guarda-costas oficiais, com todas as portas abertas para eles e ninguém monitorando seu comportamento, seus integrantes perderam todo o senso de limites. Eles começaram a desacreditar potenciais oponentes e rivais econômicos: como nos tempos soviéticos, apenas os servis sobreviviam.
> – LILIA SHEVTSOVA, *PUTIN'S RUSSIA*

Após sua operação cardíaca, em novembro de 1996, Yeltsin permaneceu internado no hospital até o final de dezembro; depois, em janeiro, foi hospitalizado novamente em razão de uma pneumonia. Ele continuaria a ter crises de saúde periódicas até deixar o cargo. Segundo o ex-porta-voz de Yeltsin, Sergei Medvedev, após 1996 Yeltsin era "uma pessoa e um presidente completamente diferente: doente, velho – essencialmente, desgastado e passivo".[232] Embora Timothy Colton insista que a mídia exagerou sobre a saúde debilitada de Yeltsin, ele admite que o "andar e a resistência" característicos de Yeltsin haviam desaparecido, e "ele estava sujeito a lapsos verbais e tonturas"[233]. O próprio Yeltsin admitiu em suas memórias quanto havia declinado: "Eu já era um 'eu' diferente, um outro Boris Yeltsin. Eu havia sofrido muito, como se tivesse retornado do mundo dos mortos. Não conseguia mais resolver problemas como antes, reunindo toda a minha força física ou enfrentando confrontos políticos desafiadores. Isso já não era mais para

---

232. Zygar, *Vse svobodny*, cap. 9, loc. 8165.
233. Colton, *Yeltsin*, p. 381.

mim"²³⁴. Yeltsin continuaria a tomar as decisões principais, mas passou a depender cada vez mais de sua filha Tatiana e de Valentin Iumashev como intermediários e informantes.

Berezovsky nunca teve o hábito de ir diretamente a Yeltsin quando precisava de algo; em vez disso, consultava Iumashev e, com mais frequência, Tatiana, a quem se dirigia usando o pronome "*ty*" [tu], ou até mesmo como "Taniusha". Segundo Boris Nemtsov (1959-2015), "Berezovsky passava horas nos escritórios de Valia [Iumashev] ou de Tatiana e, como um Rasputin dos tempos modernos, exercia uma influência quase mística"[235]. De acordo com todos os relatos, Tatiana era receptiva a Berezovsky e valorizava suas opiniões; todavia, em algumas ocasiões, ele ultrapassava os limites e a deixava com raiva. Assim, em março de 1997, Yeltsin decidiu recrutar Nemtsov, o carismático e muito capaz governador de Nizhnii Novgorod, de trinta e oito anos, como primeiro vice-primeiro-ministro, ao lado de Chubais. Yeltsin enviou Tatiana para persuadir Nemtsov, pois este sinalizara a Chubais que estava relutante em se unir ao governo de Yeltsin. Porém, como Nemtsov recordou mais tarde, Berezovsky chegou antes de Tatiana, indo de avião para Nizhnii Novgorod para informá-lo de que ele, Berezovsky, havia decidido nomeá-lo primeiro vice-primeiro-ministro. Mais tarde, após uma viagem de carro de sete horas, Tatiana chegou e ficou furiosa ao saber que Berezovsky acabara de sair de lá. "Você deveria ter visto a cara dela", escreveu Nemtsov. "Ela gritou, indignada, a respeito de como aquele demônio do Berezovsky tinha ouvido a conversa sobre a minha nomeação e então entrado em um avião e voado para Nizhnii, enquanto ela tinha vindo de carro"[236].

Policial bom e policial mau

Neste ponto, Putin ainda era um jogador relativamente menor nos assuntos do Kremlin e pode nem mesmo ter conhecido Tatiana, embora tenha interagido com Iumashev, que substituiu Chubais como chefe de

---

234. Yeltsin, *Midnight Diaries*, p. 73.
235. Boris Nemtsov, *Ispoved' buntaria* (Moscow: Partizan, 2007), p. 27.
236. Boris Nemtsov, site pessoal, "Umer Boris Berezovskii", http://nemtsov.ru/old/indexc212.html?id=718739.

gabinete quando este se tornou primeiro vice-primeiro-ministro, em março de 1997. Chubais escolheu seu colega de São Petersburgo, Aleksei Kudrin, como vice-ministro das Finanças para assisti-lo, o que deixou vaga a posição de Kudrin como chefe da Diretoria de Controle Principal (GKU). Kudrin, que acabaria por ser chamado de "contador pessoal do presidente", recomendou a Iumashev que Putin fosse o seu substituto. Putin afirmou que a mudança foi bem-vinda, embora estivesse trabalhando para Borodin por apenas sete meses. Ele disse a Kudrin que achava o trabalho entediante: "Não era a minha praia. Não era um trabalho dinâmico em comparação com o que eu havia feito em Petersburgo. Sim, Petersburgo não era o centro, não era a capital, mas o trabalho lá era de uma qualidade diferente, mais energética"[237]. Putin também pode ter tido uma intuição de que Borodin se afundaria em problemas.

O emprego anterior de Putin na KGB foi útil em seu novo cargo. A GKU era o órgão de controle financeiro do governo, encarregado de supervisionar os setores empresariais e os órgãos governamentais para garantir que não houvesse malversação de fundos estatais. Isso significa que a GKU tinha acesso a um universo de informações financeiras sensíveis, que estava autorizada a transmitir às autoridades policiais e aos promotores. Putin tornou-se um intermediário entre o Kremlin e os órgãos de segurança e de cumprimento das leis. Em maio de 1997, disse à jornalista Elena Tregubova que Yeltsin dera ao seu escritório um mandato para combater a corrupção no Ministério da Defesa e em grandes empresas e agências estatais. Equipes especiais de funcionários da GKU, FSB, MVD e Ministério das Finanças examinavam os orçamentos desses órgãos poderosos em busca de possível indício de corrupção[238].

Aparentemente, Putin abordou seu novo trabalho com zelo. Em dois meses, examinara os orçamentos de um terço das 89 regiões ou repúblicas do país e acusara 260 funcionários de infrações. Até setembro seguinte, havia punido 450 funcionários por abuso orçamentário. Mas, como observou Myers, ele tomou cuidado para não pisar em ovos: "Putin

---

237. Blotskii, *Doroga k vlasti*, p. 399.
238. Elena Tregubova, Baiki kremlevskogo diggera (Moscow: Ad Marginem, 2003), http://www.belousenko.com/books/kgb/tregubova_bayki.htm, cap. 8.

aprendeu rapidamente que o serviço no Kremlin exigia delicadeza e discrição ao interpretar até que ponto levar suas investigações"[239]. Assim, Putin encobriu um escândalo envolvendo o notoriamente corrupto ex-ministro da Defesa Pavel Grachev (1948-2012), conhecido como Pasha Mercedes, que foi acusado de cumplicidade na transferência ilegal de armamentos, pois Grachev conhecia muitos segredos do Kremlin.

Nemtsov lembrou-se de que Putin, certa vez, enviara a ele informações sugerindo que havia corrupção entre pessoas que trabalhavam para Chubais, concluindo com o comentário: "Eu reporto à sua discrição". Nemtsov telefonou para Putin: "Você escreveu que Chubais é um ladrão e que todos ao seu redor são trapaceiros. Nesse caso, você deveria ter concluído: 'Eu acho que é necessário iniciar processos criminais'. Em vez disso, vejo uma frase estranha: 'Eu reporto à sua discrição'. O que devo fazer com isso?". Putin respondeu sem hesitar: "Você é o chefe, você decide". "Um exemplo clássico do comportamento de um oficial de segurança", concluiu Nemtsov. "Em geral, ele não foi flagrado em um envolvimento escandaloso, mas também não conseguiu fazer nada excepcional"[240]. De fato, Putin parece ter compreendido sabiamente que tal comportamento cauteloso era a única maneira de sobreviver – e de progredir – em um Kremlin altamente disfuncional e imprevisível. Tal sabedoria fugia ao volúvel Berezovsky.

A aparente cautela de Putin não significava que lhe faltasse ambição. Muito pelo contrário. Ele já havia decidido que, para acompanhar outros membros da elite do Kremlin, precisava finalmente obter um diploma mais elevado. Putin diz em sua autobiografia que, em 1990, começou a trabalhar em uma dissertação na LSU, quando ainda estava empregado pela KGB: "Escolhi um tópico no campo do direito internacional privado e comecei a elaborar um esboço para o meu trabalho"[241] Mas nada disso se concretizou. Então, de repente, em 1997, ele produziu uma dissertação de 218 páginas, intitulada "Planejamento estratégico da reprodução da base de recursos minerais de uma região sob condições de formação de relações de mercado:

---

239. Myers, *New Tsar*, p. 112.
240. Nemtsov, *Ispoved' buntaria*, p. 55.
241. Putin, *First Person*, p. 87.

São Petersburgo e Região de Leningrado", e recebeu o título de candidato em ciências econômicas (um pouco inferior academicamente a um PhD nos Estados Unidos) pelo Instituto de Mineração de São Petersburgo[242].

Como Putin, que nunca frequentara o Instituto de Mineração, teria encontrado tempo para fazer tal pesquisa e escrever sobre um assunto completamente novo? Segundo Olga Litvinenko, filha de Vladimir Litvinenko, que era reitor do Instituto de Mineração, foi seu pai quem escreveu a dissertação de Putin. A produção de dissertações era um negócio lucrativo, disse ela, que Vladimir Litvinenko e outros membros do corpo docente usavam para complementar seus modestos salários. O preço padrão para a tese de um candidato era de cerca de 30 mil euros, mas Putin ajudou o pai dela a conseguir o cargo de reitor em 1994, por isso pode não ter sido cobrado. Olga, que posteriormente se afastou de seu pai, afirmou que estava com ele em sua dacha, durante o verão de 1997, quando a dissertação de Putin foi elaborada. Ela lembrou-se de que ele levou um fotocopiador para a dacha e passou a maior parte do tempo copiando páginas de livros e recortando e colando em folhas em branco do tamanho A4, ocasionalmente acrescentando seus comentários por escrito. Putin não apareceu na dacha para ver como as coisas estavam indo, mas compareceu para defender com sucesso sua dissertação, depois de receber as observações preparadas[243].

Vários funcionários que trabalharam com Putin no escritório de Sobchak também receberam diplomas de nível superior do Instituto de Mineração. Entre eles, Igor Sechin, que veio a servir como principal conselheiro de Putin quando este se tornou presidente. Ex-oficial de inteligência, Sechin era filólogo especializado em francês e português, mas escreveu sua dissertação em 1998 sobre a economia de oleodutos. (Mais tarde, ele se tornou chefe da empresa russa de petróleo Rosneft). Viktor

---

242. Publicado em disserCat, uma biblioteca eletrônica de dissertações russas, https://www.dissercat.com/content/strategicheskoe-planirovanie-vosproizvodstva-mineralno-syrevoi-bazy-regiona-v-usloviyakh-for.
243. Dmitrii Volchek, "Kseroks na dache: Taina fal'shivoi dissertatsii Vladimira Putina", Radio Svoboda, 4/mar/2018, https://www.svoboda.org/a/29076908.html; Anastasiia Kirilenko, "Gorniaki-razboiniki: Kak 'literaturnyi negr' Putina i Sechina stal rektorom-milliarderom". *The Insider*, 7/ago/2017, https://theins.ru/korrupciya/66920.

Zubkov, futuro primeiro-ministro (2007-2008), defendeu sua dissertação em 2000 sobre o tema da tributação dos recursos minerais de Leningrado. Como observou ironicamente o *The Insider* sobre Putin e seus colegas de São Petersburgo: "Todos eles, independentemente de sua formação, de repente se tornaram especialistas no campo dos recursos minerais da região de Leningrado"[244].

A dissertação de Putin passou despercebida até 2005, quando dois pesquisadores da Brookings Institution, em Washington, DC, conseguiram uma cópia desse documento de uma biblioteca em Moscou. Eles descobriram que na seção-chave do trabalho, sobre planejamento estratégico, mais de dezesseis páginas de texto foram copiadas textualmente da edição russa de um livro didático norte-americano de 1978, intitulado *Planejamento estratégico e política*[245]. Em 2006, quando questionado sobre o plágio, Litvinenko respondeu que havia "acompanhado o trabalho acadêmico de Putin desde o início", acrescentando que o primeiro rascunho de sua tese fora rejeitado, e que o comitê acadêmico lhe recomendara que a reformulasse; então, "dentro de alguns meses ele voltou com uma versão completamente revisada, que levou em conta as críticas e foi aceita para defesa". Isso era prova, disse Litvinenko, de que Putin tinha feito o trabalho sozinho[246].

Até 2023, Litvinenko, que tinha gerenciado as campanhas presidenciais de Putin em 2000 e 2004 em São Petersburgo, ainda era reitor da *alma mater* de Putin, agora a Universidade de Mineração de São Petersburgo. Aparentemente, Putin não guardou rancor dele por ter feito um trabalho tão negligente na sua dissertação. Como muitos dos favoritos do presidente russo, Litvinenko prosperou financeiramente sob o regime de Putin. Em 2021, ele entrou na lista de bilionários da Forbes como dono de quase 21% da PhosAgro, uma *holding* química russa que produz fertilizantes e fosfatos. Segundo a *Forbes*, seus ativos são estimados em 1,5 bilhão de dólares[247]. Em março de 2021, o site de notícias online russo

---

244. Kirilenko, "Gorniaki-razboiniki".
245. Fiona Hill e Clifford G. Gaddy, *Mr. Putin: Operative in the Kremlin* (Washington, DC: Brookings Institution Press, 2013), Kindle ed., cap. 9, loc. 3685-728.
246. Kirilenko, "Gorniaki-razboiniki".
247. "Putin's Doctoral Thesis Director Makes Forbes' Billionaires List," RFE/RL, 7/abr/2021, https://www.rferl.org/a/litvinenko-billionaire-forbes-putin-thesis/31191104.html.

MBX Media relatou que, desde pelo menos 2014, Litvinenko deixou de declarar para fins fiscais milhões de dólares de ganhos da PhosAgro, mas as autoridades fiscais russas fizeram vista grossa[248].

O atrativo do petróleo

Na primavera de 1997, Berezovsky estava em alta, literalmente – viajando de um lado para o outro da Chechênia, para se encontrar com líderes chechenos e trabalhar no acordo de paz com a Rússia, assinado por Yeltsin e Maskhadov em 12 de maio. Ele já desempenhara um papel-chave na negociação de uma crise de reféns, iniciada quando forças chechenas comandadas pelo separatista Salman Raduev (1967-2002) sequestraram 22 membros das forças do MVD da Rússia em 14 de dezembro de 1996. Berezovsky voou para Grozny e, após conversas com o primeiro vice-primeiro-ministro Movladi Udugov e o comandante de campo Shamil Basaev (1965-2006), garantiu a libertação dos reféns. Em junho de 1997, Berezovsky disponibilizou seu jato particular para trazer quatro jornalistas russos de volta a Moscou, depois de estes terem sido mantidos na Chechênia por três meses[249], e, em agosto de 1997, seu papel foi fundamental na libertação de três repórteres da NTV sequestrados em maio, pelos quais, supostamente, pagou um enorme resgate[250]. Mais tarde, esses esforços levariam a acusações de que ele havia encorajado os terroristas chechenos.

Apesar de, em janeiro de 1997, Maskhadov ter sido eleito presidente da Chechênia com folga, seus esforços para estabelecer um governo secular funcional enfrentaram enormes obstáculos, como evidenciado pelos muitos sequestros. A economia da Chechênia estava em frangalhos após a guerra, e separatistas islâmicos linhas-duras, como Raduev, rejeitavam qualquer presença russa na república. Uma prioridade para o novo governo checheno era ressuscitar o oleoduto que passava pela Chechênia, de Baku, no Azerbaijão, para Novorossiisk, no Mar Negro, para que a

---

248. Liza Vel'iaminova, "Rektor-milliarder," MBX Media, 29/mar/2021, https://mbk-news.appspot.com/suzhet/rektor-milliarder/.
249. Goldfarb, *Death of a Dissident*, p. 109.
250. Matthew Evangelista, *The Chechen Wars: Will Russia Go the Way of the Soviet Union?* (Washington, DC: Brookings Institution Press, 2002), Kindle ed., cap. 3, loc. 732-36.

república pudesse obter tarifas de petróleo e taxas de trânsito. A integração da Chechênia ao mercado de petróleo forneceria recursos muito necessários para a restauração da economia do país. Os sinais eram positivos. Berezovsky, em uma coletiva de imprensa em 13 de maio de 1997, disse que "a Rússia estava interessada em ter uma seção do oleoduto do Cáspio passando por seu território [Chechênia]", e, em julho, o presidente do Azerbaijão, Gaidar Aliev (1923-2003), assinou um acordo com a Rússia, endossando o transporte de petróleo de Baku através da Chechênia[251].

O interesse de Berezovsky no oleoduto do Cáspio tinha tanto a ver com seu ganho financeiro potencial quanto com a recuperação econômica da Chechênia. Ele queria usar o oleoduto para obter o controle da gigante estatal russa de petróleo, a Gazprom. Com esse objetivo em mente, Berezovsky voou para Budapeste no início de junho de 1997, onde convenceu George Soros a apoiar um plano para torná-lo presidente da Gazprom, com um investimento inicial na empresa de um bilhão de dólares. Em 14 de junho, no dia seguinte à assinatura de um acordo entre Chernomyrdin e Maskhadov para abrir o oleoduto, Soros se encontrou, em Sochi, com Berezovsky e o primeiro-ministro Chernomyrdin para selar o acordo da Gazprom[252]. Mas quando Soros foi ver Nemtsov em Moscou, este o convenceu contra o plano da Gazprom, sob a alegação de que representava outro acordo de bastidores feito por barões corruptos, insistindo que, agora, o governo queria jogo limpo. Alex Goldfarb estava presente quando Soros deu a má notícia a Berezovsky no LogoVAZ Club: "Boris mal conseguia se controlar. Assim que George saiu, ele explodiu: 'Como ele pôde fazer isso? Apertamos as mãos! Será que ele realmente acreditou naqueles palhaços? Ele não sabe que o único papel de Nemtsov é agir como 'Chubais com um rosto humano' para consumo estrangeiro? Eu o recrutei pessoalmente para esse papel em março, quando ainda formávamos uma equipe"[253].

---

251. Entrevista coletiva de Berezovsky, 13/maio/1997, relatada pelo Federal News Service, citada em Berezovsky, *Art of the Impossible*, 1:504.
252. Reuters, 13/jun/1997, https://reliefweb.int/report/russian-federation/russia-chechen-sign-oil-deal-chechnya.
253. Goldfarb, *Death of a Dissident*, p. 114-15.

Em agosto de 1997, o vice de Boris Nemtsov, Sergei Kirienko, anunciou que as negociações com a Chechênia sobre o oleoduto haviam sido paralisadas porque a Chechênia estava exigindo tarifas "impossíveis". Isso provocou uma reprimenda de Berezovsky, que foi citado pela *Nezavisimaia Gazeta*, um jornal do qual agora ele era dono, dizendo que o Ministério das Finanças da Rússia estava sabotando o acordo. Após mais deliberações, Nemtsov declarou em 15 de setembro que o território checheno não faria parte do oleoduto do Cáspio, porque Moscou decidira transportar o petróleo pelo Daguestão[254].

Após a morte de Berezovsky, Nemtsov lembrou-se de que ele, em certo momento, o visitou para informá-lo de que Chernomyrdin e o presidente da Gazprom, Rem Viakhirev (1934-2013), haviam decidido que ele, Berezovsky, lideraria o conselho de administração da empresa. Nemtsov conta que "não podia acreditar no que ouvia" e ligou para Chernomyrdin e Viakhirev, que, com relutância, confirmaram o que Berezovsky havia dito. Nemtsov, então, disse a Berezovsky: "Seu plano para a Gazprom acontecerá somente sobre o meu cadáver", ao que Berezovsky respondeu: "Eu vou te destruir. Vou lançar o Canal Um de televisão, com todos os meus recursos midiáticos, para que você não exista mais". Nemtsov acrescentou que "de fato, Boris Abramovich conseguiu realizar muito do que havia ameaçado"[255].

Conflito mortífero

Berezovsky tinha outros interesses em jogo. Um deles envolvia a empresa de telecomunicações estatal Sviazinvest, que Vladimir Gusinsky esperava assumir quando fosse a leilão em 25 de julho de 1997. Um ano antes, Gusinsky havia recebido sinal verde do ministro de Privatização de Yeltsin, Alfred Kokh, para se preparar para o leilão, trazendo investidores e conversando com autoridades de segurança e defesa, que dependiam da Sviazinvest para obter comunicações seguras. Berezovsky sugeriu a Gusinsky que, se ele vencesse o leilão, Berezovsky poderia estar interessado

---

254. Evangelista, *Chechen Wars*, cap. 3, loc. 746-51.
255. Nemtsov, "Umer Boris Berezovskii".

em se tornar seu parceiro. Mais tarde, Gusinsky disse a David Hoffman: "Berezovsky tem que ser o número um em tudo. Ele tem que ser o padrinho em todos os casamentos, o coveiro em todos os funerais. Se algo acontece em algum lugar sem Berezovsky, ele é tomado de ansiedade"[256].

Infelizmente para Gusinsky e Berezovsky, com a chegada de Nemtsov ao governo, as regras do processo de privatização mudaram. Assim como com a Gazprom, Nemtsov e Chubais queriam acabar com a prática de decidir antecipadamente quais oligarcas seriam premiados. A dupla estava determinada a abrir o leilão da Sviazinvest a todos os concorrentes, inclusive a Vladimir Potanin, que já conseguira Soros como investidor. No entanto, nem Gusinsky nem Potanin queriam enfrentar a incerteza de um leilão aberto, por isso tentaram fazer com que Chubais concordasse com um acordo em que Gusinsky ficaria com a Sviazinvest e Potanin adquiriria a próxima grande empresa que surgisse. Em 23 de julho, Berezovsky voou com os dois homens no jato particular de Gusinsky para ver Chubais, que estava de férias perto de St. Tropez, no sul da França. Na tentativa de persuadir Chubais, Berezovsky admitiu que, é claro, o objetivo final era a concorrência normal, mas foi um erro introduzir uma mudança tão drástica de forma repentina. Quando esse argumento não funcionou, Berezovsky fez ameaças: "Você está provocando uma guerra. Você não quer, mas vai acontecer"[257].

Valentin Iumashev discutiu com Chubais e Nemtsov durante horas, apontando que era irracional virar o jogo contra Gusinsky depois de ele ter passado tanto tempo preparando a privatização da Sviazinvest. "O que acontecerá depois que Gusinsky perder?", Iumashev perguntou. Observando que Gusinsky e Berezovsky controlavam grande parte da mídia, Iumashev previu sombriamente que "em um mês não teremos mais um governo de jovens reformadores"[258]. Mas Chubais e Nemtsov se mantiveram firmes. E, apesar de uma tentativa de última hora de os oligarcas concordarem entre si a respeito de quais seriam os seus lances

---

256. Hoffman, *Oligarchs*, p. 380.
257. Hoffman, *Oligarchs*, p. 380-82; "Bor'ba oligarkhov za 'Sviaz'invest': Spravka", RIA Novosti, 25/jul/2011, https://ria.ru/20110725/406846261.html.
258. Valentin Iumashev, "Sviaz'invest", https://nemtsovdoc.ru/life/videotext/26.

no leilão, Potanin acabou sendo o vencedor. Berezovsky e Gusinsky, então, desencadearam sua fúria. Sergei Dorenko (1959-2019), apresentador da ORT, cujo programa era assistido por milhões de russos, acusou Potanin de usar dinheiro de empresas de fachada para financiar seu lance. Posteriormente, aparecendo na *Ekho Moskvy*, que era de propriedade de Gusinsky, Dorenko sugeriu que havia uma conspiração por trás do acordo. O jornal de Gusinsky, *Segodnia*, publicou um artigo levantando mais questões sobre as origens suspeitas do dinheiro de Potanin e sobre o seu relacionamento questionavelmente próximo com Kokh[259].

Alguns dias depois, em 1º de agosto de 1997, Berezovsky disse a Tatiana D'iachenko, por telefone, que na noite anterior ele, Gusinsky e Mikhail Fridman tiveram uma reunião muito difícil com Chubais, que durou até as 3h30 da manhã. Berezovsky disse que Chubais achava, erroneamente, que Potanin era honesto, e ficou "muito abalado" quando soube por Berezovsky e Gusinsky das artimanhas dele. Acrescentando que Potanin não era o único "que não joga pelas regras", Berezovsky disse a Tatiana que Alfred Kokh deveria deixar o cargo[260]. Segundo Nemtsov, Berezovsky também pressionou a família de Yeltsin (presumivelmente Tatiana e Iumashev) a reclamar dele para Yeltsin, que, então, convocou Nemtsov para seu escritório em algum momento de agosto e, irritado, perguntou: "Você realmente não consegue fazer tudo isso sem tanto alvoroço?". Nemtsov explicou apaixonadamente que "esta é uma guerra na qual ou eles vencem ou nós vencemos". Yeltsin ficou em silêncio e então, finalmente, disse: "Eles não são ninguém. Eu não os conheço"[261].

Kokh renunciou dias após a conversa de Berezovsky com Tatiana, mas o lobby de Berezovsky não foi bem-sucedido no intento de fazer com que Chubais anulasse os resultados do leilão. Assim, ele aumentou consideravelmente as apostas em 13 de setembro, quando a *Nezavisimaia Gazeta* publicou um ataque devastador contra Chubais na primeira página, retratando-o como um intrigante cínico e ávido por poder, que estava

---

259. Hoffman, *Oligarchs*, p. 384-86.
260. "Zapis' telefonnogo razgovora Borisa Berezovskogo s docher'iu El'tsina – Tat'ianoi D'iachenko", *Kompromat.ru*, 1º/ago/1997, http://www.compromat.ru/page_25022.htm.
261. Nemtsov, *Ispoved' buntaria*, p. 24-25.

permitindo a Potanin criar um supermonopólio privado. Ao mesmo tempo, havia relatos na ORT de que Potanin organizava orgias com *stripteasers* para Nemtsov. A mãe de Nemtsov ficou tão chateada, que ligou para o filho e perguntou se os relatos eram verdadeiros. Nemtsov aconselhou-a a não reagir a tamanha bobagem; mas, conforme escreveu mais tarde: "Berezovsky e Gusinsky estavam fazendo de tudo para criar uma zona de alienação pública ao nosso redor, para que, ou renunciássemos aos nossos cargos, ou o presidente nos demitisse"[262]. Tudo isso foi demais para Yeltsin, que convocou os maiores empresários ao Kremlin e apelou para que os ataques públicos contra Chubais e Nemtsov cessassem[263].

Alex Goldfarb lembra-se de tentar convencer Berezovsky de que o conflito estava perigosamente próximo de derrubar o governo, perguntando-lhe "por que tanto alvoroço por causa de uma empresa de telefonia para Gusinsky", ao que Berezovsky retrucou com raiva: "Não é esse o ponto. Eu não me importo se o Goose [Gusinsky] conseguirá ou não... A questão é saber se o Tolya [Chubais] pode fazer as coisas do jeito dele porque ele decidiu que ele é o Estado. Maldito bolchevique". Como Goldfarb percebeu, "a luta não era entre Gusinsky e Potanin. Eles eram apenas substitutos para as duas figuras épicas do reinado de Yeltsin: Chubais e Berezovsky, o tecnocrata supremo e o super magnata. Era um choque político de visões opostas sobre o papel dos oligarcas na nova Rússia"[264].

Berezovsky deveria ter percebido que pagaria um preço alto por se dedicar à vingança. Chubais e Nemtsov visitaram Yeltsin em 4 de novembro e instaram Yeltsin a demitir Berezovsky de seu cargo como vice-secretário do Conselho de Segurança Nacional. Yeltsin não precisou de muitos argumentos para ser persuadido; como explicou em suas memórias:

> Por que eu demiti Berezovsky em novembro? Minhas motivações, provavelmente, são mais difíceis de explicar do que parece à primeira vista. Eu nunca gostei de Boris Berezovsky, e ainda não gosto. Eu não gosto dele por causa de seu tom arrogante, sua reputação escandalosa, e

---

262. Nemtsov, *Ispoved' buntaria*, p. 24.
263. Hoffman, *Oligarchs*, p. 388-89.
264. Goldfarb, *Death of a Dissident*, p. 116.

porque as pessoas acreditam que ele tem influência especial no Kremlin. Ele não tem. Eu nunca gostei dele, mas sempre tentei mantê-lo em minha equipe[265].

Em 5 de novembro de 1997, o Kremlin anunciou que Berezovsky havia sido demitido.

Berezovsky contra-atacou. Ele e Gusinsky receberam documentos mostrando que Chubais e membros de sua equipe econômica haviam recebido quase meio milhão de dólares como adiantamento por um livro que estavam escrevendo sobre privatização, e agiram imediatamente com base nas informações. Em 12 de novembro, um jornalista investigativo chamado Alexander Minkin, que era próximo a Gusinsky, relatou na *Ekho Moskvy* a respeito das receitas do livro, dizendo que eram uma forma velada de suborno e lavagem de dinheiro. O escândalo custou caro a Chubais. Embora ele tenha mantido seu cargo de primeiro vice-primeiro-ministro, Yeltsin retirou sua pasta de finanças. Apesar de qualquer satisfação a curto prazo que Berezovsky e Gusinsky tenham obtido de seu último ataque a Chubais, as repercussões de longo prazo dificilmente valeriam a pena para eles. O aviso que lhes foi dado por Sergei Lisovskii, que trabalhou na campanha de Yeltsin em 1996, mostrou ser premonitório: "Se destruirem Chubais, vocês vão eliminar a si mesmos em alguns anos, porque, em longo prazo, Chubais nunca vai afundá-los, nunca vai prendê-los – ele criou vocês, assim como os capitalistas russos. E qualquer outra pessoa no lugar dele vai tratá-los com muita crueldade"[266]. Nemtsov, mais tarde, diria amargamente: "Tínhamos um governo liberal democrático com Chernomyrdin e outros. Tínhamos uma chance real de mover o país em direção à democracia. E quando Berezovsky decidiu destruir nosso governo, e teve sucesso, o que conseguimos? Findamos em um governo da KGB"[267].

---

265. Yeltsin, *Midnight Diaries*, p. 98.
266. Hoffman, *Oligarchs*, p. 393. Ver também Nataliya Rostova, "Vtoraia informatsionnaia", Radio Svoboda, 2/dez/2017, https://www.svoboda.org/a/28890678.html.
267. Nemtsov, testemunhando durante o julgamento no tribunal de Londres em um processo por difamação movido por Berezovsky contra Mikhail Fridman, 22/maio/2006. Veja a compilação das transcrições do julgamento por Yuri Felshtinsky (Verdikt: Boris Berezovskii protiv oligarkhov [Falmouth, MA: Terra-USA, 2008], p. 356).

O resgate de Sobchak

Embora Putin tenha permanecido fora desse conflito no Kremlin, ele tinha seus próprios problemas. Korzhakov e Barsukov haviam sido demitidos, mas o procurador-geral da Rússia, Iurii Skuratov, e o chefe do MVD, Anatolii Kulikov, continuavam a investigação do ex-chefe de Putin, Sobchak, por corrupção durante o período em que este fora prefeito. Uma acusação específica envolvia um contrato de Sobchak com a Renaissance, uma empresa de construção/imobiliária, para a reforma de vários prédios de apartamentos de propriedade da cidade. Posteriormente, a Renaissance vendeu apartamentos a funcionários do gabinete do prefeito, inclusive a Putin e Kudrin, a preços reduzidos. Igualmente escandaloso foi o fato de a Renaissance ter pressionado os moradores de um apartamento comunitário próximo a Sobchak a se mudarem, para que o prefeito pudesse assumi-lo e ampliar seus aposentos. Em abril de 1997, a Duma aprovou uma resolução, solicitando que o procurador-geral concluísse a investigação sobre Sobchak, e três dos ex-membros da equipe dele foram posteriormente presos em São Petersburgo[268].

Os jornais estavam repletos de especulações sobre o caso Sobchak, e um artigo, publicado pela *Novaia Gazeta* em junho, parecia ameaçador para Putin e, também, para Kudrin. O autor, Pavel Voshchanov, fez uma crítica devastadora a Sobchak, detalhando como ele havia se apossado dos cofres da cidade para seu benefício pessoal e descrevendo sua predileção por roupas italianas extremamente caras e suas ligações com gângsteres. Mas, então, Voshchanov acrescentou claramente que "Sobchak não se esqueceu de seus subordinados, que agora ocupam altos cargos no Kremlin". E como se estivesse prevendo que esses funcionários do Kremlin não seriam tocados, ele lamentou: "Sabemos que, se alguém está perto do poder, se está confortável em seu escritório governamental, nada o ameaça. Qualquer pecado seu será ignorado"[269].

---

268. Sergei Pluzhnikov, "'Kvartirnoe delo' Sobchaka", Sovershenno sekretno, 4/fev/1997, http://www.compromat.ru/page_10202.htm; Felshtinsky and Pribylovsky, *Corporation*, p. 228-31; Dawisha, *Putin's Kleptocracy*, p. 152-53, p. 174-76.
269. Pavel Voshchanov, "Tem' Sobchaka-2", *Novaia gazeta*, 23/jun/1997, http://www.compromat.ru/page_26663.htm.

Conforme sugeriu Voshchanov, Putin e Kudrin eram protegidos pelo Kremlin. No entanto, Sobchak estava ciente de suas maquinações financeiras ilegais, especialmente as de Putin. Quem seria capaz de prever o que, sob pressão, ele poderia dizer aos promotores? A esposa de Sobchak, Narusova, começou a visitar Putin regularmente em Moscou durante o verão, dizendo-lhe que seu marido seria preso em breve, e deixando Putin com a impressão de que Sobchak poderia não ficar calado se isso acontecesse[270]. Para que Sobchak não incriminasse seus ex-subordinados, ele teria de ser protegido contra processos. Isso se mostrou uma tarefa complicada, da qual participaram várias figuras do Kremlin.

Anos mais tarde, em uma entrevista, Iumashev revelou que Chubais, Nemtsov e Kudrin lhe disseram repetidamente que a situação de Sobchak era urgente e que algo precisava ser feito. Iumashev foi pessoalmente visitar Skuratov e Kulikov, pedindo-lhes que desistissem de Sobchak, mas sem sucesso. A única pessoa que poderia pôr um fim à acusação de Sobchak era Yeltsin, mas ele ainda se ressentia profundamente do ex-prefeito de São Petersburgo e, portanto, não tinha motivação para protegê-lo. "Eu sabia que Boris Nikolayevich nunca, em nenhuma circunstância, chamaria o procurador-geral", disse Iumashev. "Eu nem sequer tentei conversar com Yeltsin sobre esse assunto"[271]. Yeltsin relembrou no livro *Midnight Diaries*: "Eu repetia sempre a mesma coisa para as pessoas que vinham em defesa de Sobchak – Chubais, Yumashev, Nemtsov –: 'Se há alguma suspeita, é preciso investigar e provar se o homem é culpado ou não'"[272]. Skuratov diz em suas memórias que visitou Yeltsin em setembro para informá-lo sobre o caso Sobchak, e Yeltsin disse-lhe calmamente que fizesse o que tinha de ser feito[273].

---

270. Sergei Pluzhnikov e Sergei Sokolov, "Ten' prezidenta", Freelance Bureau, 15/jan/2000, www.compromat.ru/page_9319.htm.
271. Andrei Illarionov, *LiveJournal* post, 7/jun/2019, https://aillarionov.livejournal.com/1128924.html, citando entrevistas para o filme Delo Sobchaka.
272. Yeltsin, *Midnight Diaries*, p. 233.
273. Iurii Skuratov, Kremlevskie podriady: Poslednee delo genprokurora (Moscow: Algoritm, 2013), Google Play, p. 322.

A situação transformou-se em crise em 2 de outubro de 1997, quando Chubais recebeu uma ligação telefônica de Narusova, que colocou seu marido na linha.

Sobchak estava desesperado, porque a mídia previa sua prisão imediata. Chubais tranquilizou-o: "Não se preocupe, Anatoly Aleksandrovich, a situação está totalmente sob controle. Tive uma conversa sobre esse assunto com o chefe da Administração Presidencial, Iumashev. Ele me garantiu que, sem o seu consentimento e o consentimento de Boris Nikolaevich [Yeltsin], nenhuma medida será tomada contra você". Chubais disse a Sobchak que se reuniria com Iumashev naquele dia, e que o problema dele seria o primeiro da pauta[274]. Alarmado, Chubais ligou para Nemtsov, que estava com Yeltsin na ocasião. Nemtsov pediu a Yeltsin que fizesse algo para evitar a prisão de Sobchak, mas Yeltsin resistiu até que, finalmente, Nemtsov lhe disse que Sobchak tinha um grave problema cardíaco e poderia morrer sob custódia. De acordo com Yeltsin, ele então cedeu um pouco, pedindo que fosse enviada uma mensagem a Skuratov dizendo: "você não pode assediar um homem doente"[275].

Porém, mais tarde, Skuratov escreveu que não teve notícias de Yeltsin até 7 de outubro, quando Yeltsin lhe enviou uma ordem oficial dizendo apenas: "é necessário diminuir a atividade do grupo [de investigação]"[276]. Nesse meio tempo, Sobchak foi chamado para depor pelos promotores de São Petersburgo, em 3 de outubro, e reclamou de dores no coração. Putin, rapidamente, providenciou o transporte de Sobchak para o hospital da Academia Médica Militar, onde o médico Iurii Shevchenko, amigo de Putin, diagnosticou um ataque cardíaco. Depois de algumas semanas, a equipe de investigação ficou impaciente e decidiu enviar alguns cardiologistas de Moscou para verificar a doença de Sobchak. Desesperado para evitar esse exame médico e a possível prisão de Sobchak, Putin elaborou um plano. No dia 7 de novembro, um feriado, oficiais sob o comando do amigo de Putin, Aleksandr Grigor'ev, primeiro vice-chefe do FSB de São

---

274. Uma transcrição vazada da conversa foi publicada pela *Novaia Gazeta* em 29/set/1998, em http://www.compromat.ru/page_26662.htm.
275. Yeltsin, *Midnight Diaries*, p. 234.
276. Skuratov, *Kremlevskie podriady*, p. 321.

Petersburgo, transportaram Sobchak de ambulância para o Aeroporto de Pulkovo, onde ele "subiu correndo as escadas" para embarcar em um jato fretado da Finlândia e voar para Paris[277].

Quando Sobchak retornou do exílio à Rússia, em junho de 1999, as acusações contra ele haviam sido retiradas e Skuratov estava de canto. Skuratov ficou indignado quando, mais tarde, soube que Putin é quem tinha orquestrado a fuga de Sobchak:

> Imagine só: uma equipe de investigadores, inclusive do FSB, está trabalhando. E então chega um funcionário da Administração Presidencial que, indo além de sua autoridade e não confiando nos investigadores, inclusive os da organização na qual ele trabalhava e que logo dirigiria, praticamente esmaga a investigação[278].

Mas a ação decisiva de Putin lhe rendeu grande estima de seus colegas do Kremlin. Iumashev elogiou-o por ter assumido um risco tão grande, dizendo que avisara Putin que teria de demiti-lo caso o plano não funcionasse, pois Yeltsin desaprovaria o fato de ele violar a lei. Chubais concordou: Putin havia "colocado sua cabeça no cepo". Nas palavras do observador político e editor Gleb Pavlovsky (1951-2023): "Havia muitos no Kremlin que não realizariam nenhum projeto, mas isso – a logística da realização de Putin! Ele não se limitou a declarar lealdade, ele fez o melhor que pôde e conseguiu"[279]. Até mesmo Yeltsin, apesar de não gostar de Sobchak, ficou impressionado: "Mais tarde, quando soube o que Putin havia feito, senti um profundo respeito e gratidão por ele"[280].

Quanto a Putin, em sua autobiografia, ele nega ter participado da fuga de Sobchak: "Seus amigos – acho que eram da Finlândia – enviaram um avião de resgate médico, e ele foi levado para um hospital na França.

---

277. Felshtinsky e Pribylovsky, *Corporation*, p. 231-32; Myers, *New Tsar*, p. 117-18; Skuratov, *Kremlevskie podriady*, p. 323.

278. Skuratov, *Kremlevskie podriady*, p. 323. Philip Short, aparentemente para mostrar que a motivação de Putin era inocente, afirma que a ideia de que Sobchak era corrupto é implausível, porque ele não pagou o voo charter para Paris, que foi financiado pelo amigo de Putin, Gennadii Timchenko (Short, Putin, 752n62). Mas na Rússia, naquela época, nem era preciso ter dinheiro para fretar um avião privado para ser corrupto.

279. Illarionov, *LiveJournal*, 7/jun/2019.

280. Yeltsin, *Midnight Diaries*, p. 234.

Francamente, eu nem sabia dos detalhes"[281]. Mais tarde, porém, ele reconheceu que tinha orquestrado tudo: "Eu, simplesmente, considerava meu dever ajudar Anatoly Alexandrovich. Eis o motivo: se eu soubesse, ou pelo menos suspeitasse, que ele era culpado de alguma coisa, eu não teria mexido um dedo. Mas eu não tinha apenas certeza, eu sabia, eu tinha certeza absoluta, cem por cento, de que ele era inocente"[282]. Para salvar a si mesmo e a outros, Putin impediu que Sobchak fosse processado por suborno e crimes financeiros dos quais Putin sabia que ele era culpado. E, ao fazer isso, Putin usou os serviços de segurança para violar a lei. No entanto, isso foi visto por Yeltsin e sua equipe como um ato de coragem e lealdade, que ajudaria Putin a conquistar a presidência.

Problemas no alto escalão

Não fosse por suas ramificações de longo prazo, o resgate de Sobchak por Putin teria sido um incidente menor em comparação com tudo o que estava acontecendo no país naquela época. No fim de 1997, o governo russo estava demasiadamente endividado, tanto no exterior (123,5 bilhões de dólares) quanto internamente (95 bilhões de dólares). A queda dos preços do petróleo, em razão de uma crise financeira na Ásia, contribuiu para os déficits orçamentários, assim como o fato de a maioria dos oligarcas estar em dívida com seus impostos. Além disso, como David Hoffman destaca, o conflito entre Berezovsky e Chubais havia "paralisado a elite política, minado a confiança dos investidores e deixado a Rússia despreparada para o desastre que se aproximava"[283]. Mas o drama político no Kremlin continuou, com Berezovsky, que permaneceu como conselheiro próximo do chefe de gabinete de Yeltsin, Iumashev, e controlava influentes veículos de mídia, sendo muitas vezes o catalisador.

Em fevereiro de 1998, Berezovsky sofreu uma lesão na coluna vertebral resultante de um acidente enquanto dirigia um *snowmobile* à noite. Depois de um tratamento na Suíça, ele voltou a Moscou em março

---

281. Putin, *First Person*, p. 117-18.
282. Illarionov, *LiveJournal*, 7/jun/2019.
283. Hoffman, *Oligarchs*, p. 402.

e começou a se reunir com Iumashev, Tatiana e outros membros da equipe de Yeltsin para discutir a saída de Chernomyrdin, que todos concordavam ter perdido sua utilidade como primeiro-ministro. Com a capacidade de governar de Yeltsin cada vez mais em dúvida, o cargo de primeiro-ministro, o próximo na linha de sucessão, era de importância crucial. Embora Yeltsin tenha agradado ao grupo demitindo Chernomyrdin em 23 de março, a escolha de Sergei Kirienko como substituto de Chernomyrdin desagradou Berezovsky, que começou a fazer lobby contra a aprovação da nomeação pela Duma. Kirienko, um ex-banqueiro e ex-ministro da energia, de 35 anos, era de Nizhnii Novgorod e próximo a Nemtsov. A última coisa que Berezovsky queria era que um reformador do tipo de Kirienko assumisse o cargo de primeiro-ministro[284].

A audácia de Berezovsky não agradou a Yeltsin, para dizer o mínimo. Em meados de abril, em um discurso em uma cerimônia de premiação de cosmonautas russos, Yeltsin, inesperadamente, mencionou uma conversa telefônica recente que tivera com Berezovsky. Berezovsky, disse ele, estava tentando influenciar a formação de um novo governo e, se não parasse, avisou Yeltsin, seria exilado do país. De acordo com o jornalista que divulgou a história, Berezovsky queria que Ivan Rybkin, seu aliado e ex-secretário do Conselho de Segurança Nacional, substituísse Chernomyrdin. Uma fonte na Duma disse ao jornalista que Berezovsky também havia elaborado um plano alternativo, pelo qual a Constituição seria alterada para que, no caso da incapacidade de Yeltsin, seu sucessor não fosse o primeiro-ministro, mas o presidente do Conselho da Federação da Rússia, Egor Stroev, que era próximo a Berezovsky. Segundo consta, Iumashev tentou controlar os danos após a explosão de Yeltsin, pedindo aos cosmonautas que não repetissem o que ele disse. Contudo, a notícia se espalhou[285].

Por mais que Yeltsin não gostasse de Berezovsky, a influência política do oligarca era formidável. Duas semanas depois, Yeltsin foi obrigado, contra a sua vontade, a aprovar a nomeação de Berezovsky

---

284. Hoffman, *Oligarchs*, p. 407-9. Em 2/set/1998, Berezovsky disse a Venediktov no *Ekho Moskvy*: "Desde o início qualifiquei a nomeação de Kirienko como um movimento totalmente sem sentido [...] era necessária uma pessoa com peso, com autoridade" (*Art of the Impossible*, 3:272).
285. Andrei Bagrov, "El'tsin ugrozhaet Berezovskomu emigratsiei", *Kommersant*, 15/abr/1998, https://on-demand.eastview.com/browse/doc/3748132.

como secretário executivo da Comunidade dos Estados Independentes (CEI), uma associação intergovernamental regional formada em 1991 e composta por doze das quinze ex-repúblicas soviéticas. (Mais tarde, a Ucrânia e a Geórgia deixaram a aliança, e o Turcomenistão mudou sua posição para membro associado). Tendo a Rússia como sua força motriz, a CEI visava à cooperação em questões como comércio, segurança coletiva e combate ao crime organizado e ao terrorismo. No entanto, quando Berezovsky entrou em cena, havia uma divergência tão profunda entre os membros, com alguns buscando uma cooperação mais próxima com a Rússia e outros se inclinando para o Ocidente, que os especialistas previam o fim da organização.

Berezovsky estava fazendo lobby para obter o cargo na CEI sem o conhecimento de Yeltsin, pedindo pessoalmente o apoio de cada um dos líderes do governo. Quando o presidente ucraniano, Leonid Kuchma, indicou Berezovsky em uma reunião da CIS em Moscou, em 29 de abril de 1998, e todos os outros chefes de Estado concordaram com entusiasmo, Yeltsin foi pego completamente desprevenido. Ele pediu-lhes que considerassem outros candidatos, alegando que Berezovsky era uma figura muito controversa na Rússia em termos políticos. Por fim, Yeltsin convocou Berezovsky para uma conversa particular e foi persuadido a aceitar a nomeação[286].

Berezovsky dedicou-se ao cargo com seu zelo habitual. Em entrevista à NTV em 8 de junho de 1998, ele relatou: "Nas últimas seis semanas, tenho tentado descobrir o que é a *Commonwealth* hoje. Viajei por todos os Estados da CEI, encontrei-me com todos os seus presidentes e desenhei um quadro que mostra com precisão onde estamos agora"[287]. Ele enfatizou que os problemas econômicos deveriam ter prioridade, mas observou que a cooperação real não seria possível até que os conflitos regionais, como os da Abkhazia, Chechênia e outros lugares, fossem resolvidos. Ciente dos

---

286. Yeltsin, *Midnight Diaries*, p. 246-47; Aven, *Vremia Berezovskogo*, p. 642-44. Yeltsin lembrou que, quando contou a Iumashev sobre a proposta de nomear Berezovsky, "nunca vi Yumashev tão furioso". Iumashev disse que Berezovsky nunca o consultou sobre sua ambição de se tornar secretário da CEI. Mas Khinshtein afirmou que Iumashev planejou a nomeação de Berezovsky (*Berezovskii i Abramovich*, p. 347).

287. Entrevista à NTV, 8/jun/1998, em Berezovsky, *Art of the Impossible*, 2:30-36.

sentimentos nacionalistas, Berezovsky também deixou claro em declarações posteriores que, para que a CEI fosse bem-sucedida enquanto organização, quaisquer que fossem as restrições impostas a seus Estados-membros, elas não deveriam interferir na independência de tais Estados[288].

Mais tarde, o editor do *Ekho Moskvy*, Venediktov, elogiou Berezovsky por seu sucesso na CEI:

> Ele nunca estava em Moscou. Não conseguíamos entrevistá-lo, porque estava viajando para as várias capitais, tentando convencer os presidentes [dos Estados da CEI] de que Yeltsin e a Rússia eram ótimos. Ele conseguiu convencer os presidentes a se unirem e a interromperem o processo de desintegração. Essa foi sua verdadeira conquista. Ninguém mais fez isso... E, em geral, ele era respeitado[289].

Venediktov perguntou a Berezovsky, em setembro de 1998, se ele via sua posição na CEI como um trampolim para um papel político maior. Berezovsky parece ter levado a pergunta a sério, respondendo que não tinha tais ambições, especialmente com relação à presidência, em razão do forte sentimento nacionalista russo no país: "Creio ser errado um judeu pretender estar no comando de um Estado como a Rússia de hoje em dia"[290].

Putin sobe

Nesse meio tempo, Putin também recebeu um novo cargo e uma promoção. Em maio de 1998, Yeltsin o nomeou primeiro vice-diretor da Administração Presidencial, responsável pelas relações com as 89 regiões da Rússia. Os governadores regionais eram eleitos e, portanto, tinham uma independência considerável, o que representava uma possível ameaça política a Yeltsin. Putin já tinha muitas informações sobre as transações financeiras desses governadores por conta do seu trabalho à frente da GKU; portanto, ele estava bem-preparado para

---

288. Declaração de Berezovsky sobre o CIS, *Nezavisimaia Gazeta*, 13/nov/1998, em Berezovsky, *Art of the Impossible*, 2:39-68.
289. "Aleksei Venediktov o Borise Berezovskom".
290. Entrevista de Berezovsky com Alexey Venediktov, *Ekho Moskvy*, 2/set/1998, em Berezovsky, *Art of the Impossible*, 3:268-80.

ser um cão de guarda das regiões em nome do Kremlin[291]. No livro *First Person*, Putin relembrou-se de que havia achado o trabalho na GKU tão entediante – uma reclamação semelhante à que fez sobre seu primeiro cargo no Kremlin – que estava pensando em sair para começar a trabalhar como advogado particular. Portanto, sua promoção foi um verdadeiro benefício: "Desenvolvi relacionamentos com muitos dos governadores naquela época. Ficou claro para mim que o trabalho com os líderes regionais era uma das linhas de trabalho mais importantes do país. Todos diziam que o *vertikal*, a cadeia vertical de governo, havia sido destruída e precisava ser restaurada"[292].

Putin permaneceu no cargo por pouco mais de dois meses. Como se viu, Yeltsin tinha planos maiores para ele, muito maiores. Mais tarde, Putin afirmou que foi uma surpresa total quando, em meados de julho, o primeiro-ministro Kirienko, que chegava da visita a Yeltsin na Carélia, pediu-lhe que o encontrasse no aeroporto e parabenizou-o por sua nomeação como diretor do FSB. "Não posso dizer que fiquei muito feliz", lembrou-se Putin. "Eu não queria entrar no mesmo rio duas vezes". Na verdade, Liudmila Putina lembrou-se de que ela e o marido tinham conversado sobre a possibilidade de ele aceitar o cargo no FSB três meses antes de ele ter recebido a oferta formal, e ele lhe dissera que não aceitaria[293]. Independentemente de sua relutância, Putin deve ter entendido que seu novo cargo era um grande passo em sua carreira.

Os serviços de segurança estavam em plena reforma desde que a KGB fora dissolvida em agosto de 1991, com várias reorganizações e mudanças de liderança. Todos os que eram a favor da democracia, inclusive, presumivelmente, Yeltsin, queriam que os novos serviços de segurança cumprissem a lei e observassem os direitos das pessoas, mas no ambiente de capitalismo criminoso que surgiu na Rússia pós-soviética, isso era difícil de conseguir. Um problema ainda maior foi o fato de que muitos oficiais da KGB mantiveram seus empregos ou entraram para a segurança privada. Essa última se transformou em um negócio em expansão, que

---

291. Myers, *New Tsar*, p. 121; Dawisha, *Putin's Kleptocracy*, p. 181-82.
292. Putin, *First Person*, p. 129.
293. Idem, Ibidem, p. 130-32.

incluía vigilância técnica e coleta de *kompromat*[294] sobre rivais, além de manter laços com a máfia russa. Outros veteranos da KGB entraram para a chamada reserva ativa, servindo em cargos no governo, na mídia ou em universidades, enquanto se reportavam aos seus superiores nos serviços de segurança, como fez Putin antes do golpe de agosto[295].

Embora Yeltsin, ele próprio um ex-funcionário comunista, tenha se transformado em um democrata, sua fraca liderança e consequente baixa popularidade o tornaram cada vez mais dependente de seus serviços de segurança. Conforme afirmou a jornalista Elena Tregubova:

> Yeltsin, que estava perdendo o controle não apenas sobre seu próprio país, mas também sobre sua própria família, que estava atolada com amizades duvidosas com oligarcas que desestabilizavam o barco político com todas as suas forças, aparentemente perdeu a fé na eficácia das alavancas democráticas do governo e estava cada vez mais inclinado a confiar apenas nas velhas e comprovadas alavancas dos serviços especiais[296].

Embora afirmasse continuamente que queria reformar o FSB, Yeltsin fez exatamente o oposto: permitiu que Korzhakov, um ex-general da KGB, tivesse total liberdade para perseguir seus inimigos, até que sua família o forçou a se livrar dele. Mikhail Barsukov e seu sucessor no FSB, Nikolai Kovalev, eram veteranos da KGB. E agora, em vez de nomear um civil com credenciais democráticas para substituir Kovalev, Yeltsin recorreu a Putin.

Em suas memórias, Yeltsin afirmou que decidiu que era hora de Kovalev sair porque ele (Kovalev) tinha grande antipatia em relação aos negócios: "Ele não conseguia se controlar. Simplesmente desprezava pessoas com dinheiro"[297]. O fato de Kovalev estar investigando bancos e

---

294. Abreviatura de "material comprometedor", isto é, informação prejudicial sobre políticos, empresários ou outras figuras públicas, que pode ser usada para criar publicidade negativa, fazer chantagem, obter influência e realizar extorsão. (N. T.)
295. Vide Amy Knight, *Spies without Cloaks: The KGB's Successors* (Princeton, NJ: Princeton University Press, 1996); e Andrei Soldatov e Irina Borogan, *The New Nobility: The Restoration of Russia's Security State and the Enduring Legacy of the KGB* (New York: Public Affairs, 2010) sobre a evolução dos serviços de segurança russos após 1991.
296. Tregubova, *Baiki kremlevskogo diggera*, cap. 8.
297. Yeltsin, *Midnight Diaries*, p. 327.

empresários deixava o presidente e sua equipe desconfortáveis. Conforme observou a *Komsomol'skaia Pravda*:

> Muitas pessoas próximas ao presidente estavam preocupadas com o fato de o chefe do FSB não se curvar a ninguém em particular, não jurar lealdade plena ao chefe e enfatizar constantemente que não participava de jogos políticos. Então, pouco a pouco, eles foram pressionando o presidente: ele não é confiável, ele não é um de nós, e, em termos de lealdade pessoal, ele é a pessoa errada[298].

Kovalev era um general experiente, com seguidores devotados na sede do FSB. Como mero tenente-coronel, Putin não tinha o mesmo peso, e sua nomeação não foi bem recebida por seus novos subordinados. O trabalho de Putin como oficial de inteligência no exterior também foi ridicularizado, pois ele fora enviado para a Alemanha Oriental, considerada uma região periférica"[299]. O próprio Putin admitiu que foi "recebido com cautela" quando chegou ao FSB, mas insistiu que sua patente era irrelevante, porque havia deixado a KGB vários anos antes e, portanto, era o primeiro líder civil dos serviços de segurança, "embora ninguém prestasse atenção a isso"[300].

Berezovsky disse a Alex Goldfarb que Iumashev tinha ido procurá-lo em junho para perguntar sua opinião sobre Putin como possível chefe do FSB, explicando que o principal critério para o cargo era a lealdade. Berezovsky respondeu: "Eu o apoio cem por cento". De acordo com Goldfarb, "Boris gostou da ideia de colocar um tenente-coronel sobre generais de várias estrelas; o novato não faria parte do *clube do Bolinha* e, na verdade, seria desprezado pelos chefes, o que só deveria fortalecer sua lealdade ao Kremlin"[301]. Mas é claro que Putin tinha sua própria rede de antigos camaradas da KGB que ele traria para o FSB. Em sua

---

298. Igor Chernyak: "Once More Kovalev Has Gotten Burnt; Why Did President Give FSB Leader a Dressing Down?", Komsomol'skaia pravda, 28/jul/1998, Johnson's Russia List, http://www.russialist.org/archives/2289.html##5.
299. Felshtinsky e Pribylovsky, *Corporation*, p. 118.
300. Putin, *First Person*, p. 133.
301. Goldfarb, *Death of a Dissident*, p. 134-35. Berezovsky relatou uma versão ligeiramente diferente a Masha Gessen, alegando que ele realmente havia sugerido Putin a Iumashev como candidato para a vaga do FSB, (Gessen, *Man without a Face*, p. 18).

primeira entrevista coletiva como chefe do FSB, ele disse claramente: "É importante não apenas manter, mas também organizar um influxo de novos funcionários – e esse é o nosso trabalho"[302].

Posteriormente, Yeltsin escreveu: "Putin reorganizou o FSB de um modo muito inteligente. Embora a reorganização implicasse na aposentadoria de vários funcionários, ela ocorreu de forma tranquila e, eu diria, limpa. A estrutura de Putin se mostraria bastante funcional"[303]. Certamente, era funcional para Putin. Quando fez uma limpa no FSB, demitindo cerca de dois mil membros seniores da equipe, incluindo os veteranos de Kovalev, Putin substituiu muitos deles por aliados da KGB de Leningrado. Viktor Cherkesov tornou-se seu primeiro vice, enquanto Nikolai Patrushev foi nomeado vice-chefe do FSB e chefe do recém-criado Departamento de Segurança Econômica do FSB. O ex-oficial da KGB de Leningrado, Viktor Ivanov, que havia trabalhado com Putin sob Sobchak, foi colocado no comando da contra-inteligência interna. E Sergei Ivanov, outro membro da equipe de Putin sob o prefeito, tornou-se chefe do Departamento de Análise e Planejamento Estratégico do FSB, bem como vice-chefe do FSB. Outros chegariam no ano seguinte, fornecendo a Putin uma base de poder que ninguém no Kremlin ousaria desafiar. Como observou Tregubova, quando Putin assumiu, "o FSB, liderado pelo favorito de Yeltsin, começou a se parecer cada vez menos com um centro de controle anticrise, e cada vez mais com um centro de poder de reserva, que Yeltsin havia preparado para o caso de a situação crítica no país se tornar irreversível, o que posteriormente aconteceu"[304].

---

302. "Vladimir Putin: U menia bol'shoi opyt raboty v KGB SSSR", *Kommersant*, 30/jul/1998, https://on-demand.eastview.com/browse/doc/3754781.
303. Yeltsin, *Midnight Diaries*, p. 328.
304. Tregubova, *Baiki kremlevskogo diggera*, cap. 8.

CAPÍTULO 5

TURBULÊNCIA

> Já não é mais possível imaginar a alta política russa
> sem Berezovsky, quer Yeltsin goste quer não.
> – *KOMMERSANT*, 15/abr/1998

Menos de um mês depois que Putin assumiu a liderança do FSB, uma crise financeira atingiu a Rússia como um raio. A Rússia vivenciava uma queda no PIB, juntamente com um aumento da inflação e do desemprego, desde o início de 1998. Uma queda nos preços globais do petróleo resultou em uma diminuição acentuada nas receitas de exportação russas, o que impactou severamente as reservas cambiais do país, e a perda de confiança dos investidores levou a taxas de juros alarmantes. Em 17 de agosto de 1998, o governo, liderado pelo primeiro-ministro Kirienko, abandonou seu apoio ao rublo, deixou de pagar a dívida interna e declarou uma moratória de noventa dias sobre o pagamento da dívida externa. Do fim de julho até o fim de setembro, o valor do rublo sofreu uma depreciação de 61%, tornando os empréstimos estrangeiros proibitivos e causando falências generalizadas entre as empresas[305].

Primakov entra em cena

Yeltsin demitiu Kirienko em 23 de agosto e tentou substituí-lo pelo ex-primeiro-ministro Chernomyrdin, mas a Duma, liderada pelos comunistas, não endossou a nomeação e começou a preparar um processo de *impeachment* contra Yeltsin. Putin foi à televisão em 1º de setembro para negar rumores de que o Kremlin estava planejando usar a força

---

305. Para uma visão geral da crise, consulte o relatório do Serviço de Pesquisa do Congresso dos Estados Unidos, "The Russian Financial Crisis of 1998: An Analysis of Trends, Causes, and Implications", 18/fev/1999, https://www.everycrsreport.com/files/19990218_98-578_353c595b8980dfeaab66aa782deab2898c3b6889.pdf.

militar para resolver o conflito político[306]. Entrando na briga, Berezovsky sugeriu, em uma entrevista à *Ekho Moskvy*, que Yeltsin deveria renunciar se não conseguisse obter a aprovação de um gabinete[307]. "Não é fácil falar sobre os eventos da crise do outono de 1998", escreveu Yeltsin em suas memórias. "É difícil, porque a situação mudava praticamente todos os dias, e, depois, a cada hora. Francamente, não me lembro de uma tensão tão grande em toda a história política russa dos anos 1990, exceto pelas tentativas de golpe militar em 1991 e 1993"[308].

A crise teve um impacto negativo na já deteriorada saúde de Yeltsin. Lilia Shevtsova observou:

> O líder, que tinha como missão levar a Rússia de volta à Europa e transformá-la em um Estado democrático próspero, acabou sendo um político completamente dependente de seus serviçais do Kremlin, recorrendo a intrigas e manipulações primitivas para sobreviver [...]. À medida que Yeltsin enfraquecia fisicamente, o sistema, ostensivamente, superpresidencial, claramente se desativava, transformando-se em uma onipotência impotente e hesitante[309].

Após dias de intensas discussões com assessores, Yeltsin optou por um candidato conciliatório, o ministro das Relações Exteriores russo, Evgeny Primakov. Com sessenta e oito anos, Primakov era um antigo oficial de inteligência que atuara disfarçado como jornalista no Oriente Médio durante muitos anos. De 1992 a 1996, quando assumiu o Ministério das Relações Exteriores, Primakov liderou o Serviço de Inteligência Estrangeira, o SVR. Conservador moderado, mas dificilmente um democrata, Primakov era habilidoso em negociações e começou a colocar o país no caminho da recuperação econômica. Sua posse no cargo de primeiro-ministro não foi bem recebida por Berezovsky. Como secretário-executivo da Comunidade dos Estados Independentes (CEI), Berezovsky compôs uma frente junto com Primakov em prol de manter os países membros comprometidos com sua parceria coletiva, no rescaldo da crise financeira[310]. No entanto, seu

---

306. Myers, *New Tsar*, p. 129.
307. Entrevista de Berezovsky com Venediktov, set/1998.
308. Yeltsin, *Midnight Diaries*, p. 183-84.
309. Shevtsova, *Putin's Russia*, p. 17.
310. Veja o relatório sobre uma reunião do CIS no fim de novembro de 1998 em http://www.aparchive.com/metadata/youtube/546f5fed71383d537b613592c13 97e67.

relacionamento com Primakov azedara desde 1996, quando Berezovsky e Glushkov engendraram o novo modelo financeiro para a Aeroflot e os funcionários do SVR, chefiados por Primakov, perderam uma fonte de dinheiro fácil.

O apoio do parlamento a Primakov capacitou este a trazer seus próprios membros do gabinete e a tomar decisões que não dependiam de consultas à equipe presidencial e à Família. Isso levou Berezovsky, cuja influência política derivava em grande parte de suas ligações com os membros do círculo interno de Yeltsin, a ver sua importância declinar. Segundo Goldfarb: "As multidões no Clube [LogoVAZ] tinham ido embora. Seu bar, com o crocodilo empalhado no canto, estava deserto"[311]. A situação de Berezovsky piorou ainda mais por conta de os judeus estarem sendo publicamente acusados pelos problemas econômicos da Rússia, com Berezovsky sendo frequentemente o foco de tais acusações. Isso posto, a crise financeira não teve um grande impacto na fortuna de Berezovsky – a *Forbes* afirmou que, na época, tal fortuna equivalia a três bilhões de dólares –, porque ele não possuía um banco, e as receitas da Sibneft, embora diminuídas devido à queda nos preços do petróleo, eram pagas em dólares. Na verdade, como os custos estavam em rublos, a Sibneft beneficiou-se com a desvalorização. Mas a moeda política de Berezovsky estava se desvalorizando marcadamente.

As relações de Primakov com Putin, apesar de sua origem comum nos serviços de inteligência, não começaram bem. Putin afirma em *First Person* que Primakov o criticou por lotar o FSB com seus amigos de São Petersburgo. Então, Putin levou sua equipe sênior para se encontrar com Primakov e tentar conquistá-lo. Segundo Putin, Primakov desculpou-se por sua crítica[312]. Mas Tatiana, filha de Yeltsin, afirmou posteriormente que Primakov, na verdade, foi até seu pai e tentou convencê-lo a demitir Putin, porque ele estava substituindo funcionários experientes do FSB por outros menos qualificados[313].

Segundo Iumashev, ainda naquele ano Putin solicitou uma reunião urgente para informá-lo de que Primakov lhe pedira para interceptar as

---

311. Goldfarb, *Death of a Dissident*, p. 144.
312. Putin, *First Person*, p. 133.
313. Tatiana Iumasheva, "Kak Primakov pytalsia uvolut' Putina", *LiveJournal*, 15/mar/2010, https://t-yumasheva.livejournal.com/19015.html. Conforme citado em Dawisha, *Putin's Kleptocracy*, p. 186.

comunicações do líder da oposição liberal, Grigory Yavlinsky, que Primakov disse ser um espião dos Estados Unidos. Putin afirmou que recusara o pedido e que renunciaria se Yeltsin o desautorizasse, porque era inaceitável para o FSB se envolver na política. Ele não queria retornar ao uso de táticas da KGB[314]. É difícil imaginar que Iumashev tenha levado as palavras de Putin a sério. Yeltsin e sua equipe não nomearam Putin para chefiar o FSB por causa de escrúpulos democráticos, mas sim porque ele e sua equipe queriam o FSB do seu lado. E os membros mais liberais do governo, como Nemtsov, o desprezavam. Nemtsov relembrou suas impressões pessoais:

> Naquela época, ninguém sabia muito sobre Putin. Ele era tão sem graça, que nem mesmo minha secretária reagiu a ele. Uma vez ele ligou para o meu escritório e minha secretária se recusou a passar a ligação até ele se identificar: "Putin, Vladimir Vladimirovich, diretor do FSB". Minha secretária, então, me disse: "Alguém chamado Putin está na linha. Ele diz que é o chefe do FSB. O que devo fazer a respeito"[315]?

Dois assassinatos alarmantes

Ao que parece, o Kremlin não esperava que o FSB interrompesse – muito menos que resolvesse – os assassinatos e as tentativas de assassinato que estavam ocorrendo no país quase todo dia. Vários desses ataques pareciam ter motivações políticas, e um em particular levantou questões sobre o envolvimento de Putin. Em 20 de agosto de 1998, Anatolii Levin-Utkin, editor adjunto de um jornal com apenas três semanas de idade, *Iuridicheskii Peterburg segodnia* [São Petersburgo Legal Hoje], foi espancado até a morte na frente do prédio em que ele tinha um apartamento. O jornal acabara de publicar um artigo intitulado "Tenente-coronel Putin tornou-se chefe do FSB de maneira ilegal", que era altamente desfavorável ao novo chefe do FSB[316]. Levin-Utkin não

---

314. Entrevista Iumashev com Vladmir Pozner, Vedomosti, 22/nov/2019, https://www.vedomosti.ru/politics/articles/2019/11/22/816979-on-videl-cheloveka-prodolzhit. Iumashev fez um relato semelhante a Catherine Belton (Belton, Putin's People, p. 140-41).
315. Nemtsov, *Ispoved' buntaria*, p. 53.
316. Para uma tradução e análise do artigo em inglês, vide Andrei Soshnikov e Carl Schreck, "The Brutal Killing of a Reporter Who Probed Putin's Past", RFE/RL, 22/jun/2022, https://www.rferl.org/a/putin-journalist-killing/31910359.html.

era o autor do artigo, que estava assinado com um pseudônimo, mas tinha contribuído com reportagens e pesquisas.

O artigo discutia a carreira de Putin de forma depreciativa, apontando que o único projeto de investimento implementado por ele durante sua carreira no escritório de Sobchak fora a construção de uma fábrica da Coca-Cola. Ainda mais contundente, o autor lembrou aos leitores a "excessiva ingenuidade" de Putin em relação aos negócios, quando ele concedeu permissões de jogo para cassinos, e das "irregularidades" na emissão de licenças de importação e exportação, que Putin posteriormente admitiu terem sido um erro. Mas o autor foi além, e mencionou rumores de que Putin "traiu" Sobchak alguns dias antes da eleição de 1996 em São Petersburgo, após se encontrar com o concorrente dele, Vladimir Iakovlev. Agora que Putin era chefe do FSB, perguntava o autor, ele usaria o seu cargo para proteger Sobchak (que ainda estava no exílio) da investigação de corrupção que havia sido iniciada não apenas pelo FSB, mas também por Skuratov e o MVD? O artigo concluía com a afirmação de que um diretor do FSB era legalmente obrigado a ocupar o posto de tenente-general ou superior ao ser nomeado, ao passo que Putin era apenas tenente-coronel. Com sua nomeação amplamente discutida na mídia, a última coisa que Putin precisava era ter seu passado escrutinizado, especialmente as partes que envolviam Sobchak. De acordo com o editor do jornal, Aleksei Domnin, os "assessores" de Putin ligaram para o escritório depois que o artigo apareceu, expressando sua raiva[317]. Como em muitos outros casos semelhantes, o assassinato de Levin-Utkin despertou pouca atenção dos órgãos investigativos da Rússia, e os responsáveis nunca foram levados à justiça.

Três meses depois, em 20 de novembro de 1998, Galina Starovoitova – uma parlamentar proeminente de São Petersburgo, combatente da corrupção e ativista dos direitos humanos – foi brutalmente assassinada. Starovoitova era uma antropóloga conhecida por seu trabalho acadêmico

---

317. *Segodnia*, 26/ago/1998; *Moscow Times*, 28/ago/1998. Domnin deu uma entrevista coletiva sobre o assassinato, na qual mencionou outro artigo do *Iuridicheskii Peterburg segodnia*, sobre o Kredit Bank e o financiamento ilegal de campanha, que sugeria que Berezovsky era dono do banco e, assim, fornecia a Berezovsky um motivo para ir atrás do seu jornal. Mas o *Kommersant* informou que o Kredit Bank ligou para o jornal e considerou ridícula a ideia da propriedade de Berezovsky. (*Kommersant*, 26/ago/1998, https://www.kommersant.ru/doc/203983).

sobre grupos étnicos, bem como por sua defesa em favor das minorias étnicas[318]. Candidata a governadora da região de Leningrado, ela acabara de chegar de Moscou quando foi alvejada no corredor de seu apartamento, em São Petersburgo, por dois agressores não identificados. Seu secretário de imprensa, Ruslan Linkov, que estava com ela na ocasião, ficou ferido, mas sobreviveu. O assassinato de Starovoitova não apenas causou um grande clamor na Rússia e no exterior, mas também gerou uma comoção no Kremlin. Diz-se que Yeltsin ficou tão perturbado quando soube do ocorrido, que foi hospitalizado no dia seguinte; em suas memórias, ele afirmou que "a notícia foi como uma facada em meu coração"[319]. O chefe do MVD, Sergei Stepashin, anunciou imediatamente que o assassinato era "um caso de honra para o FSB, para o MVD e para a Procuradoria", e os três órgãos formaram um grupo especial de investigação para encontrar os culpados[320]. A investigação continuaria por mais de vinte anos, levando à acusação de vários homens ligados ao grupo criminoso Tambov pelo assassinato; porém, aqueles que realmente ordenaram o crime, estes nunca foram identificados.

O assassinato de Starovoitova teve motivação política, ninguém negava isso. Ela havia adquirido muitos inimigos ao longo de sua carreira. Mas para Putin e o Kremlin, foi um assassinato político com uma solução política: culpar os comunistas, que dominavam a Duma Estatal e representavam uma ameaça à presidência de Yeltsin. Yeltsin escreveria mais tarde que "o surto de histeria comunista no fim de 1998 e início de 1999 permitiu supor que alguns extremistas de esquerda estavam envolvidos no assassinato"[321]. Em maio de 2000, surgiram claras evidências de que essa era a estratégia adotada pelo Kremlin após o assassinato, quando um documento, vazado da Administração Presidencial, intitulado "Reforma da administração do presidente da Federação Russa"[322], foi publicado

---

318. Aparentemente, porque Starovoitova se manifestou contra o antissemitismo, Philip Short escreve, incorretamente, que ela era judia (Putin, p. 265). Na verdade, ela não tinha herança judaica e era uma crente devota da fé ortodoxa russa.
319. Myers, *New Tsar*, p. 134; Yeltsin, *Midnight Diaries*, p. 211.
320. "Kto ubil Galinu Starovoitovu? 20 let spustia zakazchika vse eshche ishchut", *The Insider*, 20/nov/2018, https://theins.ru/obshestvo/128361.
321. Yeltsin, *Midnight Diaries*, p. 211.
322. Dawisha, *Putin's Kleptocracy*, p. 252-56. Uma cópia completa está disponível no website de Dawisha, o qual é mantido pelo Havighurst Center da Universidade de Miami de Ohio: https://www.miamioh.edu/cas/academics/centers/havighurst/additional-resources/putins-russia/index.html.

pelo *Kommersant*. Uma seção desse documento propunha uma comissão pública de inquérito que, "gradualmente, revelaria a 'trilha comunista' no assassinato da sra. Starovoitova, e continuaria a usá-la como parte de uma campanha em larga escala de luta contra o Partido Comunista". Como exemplo, o documento sugeria promover rumores de que Gennadii Seleznev (1947-2015), o presidente comunista da Duma, estava ligado ao assassinato, o que "mais cedo ou mais tarde" o tornaria mais "complacente" em suas negociações com a Administração Presidencial.

Starovoitova entrou em confronto aberto com Seleznev e outros comunistas enquanto investigava suas supostas ilegalidades e se opunha aos comentários extremistas deles[323]. E em uma entrevista que deu pouco antes de sua morte, ela disse que conhecia Putin e que ele era "uma pessoa bastante razoável"[324]. Todavia, as ações públicas de Starovoitova tiveram implicações negativas para Putin e seus apoiadores. Ela foi uma das poucas democratas a afirmar que uma verdadeira reforma na Rússia pós-soviética exigia que o governo fosse purgado tanto dos comunistas quanto dos antigos oficiais da KGB. Seus esforços para introduzir uma lei sobre a purgação foram malsucedidos, tanto em 1992 quanto em 1997, mas ela não desistiu de tentar. Starovoitova também estava investigando a corrupção em São Petersburgo, o que poderia ter chamado a atenção para as irregularidades financeiras que Putin cometera lá. Em resumo, seu assassinato não apenas serviu ao objetivo do Kremlin de comprometer os comunistas, culpando-os pelo crime, mas também livrou Putin e o FSB de um desafio político problemático.

Evidências circunstanciais sugeriam o envolvimento do FSB. As duas armas encontradas no local do crime eram raras no mundo criminoso comum – tinham silenciadores e exigiam habilidade para operar –, então era provável que tivessem vindo do FSB. De acordo com um importante especialista russo em segurança privada: "Apenas oficiais de serviços especiais na ativa ou recém-aposentados possuiriam habilidade para manusear tais armas e teriam acesso a elas". Também apontou para a cumplicidade do FSB o fato de Starovoitova ter tomado a decisão de voltar de Moscou para

---

323. Knight, *Orders to Kill*, p. 65-71. Vladimir Zhirinovsky, chefe do partido de direita LDRP, era outro inimigo de Starovoitova que os procuradores mais tarde tentaram incriminar.
324. Matthew Evangelista, "An Interview with Galina Starovoitova", Moscow, 3/nov/1998, https://matthewevangelistacom.files.wordpress.com/2018/09/interview-with-galina-starovoytova1.pdf.

casa de última hora. Aqueles que planejavam matá-la só poderiam ter sabido de sua mudança de planos por meio de escutas telefônicas e métodos de vigilância que os serviços de segurança usavam[325]. Coincidentemente, Cherkesov, o recém-nomeado vice de Putin no FSB, estava no voo para São Petersburgo com Starovoitova naquela noite e apareceu no local do crime quando Olga, irmã de Starovoitova, foi lá identificar o corpo[326].

Também houve estranhas inconsistências na história de Linkov, o que deu origem a especulações na mídia de que ele poderia ter sido cúmplice dos assassinos. O procurador-geral Skuratov até mesmo afirmou aos repórteres que Linkov havia omitido "várias coisas que poderiam lançar luz sobre o caso"[327]. Linkov teria sido gravemente ferido por dois tiros e ficado semanas no hospital. Depois de ser baleado, porém, ele conseguiu ligar para a polícia em seu telefone celular e, em seguida, bateu na porta do casal do outro lado do corredor, que o deixou entrar, apenas para vê-lo ligando para um amigo no veículo de mídia Interfax. O motivo pelo qual os assassinos não mataram Linkov, a única testemunha do crime, nunca foi explicado. Ele foi tratado no hospital da Academia Médico-Militar, sob os cuidados de Iurii Shevchenko, que anteriormente havia cuidado tanto da esposa de Putin quanto de Sobchak. (Shevchenko seria nomeado ministro da Saúde da Rússia no mês seguinte). Segundo Olga Starovoitova, uma das primeiras visitas que Linkov recebeu no hospital foi a de Putin, que discutiu os detalhes do crime com ele. Mais tarde, Linkov revelou ao jornalista Andrew Meier que ele era próximo de Putin há muito tempo, encontrando-o com frequência[328].

Em 2018, Boris Gruzd, o advogado da família de Starovoitova, observou:

> Depois de vinte anos, não há mais evidências materiais do caso [...]. Agora, aqueles que ordenaram o crime só serão identificados pelo testemunho de pessoas no topo da hierarquia do grupo Tambov. Essa é a única maneira de determinar se membros da liderança

---

325. Komsomol'skaia pravda, 27/nov/1998 a 4/dez/1998, Johnson's Russia List, http://www.russialist.org/archives/2497.html##13.

326. Knight, *Orders to Kill*, p. 64-67.

327. Daniel Williams, "Russian Aide's Scars Run Deep", *Washington Post* 30/jan/1999, https://www.washingtonpost.com/archive/politics/1999/01/30/russian-aides-scars-run-deep/2c14e-969-9413-4a53-b696-56ce99aa fe36/.

328. Knight, *Orders to Kill*, p. 68-69.

política, ou funcionários do partido ou regionais estavam por trás do assassinato[329].

Mas tais testemunhos não foram fornecidos. Em abril de 2019, Vladimir Kumarin/Barsukov, ex-líder da gangue Tambov, que estava atrás das grades havia uma década, foi formalmente acusado de ser cúmplice do assassinato de Starovoitova. A acusação dizia:

> Barsukov, ao tomar conhecimento do desejo de uma pessoa não identificada de interromper as atividades políticas e estatais de [...] Starovoitova, cujas vigorosas atividades causaram profunda insatisfação entre seus opositores e despertou ódio entre alguns deles, juntamente com uma pessoa não identificada, decidiu encerrar suas atividades políticas e estatais assassinando-a[330].

Barsukov, há muito tempo, nega ter tido qualquer papel no assassinato, e até mesmo a família de Starovoitova considerou a participação dele improvável. Mas seja qual for o seu papel, a acusação deixou claro que alguém em uma alta posição política ordenou o assassinato e que esse político tinha poder suficiente para impedir a divulgação de sua identidade. Mesmo que Barsukov fosse cúmplice, ele, sem dúvida, manteria silêncio sobre quem o recrutou. Como observou um comentarista: "Barsukov teme mais esse político não identificado do que o Estado. Talvez porque esse político seja o Estado"[331]?

Mirando no FSB

O assassinato de Starovoitova ocorreu apenas três dias após um evento que criou um grande problema de relações públicas para Putin e o FSB. Em 17 de novembro de 1998, o tenente-coronel do FSB Alexander Litvinenko, que foi envenenado e morto em Londres oito anos depois, apareceu em uma coletiva de imprensa com cinco colegas, quatro dos quais usavam máscaras, para anunciar que, em dezembro de 1997, Litvinenko

---

329. "Kto ubil Galinu Starovoitovu?"
330. "FSB pred"iavila Barsukovu-Kumarinu ubiistvo Starovoitovoi", *Fontanka.ru*, 7/abr/2019, https://www.fontanka.ru/2019/04/07/026/.
331. Vitalii Portnikov, "Tak kto zhe ubil Starovoitovu?", Krym.Realii, 10/abr/2019, https://ru.krymr.com/a/vitaliy-portnikov-tak-kto-zhe-ubil-starovoytovu/29872089.html.

e um colega, Aleksandr Gusak, haviam sido requisitados por seu chefe para matar Boris Berezovsky. Litvinenko, de trinta e seis anos de idade, trabalhava desde o fim da década de 1980 para a KGB e seus sucessores em contrainteligência militar e combate à corrupção e ao terrorismo, o que incluía uma temporada na Chechênia. Em 1997, ele ingressou em uma unidade especial do FSB, conhecida pelo acrônimo URPO, que tratava do crime organizado e, às vezes, empregava violência extralegal. Litvinenko conheceu Berezovsky quando fazia parte da equipe que investigava a sua tentativa de assassinato em junho de 1994 e começou a trabalhar como seu segurança por meio período. Então, em março de 1995, Litvinenko salvou Berezovsky de ser preso por envolvimento no assassinato de Listev, ao exibir sua insígnia do FSB e seu revólver a um grupo de policiais à frente do Clube LogoVAZ, dizendo-lhes para recuarem até que seus colegas do FSB chegassem[332]. Mais tarde, Berezovsky diria:

> O fato de Sasha ter tido coragem de me ajudar sem levar em consideração sua própria segurança ou posição foi um gesto que eu agradeci profundamente [...]. Não éramos exatamente amigos naquela época, e frequentávamos círculos sociais muito diferentes, mas, após esses eventos extraordinários, tínhamos plena confiança um no outro[333].

Para demonstrar sua gratidão, Berezovsky levou Litvinenko em uma viagem para a Suíça e convidou-o a frequentar o Clube LogoVAZ[334]. Ele também o apresentou a Korzhakov (com quem Berezovsky ainda mantinha boas relações) e a outros altos funcionários de segurança. Litvinenko decidira que a corrupção e a violência ilegal que testemunhava no FSB precisavam ser relatadas aos seus superiores, mas suas informações caíram em ouvidos moucos. Korzhakov recordou-se mais tarde de que não ficou impressionado com Litvinenko, a quem descreveu como "barbudo, de cabelos desgrenhados, com sapatos gastos e não-engraxados", e concluiu, após perguntar no FSB, que Litvinenko estava inventando histórias[335].

---

332. Knight, *Orders to Kill*, p. 149-50.
333. Depoimento da testemunha Berezovsky para o inquérito Litvinenko, 22/jan/2009, https://webarchive.nationalarchives.gov.uk/ukgwa/20160613090305/https:/www.litvinenkoinquiry.org/files/2015/04/BER000011wb.pdf.
334. Alexander Litvinenko, *LPG: Lubianskaia prestupnaia gruppirovka* (New York: Grani, 2002), cap. 6, http://www.compromat.ru/page_12267.htm.
335. Goldfarb, *Death of a Dissident*, p. 39-40.

As denúncias de Litvinenko atingiram novos patamares depois de ele ter contado a Berezovsky, em março de 1998, que seus chefes na URPO haviam dado ordem para matar o oligarca. Berezovsky relatou o plano a Kovalev, então chefe do FSB, que convocou Litvinenko e seus colegas para ouvi-los, mas acabou advertindo-os a respeito das consequências, em uma tentativa de persuadi-los a abandonar suas denúncias. Então, Berezovsky abordou Evgenii Savost'ianov, o primeiro vice-chefe da Administração Presidencial, e, por instigação de Savost'ianov, o procurador militar iniciou uma investigação. Todos os envolvidos, incluindo o chefe da URPO, Evgenii Khokholkov, e Litvinenko, foram temporariamente suspensos do departamento[336].

A notícia do suposto plano logo vazou, embora não tenha tido muita repercussão na época. Então, em maio de 1998, Aleksandr Khinshtein, um jornalista que tinha contatos próximos nos serviços de segurança, publicou um artigo intitulado "Boris Abramovich, recebi ordem para matar você"[337]. Ao relatar os detalhes do caso, Khinshtein questionou o motivo de Litvinenko ter esperado três meses para informar Berezovsky e qual seria o propósito de matar Berezovsky. Além disso, os chefes de Litvinenko sabiam que ele era próximo de Berezovsky; então, por que o teriam mandado fazer o trabalho? Em suma, Khinshtein escreveu: "Até um leigo pode ver quantas inconsistências estão contidas nas acusações de Litvinenko. Isso se parece mais com uma tentativa de acertar as contas com um líder exigente do que com uma 'luta pela verdade'". Esse seria o argumento do FSB daqui para a frente.

Após dar seu aval à nomeação de Putin para o FSB, Berezovsky, aparentemente, antecipou que Putin seria mais receptivo às alegações de Litvinenko do que Kovalev havia sido. Então, tomou providências para que Litvinenko visse Putin logo após este assumir seu novo cargo, em julho de 1998. Embora fingindo interesse no que Litvinenko lhe contara, Putin não fez mais do que colocá-lo sob vigilância, e, em outubro, o escritório do procurador militar encerrou o caso. Não querendo deixar o assunto

---

336. Litvinenko, *LPG*, cap. 6; Goldfarb, *Death of a Dissident*, p. 129-33.
337. Aleksandr Khinshtein, "Boris Abramovich, mne porucheno vas ubit'", *Moskovskii komsomolets*, 22/maio/1998, https://on-demand.eastview.com/browse/doc/97473.

esmorecer, Berezovsky decidiu que Putin precisava de um empurrão. Então, deu o passo audacioso e infeliz de escrever uma carta aberta a Putin, a qual foi publicada pelo *Kommersant* em 13 de novembro de 1998. Na carta, Berezovsky descreveu o plano de assassinato, nomeando os envolvidos, e repreendeu Putin: "Estou espantado que nenhuma avaliação adequada tenha sido feita sobre a atividade dos chefes da URPO após a sua nomeação como diretor do FSB". Ele observou que havia criminosos em toda parte da burocracia do governo, inclusive do FSB, e encerrou sua carta com um apelo dramático: "Estou pedindo que o senhor use seus poderes para restaurar a ordem constitucional"[338].

Putin respondeu quatro dias depois, emitindo uma declaração sucinta, dizendo que o procurador militar-chefe estava de fato investigando o caso, mas se as alegações de Berezovsky fossem consideradas falsas, ele enfrentaria acusações por apresentar falsas evidências contra oficiais do FSB[339]. No mesmo dia, Litvinenko e seus colegas do FSB realizaram uma coletiva de imprensa sensacional, liderada por Litvinenko, que falou sobre a corrupção no FSB e a ordem para matar Berezovsky. Embora Litvinenko deixasse claro que a ordem fora dada antes de Putin assumir como chefe do FSB, ele também declarou: "Fiz várias tentativas de entrar em contato com Vladimir Vladimirovich e apresentar todos esses fatos a ele, mas não tivemos tal oportunidade. Simplesmente nos foi negado acesso a ele"[340]. Claro, Litvinenko havia se encontrado com Putin, mas, aparentemente, ele e Berezovsky queriam dar a Putin a oportunidade de afirmar que seus subordinados estavam agindo sem o seu conhecimento.

Putin partiu para o ataque. Ele não estava disposto a permitir que a reputação do FSB fosse maculada publicamente ou que as suas habilidades de liderança fossem questionadas, mesmo que de forma indireta. Em 18 de novembro, Putin emitiu uma declaração detalhada, publicada pelo *Kommersant*, na qual enfatizou que sua agência não hesitaria em demitir qualquer funcionário envolvido em atividades criminosas e que informaria o Ministério Público. Contudo, disse ele, as alegações

---

338. Berezovsky, *Art of the Impossible*, 2:402-5.
339. Berezovsky, *Art of the Impossible*, 2:408-9.
340. Myers, *New Tsar*, p. 132.

feitas por Berezovsky eram baseadas em declarações verbais de certos oficiais do FSB, os quais poderiam estar motivados por interesses e ambições pessoais. Além disso, ao recorrer à mídia, Berezovsky poderia passar a ser visto como uma força a pressionar aqueles que conduziam a investigação. Putin repetiu seu aviso anterior a Berezovsky a respeito de fazer acusações falsas, e acrescentou que o *Kommersant* também poderia ser processado por difamação[341]. Na noite seguinte, em uma entrevista televisiva, Putin ridicularizou Litvinenko e seus pares por sua coletiva de imprensa amadora e observou que recebera uma ligação da ex-esposa de um deles – a ex-esposa de Litvinenko, como se soube –, dizendo que seu ex-marido estava atrasado nos pagamentos de pensão alimentícia. Putin também disse que os homens haviam se envolvido em operações ilegais[342].

Ao tornar público o suposto plano de assassinato e apoiar a coletiva de imprensa de Litvinenko, Berezovsky, aparentemente, não previu a reação furiosa do chefe do FSB. Além disso, como Berezovsky era conhecido como um conspirador que exagerava sua própria importância, muitos observadores duvidaram de suas alegações. Khinshtein foi particularmente contundente em um artigo para o *Komsomol'skaia Pravda*: "Dr. Goebbels ensinou que, quanto mais monstruosa for a mentira, mais fácil é acreditar. Boris Berezovsky, claramente, provou isso"[343].

Putin parecia estar sendo pouco pressionado a esclarecer as alegações de Litvinenko, mesmo por parte de Yeltsin. Supostamente, Yeltsin convocou Putin para sua dacha em 20 de novembro, a fim de exigir uma resolução sobre o escândalo, mas o assassinato de Starovoitova naquela mesma noite logo ofuscou o problema. Putin, considerando que Litvinenko e seus colegas eram delatores traidores, demitiu-os do FSB em dezembro, e, embora tivesse dissolvido a URPO, substituiu-a por uma nova unidade do FSB, com os mesmos poderes ilimitados[344].

---

341. "Nas peredushat, kak shchenkov", *Kommersant*, 18/nov/1998, https://on-demand.eastview.com/browse/doc/3760297.
342. Myers, *New Tsar*, p. 133.
343. "Ofitserpovyzovu", *Moskovskiikomsomolets*, 20/nov/1998, https://on-demand.eastview.com/browse/doc/101370. O artigo não estava assinado, mas estava claro que Khinshtein era o autor.
344. Sir Robert Owen, *The Litvinenko Inquiry: Report into the Death of Alexander Litvinenko*, London, jan/2016, www.litvinenkoinquiry.org, p. 21-25.

Em dezembro, Putin teve outra reunião com Yeltsin, a qual ele mencionou em uma entrevista com Elena Tregubova ainda naquele mês. Putin dissera a Tregubova que o presidente "falou de modo muito gentil comigo, e sinto que tenho todo o seu apoio". Yeltsin até ordenou um aumento salarial de 25% para os funcionários do FSB. Mas, como Putin acrescentou, Yeltsin deixou claro que não concorreria a um terceiro mandato, e que o novo presidente poderia escolher qualquer pessoa para comandar o FSB. Com seu futuro incerto, é evidente que não estava no interesse de Putin queimar pontes com Berezovsky. Quando Tregubova perguntou-lhe sobre o plano de assassinato, Putin respondeu com uma simpatia incomum: "Pessoalmente, não posso descartar que essas pessoas, de fato, tenham assustado Boris Abramovich. Ele já foi alvo de assassinato antes; portanto, era natural para ele pensar que outro atentado estava sendo planejado"[345].

Skuratov endurece

O novo ano trouxe mais problemas para Berezovsky. Em 19 de janeiro de 1999, o procurador-geral Skuratov começou a investigá-lo por desvio de fundos da Aeroflot[346]. No dia seguinte, Khinshtein publicou um artigo bombástico, afirmando que a empresa de segurança privada Atoll, supostamente de propriedade de Berezovsky, tinha "um depósito de equipamentos de vigilância de dar inveja aos serviços de segurança de qualquer estado". E o equipamento, escreveu Khinshtein, teria sido usado para espionar a família do presidente[347]. No início de fevereiro, funcionários da Procuradoria e do FSB invadiram os escritórios da Sibneft e da Atoll em busca de equipamentos de escuta. Dois dias depois, a sede da Aeroflot foi revistada. E na semana seguinte, Khinshtein, claramente beneficiado por documentos secretos dos investigadores de Skuratov e do FSB, reproduziu transcrições de conversas telefônicas entre Berezovsky e Tatiana D'iachenko, bem como entre Berezovsky e outros, incluindo Sergei

---

345. "Vladimir Putin: Vernite 'zhelzhogo Feliksa' na ploshchad' – tol'ko potom ne pishchite!", Izvestiia, 19/dez/1998, https://on-demand.eastview.com/browse/doc/3170935.
346. Skuratov, *Kremlevskie podriady*, p. 167-68.
347. Khinshtein, "Kolpak dlia prezidenta", *Moskovskii komsomolets*, 20/jan/1999, http://www.compromat.ru/page_25070.htm.

Dorenko, o comentarista da televisão ORT, que teriam vindo das gravações secretas da Atoll. As conversas em si não revelaram nada sensacional, mas, segundo Khinshtein, a mensagem era clara: "A Atoll espionava não apenas os oponentes do magnata, mas também seus amigos, para uma necessidade futura"[348]. Berezovsky, por sua vez, negou que tivesse algo a ver com a Atoll e classificou o caso como uma provocação[349].

Skuratov recebeu de Primakov uma garantia indireta de apoio para suas investigações criminais e deve ter ficado ainda mais encorajado quando este, anunciando um programa de anistia para milhares de prisioneiros russos, observou enfaticamente que isso "abriria vagas nas prisões para aqueles que em breve serão presos por crimes econômicos"[350]. Berezovsky declarou a David Hoffman que, em algum momento, teria confrontado Primakov com provas de que ele ordenara pessoalmente as investigações[351]. Qualquer que tenha sido o papel de Primakov, Skuratov precisou de pouco incentivo em sua perseguição a Berezovsky. Como deixou claro em suas memórias posteriores, ele não tinha o oligarca em alta conta: "Berezovsky é um homem que se deleita no poder. Ele é como um viciado em drogas com uma seringa: dinheiro, conexões, posições são apenas meios de conseguir a próxima dose"[352].

Assim como outros no governo, Skuratov ressentia-se profundamente da amizade de Berezovsky com Tatiana D'iachenko e Iumashev: "Depois de se encontrar com Berezovsky, Tatiana costumava ir diretamente ao pai dela e apresentava as propostas de Berezovsky. E Yeltsin ficava impressionado com o fato de sua filha ter ideias e julgamentos tão preciosos"[353]. Alguns dos maus sentimentos de Skuratov contra Berezovsky foram, sem dúvida, alimentados por Korzhakov, que apoiou a nomeação de Skuratov como procurador-geral e trabalhou com ele para agir contra Sobchak, entre outros.

---

348. Khinshtein, "Sekretar' dlinnoe ukho", *Moskovskii komsomolets*, 12/fev/1999, https://dlib.eastview.com/browse/doc/103260.

349. Vide entrevista de Berezovsky no Kommersant de 13/abr/1999, em Berezovsky, *Art of the Impossible*, 1:186-96 (188).

350. Skuratov, *Kremlevskie podriady*, p. 179; *Kommersant*, 29/jan/1999, https://on-demand.eastview.com/browse/doc/3762994.

351. Hoffman, *Oligarchs*, p. 459-60.

352. Skuratov, *Kremlevskie podriady*, p. 296.

353. Skuratov, *Kremlevskie podriady*, p. 298.

Além disso, Skuratov se opôs à retirada do exército russo da Chechênia em 1996, apoiada por Berezovsky, e se opôs fortemente às negociações de Berezovsky com separatistas chechenos, porque achava que tais negociações encorajariam elementos radicais na liderança da república[354].

Seja qual for a motivação por trás de sua decisão de agir contra Berezovsky, Skuratov tinha uma prioridade maior. Enquanto os crescentes problemas legais de Berezovsky ocupavam a imprensa russa, Skuratov estava secretamente conduzindo um caso com implicações para o Kremlin que iam muito além da perseguição criminal de um oligarca renomado. Durante uma reunião televisionada com Yeltsin, em novembro de 1998, este perguntou a Skuratov: "Quais casos de corrupção você levou aos tribunais"[355]? Mal sabia Yeltsin que Skuratov colaborara secretamente com uma procuradora suíça, Carla del Ponte, em uma investigação sobre a Mabetex, a empresa suíça envolvida nas reformas do Kremlin. Del Ponte visitou Moscou em maio de 1998 e disse a Skuratov que tinha documentos mostrando que a Mabetex, junto com sua empresa irmã, a Mercata, havia subornado altos funcionários do Kremlin, inclusive Pavel Borodin, para obter contratos de construção e que o dinheiro havia sido lavado por meio de bancos suíços. Posteriormente, depois de receber esses documentos do embaixador suíço em Moscou, Skuratov iniciou uma investigação criminal secreta, em outubro de 1998.

O caso foi mantido em sigilo absoluto; apenas Primakov e o vice de Skuratov sabiam, até que Del Ponte ordenou uma busca na Mabetex em 25 de janeiro de 1999, e telefonou para Skuratov no dia seguinte, para informá-lo de que milhares de documentos incriminadores haviam sido descobertos. De alguma forma, a notícia vazou e chegou a membros do Kremlin, levando Nikolai Bordiuzha, que substituíra Iumashev em dezembro de 1998 como chefe da Administração Presidencial, a chamar Skuratov para uma reunião em seu escritório em 1º de fevereiro. O coronel general Bordiuzha, um veterano da KGB, havia sido chefe da Guarda de Fronteiras da Rússia antes de se tornar chefe do Conselho de Segurança Nacional em setembro de 1998. Mais tarde, Yeltsin revelou que

---

354. Iurii Skuratov, *Variant drakona* (Moscow: Detektiv-Press, 2002), p. 24-26.
355. Skuratov, *Variant drakona*, p. 30.

nomeara Bordiuzha para chefiar a Administração Presidencial enquanto, por sugestão de Iumashev, permanecia em seu cargo no Conselho de Segurança. Com a oposição a Yeltsin na Duma se preparando para ir à ofensiva, Iumashev sentia que "o presidente precisava de algum apoio, pelo menos de fachada"[356].

Ao receber a convocação de Bordiuzha, Skuratov lembrou: "Eu soube, de repente, que algo ruim ia acontecer". E ele estava certo. Após indagar sobre o caso Berezovsky, Bordiuzha perguntou: "E quanto ao Mabetex?". Quando Skuratov respondeu que estava sob investigação, Bordiuzha disse: "Eu tenho um vídeo. Vamos assistir juntos"[357]. O agora infame vídeo, que supostamente foi feito vários meses antes e foi entregue a Bordiuzha por Iumashev, mostrava um homem nu, que aparentava ser Skuratov, se divertindo na cama com duas prostitutas[358].

Então Skuratov entendeu: alguém escutara sua ligação telefônica de janeiro com Del Ponte, e a Família estava tentando interromper sua investigação. Bordiuzha sugeriu que Skuratov renunciasse "por motivos de saúde", e ele concordou, escrevendo uma carta de renúncia para Yeltsin. Mas depois de se internar no Hospital Central do Kremlin, onde ficou por algumas semanas, Skuratov começou a reconsiderar. Sabendo que teria o apoio do Conselho da Federação, a câmara alta do parlamento, que daria a palavra final sobre seu destino, ele decidiu não renunciar. A investigação do Mabetex continuou. O primeiro procurador-geral adjunto, Iurii Chaika, informou em uma comunicação secreta ao Conselho da Federação, em 10 de março, que o trabalho no caso Mabetex estava "se intensificando" e que havia sido transferido para a Diretoria de Investigação de Casos Especialmente Importantes de seu escritório[359].

---

356. Yeltsin, *Midnight Diaries*, p. 212. Iumashev assegurou a Yeltsin que permaneceria ao seu lado.
357. Skuratov, *Kremlevskie podriady*, p. 180-86.
358. . Em uma entrevista de 2019, Iumashev reconheceu que foi ele quem passou a fita para Bordiuzha. Ver Andrei Mal'gin, "Operatsiia 'preemnik', chast' 3", *LiveJournal*, 9/ago/2019, https://avmalgin.livejournal.com/8156562.html. Sergei Pugachev, um banqueiro russo que fugiu da Rússia em 2008 depois de se desentender com Putin, disse à autora Catherine Belton que obteve a fita e a deu a Iumashev (Belton, *Putin's People*, p. 127-28). Mas Pugachev não foi mencionado por nenhum dos envolvidos e parece ter exagerado o seu papel nos negócios do Kremlin durante as suas entrevistas com Belton.
359. Esta comunicação foi publicada na *Novaia gazeta*, 9/jul/1999, http://www.compromat.ru/page_26939.htm. Chaika também relatou detalhes sobre o caso Aeroflot.

O Kremlin entrou em modo de batalha total, e tarde da noite de 16 de março de 1999, o vídeo sexual foi ao ar no canal de televisão estatal RTR[360]. No dia seguinte, Skuratov compareceu perante o Conselho da Federação e pediu o apoio de seus membros, que já haviam recebido cópias do vídeo escandaloso. A votação foi de 142 a 6 a favor de mantê-lo no cargo. Em 18 de março de 1999, Skuratov teve uma reunião com Yeltsin, que estava hospitalizado, recuperando-se de uma úlcera hemorrágica. Primakov e Putin também estavam presentes. Putin já havia feito duas visitas a Skuratov, na tentativa de persuadi-lo a renunciar, inicialmente lamentando o que estava ocorrendo com ele, mas, depois, ameaçando-o sutilmente, lembrando-o que ele próprio poderia ser alvo de investigação por transações financeiras duvidosas. Agora era a vez de Yeltsin, e ele disse a Skuratov que o filme escandaloso não seria exibido novamente ao público se ele renunciasse ao cargo. "Aquilo já era chantagem elementar, franca e sem disfarces", escreveu Skuratov mais tarde. "Eu fiquei em silêncio e olhei para o presidente, enquanto, pelo canto do olho, notei que Primakov e Putin me observavam com interesse: Putin, asperamente com um sorriso desagradável, e Primakov, com simpatia"[361].

Yeltsin conseguiu pressionar Skuratov a assinar mais uma carta de renúncia, com data para 5 de abril, um dia antes de o Conselho da Federação se reunir novamente. Se não concordasse com isso, disse Skuratov, temia que "medidas drásticas seriam tomadas contra mim, inclusive a eliminação física – fosse por uma bala disparada por um pistoleiro ou por um enorme caminhão carregado de tijolos atingindo meu carro. Esses métodos haviam sido dominados com perfeição". Embora Primakov, na presença de Yeltsin tenha aconselhado Skuratov a concordar com o pedido do presidente, quando este estava prestes a partir em seu carro, ele aproximou-se e disse: "Iurii Ilyich, você sabe, eu também vou sair em breve. Não consigo mais trabalhar aqui"[362].

Claramente, Yeltsin e a Família – que agora incluía Putin como membro provisório – consideravam a investigação de Skuratov uma grave ameaça. Conforme descobriram, Del Ponte dissera a Skuratov que cartões

---

360. "Privet iz 90-ykh: Siuzhet pro cheloveka, ochen' pokhozhego na general'nogoprokurora", https://www.youtube.com/watch?v=jqGbV6F5fAw.
361. Skuratov, *Kremlevskie podriady*, p. 14-16.
362. *Kremlevskie podriady*, p. 17.

de crédito pertencentes a Yeltsin e a suas duas filhas tinham sido emitidos pelo Banca del Gottardo e eram pagos por ninguém menos que Behgjet Pacolli, o chefe da Mabetex. Segundo Del Ponte, "O presidente quase nunca usava seus cartões, mas suas filhas os usavam demasiadamente"[363]. Skuratov também estava investigando Leonid D'iachenko, ex-marido de Tatiana. Segundo Skuratov, D'iachenko e Tatiana pressionaram Yeltsin a ajudar Berezovsky e Roman Abramovich a obter o controle da Sibneft. D'iachenko, então, tornou-se um empresário do petróleo junto à Sibneft e ficou muito rico, escondendo sua fortuna nas Ilhas Cayman[364].

De forma desafiadora, Skuratov continuou suas investigações sobre a Mabetex, recebendo Del Ponte em Moscou em 23 de março para discutir novos detalhes de contas bancárias suíças mantidas secretamente por autoridades russas, enquanto seus homens realizavam buscas no escritório de Borodin[365]. Quanto ao vídeo sexual, em vez de causar a indignação pretendida no parlamento, ele despertou a simpatia do público pelo procurador assediado e raiva contra Yeltsin, por sua hipocrisia. O aliado de Skuratov, Korzhakov, disse ao *Moskovskii komsomolets*: "Se não deixarem Skuratov em paz, vou contar tudo: como as secretárias de Yeltsin saíam de seu escritório com batom borrado no rosto; quem recebeu apartamentos de nós e por quê; para onde levei Boris Nikolaevich em um Volga com janelas escurecidas [...]"[366]. Encorajado, Skuratov anunciou, em uma entrevista em 1º de abril transmitida pela NTV, que havia pedido a Yeltsin para investigar as informações de Del Ponte sobre vários russos, alguns "muito conhecidos", que estavam usando bancos suíços para esconder dinheiro sujo[367].

Não surpreende o fato de a Família ter revidado. Em 2 de abril de 1999, Putin apareceu na televisão com o chefe do MVD, Stepashin, para declarar que uma análise cuidadosa havia verificado que o homem no vídeo escandaloso era de fato Skuratov. (Eles não disseram quem havia feito o

---

363. *Kremlevskie podriady*, p. 214-16.
364. *Kremlevskie podriady*, p. 375-77.
365. Aleksandr Khinshtein, "Karla del' Ponte: My so Skuratovym khotim vernut' v Rossiiu prestupnye kapitaly", *Moskovskii komsomolets*, 25/mar/1999, https://on-demand.eastview.com/browse/doc/104269; Jamestown Foundation, Monitor 5, n. 58, 24/mar/1999, https://jamestown.org/program/borodin-mabetex-chief-deny-charges/.
366. Conforme relatado no *The Guardian*, 23/mar/1999, https://www.theguardian.com/world/1999/mar/24/7.
367. NTV, 1º/abr/1999, http://www.russialist.org/archives/3224.html##3.

vídeo). Além disso, os dois homens acrescentaram que as prostitutas no vídeo haviam contatado suas agências e relatado que tinham sido pagas por pessoas que estavam sob investigação do Escritório do procurador-geral, como suborno para Skuratov. No mesmo dia, Yeltsin anunciou que Skuratov havia sido "suspenso", porque estava sob investigação criminal por "abuso de poder", alegadamente aceitando os serviços de prostitutas como suborno[368]. Mas Skuratov não poderia ser forçado a deixar o cargo até que o Conselho da Federação confirmasse sua demissão.

Skuratov, mais tarde, escreveu que ficou chocado ao ver Putin desempenhando um papel de destaque na fabricação de intrigas contra ele: "Ele sabia muito bem que eu não havia violado a lei e que o caso Mabetex realmente existia"[369]. Contudo, conforme sugeriu Andrei Illarionov, o ex-conselheiro de Putin, este tinha motivos extras para tentar destruir a carreira de Skuratov: "Para Putin, isso foi outro passo em uma luta desesperada por sua própria sobrevivência. Se Skuratov tivesse permanecido em seu cargo, seguindo o caso Mabetex, ele, definitivamente, voltaria ao caso Sobchak e, portanto, ao caso Putin"[370].

Mais problemas para Berezovsky

Enquanto isso, Berezovsky parecia estar cercado. Em 4 de março de 1999, Yeltsin anunciou que o estava demitindo de seu cargo como secretário executivo da CEI por "exceder sua autoridade"[371]. Yeltsin não queria chamar a atenção para o fato de ter um rico oligarca judeu como membro oficial da sua equipe, especialmente após o colapso financeiro da Rússia. Ele havia nomeado Berezovsky para liderar a CEI no ano anterior porque os outros Estados membros haviam pressionado por sua candidatura. "Até hoje", escreveu Yeltsin mais tarde, "os presidentes da comunidade dizem que ele foi o secretário executivo da CEI mais forte

---

368. Nikolai Ul'ianov, "Skuratov otstranen ot dolzhnosti", *Nezavisimaia gazeta*, 3/abr/1999, https://on-demand.eastview.com/browse/doc/322674; Kommersant, 3/abr/1999, https://www.kommersant.ru/doc/216188.
369. Skuratov, Kremlevskie podriady, p. 665.
370. Malgin, "Operatsiia 'Preemnik'".
371. *Kommersant*, 5/mar/1999, https://on-demand.eastview.com/browse/doc/3764809.

de todos os tempos"[372]. No entanto, aparentemente, as investigações criminais contra Berezovsky e a pressão, tanto de Nikolai Bordiuzha quanto de Primakov, a quem Berezovsky vinha criticando publicamente, convenceram Yeltsin de que ele tinha de sair. Um golpe adicional para Berezovsky veio em 6 de abril, quando o pessoal de Skuratov emitiu um mandado de prisão contra ele e Glushkov, sob a acusação de terem roubado 250 milhões de dólares da Aeroflot, canalizando o desvio por intermédio da empresa suíça Andava[373]. Felizmente para Berezovsky, a Família permaneceu ao lado dele. Stepashin, ao ser questionado por repórteres em 8 de abril a respeito das ordens do procurador para rastrear Berezovsky, que estava em Paris na época, declarou: "Por que precisamos procurá-lo? Ele virá aqui por sua própria conta"[374]. Surpreendentemente, o arqui-inimigo de Berezovsky, Chubais, não mais empregado pelo Kremlin, mas ainda desfrutando de considerável autoridade junto à equipe de Yeltsin, declarou à imprensa em 12 de abril que "as atividades descomunais do procurador-geral em relação a Berezovsky foram uma manobra política deliberada", acrescentando que Skuratov deveria renunciar[375]. Quando Berezovsky retornou a Moscou, em 14 de abril, o mandado contra ele havia, milagrosamente, sido revogado.

Nesse momento, Berezovsky já tinha um aliado importante – Aleksandr Voloshin, que substituíra Bordiuzha como chefe da Administração Presidencial em meados de março de 1999. (Bordiuzha teria sido demitido – e afastado do cargo de secretário do Conselho de Segurança Nacional – porque seu confronto com Skuratov não produziu os resultados desejados). Voloshin, formado em 1978 pelo Instituto de Engenharia de Transporte de Moscou, conheceu Berezovsky quando trabalhava como funcionário público, fornecendo informações a exportadores de automóveis. Ele se tornou gerente de ativos de Berezovsky no início dos anos 1990 e continuou a auxiliá-lo em inúmeros empreendimentos comerciais após estabelecer uma empresa de consultoria financeira em 1995. Segundo o jornalista Oleg Lur'e: "Depois

---

372. Yeltsin, *Midnight Diaries*, 246-47.
373. Berezovsky, *Art of the Impossible*, 2:448-51.
374. Conforme citado em Berezovsky, *Art of the Impossible*, 2:455.
375. ITAR-TASS, 12/abr/1999, Johnson's Russia List, http://www.rus sialist.org/archives/3238.html##9.

de se aproximar de Berezovsky, a carreira do ex-assistente de engenheiro decolou como um jato supersônico"[376]. Considerado um "tecnocrata liberal", Voloshin conseguiu um emprego, por recomendação de Berezovsky, como assistente de Iumashev na Administração Presidencial no fim de 1997, e, no ano seguinte, foi nomeado vice-chefe da AP para política econômica[377].

Como novo chefe de gabinete de Yeltsin, Voloshin entrava constantemente em conflito com Primakov, o inimigo de Berezovsky, e, segundo relatos da mídia, escrevia memorandos diários para Yeltsin criticando a abordagem do primeiro-ministro nos assuntos econômicos. Quando o Conselho da Federação se recusou novamente a aprovar a renúncia de Skuratov, em 21 de abril, Voloshin foi enviado para falar com os senadores a fim de persuadi-los do contrário. Seu discurso foi um desastre, e ele saiu do prédio sem nem esperar pela votação. No entanto, Skuratov, depois de ser oficialmente demitido por Yeltsin no dia seguinte, permitiu que suas funções fossem assumidas por seu primeiro vice, Iurii Chaika. Conselho da Federação, finalmente, aprovaria a demissão de Skuratov em agosto de 1999[378].

Ao desacreditar publicamente Skuratov, Putin havia ajudado Berezovsky, juntamente com outros membros do clã de Yeltsin. E Berezovsky ficou grato. Na verdade, Putin fizera um gesto de paz ao oligarca ao aparecer inesperadamente na festa de aniversário da esposa de Berezovsky, Elena, em 22 de fevereiro. Berezovsky recordou-se do gesto de Putin um ano depois:

> Era o aniversário da minha esposa, e eu decidi não convidar nenhum dos meus conhecidos dos escalões mais altos para não os colocar em uma situação desconfortável. Para minha surpresa, Putin veio a essa festa de aniversário. Antes disso, ele nunca tinha comparecido a esse tipo de comemoração – nem no aniversário da minha esposa nem no meu. Então, ele veio e disse "Eu não me importo nem um pouco com o que o Primakov pode pensar de mim. Estou aqui porque acho que é certo"[379].

---

376. Conforme citado em John Dunlop, The Moscow Bombings of September 1999: Examinations of Russian Terrorist Attacks at the Onset of Vladimir Putin's Rule (Stuttgart: ibidem, 2014), p. 26.
377. Biografia de Voloshin, *Lenta.ru*, https://lenta.ru/lib/14160884/full.htm. Vide também a entrevista de Voloshin com Aven, *Vremia Berezovskogo*, p. 662-66.
378. Biografia de Voloshin.
379. Entrevista de Berezovsky ao *Vedomosti*, 24/mar/2000, em Berezovsky, *Art of the Impossible*, 2:277-83 (279).

Berezovsky não suspeitou que havia um motivo por trás do gesto de Putin? A Família decidira que precisava de Berezovsky a bordo com eles na iminente luta pela sucessão de Yeltsin. Yeltsin estava se agarrando por um fio ao poder. Se a Família permitisse que Berezovsky fosse perseguido pelos promotores, Yeltsin perderia um advogado poderoso, que controlava importantes veículos de mídia, inclusive a ORT e os jornais *Kommersant* e *Nezavisimaia gazeta*. Quanto a Berezovsky, seus interesses financeiros e políticos, como os de outros oligarcas, seriam irreversivelmente prejudicados se Primakov e os comunistas conseguissem tomar o poder de Yeltsin. Conforme notou um observador: "Berezovsky conseguira combinar seus próprios interesses tão intimamente com os da família Yeltsin, que teria sido impossível desemaranhar seu destino pessoal das fortunas políticas do presidente. Quer goste, quer não, Yeltsin havia se tornado o protetor do oligarca contra o braço da lei"[380].

De acordo com Masha Gessen, tanto quanto com Alex Goldfarb, Berezovsky começou a se encontrar em particular com Putin por volta dessa época. Gessen diz que eles se viam quase diariamente para discutir estratégias contra Primakov e, mais tarde, a questão do sucessor de Yeltsin[381]. Goldfarb descreve uma reunião realizada em meados de abril de 1999, ao lado de um poço de elevador desativado, nos fundos do escritório de Putin, a fim de que tivessem máxima privacidade. Primakov tinha que sair, concordaram os dois homens. Mas quem deveria ocupar o seu lugar e, por fim, tornar-se presidente? Depois de discutir dois possíveis candidatos a primeiro-ministro, Stepashin e Nikolai Aksenenko (1949-2005), ministro dos transportes, Berezovsky perguntou a Putin se ele consideraria tornar-se o herdeiro de Yeltsin. Putin rapidamente rejeitou a ideia, dizendo, incrivelmente, que o que ele realmente queria era "ser Berezovsky"[382].

Khinshtein considerou a história de Goldfarb, que veio de Berezovsky, completamente implausível: "O diretor da agência de segurança mais poderosa tem medo de poder ser ouvido e conduz negociações secretas

---

380. Vladimir Volkov e Patrick Richter, "What Is behind the Dismissal of Russian Prime Minister Yevgeny Primakov", World Socialist Web Site, 25/maio/1999, https://www.wsws.org/en/articles/1999/05/prim-m25.html.
381. Gessen, *Man without a Face*, p. 18-19.
382. Goldfarb, *Death of a Dissident*, p. 164-65.

nessa área isolada [...] e Putin admitindo que sonhava ser Berezovsky"[383]? Ele estava certo em ser cético, dada a propensão de Berezovsky a exagerar sua influência nos círculos do Kremlin. Na verdade, a arrogância de Berezovsky pode muito bem tê-lo impedido de perceber que Putin não tinha uma boa opinião sobre ele. Curiosamente, Liudmila Putina disse a Irene Pietsch, sua amiga alemã, que Berezovsky era o "inimigo número um", porque havia nascido "sob a estrela de Davi". Em outra ocasião, ela comentou que Berezovsky era responsável por muitas das decisões imprudentes de Yeltsin e, para o desconforto de Pietsch, novamente mencionou sua herança judaica, acrescentando: "Eu não entendo como Tatiana [D'iachenko] pode se dar tão bem com Berezovsky! Ela é uma mulher tão inteligente e sóbria. Além disso, ela é capricorniana"[384]. Será que Putin compartilhava as visões de sua esposa sobre Berezovsky? Seja qual fosse a natureza da aliança entre ele e Berezovsky a essa altura, logo começaria a se desfazer.

---

383. Khinshtein, *Berezovskii i Abramovich*, p. 365.
384. Iren Pitch (Irene Pietsch), Pikantnaia druzhba: Moia podruga Liudmila Putina, ee sem'ia i drugie tovarishchi (Moscow: Zakharov, 2002), p. 188, 263. O embaixador finlandês Markus Lyra disse a Philip Short que, durante uma conversa que teve com Putin no final de 1998, Putin disse sobre Berezovsky: "Ele é o pior criminoso que se possa imaginar. Ele vai prejudicar a Rússia e prejudicará o seu país também" (Short, *Putin*, p. 262).

CAPÍTULO 6

UM HERDEIRO DO TRONO

> Todos na Rússia que não passaram a última década na cama,
> voluntária ou involuntariamente, violaram a lei.
> — BORIS BEREZOVSKY, 18/JUL/2000, O DIA EM QUE RENUNCIOU À DUMA

Em 1999, Berezovsky vivia com sua terceira esposa (em união estável), Elena Gorbunova, por cerca de seis anos. Gorbunova, uma beleza russa vinte e um anos mais jovem que Berezovsky, havia sido brevemente casada com o dramaturgo Mikhail Shatrov e conheceu Berezovsky em 1989, quando era estudante e trabalhava como estagiária na LogoVAZ[385]. Ela deu à luz uma filha, Arina, em 1996, e um filho, Gleb, em 1997. Com quatro filhos de seus dois casamentos anteriores, Berezovsky, com cinquenta e três anos, agora era pai de seis. Segundo todos os relatos, ele adorava seus filhos, mas a agenda política de Berezovsky deixava pouco tempo para passar com eles. Sua obsessão pela política era acompanhada por uma necessidade aparentemente insaciável de publicidade. Raras vezes passava um dia sem uma entrevista à imprensa ou uma matéria sobre Berezovsky na mídia.

Por outro lado, Putin mantinha um perfil público discreto. Agora com quarenta e seis anos, ele e Liudmila moravam com suas duas filhas nos arredores de Moscou, em uma casa de seis quartos no complexo de dachas, em Arkhangelskoe, reservada para membros do círculo íntimo do Kremlin. Em razão de preocupações com segurança relacionadas à liderança de Putin no FSB, ambas as filhas eram educadas em casa, e Liudmila cortara comunicações com sua amiga alemã próxima, Irene Pietsch. Aos olhos de todos, os Putin levavam uma vida modesta, mas

---

385. Irina Bobrova, "Tainaia zhizn' suprugi oligarkha", *Moskovskii komsomolets*, 17/fev/2005, https://www.mk.ru/editions/daily/article/2005/02/17/199725-taynaya-zhizn-suprugi-oligarha.html.

não deixavam de desfrutar dos prazeres regulares do sul da França e dos Alpes suíços. Putin também viajava semanalmente para São Petersburgo durante a primavera e o verão de 1999 para visitar seu pai, que havia sido diagnosticado com um câncer no quarto estágio[386].

Stepashin recebe a bênção da Família

Com o incêndio de Skuratov extinto – ao menos temporariamente –, a Família agora se concentrava em livrar-se de Evgeny Primakov, cuja aliança com os comunistas na Duma e no Conselho da Federação apresentava um grande obstáculo para o objetivo político e econômico do clã Yeltsin. Embora não fosse desleal a Yeltsin, Primakov era um liberal dentro da tradição soviética e tinha propensões socialistas incompatíveis com o fervoroso anticomunismo de Yeltsin. De acordo com uma pesquisa de opinião realizada na primavera de 1999, Primakov também desfrutava da aprovação de dois terços do eleitorado, o que poderia incentivá-lo a perseguir suas próprias visões políticas, caso discordasse de Yeltsin, ou até mesmo decidir concorrer à presidência. Como Khinshtein colocou, "em contraste com o presidente eternamente doente e cercado por um círculo palaciano, Primakov viu sua popularidade crescer aos trancos e barrancos"[387].

Yeltsin e sua equipe queriam um primeiro-ministro que lhes fosse leal e demonstrasse fidelidade inabalável. Mas quem ocuparia o lugar de Primakov como primeiro-ministro, um trampolim fundamental para a presidência? Ao que parece, todos no círculo de Yeltsin se esforçavam freneticamente para promover o candidato "certo". Em 2000, com a eleição presidencial se aproximando, a pressão se intensificava. Nas palavras de Shevtsova, "quanto mais fraco o presidente ficava, mais aguda se tornava a necessidade de a Família encontrar um sucessor em quem pudesse confiar após a sua partida"[388].

O candidato favorecido por Chubais e Iumashev era o chefe do MVD, Sergei Stepashin, considerado democrata, apesar de ter ocupado

---

386. Crawford e Bensmann, "Putin's Early Years"; Myers, *New Tsar*, p. 152.
387. Khinshtein, *Berezovskii i Abramovich*, p. 350-51.
388. Shevtsova, *Putin's Russia*, p. 28.

cargos na execução da lei, inclusive chefe dos serviços de segurança da Rússia entre 1994 e 1995. Embora muitos o culpassem pelo fracasso do FSB na tentativa de resgatar 1.500 reféns mantidos por separatistas chechenos na cidade de Budenovsk, no verão de 1995, Stepashin sempre demonstrara feroz lealdade a Yeltsin, e isso significava muito para a Família[389]. Mas a opinião de outros membros da equipe de Yeltsin tinha que ser considerada, e não havia um consenso. Segundo Stepashin, Yeltsin estava considerando seriamente o ministro das Ferrovias, Nikolai Aksenenko, como seu sucessor, a quem Berezovsky e Abramovich estavam promovendo[390]. Mas Chubais correu para a casa de campo de Yeltsin no último minuto e convenceu-o de que Stepashin, leal e "moderado", era muito mais adequado para o cargo de primeiro-ministro[391].

Para complicar ainda mais as coisas, Yeltsin estava extremamente impopular e enfrentava um processo de *impeachment* por cinco acusações pela Duma, que agendara uma votação sobre o assunto para 15 de maio de 1999. Demitir Primakov antes da votação de *impeachment* era arriscado, porque poderia aumentar a possibilidade de aprovação da resolução de *impeachment*. Mas Yeltsin arriscou e, em 12 de maio, anunciou a renúncia de Primakov, ao mesmo tempo em que nomeava Stepashin como primeiro-ministro interino. Isso pegou os membros da Duma completamente de surpresa, impedindo-os de superar suas diferenças a tempo de reunir a maioria de dois terços necessária para que qualquer um dos cinco artigos do *impeachment* fosse aprovado. Uma semana depois, a Duma, para evitar dar a Yeltsin uma desculpa para dissolver o parlamento, aprovou Stepashin como primeiro-ministro[392].

Chubais ficou encantado com a nomeação de Stepashin. Falando no Carnegie Endowment for International Peace [Fundo Carnegie para

---

389. Hassan Abbas, "Who Exactly Is Sergei Stepashin?" The Jamestown Foundation, Prism 5, n. 10 (21/maio/1999), https://jamestown.org/program/who-exactly-is-sergei-stepashin/.
390. Colton, *Yeltsin*, p. 430. Stepashin fez tal afirmação em uma entrevista de 2001 com Colton.
391. Elena Dikun, "Primakov Is Shown the Door; Duma Threatened with Dissolution", The Jamestown Foundation, Prism 5, n. 10 (21/maio/1999), https://jamestown.org/program/primakov-is-shown-the-door-duma-threatened-with-dissolution/.
392. Colton, *Yeltsin*, p. 428-29; Vitalii Tsepliaev and Tat'iana Netreba, "Prezident gotov k pokhoronam kommunizma", *Argumenty i Fakty*, 19/maio/1999, https://on-demand.eastview.com/browse/doc/2555262.

a Paz Internacional] em Washington, DC, em maio de 1999, ele disse que Stepashin representava "uma nova geração de políticos russos" que trariam estabilidade à vida política do país. Apesar de sua representação na mídia ocidental como mestre da espionagem, Chubais disse que Stepashin "definitivamente não era um comunista". Primakov, por outro lado, atraiu figuras comunistas da era soviética que queriam reverter as reformas econômicas de Yeltsin, razão pela qual este teve que demiti-lo. Aparentemente para contrariar relatos generalizados de que Berezovsky ajudara a arquitetar a demissão de Primakov, Chubais fez questão de dizer ao grupo que o papel de Berezovsky nesse episódio era "muito menor do que ele [Berezovsky] esperava"[393]. Mas é claro que, ao patrocinar os incessantes ataques midiáticos contra Primakov, Berezovsky fez a sua parte.

Yeltsin, depois, escreveu que nunca pretendeu que Stepashin se tornasse presidente da Rússia e que o nomeara primeiro-ministro como um amortecedor entre Primakov e o verdadeiro sucessor, Putin. Segundo Yeltsin, Stepashin era apenas um substituto até que chegasse o momento oportuno de apresentar Putin, que Yeltsin já havia decidido como seu sucessor. Mas Iumashev, que era uma presença constante ao lado de Yeltsin, tinha uma história diferente. Ele contou ao biógrafo de Yeltsin, Timothy Colton, que Stepashin era um candidato sério até parecer incapaz de lidar com as crises que o Kremlin enfrentava: a próxima eleição da Duma e a questão da Chechênia[394]. Iumashev confirmou isso em uma entrevista posterior: "Yeltsin realmente acreditava que Stepashin poderia se tornar seu sucessor. Mas a certa altura o presidente percebeu que foi um erro e que deveria ser corrigido"[395].

Se o plano era ter Putin como sucessor, Yeltsin não informou Stepashin nem qualquer outra pessoa. Ele admitiu isso em suas memórias:

---

393. Carnegie Endowment for International Peace, Relatório da Reunião, 19/maio/1999, "Chubais on Stepashin and the Irreversibility of Russian Reform", https://carnegieendowment.org/1999/05/19/chubais-on-stepashin-and-irreversibility-of-russian-reform-event-118.
394. Colton, *Yeltsin*, p. 430; Aven, *Vremia Berezovskogo*, p. 648-49.
395. Vide trechos de livro do jornalista Ilia Zhegulev em Meduza, 20/out/2021, https://meduza.io/feature/2021/10/20/pravda-li-chto-v-1999-godu-u-eltsina-ne-bylo-drugih-realnyh-variantov-preemnika-krome-putina. Veja também os comentários de Iumashev em Aven, *Vremia Berezovskogo*, p. 648-49.

> Era cedo demais para colocar Putin no poder. Alguém teria que preencher a lacuna [...]. Esse papel teve de ser confiado ao simpático e decente Sergei Vadimovich Stepashin. Claro que eu tentaria explicar-lhe que a questão do futuro, das eleições presidenciais, ainda estava em aberto. E que ele também teria a chance de se mostrar [...]. Stepashin e, é claro, muitas outras pessoas assumiriam que ele era o principal candidato do governo para as eleições presidenciais de 2000[396].

Trabalhando com a crença de que era o candidato para ser o sucessor de Yeltsin, Stepashin, rapidamente, assumiu o papel de estadista e pareceu fazer um trabalho razoavelmente bom. Em 19 de junho de 1999, ele participou de uma cúpula dos países do G8 em Colônia, na Alemanha, onde o principal tema de discussão era o conflito armado em Kosovo e a implementação do acordo de paz das Nações Unidas entre a Otan e a Iugoslávia. Stepashin compareceu a uma coletiva de imprensa após o primeiro dia de reuniões e discutiu a participação da Rússia na solução da crise de Kosovo, apesar de seu apoio ao presidente sérvio Slobodan Milosevic (1941-2006)[397].

No mês seguinte, Stepashin fez sua primeira viagem aos Estados Unidos para promover o controle de armamentos, incentivar investimentos na Rússia e resolver outros problemas para melhorar as relações russo-americanas após as tensões surgidas por causa da Iugoslávia. Em 23 de julho, ele concedeu uma longa entrevista à CBS News, na qual demonstrou um conhecimento impressionante sobre os temas. Questionado se planejava concorrer à presidência em 2000, Stepashin disse que seu primeiro objetivo era estabilizar a situação econômica e política na Rússia e garantir um resultado favorável nas eleições da Duma. "E então", disse ele, "acho que mais perto do inverno, veremos – o tempo dirá"[398].

Segundo consta, Stepashin foi bem recebido tanto na cúpula do G8 quanto durante sua visita aos Estados Unidos[399]. Mas, de acordo um relato russo, isso foi uma desvantagem para ele:

---

396. Yeltsin, *Midnight Diaries*, p. 284-85.
397. Associated Press Newsroom, "Germany: Stepashin Attends G8 Summit Meeting", 19/jun/1999.
398. Entrevista de Stepashin à CBS, 23/jul/1999, https://www.cbsnews.com/news/stepashin-interview-in-full/.
399. "Stepashin Falls Victim to Success of His Economic Policies", *Bloomberg*, Moscow, 9/ago/1999, Johnson's Russia List, http://www.russialist.org/archives/3428.html##10.

Na opinião de muitos especialistas, os resultados das ações de relações públicas do primeiro-ministro não fortaleceram seu poder. Era previsível que, se ele conseguisse acumular um peso político significativo, Yeltsin e seu círculo próximo imediatamente sentiriam agudos ataques de ciúme e começariam a procurar falhas em suas atividades[400].

Em outras palavras, a Família queria que o herdeiro de Yeltsin fosse alguém que pudesse ser controlado.

A situação da Chechênia esquenta

Um desafio intimidante para Stepashin foi a deterioração da situação na Chechênia, que o Kremlin não conseguiu abordar de maneira efetiva. Em vez de dar seguimento ao acordo de paz de 1997 assinado entre Yeltsin e Aslan Maskhadov, fortalecendo o governo de Maskhadov e alocando fundos para melhorar as condições de vida dos chechenos, o Kremlin pouco fez enquanto militantes radicais islâmicos encurralavam seu líder eleito. O sequestro do major-general do MVD, Gennadii Shpigun (1947-2000), no início de março de 1999 levou o Kremlin, especialmente Stepashin, a ameaçar intervir militarmente caso Shpigun não fosse libertado e os atos de terrorismo não fossem controlados. Foi nesse momento, de acordo com o que Stepashin revelou à imprensa em janeiro de 2000, que o Kremlin começou a planejar uma incursão limitada na Chechênia. Mas o plano era apenas criar uma "zona de segurança" que se estendesse até o rio Terek, próximo à fronteira norte da Chechênia, e não se envolver em "hostilidades em larga escala" com os chechenos[401]. Primakov, que como chefe de inteligência estrangeira em 1994 tinha se oposto à primeira guerra chechena, alegadamente se opôs de forma veemente a este plano, mas sua demissão em meados de maio permitiu que o plano avançasse[402].

---

400. Vasif Guseinov, *Ot El'tsina k..? Voina kompromata* (Moscow: Olma-Press, 2000), p. 59-60.
401. RFE/RL *Newsline* 4, n. 20, pt. 1, 28/jan/2000, https://www.rferl.org/a/1142082.html; Evangelista, Chechen Wars, cap. 3, loc. 838-47.
402. Dunlop, *Moscow Bombings*, p. 35.

Stepashin encontrou-se com Maskhadov em 11 de junho na Inguchétia, a região russa que faz fronteira com a Chechênia a oeste, e implorou a ele que "se separasse dos bandidos". Se não o fizesse, Stepashin disse a Maskhadov: "então você está acabado"[403]. Nas semanas seguintes, a situação se acirrou ainda mais, com escaramuças entre tropas russas e chechenas e mísseis disparados por helicópteros russos ao longo da fronteira com o Daguestão. Os oponentes radicais islâmicos de Maskhadov, incluindo Shamil Basaev e Movladi Udugov, pareciam estar empurrando a Chechênia para o conflito ao incitar seguidores do wahabismo, que pregava uma forma pura do islamismo primitivo e, especialmente, apelava para a juventude militante radical[404].

Após o sequestro de Shpigun, Maskhadov deu uma entrevista na qual culpou Berezovsky pela crise enfrentada por seu governo, porque, no passado, Berezovsky havia negociado com criminosos chechenos e lhes pagara para obter a libertação de reféns: "Todas aquelas viagens de Berezovsky, todas aquelas bolsas de dinheiro, lidando com criminosos, assim como oponentes [do presidente legitimamente eleito] levam diretamente a este resultado"[405]. Embora não fosse mais secretário do Conselho de Segurança Nacional, Berezovsky permanecia em contato com políticos chechenos e teve várias conversas telefônicas com Udugov na primavera de 1999, seguidas de um encontro com ele em Moscou. Udugov, ex-ministro das Relações Exteriores no governo de Maskhadov, propôs um plano a Berezovsky: liderados por Basaev, wahhabis da Chechênia iniciariam ataques militares contra o vizinho Daguestão, o que provocaria a entrada das tropas russas e causaria o colapso do governo de Maskhadov. Dado que Maskhadov e seus aliados queriam que a Chechênia se tornasse totalmente independente e, por fim, integrada ao Ocidente, a Rússia estaria muito melhor com um governo

---

403. David Hoffman, "Miscalculations Paved Path to Chechen War", *Washington Post*, 20/mar/2000, https://www.washingtonpost.com/archive/politics/2000/03/20/miscalculations-paved-path-to-chechen-war/e675f17a-d286-4b5e-b33a-708d819d43f0/.

404. Emil Souleimanov, "Chechnya, Wahhabism and the Invasion of Dagestan", *Middle East Review of International Affairs* 9, n. 4, dez/2005, p. 48-71, https://ciaotest.cc.columbia.edu/olj/meria/meria_dec05/Souleimanov.pdf.

405. Floriana Fossato, "Caucasus: Kidnapping of Russian General Presents Complications for Chechen President", RFE/RL, 17/mar/1999, https://www.rferl.org/a/1090815.html.

islâmico em Grozny, que seria fortemente antiocidental. Assim, Udugov propôs que, após uma ação militar limitada no Daguestão, o Kremlin os instalaria como líderes da Chechênia[406].

Mais tarde, Berezovsky disse a Alex Goldfarb que não estava entusiasmado com essa proposta, pois um Estado islâmico na porta da Rússia "poderia ter consequências imprevisíveis". Mesmo assim, ele seguiu com o plano do primeiro-ministro, Stepashin, que disse "que cuidaria disso". No início de setembro de 1999, quando o conflito no Daguestão estava em pleno andamento, Berezovsky discutiu a situação com Putin, que na época já era o novo primeiro-ministro, mas advertiu-o a não iniciar uma guerra em larga escala na Chechênia, pois, segundo ele, o conflito nunca teria fim. Berezovsky sugeriu, em vez disso, que deveriam tentar trazer Basaev e Udugov de volta a um governo de coalizão com Maskhadov, para que os dois lados pudessem "neutralizar-se" mutuamente. Depois de ouvi-lo, Putin respondeu: "Pare seus contatos com os chechenos. Não faça mais telefonemas nem envie mensagens, não faça nenhum pequeno favor. Você não pode imaginar o que meu pessoal está me dizendo sobre você. Se eu acreditasse em 1% do que dizem, nós não estaríamos tendo essa conversa". Berezovsky prometeu seguir as orientações de Putin[407].

As declarações de Putin em sua autobiografia parecem confirmar que Berezovsky levantara preocupações sobre futuras ações militares e sugeriu uma alternativa: "Na minha opinião, suas [de Berezovsky] propostas sobre a Chechênia não são realistas nem eficazes. Francamente falando, é por isso que nada do que ele propôs está sendo implementado"[408]. Mais tarde, porém, Berezovsky seria acusado de fornecer fundos a Udugov para financiar um ataque de Basaev e do militar árabe al-Khattab ao Daguestão, o qual ocorreu no início de agosto. Além disso, ele estaria presente nas reuniões em Nice no início de julho, entre Voloshin, um defensor ativo

---

406. Goldfarb, *Death of a Dissident*, p. 186-88; vide também Andrei Illarionov, "Dagestanskaia voina – operatsiia 'preemnik'", *The Chechen Press*, 13/mar/2019, https://thechechenpress.com/news/14962-andrej-illarionov-dagestanskaya-vojna-operatsiya-preemnik.html; e uma longa discussão sobre os laços de Berezovsky com extremistas chechenos em Dunlop, *Moscow Bombings*, p. 53-65. Dunlop tem uma visão cética da versão de Berezovsky.
407. Goldfarb, *Death of a Dissident*, p. 188-89.
408. Putin, *First Person*, p. 188.

do ataque, e Basaev. Então, seja qual for sua reconsideração posterior do plano, ele pode muito bem ter contribuído para sua implementação[409].

Difamação

A equipe de Yeltsin tinha motivos para incentivar os militares chechenos rebeldes a incitar uma conflagração com o exército russo. Na ausência de uma crise, o plano da equipe para uma transição bem-sucedida de uma presidência de Yeltsin para outra controlada por seu sucessor escolhido a dedo estava longe de ser certo. O prefeito de Moscou, Iurii Luzhkov, chefe do Partido Pátria (Otechestvo), era muito popular e provável candidato à presidência. Ele havia usado sua autoridade sobre a economia de Moscou para estabelecer laços com alguns dos bancos e meios de comunicação mais poderosos do país, bem como para construir alianças com muitos dos governadores regionais[410]. Em determinado momento, membros do grupo de Yeltsin enviaram Berezovsky como emissário para fazer uma oferta a Luzhkov: se ele concordasse em lhes conceder imunidade legal e garantisse os resultados da privatização, Yeltsin o apoiaria como seu sucessor. Luzhkov recusou a oferta. Nas palavras do jornalista Mikhail Zygar: "Luzhkov estava certo de que a Família estava em apuros, além da salvação. [Ele] Estava relutante em juntar-se à luta ao lado daqueles que considerava os perdedores. Ele queria associar-se aos vencedores"[411].

Luzhkov começou a cortejar Primakov, cujas avaliações nas pesquisas eram impressionantes, especialmente em comparação com os resultados deploráveis de Yeltsin. Uma aliança entre os dois homens apresentava uma ameaça existencial às forças de Yeltsin, que, mais tarde, descreveu a situação:

---

409. Dunlop, *Moscow Bombings*, p. 66-70; Andrei Piontkovskii, "Rassledovanie: Priznanie oligarkha prokuroru respubliki", *Novaia gazeta*, 21/jan/2002, https://novayagazeta.ru/articles/2002/01/21/15962-priznanie-oligarha-prokuroru-respubliki.

410. Henry E. Hale, "The Origins of United Russia and the Putin Presidency: The Role of Contingency in Party-System Development", *Demokratizatsiya: The Journal of Post-Soviet Demokratization* 12, n. 2 (2004):169-94, https://demokratizatsiya.pub/archives/12_2_P0L-VW06724GL62M9.pdf.

411. Mikhail Zygar, *All the Kremlin's* Men: Inside the Court of Vladimir Putin (New York: Public Affairs, 2016), p. 8-9.

No verão de 1999, o lento reaproximar de Primakov e Luzhkov havia começado. Juntos, ele [Luzhkov] e Primakov poderiam obter uma vantagem avassaladora nas eleições da Duma, especialmente porque Primakov sabia como fazer um bom acordo com os comunistas [...]. Mas como impedi-los? [...] Em julho, falei repetidamente com Sergei Stepashin sobre essa situação [...]. Estava claro para mim que a rodada final de uma batalha política acirrada estava se aproximando [...]. Stepashin fora capaz de reconciliar algumas pessoas por um tempo, mas ele não pretendia se tornar um líder político, um lutador, ou um verdadeiro oponente ideológico de Luzhkov e Primakov nas eleições da Duma. Um novo partido político tinha de ser criado, e o primeiro-ministro tinha de ser trocado[412].

Embora tenha sido contrário ao *impeachment* de Yeltsin, Luzhkov estava se tornando cada vez mais agressivo nas críticas aos ieltsinistas. E ele havia conseguido ganhar o apoio de Vladimir Gusinsky, que controlava tanto a NTV quanto o jornal *Segodnia*, de grande circulação. No fim de maio, o popular comentarista político Evgenii Kiselev apareceu no programa *Itogi*, da NTV, com um gráfico que exibia a elite política do presidente (usando o termo "Família", até então não divulgado) e sugeriu que seus membros estavam envolvidos em corrupção e escondendo seus fundos ilícitos no exterior. Yeltsin, posteriormente, disse que o programa foi como uma "facada nas costas desferida por pessoas que eu pensava estarem do meu lado", e o colocou em estado de choque[413]. Para piorar as coisas, o escândalo Mabetex ressurgiu em 14 de julho, com o anúncio formal pelos procuradores suíços de que haviam aberto uma investigação criminal de lavagem de dinheiro contra Pavel Borodin, sua esposa e outros 22 altos funcionários russos não identificados. Quando perguntaram a um dos investigadores se Yeltsin ou sua filha estavam sendo investigados, ele respondeu "ainda não"[414].

Tatiana D'iachenko, em uma entrevista dez anos depois, lembrou o pânico da Família:

---

412. Yeltsin, *Midnight Diaries*, p. 294-95.
413. Yeltsin, *Midnight Diaries*, p. 295.
414. Melissa Akin e Natalya Shulyakovskaya, "Swiss Tie Kremlin to Money-Laundering", *Moscow Times*, 15/jul/1999, Johnson's Russia List, http://www.russialist.org/archives/3394.html##1.

> Uma máquina de propaganda enorme e bem equipada estava trabalhando contra o meu pai. A NTV, os canais de televisão de Moscou, jornais, revistas [...]. Seu objetivo era simples: ganhar as eleições no ano de 2000 [...]. Quando ficou claro que papai não queria apoiar a dupla Primakov-Luzhkov, as pessoas foram inundadas com histórias sobre a Família, sobre bilhões roubados, cartões de crédito, castelos na Alemanha e na França, casas em Londres, e assim por diante[415].

O Kremlin decidiu retaliar, pressionando o banco estatal Vnesheconombank a romper um acordo de empréstimo com a empresa Media-Most, de Gusinsky, e, depois, anunciando que a empresa estava insolvente. Em uma entrevista de jornal em 13 de julho, Berezovsky, que estava concluindo a compra da Editora Kommersant, afirmou que a Media-Most devia mais de um bilhão de dólares em empréstimos e, portanto, tinha sido forçada a se envolver em "extorsão política". Ao apoiar Luzhkov, disse Berezovsky, Gusinsky estava "confrontando abertamente o Kremlin e o presidente" e estava "atuando da mesma forma que o Partido Comunista que ele critica"[416]. Após a ORT repetir as alegações sobre a Media-Most, Kiselev sugeriu no *Itogi* que a NTV era vítima de uma campanha de difamação planejada por Berezovsky e Aleksandr Voloshin, que agora era presidente do conselho da ORT[417].

Segundo Khinshtein, Berezovsky começou a elaborar uma estratégia para um contra-ataque midiático no fim de junho, quando reuniu um pequeno grupo de aliados próximos em seu iate, em um cruzeiro na Riviera Francesa, perto de St. Tropez. Entre os convidados estavam Badri Patarkatsishvili, Nikolai Glushkov e Sergei Dorenko, que até março havia apresentado um programa semanal de comentários de notícias, *Vremia*, na ORT. Khinshtein descreveu a cena:

> Foi lá, balançando nas ondas do Mar Mediterrâneo, que Berezovsky descreveu sua engenhosa empreitada, anunciando que Dorenko logo retornaria à ORT para arrasar Primakov e Luzhkov. "E como a Família

---

415. Conforme citado em Dunlop, *Moscow Bombings*, p. 41.
416. Entrevista com Nataliya Gevorkyan, Vremia MN, 13/jul/1999, em Berezovsky, *Art of the Impossible*, 1:197-213.
417. Timothy Heritage, "Russian Premier Demands End to Media War", *Reuters*, 19/jul/1999, http://www.russialist.org/archives/3398.html##1.

vai ver isso?" – perguntaram a ele. Boris Abramovich apenas sorriu: "A Família fará tudo o que eu propuser. Eles não têm outra escolha, senão estarão acabados"[418].

Putin contribuiu para o esforço ao iniciar uma investigação do FSB contra a esposa de Luzhkov, a empresária Elena Baturina, e seu irmão Vladimir Baturin, proprietários de duas empresas que produziam plásticos e eram suspeitos de transferir ilegalmente milhões de rublos para o exterior por meio de contratos estrangeiros fictícios[419]. Luzhkov reagiu com um contra-ataque feroz, aparecendo no programa *Itogi*, da NTV, em 18 de julho, para denunciar Berezovsky por estar por trás do caso ilegítimo contra sua esposa, juntamente com a Administração Presidencial. Questionado a respeito de como isso poderia acontecer, já que Berezovsky não estava no comando do FSB, Luzhkov retrucou: "Infelizmente, o FSB agora trabalha para o Kremlin e não para o país". Depois que Luzhkov insistiu que o FSB fora instruído a encontrar "alguma coisa criminosa" nos negócios de sua esposa, Putin e a Família aparentemente decidiram recuar do ataque a Baturina. Em questão de dias, a Procuradoria anunciou que não havia caso contra ela[420].

Stepashin opôs-se ao uso da mídia pelo Kremlin para difamar seus oponentes políticos. Em uma reunião de governo, em 19 de julho de 1999, ele observou: "Assisti televisão ontem à noite. Os canais só atacam uns aos outros. Eles não cobrem eventos importantes, como se não houvesse outros problemas no país"[421]. Mas sua estratégia moderada e suas tentativas de mediar a equipe presidencial e seus oponentes não foram aceitos pela Família. Segundo Nemtsov, tanto ele quanto Chubais achavam que Stepashin estava fazendo um bom trabalho como primeiro-ministro: "Ele

---

418. Khinshtein, *Berezovskii i Abramovich*, p. 362. Vide também Celestine Bohlen, "In Russia, a Power Play Acted out on Television", *The New York Times*, 5/set/1999, https://www.nytimes.com/1999/09/05/world/in-russia-a-power-play-acted-out-on-television.html.
419. Leonid Berres e Dmitrii Dmitriev, "Ishchut chekisty v biznese zheny moskovskogo mera," *Kommersant*, 20/jul/1999, https://on-demand.eastview.com/browse/doc/3771389.
420. Entrevista de Luzhkov a Evgeniy Kiselev, 18/jul/1999, Johnson's Russia List, http://www.russialist.org/archives/3399.html##11; Dunlop, *Moscow Bombings*, p. 45-46. Em setembro, o novo chefe do FSB, Patrushev, chegou até mesmo a chamar Baturina ao seu gabinete para assegurar-lhe que a investigação não tinha tido motivações políticas.
421. Heritage, "Russian Premier Demands End to Media War".

era um homem consideravelmente moderado, complacente e honesto. Estávamos convencidos de que não agiria de forma tola. Para a Rússia, tal presidente significaria um passo adiante". Mas, como disse Nemtsov, as pessoas próximas a Yeltsin convenceram-no de que ele precisava de alguém que garantisse que ele e sua família estivessem legalmente protegidos: "Os membros do círculo de Yeltsin eram indiferentes a respeito de como o novo presidente lideraria o país. Eles estavam preocupados apenas consigo mesmos"[422].

Rechaçando as investigações

Embora não estivesse implicado no caso Mabetex, Berezovsky ainda estava no radar dos órgãos de execução da lei. A pedido dos procuradores russos, a polícia suíça fizera uma busca nos escritórios da Andava e da Forus, as duas empresas que haviam administrado as transações estrangeiras da Aeroflot, no início de julho. E em 14 de julho, Iurii Chaika, procurador-geral interino, prorrogou a investigação do caso Aeroflot por mais seis meses. Khinshtein relatou que Berezovsky e seus colegas enfrentavam acusações de lavagem de dinheiro e desvio de recursos. Acrescentou, porém: "Não pensem que Berezovsky está de braços cruzados, esperando uma viatura policial aparecer em sua porta. A equipe do Kremlin e outras estruturas de poder têm intensificado sua pressão sobre o Ministério Público"[423].

Chaika e Skuratov haviam sido colegas de classe no Instituto de Direito de Sverdlovsk, no início dos anos 1970. Quando Skuratov se tornou procurador-geral, em 1995, ele trouxe Chaika para Moscou como seu primeiro vice, comentando em uma entrevista se tratava de "uma pessoa muito enérgica, exigente e dura na luta contra o crime"[424]. Chaika deu continuidade à investigação Mabetex, após Skuratov ausentar-se

---

422. Nemtsov, *Ispoved' buntaria*, p. 53. Para uma análise aprofundada de Stepashin como primeiro-ministro e do seu relacionamento com a Família, consulte Guseinov, *Ot El'tsina k...?*.
423. Aleksandr Khinshtein, "Berezovskii – krupnyi khinshchik?" *Moskovskii komsomolets*, 16/jul/1999, https://on-demand.eastview.com/browse/doc/107093.
424. *Kommersant*, 25/nov/1995, conforme citado na biografia de Chaika no site Antikompromat, http://antikompromat.panchul.com/chaika/chaikabio.html.

temporariamente do cargo em fevereiro, e quando o Kremlin exigiu que Skuratov renunciasse, este contou com o apoio do amigo, pedindo-lhe que investigasse a origem da fita de sexo. Mas em 2 de abril, quando Skuratov recebeu a notícia de que o Kremlin havia providenciado para que a promotoria de Moscou o investigasse criminalmente, ele descobriu que Chaika havia se voltado contra ele e apoiava a investigação. "Eu conhecia Chaika há muito tempo, o considerava meu camarada, uma pessoa de pensamento semelhante", recordou-se Skuratov. "A traição dele foi um golpe pesado para mim, que eu recebi dolorosamente"[425].

O Kremlin prometera recompensar Chaika, mantendo-o no cargo de Skuratov em caráter permanente. Mas, no fim de julho, ele foi forçado a renunciar por causa de um escândalo envolvendo seu filho Artem. Em março de 1999, Artem Chaika emprestou o carro de seu pai (com as luzes piscantes dos carros oficiais) para um casal de bandidos armados da Ingushétia, que foram parados pela polícia, presos e acusados de extorsão a um empresário de Moscou em troca de 100 mil dólares. Conforme declarou uma fonte, "A probabilidade de Chaika permanecer como procurador-geral após tal incidente era virtualmente zero"[426]. No entanto, Putin não esqueceu a dívida que o Kremlin tinha com Chaika. Depois de se tornar primeiro-ministro, em 9 de agosto, Putin nomeou-o ministro da Justiça. Desde então, Chaika tem sido um membro-chave da equipe de Putin, sobrevivendo a escândalos ainda piores, que envolvem ele e sua família. Chaika tornou-se procurador-geral da Rússia em 2006 e foi implicado nas tentativas russas de interferir nas eleições presidenciais dos Estados Unidos em 2016[427].

Skuratov estava no limbo, impedido de trabalhar em sua pasta, mas ainda apoiado pelo Conselho da Federação; portanto, não demitido

---

425. Skuratov, *Kremlevskie podriady*, p. 412-13, 593-95 (595). Skuratov soube mais tarde que o carro oficial de Chaika estava estacionado em frente ao Kremlin durante a noite de 1º para 2 de abril quando o processo criminal contra ele foi elaborado.
426. Biography of Chaika, *Meduza*, 25/dez/2015, https://meduza.io/en/feature/2015/12/25/investigating-russia-s-top-prosecutor.
427. Jo Becker, Adam Goldman e Matt Apuzzo, "Dirt on Clinton? 'I Love It', Donald Trump Jr. Said", *The New York Times*, 11/jul/2017, https://www.nytimes.com/2017/07/11/us/politics/trump-russia-email-clinton.html.

oficialmente. Ele escreveu em suas memórias que, no fim do verão de 1999, Berezovsky, aparentemente com a aprovação da Família, visitou-o e pediu-lhe que renunciasse publicamente à sua luta contra o círculo próximo de Yeltsin. Em troca, Berezovsky disse, a Família o apoiaria se ele escolhesse embarcar em uma carreira política e concorrer a uma vaga na Duma. Skuratov respondeu que poderia considerar algum tipo de acordo apenas se o Kremlin admitisse publicamente que a fita de sexo era uma fabricação. Dez dias depois, os dois tiveram uma nova reunião, na qual Berezovsky ofereceu outra proposta: se Skuratov renunciasse, a fita seria desmentida e Skuratov seria nomeado coordenador russo de relações com autoridades estrangeiras de execução da lei. Skuratov pensou seriamente em aceitar, mas decidiu, no fim, que estaria traindo seus colegas que haviam trabalhado nas investigações durante muitos meses. Surpreendentemente, ele ficou grato pela oferta: "Confesso, apesar de toda a hostilidade, que isso me fez respeitar Berezovsky"[428].

Chamando Vladimir Putin

Berezovsky também fez outra abordagem em nome da Família. Em meados de julho de 1999, ele voou em seu jato Gulfstream para o sul da França e fez uma visita a Putin, que estava de férias em um hotel no balneário de Biarritz com Liudmila e suas duas filhas. Segundo Goldfarb, Berezovsky disse a Putin durante o almoço: "Boris Nikolaevich me enviou. Ele quer que você se torne primeiro-ministro". E Putin respondeu: "Não tenho certeza se estou pronto para isso", e sugeriu, em vez disso, que lhe dessem a administração da Gazprom. Depois de mais insistência de Berezovsky, Putin finalmente concordou, mas disse que a oferta tinha que vir do próprio Yeltsin. Berezovsky concordou, observando que havia sido enviado para abordar Putin porque Yeltsin "não queria ouvir um não como resposta"[429]. Pouco antes das eleições presidenciais, Berezovsky exaltou Putin em uma entrevista, dizendo quanto o respeitava, e acrescentando:

---

428. Skuratov, *Kremlevskie podriady*, p. 479-83.
429. Goldfarb, *Death of a Dissident*, p. 174.

"há outro traço que distingue Putin de todos os outros [...]. Putin nunca lutou pelo poder, ele apenas aceitou a proposta de Yeltsin"[430].

Entrevistado por Petr Aven, em 2014, Iumashev deu uma versão diferente da visita de Berezovsky a Putin. Iumashev afirmou que Berezovsky soube que Voloshin estava discutindo a possibilidade de ter Putin como primeiro-ministro quando os eventos no Daguestão começaram a esquentar. Então, sem dizer uma palavra a ninguém, Berezovsky correu para encontrar Putin de férias e disse a ele: "Foi tomada uma decisão, Vladimir Vladimirovich, você será o próximo presidente"[431]. Na verdade, a nomeação ainda estava incerta até 6 de agosto, quando Iumashev, Tatiana, Voloshin e Chubais deliberaram intensamente por várias horas, sem Yeltsin presente. Yeltsin havia se encontrado com Putin em 5 de agosto e oferecido provisoriamente o cargo de primeiro-ministro, mas Voloshin o convencera a esperar até o fim de semana. antes de tomar uma decisão final. Chubais opôs-se tanto a Putin como primeiro-ministro, que organizou uma reunião com um grupo de oligarcas para obter seu apoio, no domingo, 8 de agosto, e pediu a Aven que fosse até Putin e o aconselhasse a não aceitar o cargo. Aven marcou um encontro com Putin naquela mesma tarde, na dacha de Putin, mas quando este chegou, quarenta minutos atrasado, saltou do carro gritando: "Já concordei!"[432].

Segundo Yeltsin, Stepashin, Putin, Voloshin e Aksenenko, o primeiro vice-premiê, se reuniram em seu escritório às 8h da manhã daquele dia. Lá, ele informou-lhes que havia assinado um decreto removendo Stepashin do cargo de primeiro-ministro e nomeando Putin em seu lugar. Stepashin, inicialmente, recusou-se a aceitar o decreto, mas depois recuou. Putin apenas lembrou-se de que a reunião tinha sido "muito desagradável", porque Stepashin não recebeu bem a notícia[433].

No dia seguinte, 9 de agosto de 1999, Yeltsin anunciou a nomeação de Putin em cadeia nacional de televisão. Em si, isso talvez não tenha sido considerado um evento de grande importância. Afinal, Putin era o quarto

---

430. Entrevista com Vedomosti, 24/mar/2000; em Berezovsky, *Art of the Impossible*, 2:277-81 (279).
431. Aven, *Vremia Berezovskogo*, p. 252.
432. Aven, *Vremia Berezovskogo*, p. 251.
433. Yeltsin, *Midnight Diaries*, p. 334; Putin, *First Person*, p. 136.

primeiro-ministro a ser nomeado nos últimos dezesseis meses. Mas depois de lembrar ao público que haveria uma eleição presidencial em menos de um ano, Yeltsin declarou Putin como seu sucessor designado: "Eu confio nele. E quero que aqueles que forem às urnas em julho próximo também confiem nele e o escolham. Acredito que ele tem tempo suficiente para mostrar a que veio"[434].

Mais tarde, Chubais disse que havia apoiado Stepashin, porque ele tinha uma chance maior do que Putin de ser eleito presidente: "Eu lutei pelo meu ponto de vista até o fim, até o momento em que Yeltsin informou Stepashin de sua remoção"[435]. Chubais tinha boas razões para essa avaliação. A aprovação de Stepashin havia subido de 19%, em maio, para impressionantes 42%, no início de agosto. Mas para Yeltsin e os outros membros da Família, Stepashin era um primeiro-ministro fraco. Berezovsky afirmou posteriormente: "Acho que Stepashin é um liberal, é claro, mas ele não mostrou tanta determinação ou coragem quanto Putin. Putin arriscou muito ao confrontar Primakov e Luzhkov, porque ambos eram os líderes incontestáveis naquela corrida. Já Stepashin, ele ficou assustado e começou a oscilar entre o Kremlin e Primakov, Luzhkov e outras forças políticas"[436].

Em outras palavras, Stepashin hesitava em concordar com soluções extremas para derrotar os opositores de Yeltsin. Quando fez seu discurso de despedida à pasta, em 9 de agosto, ele deu o que parecia ser um aviso velado: enfatizou que o governo deveria agir legalmente e aderir à Constituição, e que as próximas eleições parlamentares deveriam ocorrer conforme o agendado. Acrescentou, ainda, que "o nosso povo não será enganado por ninguém, não importa quem queira fazê-lo"[437]. Mais tarde, pouco antes da eleição presidencial russa, Stepashin seria mais explícito em suas preocupações sobre violações da lei. Falando no National Press Club [Clube Nacional de Imprensa], em Washington, DC, em março de 2000, Stepashin

---

434. "Yeltsin's Speech Sacking Stepashin, Naming PM", *Reuters*, 9/ago/1999, Johnson's Russia List, http://www.russialist.org/archives/3428.html##2. Na verdade, as eleições presidenciais foram marcadas para junho de 2000, e não para julho.
435. Conforme citado em Dunlop, *Moscow Bombings*, p. 75.
436. Entrevista a *Ekho Moskvy*, 22/jun/2001, em Berezovsky, *Art of the Impossible*, 2:299.
437. ITAR-TASS, "Glavnoe seichas – deistvovat' v konstitutsionno-pravovom pole", *Rossiiskaia gazeta*, 10/ago/1999, https://on-demand.eastview.com/browse/doc/1870181.

observou que, na Rússia, "a instituição da censura à imprensa estava sendo restaurada" e alertou que "quem quer que esteja colocando ideias na cabeça do sr. Putin [sobre reviver a censura] [...] precisa ser detido"[438].

Observadores externos também viram uma ameaça. O editorial do *Moscow Times* afirmou que "a nomeação de Putin – um burocrata da KGB que nunca ocupou um cargo eleito – envia o sinal mais forte até o momento de que seu regime [de Yeltsin] está contemplando uma aventura perigosa"[439]. O líder do Duma Comunista, Viktor Iliukhin (1949-2011), disse ao jornal que temia que Putin agisse contra a Constituição e cancelasse as eleições. Mas outros simplesmente consideravam a nomeação de Putin um sinal da incompetência do Kremlin. "É difícil explicar a loucura", disse Boris Nemtsov à *Ekho Moskvy*. "As pessoas estão cansadas de assistir a um líder doente que não é capaz de fazer seu trabalho". A jornalista Iulia Latynina talvez tenha sido a mais contundente: "Na manhã de segunda-feira [9 de agosto], finalmente ficou claro quem não se tornará presidente da Rússia no ano 2000. Não será Vladimir Putin [...]. A única coisa pior para Putin [do que essa nomeação] seria o endosso de uma associação lésbica russa"[440].

Mais desafios para a família

Talvez não tenha sido uma coincidência que em 7 de agosto, um dia antes de Yeltsin confirmar sua decisão de nomear Putin como primeiro-ministro, os chefes militares Basaev e Khattab tenham invadido a república russa do Daguestão, com 1.500 a 2.000 militantes islâmicos armados e tenham declarado seu objetivo de estabelecer um Estado islâmico na república. Em 8 de agosto, depois de ser informado por Yeltsin que estava prestes a perder seu cargo, Stepashin foi para o Daguestão com o chefe de gabinete do exército, General Anatolii Kvashnin (1946-2022),

---

438. Discurso de Stepashin no National Press Club (Clube Nacional de Imprensa), Washington, DC, 13/mar/2000, https://www.belfercenter.org/sites/default/files/legacy/files/russiavotes.pdf.
439. "President's Games Are Dangerous", *Moscow Times*, 1º/ago/1999, Johnson's Russia List, http://www.russialist.org/archives/3428.html##10.
440. "'Who Is Putin?' How Russia Reacted to Leader's Rise to Power, 20 Years Ago", *Moscow Times*, 9/ago/2019, https://www.themoscowtimes.com/2019/08/09/who-is- putin-how-russia-reacted-to- leaders -rise-power-20-years-ago-a66767.

e autorizou um bombardeio em larga escala nas aldeias ocupadas pelas forças rebeldes chechenas. Ele alertou que a situação era muito difícil e que "poderíamos realmente perder o Daguestão"[441]. Mas, como ele deixou claro mais tarde, Stepashin opôs-se a que as forças russas ultrapassassem o Rio Terek: "Em agosto daquele ano [1999], dissemos ao sr. Putin que não era desejável que avançássemos mais, porque isso poderia trazer algumas implicações negativas"[442]. Putin e a Família, no entanto, tinham uma aventura maior em mente.

Ao se tornar primeiro-ministro, Putin pediu a Yeltsin que lhe concedesse "poder absoluto" para conduzir as operações militares necessárias na Chechênia, o que Yeltsin fez. Então, Putin emitiu um ultimato ao exército russo: os invasores chechenos tinham que ser repelidos do Daguestão em duas semanas. Uma combinação de bombardeios russos pesados nas aldeias ocupadas e falta de apoio entre os daguestanis locais para a república islâmica planejada por Basaev e Khattab permitiu que esse objetivo fosse alcançado. Até 23 de agosto, os combatentes rebeldes chechenos haviam se retirado, e Putin, acompanhado por repórteres, viajou para o Daguestão alguns dias depois para comemorar a vitória, distribuindo medalhas para cinquenta combatentes. Em seus comentários, Putin alertou sobre os planos do inimigo e "atos de provocação que eram esperados para o futuro próximo". Conforme observou Steven Myers, os comentários de Putin "continham as sementes de cautela – e, segundo alguns, de premonição – de que o conflito não havia terminado com a retirada de Basaev para a Chechênia"[443]. De fato, em menos de duas semanas, a presciência de Putin seria claramente demonstrada.

Enquanto a luta diminuía no norte do Cáucaso, o Kremlin enfrentava desafios políticos intimidantes em casa. Apesar do impressionante comando de Putin sobre a situação no Daguestão, a maioria dos especialistas o considerava um ninguém, apenas mais um exemplo da tomada de decisões impulsivas de Yeltsin. Pesquisas realizadas em agosto

---

441. Andrei Shukshin, "Stepashin Warns Russia May Lose Dagestan", *Reuters*, 9/ago/1999, Johnson's Russia List, http://www.russialist.org/archives/3428.html##10.
442. Discurso de Stepashin no National Press Club.
443. Myers, *New Tsar*, p. 156; Yeltsin, *Midnight Diaries*, p. 336-37; Evangelista, *Chechen Wars*, cap. 4, loc. 879-82.

mostraram que apenas 1% dos entrevistados votariam em Putin para a presidência, confirmando as preocupações de Chubais[444]. Enquanto isso, em 17 de agosto, Primakov, que havia sido cortejado pelos comunistas, uniu-se formalmente à poderosa Aliança Pátria-Toda Rússia, uma coalizão com os governadores regionais da Rússia que Luzhkov havia formado duas semanas antes. Primakov era amplamente considerado o político mais poderoso do país, com pesquisas mostrando que quase 50% dos entrevistados confiavam nele. Com Primakov a bordo, mais governadores eram esperados para aderir ao movimento Pátria-Toda Rússia. Especialistas políticos previam uma vitória para o bloco político nas eleições parlamentares de dezembro e uma vitória para Primakov, caso ele fosse candidato nas eleições presidenciais marcadas para meados de 2000. Como lembrou Iumashev: "Naquele momento, Putin tinha como oposição a dupla Primakov-Luzhkov, cujas avaliações conjuntas estavam fora dos gráficos: o prefeito mais bem-sucedido, com um orçamento maior que o orçamento total de dois terços da Rússia, e o peso-pesado político, o favorito do povo e de todos os serviços especiais, Yevgeny Maksimovich Primakov. Toda a elite política se alinhou com eles. Os governadores e presidentes das repúblicas correram para apoiar o futuro primeiro-ministro e presidente. Empresas estavam esperando na fila para oferecer dinheiro para a campanha eleitoral de Primakov e Luzhkov"[445].

    A nova aliança representava uma ameaça existencial para a equipe de Yeltsin. Embora a plataforma do bloco se opusesse ao retorno a uma economia de estilo soviético, administrada pelo Estado, ela defendia maior controle governamental sobre os negócios, juntamente com limites aos poderes presidenciais, o que poria fim ao sistema predominante de capitalismo de compadrio de Yeltsin[446]. E o próprio Luzhkov havia dito publicamente sobre a realocação de ações de algumas empresas para aqueles que tiveram perdas no processo de privatização original. Nas palavras do autor Vasif Guseinov: "A coisa que mais assustava a Família e

---

444. "FOM: Presidentskii reiting Putina vysshe, chem u Primakova", *Lenta.ru*, 20 out. 1999, https://lenta.ru/news/1999/10/20/putin/.
445. Malgin, "Operatsiia 'Preemnik'".
446. Associated Press Newsroom, "Russia: The Fatherland-All Russia Alliance", 28/ago/1999, http://www.aparchive.com/metadata/youtube/87278aa3eacb32d5d8c17907c95845b4.

seu séquito era a redistribuição de propriedades que certamente ocorreria se tanto Luzhkov quanto Primakov se tornassem presidentes"[447].

Os alarmes soaram ainda mais alto para a equipe de Yeltsin quando mais histórias sobre corrupção no Kremlin começaram a ocupar as manchetes. Em 19 de agosto de 1999, um relato sobre lavagem maciça de dinheiro russo via Banco de Nova York apareceu no *The New York Times*. De acordo com a matéria, "investigadores dizem que as transações parecem ser uma das maiores operações de lavagem de dinheiro já descobertas nos Estados Unidos, com grandes somas de dinheiro entrando e saindo do banco em um dia"[448]. Em 25 de agosto, o principal jornal italiano, *Corriere della Sera*, relatou que a família de Yeltsin estava sendo investigada pelos suíços por usar cartões de crédito que eram faturados para a Mabetex, a qual também teria transferido um milhão de dólares para uma conta bancária húngara, para uso da família de Yeltsin. Em seguida, em 3 de setembro, o jornal publicou uma lista de 24 russos que estavam sendo investigados pelas autoridades suíças por lavagem de dinheiro por meio da Mabetex. Pavel Borodin, o antigo chefe de Putin, estava no topo da lista, juntamente com seus familiares, e o ex-vice-primeiro-ministro Oleg Soskovets também estava na relação[449]. O impacto dessas revelações foi enorme, levando a pedidos no Ocidente para suspender os bilhões de dólares de empréstimos do Fundo Monetário Internacional à Rússia e a exigências por parte de políticos russos de que aqueles que saquearam os ativos estatais fossem presos.

Yeltsin entrou em pânico, enquanto seus assessores buscavam reagir[450]. Em 3 de setembro, ele reuniu-se com o novo chefe do FSB,

---

447. Guseinov, Ot El'tsina k...?, p. 93; Hale, "Origins of United Russia", 171. Em outubro de 1999, Luzhkov anunciou que não seria candidato à presidência.
448. Raymond Bonner com Timothy L. O'Brien, "Activity at Bank Raises Suspicions of Russia Mob Tie", *The New York Times*, 19/ago/1999, https://www.nytimes.com/1999/08/19/world/activity-at-bank-raises-suspicions-of-russia-mob-tie.html.
449. Associated Press Newsroom, "Russia: Borodin Answers Swiss Bank Corruption Charges (2)", 4/set/1999, http://www.aparchive.com/metadata/youtube/1f246ba83d78263a98d2406b-0cf369cb; John Tagliabue, "Swiss Investigate Possible Laundering of Russian Money", *The New York Times*, 4/set/1999, https://archive.nytimes.com/www.nytimes.com/library/world/global/090499russia-launder-swiss.html.
450. "El'tsin – V panike!", *Moskovskii komsomolets*, n. 169, 4/set/1999, https://on-demand.eastview.com/browse/doc/108355.

Nikolai Patrushev, para discutir o escândalo do Banco de Nova York. Após a reunião, Patrushev disse aos repórteres que o caso era puramente político e estava relacionado às próximas eleições nos Estados Unidos. "É simplesmente ridículo", disse Patrushev, "falar sobre somas de 15 bilhões a 20 bilhões de dólares que foram supostamente lavadas". Quanto aos cartões de crédito suíços mantidos por Yeltsin e sua família, Patrushev afirmou que não discutiu esses "boatos" com o presidente[451]. Naquele mesmo dia, o chefe de gabinete de Yeltsin, Aleksandr Voloshin, realizou uma reunião com jornalistas para falar sobre os escândalos de corrupção. De acordo com Elena Trebugova, o Kremlin estava realizando reuniões secretas para decidir como reagir, mas quando Voloshin se apresentou aos jornalistas, não negou as acusações. Tudo o que ele pôde dizer foi que "a resposta adequada ao que está acontecendo virá em breve. A Rússia não será mais prejudicada". Tregubova ficou incrédula: "Isso não poderia, de forma alguma, ser chamado de resposta adequada frente ao fluxo de evidências comprometedoras que prejudicaram a reputação não apenas do governo, mas de todo o país"[452].

Uma mudança drástica no noticiário

Logo no dia seguinte, 4 de setembro, a atenção do público foi desviada do escândalo por causa do primeiro de uma série de atentados devastadores a bomba na cidade de Buinaksk, no Daguestão. Um caminhão-bomba explodiu no apartamento nº 3, que abrigava soldados, principalmente daguestaneses, da 136ª Brigada de Rifles Motorizados do exército russo, juntamente com suas famílias. Cinquenta e oito pessoas morreram e mais de cem ficaram feridas[453]. Anteriormente, na noite de 31 de agosto, tinha ocorrido um atentado a bomba, de proporções muito menores, em um *shopping center* subterrâneo na Praça Manezh, em Moscou, matando uma pessoa e ferindo dezenas. Mas esse atentado, pelo qual dois

---

451. Novosti, Izvestiia, n. 165, set/1999, https://on-demand.eastview.com/browse/doc/3176994.
452. Elena Trebugova, "Obidno za Rossiiu ne budet", *Kommersant*, 4/set/1999, https://on-demand.eastview.com/browse/doc/3773696.
453. Dunlop, *Moscow Bombings*, p. 218-19; Knight, *Orders to Kill*, p. 179-99.

terroristas do Daguestão acabariam sendo condenados, foi minimizado pelas autoridades. De um modo muito complacente, o chefe do FSB, Patrushev, garantiu a um jornalista que não havia necessidade de tomar medidas de segurança adicionais em Moscou[454].

As autoridades russas, imediatamente, atribuíram o atentado em Buinaksk a al-Khattab, que, segundo elas, usou rebeldes chechenos wahhabitas para realizá-lo e estava escondido na Chechênia. Em março de 2001, seis organizadores e executores seriam julgados e condenados a diferentes graus de prisão pelo Supremo Tribunal do Daguestão, com outros dois processados posteriormente. Mas, conforme John Dunlop apontou em seu bem embasado livro sobre os atentados de 1999 na Rússia, a versão apresentada pelos promotores do Daguestão não pode ser confiável, dadas as claras violações dos procedimentos legais durante as investigações e os julgamentos. Dunlop fornece evidências, sugerindo que, embora alguns dos condenados fossem de fato culpados, o FSB e certas unidades de elite do MVD estavam cientes do plano dos terroristas e o apoiaram. Os oficiais dessas agências examinaram minuciosamente o caminhão que transportava os explosivos da Chechênia quando ele chegou a um posto de controle, e o deixaram passar. Dunlop conclui que "elementos do FSB e da polícia regular queriam que os terroristas tivessem sucesso em seus planos, muito provavelmente porque haviam recebido ordens de seus superiores para assim proceder"[455].

Esses superiores incluíam Patrushev, o chefe do FSB e um dos aliados mais próximos de Putin[456]. No comando do MVD estava o recém-nomeado Vladimir Rushailo, um funcionário veterano da pasta de assuntos internos, que, como vice-chefe da divisão de crime organizado do MVD, havia

---

454. Knight, *Orders to Kill*, p. 81; Nikita Ermakov, "K nam ponastoiashchemu prishel terrorizm", *Moskovskaia pravda*, 6/set/1999, https://on-demand.eastview.com/browse/doc/6691686.
455. Dunlop, *Moscow Bombings*, p. 217-36 (235).
456. Depois de servir na KGB de Leningrado durante as décadas de 1970 e 1980, Patrushev foi transferido em 1990 para a região da Carélia, onde dirigiu os serviços de segurança. Mas um escândalo envolvendo o contrabando de madeira de bétula colocou-o em maus lençóis, por isso, em 1994, foi transferido para Moscou para trabalhar sob Stepashin, então chefe da agência antecessora do FSB, o FSK. Quando Putin deixou o cargo de chefe da GKU, em maio de 1998, Patrushev substituiu-o e, em outubro, mudou-se para o FSB, onde rapidamente se tornou o primeiro substituto de Putin. Ver https://dossier.center/patrushev/.

estabelecido laços com inúmeros empresários, incluindo Berezovsky. Este, por sua vez, havia sido um generoso doador de uma fundação especial criada por Rushailo para apoiar financeiramente os funcionários da divisão de combate ao crime organizado. Supostamente por influência de Berezovsky, Rushailo foi nomeado para substituir Stepashin na chefia do MVD quando este se tornou primeiro-ministro. Rushailo era, então, chamado de "falcão de Berezovsky"[457].

Dos dois homens, Patrushev tinha, de longe, mais peso. O FSB era mais poderoso do que o MVD, e Patrushev tinha uma linha direta com Putin. Putin podia contar com ele para implementar seus planos. Mas quais eram esses planos? Se o objetivo era distrair o público russo dos cada vez mais numerosos relatos de corrupção no Kremlin e aumentar o apoio ao governo do novo primeiro-ministro, isso não foi alcançado pelo atentado em Buinaksk. Como a maioria das vítimas não eram russas étnicas, não houve a grande indignação no país, conforme ocorreria após os atentados subsequentes. Uma segunda bomba – poderosa o suficiente "para transformar uma parte da cidade em pó" – estava programada para explodir na mesma noite, perto de um hospital militar em Buinaksk. Mas foi descoberta inesperadamente pela polícia local e desarmada por sapadores militares. (Assim como com a primeira bomba, o caminhão que transportava os explosivos da Chechênia teve seu conteúdo examinado pela milícia, neste caso em mais de um posto de controle, mas não foi detido[458]). Portanto, no fim, o atentado em Buinaksk foi retratado pela mídia russa como apenas mais um episódio da luta e da violência contínuas no Daguestão. Logo se seguiriam atos terroristas ainda mais impactantes.

---

457. Rushailo dossier, *Kompromat: Arkhivnaia biblioteka*, https://kompromat.wiki; biography of Rushailo, Lenta.ru, https://m.lenta.ru/lib/14159616/full.htm.
458. Dunlop, *Moscow Bombings*, p. 217-36. Dunlop cita relatos diretos de vários jornalistas russos.

CAPÍTULO 7

O CAMINHO DE PUTIN ATÉ A VITÓRIA

> Aqueles atentados foram um momento crucial no desdobramento de nossa história recente. Passado o choque inicial, descobriu-se que estávamos vivendo em um país completamente diferente, no qual quase ninguém ousava falar sobre uma resolução pacífica e política da crise com a Chechênia.
> SERGEI KOVALEV – ATIVISTA DE DIREITOS HUMANOS
> E MEMBRO DA DUMA, FEVEREIRO DE 2000

Putin estava se preparando para uma viagem à Nova Zelândia para participar do Fórum Anual de Cooperação Econômica da Ásia-Pacífico quando, pouco depois da meia-noite de 9 de setembro de 1999, uma explosão poderosa destruiu um prédio de nove andares na Rua Gurianova, em Moscou, matando 100 pessoas e ferindo 690. Dada a importância do fórum de alto nível, que incluiria o presidente dos Estados Unidos, Bill Clinton, Putin não desmarcou a viagem, partindo de Moscou em 11 de setembro. Quando Clinton perguntou sobre a situação na Chechênia, Putin disse que os terroristas chechenos eram financiados pela Al-Qaeda e confidenciou que o exército russo estava prestes a lançar uma invasão à república[459].

Uma segunda explosão, em 13 de setembro, que matou 124 pessoas e feriu cerca de 200 em um prédio de oito andares na Rodovia Kashirskoe, em Moscou, fez Putin abreviar sua viagem e voltar à capital russa. Ao retornar, em 14 de setembro, ele fez um discurso inflamado à

---

459. Myers, *New Tsar*, p. 158; "Oni uzhe zdes'", *Kommersant*, 14/set/1999, https://on-demand.eastview.com/browse/doc/3774121.

Duma, no qual declarou: "Aqueles que organizaram e lançaram toda uma série de atentados terroristas brutais têm planos de longo alcance [...]. Seu objetivo é desmoralizar o governo, minar as bases do Estado, interferir no funcionamento normal dos órgãos estatais e semear pânico entre a população". Salientando que não apenas os terroristas, mas também as fontes do terrorismo precisavam ser eliminadas, Putin destacou a Chechênia, onde, segundo ele, as autoridades protegiam os bandidos. Para resolver o problema, Putin disse que os Acordos de Khasavyurt, que haviam levado à retirada das tropas russas da Chechênia, precisavam ser revistos. Assim, embora não tenha anunciado planos para a entrada dos militares russos na república e tenha falado de uma zona de segurança em torno da Chechênia, Putin parecia estar preparando o terreno para uma invasão[460].

No dia seguinte ao discurso de Putin, em 16 de setembro, outro poderoso dispositivo explosivo foi detonado em um prédio de apartamentos na cidade de Volgodonsk. Milagrosamente, apenas dezoito pessoas foram mortas, mas pelo menos 89 foram hospitalizadas, inclusive crianças. (Mais tarde seria revelado que o presidente da Duma, Gennadii Seleznev, tinha conhecimento prévio do atentado, mas nunca foi explicado como ele obtivera a informação). Em menos de uma semana, as forças russas haviam se colocado na fronteira em números comparáveis aos mobilizados para a primeira invasão da Chechênia, em 1995. E Putin estava se tornando mais beligerante publicamente, prometendo, na famosa declaração de 24 de setembro, "eliminar os terroristas vaso sanitário abaixo"[461].

A resposta de Putin aos atentados foi bem recebida pelo povo russo, que havia entrado em pânico com a possibilidade de novos ataques devastadores. Conforme observou o estudioso norte-americano Henry Hale: "Dada a abordagem padrão da URSS para o projeto de moradias, os prédios de apartamentos que foram destruídos, mostrados repetidamente na televisão russa, pareciam exatamente com os tipos de conjuntos habitacionais em que milhões de russos viviam. A residência de

---

460. O discurso foi publicado em *Kommersant*, 15/set/1999, https://on-demand.eastview.com/browse/doc/3774212.

461. Dunlop, *Moscow Bombings*, p. 80-85, p. 248-51.

qualquer pessoa poderia ser a próxima"[462]. E, apesar do fato de que não apenas o presidente checheno, Maskhadov, mas também os invasores do Daguestão, Basaev e Khattab, terem negado a autoria desses atentados terroristas, o público pareceu concordar com a afirmação de Putin de que os chechenos eram os responsáveis.

Enquanto isso, em 10 de setembro, Berezovsky fora hospitalizado devido a uma hepatite. Quatro dias depois, ele recebeu um choque desagradável. Em um artigo que começava com a pergunta "As explosões em Moscou foram preparadas no Kremlin?", Aleksandr Khinshtein publicou trechos de conversas telefônicas de junho a julho que Berezovsky teve com Udugov e o ministro de Assuntos Internos da Chechênia, Kazbek Makhashev. As conversas pareciam tratar de trocas de prisioneiros, bem como de pagamentos em dinheiro que Berezovsky lhes prometera, e havia uma possível referência à incursão planejada no Daguestão. Khinshtein encerrou seu artigo acusando Berezovsky por se associar aos inimigos chechenos, chegando à conclusão de que Berezovsky havia financiado a incursão deles em agosto: "Por que Berezovsky precisa de uma guerra no Daguestão? Porque, quando o regime mudar, ele e seus cúmplices estarão na prisão. Hoje, a 'Família' não tem outros meios legítimos de preservar o poder"[463].

A oposição política, imediatamente, usou a matéria a seu favor. Em 15 de setembro, a NTV, de propriedade de Gusinsky, aliado de Luzhkov, exibiu trechos das conversas telefônicas. Indignado, Berezovsky foi direto para a imprensa, realizando uma coletiva na Interfax em 16 de setembro, enquanto, nas palavras de Goldfarb, "seu rosto e o branco dos olhos ainda estavam amarelados por conta da hepatite"[464]. Berezovsky afirmou que, embora tenha tido muitas conversas com Udugov, Makhashev e outros líderes chechenos quando estava no Conselho de Segurança Nacional,

---

462. Hale, "Origins of United Russia", 177.
463. Aleksandr Khinshtein, "Berezovskii slushaet", *Moskovskii komsomolets*, 14/set/1999, https://on-demand.eastview.com/browse/doc/108572. Khinshtein continuou na semana seguinte com mais trechos das conversas de Berezovsky com Udugov: Aleksandr Khinshtein, "Berezovaia kasha", *Moskovskii komsomolets*, 22/set/1999, https://on-demand.eastview.com/browse/doc/10881.
464. Goldfarb, *Death of a Dissident*, p. 189-90.

bem como posteriormente, a conversa apresentada recentemente na mídia era falsa. Ele também lembrou ao público que o próprio Gusinsky lhe solicitara que interviesse quando um de seus jornalistas foi sequestrado por chechenos. E prosseguiu, dizendo que o governo, agora, estava colhendo as consequências de sua falha em lidar com a construção de fortificações no Daguestão feitas por extremistas wahhabistas durante mais de dois anos:

> Os serviços secretos estavam cientes disso. Vamos nomear os chefes de todos os serviços secretos dentro desse período: Stepashin, Kovalev, Kulikov, Primakov e Trubnikov (1944-2022) [Viacheslav Trubnikov, sucessor de Primakov como chefe do Serviço de Inteligência Estrangeira] [...]. Essas pessoas sabiam exatamente o que estava acontecendo. Eles deixaram a situação se desenvolver, e a estamos superando a custo de inúmeras vítimas.

Além disso, Berezovsky afirmou que o Kremlin não tomou nenhuma medida para mitigar a situação econômica na Chechênia após o acordo de paz de 1997: "Não se pode manter pessoas armadas e famintas desempregadas, sem nenhuma esperança para o futuro. Claro, as coisas tinham que explodir. Nossa própria inação criou essa situação"[465].

Berezovsky estava trilhando uma linha tênue ao criticar as ações passadas dos serviços de segurança. Ao listar os nomes dos chefes da segurança e da aplicação da lei por conta de estarem cientes da situação volátil no Daguestão, Berezovsky, claramente, não incluiu Putin, mas ficou claro que, como chefe do FSB até agosto, Putin estava entre os responsáveis. Curiosamente, foi o "fraco" Stepashin quem levou mais a sério as declarações de Berezovsky sobre o conflito no Daguestão. Em meados de setembro, quando um jornalista perguntou a ele se Berezovsky poderia ter negociado com extremistas chechenos, com o objetivo de incitar um conflito que colocasse Putin em destaque como líder, Stepashin respondeu de forma enigmática que "certos acordos foram feitos para desestabilizar a situação e colocá-la sob regime de emergência, isso é uma versão possível dos eventos, de acordo com o que foi publicado no MK [...]. É necessário verificar quando essa gravação foi feita, sobre o que era a conversa e convocar, se

---

465. Novye izvestiia, 17/set/1999, em Berezovsky, *Art of the Impossible*, 1:531-32, p. 3:48-51.

necessário, pessoas para serem interrogadas"[466]. Embora tenha denunciado Basaev e Khattab por assassinatos e sequestros, Stepashin não descartava a alegação de que Berezovsky e o clã Yeltsin teriam planejado usar um conflito armado como pretexto para declarar estado de emergência, adiando assim as eleições parlamentares e presidenciais[467].

O afastamento de Stepashin da linha oficial de Putin ficou mais claro quando ele foi entrevistado na NTV, em 1º de outubro, e afirmou categoricamente que se opunha a uma operação em larga escala na Chechênia: "Chamamos isso de guerra contra o terrorismo, mas é bastante óbvio – quando artilharia e aviação são usadas, e as tropas já se aproximaram do rio Terek – que isso é uma guerra total [...]. Como essa guerra vai acabar? Destruição de militantes e terroristas, isso é claro. Mas dezenas de milhares de pessoas vivem lá [...]. Isso é um problema humanitário". Stepashin prosseguiu, dizendo que, em sua opinião pessoal, estava errado cortar relações com Maskhadov: "O acordo de Yeltsin com Maskhadov foi assinado. Nós o reconhecemos como o presidente legítimo. Não deve haver padrões duplos. Deixe pelo menos uma pequena brecha! Você não pode encurralar as pessoas e, ao mesmo tempo, tentar chegar a um acordo com elas"[468]. Naquele mesmo dia, Putin declarou que a Rússia não considerava mais Maskhadov o governante legítimo da Chechênia. Aproximadamente 100 mil soldados russos de infantaria entraram na Chechênia, e Putin confirmou que "as operações de combate na Chechênia já estão em andamento". Os ataques aéreos a Grozny, iniciados mais de uma semana antes, já haviam levado quase 80 mil civis a fugirem da república[469].

---

466. Mark Deich, "Portret bez intrigi", Moskovskii komsomolets, 18/set/1999, https://on-demand.eastview.com/browse/doc/108730.

467. Em seu discurso de março de 2000 no National Press Club, mencionado anteriormente, Stepashin revelaria publicamente que o Kremlin começara a planejar uma operação militar limitada na Chechênia, estendendo-se apenas até o rio Terek, já em março de 1999, a fim de eliminar redutos terroristas.

468. Entrevista de Stepashin a Svetlana Sorokina, NTV, 5/out/1999, http://tvoygolos.narod.ru/elita/elitatext/1999.10.05.htm.

469. "Russia Sends Ground Troops into Chechnya, Raising Fears", The New York Times, 1º/out/1999, https://www.nytimes.com/1999/10/01/world/russian-sends-ground-troops-into--chechnya-raising-fears.html.

Em um esforço para defender sua reputação, Berezovsky recrutou Vitalii Tretiakov, editor-chefe da *Nezavisimaia gazeta*, para se pronunciar em um artigo em 12 de outubro. "Boris Berezovsky há muito tempo foi escolhido por muitos como bode expiatório", escreveu Tretiakov. "Isso não é muito justo, porque todos pecaram juntos, e eles querem mandar só um para o abate". Segundo Tretiakov, Berezovsky não deveria ter sido apontado como aquele que instigou a guerra no Daguestão, porque foi uma operação aprovada por toda a liderança de Yeltsin:

> É bastante óbvio que os chechenos foram atraídos para o Daguestão – eles foram autorizados a se envolver para terem uma razão legítima para restaurar o poder federal na república e iniciar uma fase ativa da luta contra os terroristas reunidos na Chechênia. Obviamente, foi uma operação dos serviços especiais russos (não deve ser confundida com os atentados a residências), e foi sancionada politicamente no mais alto nível[470].

A narrativa oficial é desafiada

Embora Tretiakov tenha feito questão de observar que os atentados aos apartamentos não faziam parte do plano do Kremlin, outros juntaram a incursão no Daguestão e os subsequentes ataques terroristas, atribuindo ambos ao Kremlin. Assim, Aleksandr Lebed, que havia intermediado os Acordos de Khasavyurt e agora era governador de Krasnoyarsk, disse ao jornal parisiense *Le Figaro*, em 29 de setembro, que tinha "convicção" de que o governo Yeltsin estava por trás dos atentados a bomba aos prédios de apartamentos. Lebed disse:

> Qualquer comandante de campo checheno determinado a se vingar teria começado a explodir generais [...]. Ou teria começado a atacar prédios do Ministério do Interior e do Serviço Federal de Segurança, armazéns militares ou usinas nucleares. Não teria como alvo pessoas comuns e inocentes. O objetivo é semear terror em massa e criar condições para a desestabilização, para, quando chegar a hora, poder

---

470. Vitalii Tret'iakov, "Goniteli sem'i i annibaly 'otechestva'", *Nezavisimaia gazeta*, 12/out/1999, https://on-demand.eastview.com/browse/doc/327784.

dizer: 'Você não deveria ir às urnas, ou correrá o risco de ir pelos ares junto com a urna'[471].

Os jornalistas russos também estavam questionando a versão oficial de que os chechenos haviam planejado os atentados, em parte devido às provas de que os serviços de segurança russos haviam recebido aviso prévio dos ataques. A *Novaia gazeta* relatou que, em 8 de setembro, seus escritórios receberam informações detalhadas sobre os atentados planejados e as repassaram imediatamente ao MVD, sem sucesso. E um jornalista da *Obshchaia gazeta* relatou, em 16 de setembro, que o respeitado deputado da Duma Estatal, Konstantin Borovoi, havia recebido diretamente de um oficial do GRU, em 9 de setembro, detalhes de planos, incluindo vários nomes, para futuros ataques terroristas após a explosão que acabara de ocorrer. Borovoi transmitiu as informações ao FSB e ao Conselho de Segurança Nacional, mas não houve resposta[472].

Conforme John Dunlop apontou, o jornal *Moskovskii komsomolets*, contrário a Yeltsin, foi o primeiro a questionar a versão oficial, argumentando em uma série de artigos que a execução dos atentados exigia planejamento e *expertise* tão extensos, que só poderiam ter sido realizados por profissionais dos serviços de segurança, e não por rebeldes do norte do Cáucaso[473]. Também foram levantadas questões na imprensa sobre o material explosivo, que as autoridades inicialmente disseram conter hexógeno (em sacos marcados como açúcar) como componente principal, embora, posteriormente, tenham negado isso. Como os jornalistas apontaram, o hexógeno só poderia ser obtido em instalações que eram rigidamente guardadas pelo FSB e outras agências de aplicação da lei. Em seguida, houve a revelação de que um homem identificado pelas

---

471. Entrevista de Aleksandr Lebed ao *Le Figaro*, 29/set/1999, http://www.russianseattle.com/news_092899_exo_lebed.htm. Lebed morreu devido aos ferimentos sofridos em um acidente de helicóptero, abril/2002.

472. Dunlop, *Moscow Bombings*, p. 85-90. Dunlop (21-22) também descreve avisos anteriores, inclusive um do jornalista russo Aleksandr Zhilin, que informou em 22/jul/1999, no jornal *Moskovskaia pravda*, que havia recebido um documento, de fontes confiáveis, do Kremlin delineando um plano para desacreditar o prefeito de Moscou, Luzhkov, causando atentados terroristas e ataques a edifícios governamentais.

473. Dunlop, *Moscow Bombings*, p. 102-5.

autoridades como tendo alugado espaço de armazenamento para explosivos em Moscou estava operando sob a identidade falsa de um homem morto da região de Karachaevo-Cherkessia, no norte do Cáucaso. Isso levou à especulação de que os serviços de segurança haviam ajudado o suposto terrorista, Achimez Gochiiaev, na produção dos documentos falsos[474].

Então ocorreu um incidente bizarro em Ryazan, em 22 de setembro: uma bomba poderosa foi descoberta inesperadamente por moradores de um prédio de apartamentos. A bomba, na forma de três sacos de explosivos e um detonador, foi confirmada por especialistas em explosivos locais do FSB como contendo o explosivo hexógeno. Os três indivíduos que plantaram a bomba e partiram em um Zhiguli branco foram logo apreendidos, e as autoridades locais foram celebradas em cadeia televisiva nacional por terem salvado tantas vidas. Mas depois que foi revelado que os supostos terroristas eram agentes do FSB baseados em Moscou, que foram subsequentemente libertados e desapareceram, a história mudou. O chefe do FSB, Nikolai Patrushev, afirmou que os sacos, que aparentavam ser explosivos e que haviam sido transportados apressadamente para Moscou, na verdade continham apenas açúcar e tinham sido colocados no prédio como parte de um "exercício de treinamento" para testar a vigilância dos cidadãos locais[475].

Não é de se estranhar que a imprensa tenha expressado ceticismo, especialmente porque as autoridades locais de Ryazan continuaram a insistir que os sacos de açúcar continham, de fato, hexógeno. Conforme observou o popular jornal online *Lenta.ru*: "Só podemos imaginar o que os moradores do prédio de apartamentos 'minado' de Ryazan pensam sobre tais 'exercícios', e quantos relatos adicionais sobre a prevenção heroica de explosões, a detecção de armas, entre outros, referem-se a 'exercícios' e não a terroristas reais"[476]. O fiasco de Ryazan, claramente, deu credibilidade à teoria do envolvimento do FSB nos atentados. Nas ácidas palavras de

---

474. Vide, por exemplo, Iurii Kochergin and Leonid Krutakov, "Operatsiia 'vzorvannyi mir'", *Moskovskii komsomolets*, 24/set/1999, https://on-demand.eastview.com/browse/doc/108893.

475. Vide David Satter, *Darkness at Dawn: The Rise of the Russian Criminal State* (New Haven: Yale University Press, 2003), p. 24-33; Dunlop, *Moscow Bombings*, p. 167-216; Alexander Litvinenko e Yuri Felshtinsky, *Blowing Up Russia: The Secret Plot to Bring Back KGB Terror*, Geoffrey Andrews (New York: Encounter Books, 2007), p. 54-99.

476. Lenta.ru, 24/set/1999, https://lenta.ru/news/1999/09/24/patrushev/.

Andrei Piontkovsky: "Depois dos 'exercícios' em Ryazan, ninguém pode dizer onde está a linha entre treinamento e provocação, entre provocação e atentado terrorista. Mas é óbvio que as explosões [de apartamentos] alcançaram os objetivos estabelecidos por seus autores". E acrescentou que "o tenente-coronel da KGB que usa um vocabulário de ladrão, que acabou milagrosamente na liderança de um grande país, está com pressa de aproveitar o efeito produzido [...]. Putin está bombardeando Grozny deliberadamente, a fim de tornar impossível negociar com Maskhadov e assim tornar todos os chechenos, um por um, inimigos da Rússia"[477].

Apesar das sérias questões sobre o incidente levantadas na imprensa, o público – e até mesmo políticos contrários a Yeltsin – parecia disposto a aceitar a versão oficial. Era como se o horror de que o FSB realmente tivesse planejado assassinar tantas pessoas inocentes em Ryazan – e a inferência lógica de que o FSB havia orquestrado os bombardeios anteriores – fosse demais para encarar. Embora nenhum checheno tenha sido identificado entre os supostos perpetradores de nenhum dos atentados, os resultados de uma pesquisa publicada em 28 de setembro mostraram que 64% dos entrevistados apoiavam um bombardeio maciço na Chechênia[478] caso houvesse mais atos terroristas.

Os moradores do prédio de apartamentos de Ryazan que tentaram levar o assunto aos tribunais foram dissuadidos de fazê-lo pelo FSB, e no início de 2000, uma breve investigação realizada pela Procuradoria-Geral terminou sem conclusão. Haveria investigações subsequentes realizadas por jornalistas russos determinados, como Pavel Voloshin, repórter da *Novaia gazeta*. Entre suas muitas descobertas, Voloshin conseguiu identificar um soldado russo que afirmou que, antes dos atentados, ele havia sido designado para fazer a guarda de um depósito militar perto de Ryazan, no qual estavam armazenados sacos de hexógeno[479]. Em resposta às revelações de Voloshin, alguns membros da Duma pediram uma investigação dos atentados de setembro, mas, em março de 2000, a Duma votou contra

---

477. Andrei Piontkovskii, "Preredovitsa: Tak ne planiruiut voinu. Tak planiruiut krovavuiu boiniu", *Novaia gazeta*, 27/set/1999, https://on-demand.eastview.com/browse/doc/3473354.
478. Conforme citado em Dunlop, *Moscow Bombings*, p. 80.
479. Satter, *Darkness at Dawn*, p. 29-32.

a proposta. O deputado da Duma e ativista de direitos humanos Sergei Kovalev (1930-2021) criaria posteriormente, em 2002, uma comissão investigativa independente, mas que terminou sem resultados[480].

A ideia original de Berezovsky

Será que Berezovsky suspeitava que o FSB estivesse por trás dos atentados aos prédios de apartamentos? Embora tenha acusado publicamente Putin de orquestrar os ataques, enquanto ainda estava na Rússia, Berezovsky não questionou a narrativa oficial. Ele até elogiou as notáveis características e habilidades de Putin, dizendo à jornalista Nataliya Gevorkyan, no fim de novembro de 1999: "Acredito que Putin tenha duas qualidades que o capacitarão a se tornar líder da Rússia. Em primeiro lugar, ele defende e tenta promover o liberalismo na Rússia. Em segundo lugar, é um homem de grande força de vontade"[481].

O silêncio da Família diante das alegações de envolvimento do FSB nos atentados convenceu a jornalista Iulia Latynina de que as suspeitas sobre Putin eram infundadas:

> Há uma consideração simples: não foi a Lubianka [sede do FSB] que empossou Putin. Putin foi trazido pela Família, inclusive por Boris Abramovich Berezovsky. Ele foi apresentado como um fantoche submisso e, se naquele momento, [Roman] Abramovich, Yeltsin, [Tatiana] D'iachenko, Iumashev ou Berezovsky suspeitassem, nem que fosse por um segundo, de que havia uma força de tal magnitude por trás de Putin que estivesse explodindo casas, eles o teriam expulsado como se fosse uma batata quente[482].

Mas se a Família tivesse abordado as evidências da culpabilidade de Putin e o tivesse "expulsado", teria sofrido graves consequências. Eles não só teriam concedido à aliança Primakov-Luzhkov uma vitória nas eleições para a Duma, como também teriam perdido seu herdeiro escolhido

---

480. Amy Knight, "Finally, We Know about the Moscow Bombings", *New York Review of Books*, 22/nov/2012.
481. Entrevista de Berezovsky a Nataliya Gevorkyan, *Kommersant*, 27/nov/1999, em Berezovsky, Art of the Impossible, 2:263-73 (264).
482. Iulia Latynina, "Spustia desiat' let, ili o vzryvakh domov v Moskve", *Ezhednevnyi zhurnal*, 28/set/2009, http://www.ej.ru/?a=note&id=9486.

a dedo para a presidência, do qual precisavam desesperadamente para protegê-los das consequências legais da corrupção que perpetraram.

E as alegações de corrupção continuavam. Skuratov ainda estava à distância, embora recebesse forte pressão – o que incluiu buscas e interrogatórios policiais – para parar de fazer declarações públicas sobre os escândalos. Em uma entrevista ao jornal italiano *La Repubblica*, em meados de setembro, ele confirmou os relatos de que a Mabetex pagara dez milhões de dólares em propinas pelo contrato de reforma do Kremlin, e que bilhões de dólares de um resgate do FMI em 1998 haviam sido vendidos a um pequeno grupo de bancos privados russos com taxas de câmbio preferenciais[483]. Os repetidos esforços de Yeltsin para demitir Skuratov foram frustrados pelo Conselho da Federação, que, em 14 de outubro de 1999, recusou-se a demiti-lo, pela terceira vez[484]. Pior: naquele mesmo dia, um porta-voz da Banca del Gottardo anunciou que, a pedido da empresa de construção Mabetex, o banco havia atuado como fiador dos cartões de crédito emitidos para Yeltsin e suas duas filhas[485].

Enquanto isso, a imprensa norte-americana noticiou que o então genro de Yeltsin, Leonid D'iachenko, que Skuratov estava investigando, mantinha duas contas no Bank of New York nas Ilhas Cayman, contendo mais de dois milhões de dólares. De acordo com uma autoridade norte-americana: "Esse não é o fim do *kompromat*[486] embaraçoso que provavelmente surgirá neste caso. É provável que seja apenas o começo"[487]. No início de outubro, o *The New York Times* agregou mais informações à história:

---

483. *La Repubblica*, 15/set/1999, *Johnson's Russia List*, http://www.russialist.org/archives/3505.html##5.
484. Tony Wesolowsky, "Russia: Financial Scandal Spreading", RFE/RL, 15/out/1999, https://www.rferl.org/a/1092408.html.
485. "Kompromat po garantii", *Kommersant*, 15/out/1999, https://on-demand.eastview.com/browse/doc/3776073.
486. Abreviatura de "material comprometedor". Refere-se a informações prejudiciais a respeito de políticos, empresários ou outras figuras públicas. Tais informações, que podem ser obtidas por meio de vários serviços de segurança ou completamente falsificadas, são, em geral, usadas para gerar publicidade negativa, chantagem ou exercer influência, muitas vezes sem visar ganho monetário direto. (N. T.)
487. Robert O'Harrow Jr. e Sharon LaFraniere, "Yeltsin's Son-in-law Kept Offshore Accounts, Hill Told", Washington Post, p. 23/set/1999, https://www.washingtonpost.com/archive/politics/1999/09/23/yeltsins-son-in-law-kept-offshore-ccounts-hill-told/69a361aa-57ce-4cac-99ab-319c5c068763/.

Dyachenko é um empresário do ramo de petróleo. Mas é mais do que isso. Ele participa – se não for uma figura-chave – de uma rede de empresas politicamente privilegiadas que enviam produtos petrolíferos da Sibéria para a Ucrânia e para a Europa Oriental. Os funcionários dessas empresas e os benfeitores do sr. Dyachenko incluem dois magnatas russos, que estão entre os mais fortes apoiadores do sr. Yeltsin, Boris A. Berezovsky e Roman Abramovich[488].

O deputado da Duma, Iurii Shchekochikhin (1950-2003), ficou tão escandalizado com as revelações, que escreveu uma carta aberta a Tatiana D'iachenko, publicada na *Novaia gazeta* em 11 de outubro:

> Recentemente, fui testemunha em uma audiência no Congresso dos Estados Unidos sobre a corrupção na Rússia e, acredite, me senti constrangido quando o presidente do Banco de Nova York disse que seu marido tem duas contas nesse banco no valor de cerca de dois milhões de dólares. Foi uma vergonha lembrar que a Administração Presidencial nos garantiu que a Família não tinha um único centavo no exterior[489].

Chubais também foi alvo de ataques. No início de outubro, o *Moskovskii komsomolets* publicou um artigo contundente que o retratava como o criador do "capitalismo bandido" da Rússia por ter monopolizado a ajuda americana destinada à implementação da privatização[490].

Juntamente com a formidável força política da coalizão Pátria-Toda a Rússia, as alegações de corrupção colocaram em risco os planos de sucessão da Família, mesmo quando Putin demonstrava seu poder contra os chechenos. Mas Berezovsky já estava elaborando um plano alternativo. Enquanto estava no hospital com hepatite, em setembro, Berezovsky convocou seus assessores, juntamente com Sergei Dorenko, para elaborar um plano de criação de um novo partido político que se aliaria ao Kremlin. Berezovsky, então, reuniu-se com a equipe de Yeltsin na dacha de Aleksandr

---

488. Michael Wines, "Yeltsin Son-in-law at Center of Rich Network of Influence", *The New York Times*, 7/out/1999, https://www.nytimes.com/1999/10/07/world/yeltsin-son-in-law-a-t-center-of-rich-network-of-influence.html; Melor Sturua, "U testia za pazukhoi", *Moskovskii komsomolets*, 9/out/1999, https://on-demand.eastview.com/browse/doc/109337.
489. Iu. P. Shchekochikhin, "U dochki-dachka? Ne nuzhen nam bereg turetskii", *Novaia gazeta*, 11/out/1999, https://on-demand.eastview.com/browse/doc/3473431.
490. Leonid Krutakov, "Krakh banditskogo kapitalizma", *Moskovskii komsomolets*, 6/out/1999, https://on-demand.eastview.com/browse/doc/109224.

Voloshin para apresentar seu projeto. Escrevendo uma década depois, a filha de Yeltsin, Tatiana – agora Tatiana Iumasheva, depois de se casar com Valentin Iumashev, em 2001 – descreveu a proposta de Berezovsky: "Berezovsky nos convenceu de forma detalhada, barulhenta e emocional de que o futuro presidente não poderia viver sem um partido, que todo presidente deveria ter um partido. E um dos graves erros de Yeltsin foi não ter criado seu próprio partido"[491]. Voloshin resistiu à ideia, mas acabou sendo persuadido e pediu ao seu primeiro vice que ajudasse no projeto em nome do Kremlin[492].

Graças à iniciativa de Berezovsky, um novo partido político pró-Kremlin, o União, foi formado por 39 governadores de província em 22 de setembro de 1999. Tal partido seria o precursor do que hoje é o partido Rússia Unida, de Putin. Tatiana Iumasheva observou:

> O Rússia Unida não gosta de lembrar o papel de Berezovsky no surgimento do União. Mas história é história. Não devemos nos esquecer daqueles que participaram de suas origens. Caso contrário, a história desse partido se assemelharia à do PCUS [Partido Comunista Soviético], que era meticulosamente reescrita toda vez que seu próximo fundador se revelava um inimigo do povo[493].

Berezovsky e seus homens haviam abordado pessoalmente os líderes regionais e os convencido de que seria um erro ter Primakov como presidente, pois ele transformaria a Rússia novamente em um Estado comunista. Conforme Goldfarb observou, eles transmitiram a mesma mensagem em todas as capitais de província: "Espere até que Primus [Primakov] chegue ao Kremlin! Ele trará de volta seus companheiros soviéticos, os *apparatchiks* dos velhos tempos, os veteranos do planejamento central, os burocratas. Ele acabará com suas eleições locais e com seus direitos e privilégios"[494].

Os fundadores do União decidiram que era muito cedo para eleger Putin seu líder; eles esperariam até que o partido ganhasse força política. Assim, escolheram Sergei Shoigu, ministro de Situações de Emergências,

---

491. Tatiana Iumasheva, *LiveJournal*, 6/fev/2010, https://t-yumasheva.livejournal.com/13320.html.
492. Aven, *Vremia Berezovskogo*, p. 252.
493. Iumasheva, *LiveJournal*.
494. Goldfarb, *Death of a Dissident*, p. 192. Vide também Zygar, *All the Kremlin's Men*, p. 10.

que anunciou no primeiro congresso do União, em 2 de outubro, que o objetivo do partido era entregar o poder "a representantes reais das regiões da Rússia e, portanto, da própria Rússia, para neutralizar os políticos que vivem em Moscou". O bloco foi criado, disse ele, "por pessoas que estão cansadas de hipocrisia e mentiras"[495]. Mas como Henry Hale apontou, o União era diferente dos partidos políticos tradicionais:

> O principal objetivo do União não era fornecer representação para o presidente no parlamento, mas ser um chamariz na guerra para derrotar o Partido Pátria-Toda a Rússia, corrosivamente contrário ao Kremlin, angariando votos suficientes para que esse terminasse abaixo das expectativas políticas [nas eleições para a Duma]. Ou seja, o União era uma tática para a eleição presidencial, e não um projeto de partido parlamentar[496].

Berezovsky e Roman Abramovich contribuíram com a maior parte dos fundos para o União, embora outros empresários ricos tenham contribuído com grandes quantias. De acordo com Zygar, "o cheque médio de um oligarca era de dez milhões de dólares, e o União arrecadou um total de cerca de 170 milhões de dólares"[497]. Berezovsky e Abramovich também se registraram em outubro como candidatos independentes para a Duma: Abramovich, do remoto distrito ártico de Chu-Kotka, e Berezovsky, da república de Karachaevo-Cherkessia, no norte do Cáucaso, que era pobre, mas rica em recursos minerais. Berezovsky estabelecera relações com vários empresários de lá e se apresentava aos eleitores como um capitalista bem-sucedido, que poderia transformar a economia do país. Prometeu construir uma nova estação de esqui, uma montadora de automóveis e empresas de construção, além de estabelecer uma fundação de caridade para apoiar os pobres da república. Em uma reunião, Berezovsky disse aos possíveis eleitores: "Vim aqui com um único objetivo: ajudar não apenas a vocês, mas a mim. Porque as pessoas ricas não podem viver onde há muita gente pobre". Para demonstrar seu compromisso com a área, ele

---

495. NUPI Center for Russian Studies, https://web.archive.org/web/20010702200941/http://www.nupi.no/cgi-win/Russland/polgrupp.exe?Unity. A carreira de Shoigu continuaria a prosperar depois de Putin se tornar presidente. Ele se tornou ministro da Defesa, em 2012.
496. Hale, "Origins of United Russia", 169.
497. Zygar, *All the Kremlin's Men*, p. 11.

comprou uma casa de dois andares em Cherkessia. Uma vantagem extra para Berezovsky e Abramovich era que os deputados da Duma tinham imunidade contra processos judiciais[498].

Embora não fosse liderado por Putin, a mensagem do União era clara: apoie o primeiro-ministro, porque ele está liderando a luta contra os terroristas chechenos. E como Putin havia de fato assumido as funções de comandante supremo das forças armadas, ele não estava apenas derrotando os inimigos terroristas, mas também restaurando o senso de orgulho nacional da Rússia. A imagem de dureza de Putin reforçou essa mensagem. Jovem e em boa forma física, ele era a imagem diametralmente oposta do doentio e alcoólatra Yeltsin. Putin também tinha outra vantagem, observada por Steven Myers: "Embora devesse sua carreira a Yeltsin e à 'Família', o fato de ele ter trabalhado principalmente à margem do escrutínio público, desde 1996, implicava que não estava associado às várias falhas e escândalos do Kremlin"[499].

A mídia russa cede

No início de outubro, Putin convocou os principais executivos da mídia para pedir apoio à invasão da Chechênia; eles deram a impressão de que não precisavam ser persuadidos. As empresas e corporações que adquiriram o controle acionário da mídia impressa e eletrônica dependiam de boas relações com funcionários do governo. Em contraste com a cobertura altamente crítica da primeira guerra da Chechênia, tanto a televisão quanto os jornais se concentraram nos sucessos do avanço militar russo, e não na devastação das cidades e vilarejos chechenos, nas ondas de refugiados e no número de mortes de civis. De acordo com Laura Belin:

> Apenas algumas publicações, como *Novaya gazeta* e *Obshchaya gazeta*, questionaram a sagacidade ou a moralidade da estratégia militar russa. Alguns jornais que haviam sido hostis às forças armadas durante a primeira guerra, agora se concentravam nos mesmos temas otimistas que dominavam os noticiários da televisão. As cidades chechenas

---

498. Khinshtein, *Berezovskii i Abramovich*, p. 398-99; Aleksandr Cherniak, *Kreml' 90-kh: Favority i zhertvy Borisa El'tsina* (Moscow: Algoritm, 2011), p. 59-62.
499. Myers, *New Tsar*, p. 165.

destruídas e a onda de refugiados que fugiam da república receberam muito menos espaço nas colunas dos jornais.

Belin acrescentou: "as evidências sugerem que aqueles que definiram a política editorial na ORT e na RTR (Rússia-1) elaboraram, deliberadamente, a cobertura da Chechênia de modo a incentivar os eleitores a relacionar sua aprovação da guerra com o apoio a Putin"[500].

O programa noturno de domingo da ORT, *O Show de Sergei Dorenko*, criado por Berezovsky, foi, sem dúvida, o que mais contribuiu para a ascensão política do União e de Putin. Conforme mencionado antes, Dorenko e Berezovsky planejaram um programa de notícias que rivalizaria com o programa altamente popular da NTV, *Itogi*, cujo âncora era Evgenii Kiselev, que apresentava uma cobertura de notícias extremamente crítica da Família, inclusive sobre a corrupção que ela promovia. O plano era, primeiro, atacar Luzhkov, o alvo mais fácil, com ofensivas devastadoras, e depois investir contra Primakov de forma mais sutil. Desde o momento em que o programa semanal de Dorenko foi ao ar pela primeira vez no horário nobre, no início de setembro, suas alegações brutais e caluniosas contra Luzhkov causaram sensação, e o programa logo ultrapassou o *Itogi* em termos de audiência. Conforme Hale descreveu:

> Durante as semanas da campanha, Dorenko, com seu tom de barítono e sorriso característico, criticou Luzhkov por supostos delitos que iam do plausível, isto é, que havia corrupção na burocracia de Luzhkov em Moscou, até o ultrajante, ou seja, que Luzhkov fora cúmplice do assassinato do empresário norte-americano Paul Tatum em 1996, e até mesmo o simplesmente ridículo, que ele tinha ligações com a mortal seita japonesa Aum Shinrikyo[501] [502].

As difamações de Dorenko contra Primakov se concentraram em sua idade, sugerindo que ele tinha problemas de saúde e suas ligações

---

500. Laura Belin, "Russian Media Policy in the First and Second Chechen Campaigns", artigo para a 52ª Conferência da Associação de Estudos Políticos, Aberdeen, Escócia, abr/2002, https://bleedingheartland.com/static/media/2018/12/Belin2002conferencepaper.pdf.
501. Culto apocalíptico fundado por Shoko Asahara em 1984, no Japão. A seita ganhou notoriedade internacional em 1995, quando realizou o ataque com gás sarin ao Metrô de Tóquio, o qual matou 13 pessoas e feriu mais de seis mil. (N. T.)
502. Hale, "Origins of United Russia", 174.

com as duvidosas operações de espionagem do Serviço de Inteligência Estrangeira. O apresentador do programa também repetiu as falsas acusações dos serviços de segurança da Geórgia, que ligavam Primakov a uma tentativa de assassinato de Eduard Shevardnadze, presidente da Geórgia. Observando que, "de certa forma, o programa *Itogi* estava provando do seu próprio remédio, mas em uma dose muito mais mortal", Hale ressalta que a NTV se recusou a descer ao nível do programa de Dorenko, com calúnias semelhantes. Mas, surpreendentemente, as pesquisas revelaram que os telespectadores confiavam mais em Dorenko do que nos comentaristas do *Itogi*. "O *Itogi* era o mestre incomparável da análise de notícias da televisão antes de setembro de 1999", escreve Hale. "O trabalho de Dorenko, rosnando com o machado de batalha, funcionou, não porque não havia alternativa, mas porque venceu a batalha de audiência, enfrentando o *Itogi*"[503].

O *Moskovskii komsomolets*, um dos mais duros críticos da equipe de Yeltsin, lamentou em outubro: "Dorenko alcançou seu objetivo: falam dele no metrô, na Duma, no mercado. Ele é, sem dúvida, um grosseiro e um falastrão que faz política. Por quanto tempo tudo isso vai continuar e quem ou o que vai deter Dorenko e sua turma?"[504]. Berezovsky estava exultante. Mais tarde, Dorenko relembrou: "Berezovsky elogiou meu trabalho e o fez com entusiasmo. Ele me ligava depois de quase todas as transmissões, gritando: 'Você é um gênio!'"[505].

Em seus comentários públicos, Berezovsky dava a impressão de não ter nada a ver com o conteúdo do programa de Dorenko, o que não era verdade. Pouco antes das eleições de dezembro para a Duma, a *Novaia gazeta* publicou trechos de uma conversa telefônica grampeada entre Berezovsky e Dorenko, na qual eles discutiam os detalhes do próximo programa. Em particular, Berezovsky lembrou Dorenko, a quem se dirigia familiarmente como "Seryozha", de uma coletiva de imprensa agendada pelos advogados da família de Paul Tatum. A família de Tatum

---

503. Hale, "Origins of United Russia", 175, p. 186.
504. Aleksandr Mel'man, "Kto ostanovit Dorenko?", *Moskovskii komsomolets*, 7/ouy/1999, https://on-demand.eastview.com/browse/doc/109285.
505. Aven, *Vremia Berezovskogo*, p. 239.

estava processando Luzhkov por, supostamente, proteger os autores de um assassinato ao impedir uma investigação. Berezovsky disse a Dorenko como ele deveria explicar o caso ao seu público, e até sugeriu mencionar que ex-funcionários do FSB estavam envolvidos. Mas fez questão de dizer a Dorenko que se certificasse de "excluir Putin de toda essa história"[506]. Mais tarde, Berezovsky se gabaria: "Todos tinham certeza de que Primakov se tornaria o próximo presidente da Rússia, mas ninguém realmente o queria. Era minha tarefa pessoal prever isso e ajudar a sociedade. Meu instrumento era o canal ORT"[507].

A combinação da resposta contundente de Putin aos atentados terroristas, do surgimento do União para desafiar o Partido Pátria-Toda a Rússia de Primakov e Luzhkov e da propaganda brilhantemente eficaz lançada semanalmente por Dorenko fez com que a popularidade de Putin disparasse. Enquanto as pesquisas de opinião de setembro mostravam que 21% da população aprovava seu governo, o índice de aprovação do governo em meados de novembro era de 74%[508] – e os índices de aprovação pessoal de Putin subiram para 80%[509]. Isso significava que o endosso de Putin ao União daria ao partido um grande impulso nas próximas eleições para a Duma. Assim, em 24 de novembro, Putin apareceu publicamente para anunciar que, "de todos os blocos eleitorais atuais", ele votaria no União. Admitindo que, como primeiro-ministro, ele não deveria "declarar suas preferências políticas", Putin afirmou que, como cidadão comum e amigo do Ministro de Situações de Emergência, Shoigu, ele não poderia deixar de responder à promessa do União de "apoiar o governo atual"[510].

---

506. "Obychnyi den' informatsionnoi bitvy: Planerka po telefonu B. Berezovskii – S. Dorenko", *Novaia gazeta*, 16 dez. 1999, http://www.compromat.ru/page_25483.htm. Veja também Hoffman, *Oligarchs*, p. 467-48.

507. Interfax, 4/abr/2000, conforme citado em Peter Rutland, "Putin's Path to Power", *Post-Soviet Affairs* 16, n. 4 (2000): 313-54 (326).

508. Nikolai Popov, "Kak nachinalas' epokha Putina: Obshchestvennoe mnenie 1999-2000 gg.", *Kapital strany*, Moscow, 2008, https://kapital-rus.ru/articles/article/kak_nachinalas_epoha_putina_obschestvennoe_ mnenie_1999-2000_gg/.

509. Hale, "Origins of United Russia", 180, citando uma pesquisa de novembro de 1999 conduzida pelo Centro Russo para o Estudo da Opinião Pública (VTsIOM).

510. *Kommersant*, 25/nov/1999, https://on-demand.eastview.com/browse/doc/3779026.

Uma vitória da família

O Partido Comunista da Federação Russa, liderado por Gennady Zyuganov, dominou o processo legislativo na Duma e era o principal candidato a delegado nas eleições seguintes. Mas, com o apoio do popular primeiro-ministro, o União surgiu como uma proposta séria. Em meados de novembro, antes do anúncio de Putin, o União tinha o apoio de 7% do eleitorado, e o Pátria-Toda a Rússia, 20%. Em 19 de novembro, quando os resultados da votação da Duma foram divulgados, o União havia conseguido conquistar 23,3%, ficando em segundo lugar, atrás do Partido Comunista, que obtivera 24,3%, enquanto o Pátria tinha obtido apenas 13,3%. As expectativas da Família em relação a Putin foram confirmadas. Yeltsin, que havia adormecido antes do fim da contagem dos votos, acordou na manhã seguinte com a boa notícia: "Os resultados da votação confirmaram o que eu havia pensado durante todas essas semanas: Vladimir Putin tem uma credibilidade enorme. Agora, tínhamos um quadro muito novo. As forças de esquerda haviam deixado de ser maioria no parlamento"[511]. Berezovsky estava entre os novos deputados eleitos, tendo conquistado incríveis 45% dos votos em Karachaevo-Cherkessia, onde havia passado seis semanas fazendo campanha. Ele disse à imprensa que pretendia reavivar a economia da república fazendo lobby para obter fundos do Kremlin e conseguir contratos para o setor de construção[512]. No início de fevereiro de 2000, ele se tornou membro do Comitê de Assuntos Internacionais da Duma.

Nessa época, Yeltsin já havia decidido que renunciaria antes do término de seu mandato, em julho de 2000. Em 14 de dezembro, cinco dias antes das eleições para a Duma, ele chamou Putin em seu escritório e informou-o de que pretendia renunciar no fim do ano. De acordo com Yeltsin, Putin afirmou que não estava pronto para assumir a presidência e sugeriu que Yeltsin ficasse até o fim de seu mandato, mas depois concordou com o plano[513]. Putin, no livro *First Person*, dá a impressão

---

511. Yeltsin, *Midnight Diaries*, p. 356.
512. Nalchik, 18/jan/2000, em Berezovskii, *Art of the Impossible*, 1:538.
513. Yeltsin, *Midnight Diaries*, p. 6-7.

de que foi pego completamente desprevenido e que não queria o cargo de forma alguma: "No geral, foi uma conversa deprimente. Eu nunca havia pensado seriamente que poderia me tornar seu sucessor; portanto, quando Boris Nikolayevich me comunicou sua decisão, eu não estava, realmente, preparado". Ele tentou se "livrar da culpa", diz Putin, mas não deu certo[514].

A afirmação de Putin de que ele não tinha ideia de que estava na fila para a presidência não é convincente. Quando nomeou Putin como primeiro-ministro, Yeltsin dissera publicamente que Putin era o sucessor escolhido por ele. Além disso, houve uma especulação considerável na imprensa de que Yeltsin deixaria o cargo mais cedo. Embora afirmasse não ter aspirações à presidência, Putin deve ter percebido que a decisão de Yeltsin de renunciar praticamente assegurava sua vitória na eleição presidencial. As eleições haviam sido marcadas para 4 de junho, mas a lei russa exigia que ocorresse três meses após a desocupação do cargo presidencial. Isso transferiu a data para 26 de março de 2000, diminuindo a janela para uma possível perda de apoio a Putin como resultado da guerra da Chechênia. Como Masha Gessen apontou na época:

> Em um país que está em guerra e sempre vulnerável ao colapso econômico, seis meses é muito tempo. Se a guerra estagnar nas montanhas da Chechênia, o apoio público a ela diminuirá, assim como a popularidade de Putin. Se o preço do petróleo cair e levar com ele a frágil economia russa, Putin também sairá perdendo. Em ambos os aspectos, reduzir pela metade o tempo que resta antes do dia da eleição diminui a possibilidade de um retorno de qualquer um dos oponentes do Kremlin, todos os quais esgotaram seus cofres durante a campanha eleitoral parlamentar de dezembro[515].

Pouco depois das eleições para a Duma, o jornalista russo Oleg Lur'e publicou um artigo notável na *Novaia gazeta* a respeito de um grande volume de documentos, relativos à corrupção no alto escalão do Kremlin, que estavam nas mãos do procurador-geral. Muitos dos documentos haviam sido reunidos por Felipe Turover, ex-funcionário do Banco del

---

514. Putin, *First Person*, p. 204-5.
515. Masha Gessen, "Putin Himself First", *New Republic*, 17/jan/2000, Johnson's Russia List, http://www.russialist.org/archives/4019.html.

Gottardo, que cuidava das contas da Mabetex e era uma testemunha-chave nas investigações suíças. Turover, um emigrante soviético, havia cobrado dívidas para o banco na Rússia e tinha um conhecimento privilegiado das pessoas envolvidas na corrupção do Kremlin, cujos nomes ele citou para Lur'e. Quando questionado por Lur'e sobre o possível papel de Putin, Turover descreveu como Putin, enquanto trabalhava no governo de Yeltsin em 1997, "colocou as patas" em grande parte das propriedades no exterior que pertenciam ao Estado soviético e ao Partido Comunista e registrou esses ativos em várias empresas de fachada. De acordo com Turover, "a propriedade no exterior foi muito bem depenada antes que o Estado colocasse as mãos nela"[516].

A promotoria, colocou Lur'e a seus leitores, havia esquecido convenientemente todos os documentos incriminadores que possuía. De fato, esses documentos nunca veriam a luz do dia, e as acusações contra a Família desapareceriam. Quatro dias depois, ao meio-dia de 31 de dezembro, Yeltsin fez o anúncio surpresa de que estava renunciando e delegando a Putin o cargo de presidente interino. Putin, cuja primeira decisão foi conceder imunidade a Yeltsin, permaneceria como primeiro-ministro. Seu caminho para a presidência, como concordaram os comentaristas políticos, estava garantido. Conforme observou o *The New York Times*:

> Em agosto, o sr. Putin não era uma entidade política, não tinha partido nem suporte popular e tinha o apoio de um presidente profundamente desconfiado. Quatro meses depois [...], Putin é a mais recente estrela em ascensão da Rússia, aclamado em seu país como o arquiteto de uma guerra intransigente que muitos russos receberam como uma tentativa tardia, ainda que brutal, de restaurar a autoridade abalada do Estado russo[517].

---

516. Oleg Lur'e, "Turover's List: File on Corrupt Russians Revealed", *Novaia gazeta*, 27 dez. 1999, Johnson's Russia List, http://www.russialist.org/archives/4023.html#8; John Tagliabue e Celestine Bohlen, "Accusations of Bribery in the Kremlin Mount Up", *The New York Times*, 9/set/1999. Turover, entrevistado anos depois por Catherine Belton, disse que já foi um alto funcionário da inteligência estrangeira da KGB, mas não deu nenhuma prova para tal afirmação duvidosa. Vide Belton, *Putin's People*, p. 91-93.
517. Celestine Bohlen, "Yeltsin Resigns: The Overview", *The New York Times*, 1º/jan/2000, https://www.nytimes.com/2000/01/01/world/yeltsin-resigns-overview-yeltsin-resigns-naming-putin-acting-president-run-march.html.

Berezovsky, o homem que mereceu grande parte do crédito pela reviravolta dos eventos políticos a favor de Putin, regozijava-se com a glória desde a vitória do partido União na Duma. De Moscou, David Hoffman observou que "o resultado das eleições demonstrou que Berezovsky recuperou seu status de intermediário do poder em Moscou. O sucesso do União pode dar a Berezovsky uma nova e poderosa alavanca na política russa"[518]. Mas a Família não viu as coisas dessa forma. De acordo com Elena Gorbunova, após as eleições para a Duma, Iumashev, Tatiana e Voloshin deram um ultimato a Berezovsky, que lhe foi transmitido por Roman Abramovich, agora membro do Kremlin: ele deveria deixar o país para não ser associado à campanha presidencial de Putin. Eles consideravam Berezovsky tóxico, cercado de escândalos. "Não foi nem mesmo um insulto", lembrou Gorbunova. "Boria, é claro, realmente queria que Putin fosse eleito"; portanto, de acordo com Gorbunova, ele se retirou, passando muito tempo no exterior antes da eleição de março: "Ele não participou [da campanha], não se manifestou de forma alguma. Apenas afirmou: 'aqui está a sua ferramenta, ORT; usem-na, pessoal!'"[519]. Zygar escreve que a decisão de "abandonar" Berezovsky foi tomada no outono de 1999: "As vaidades políticas de Berezovsky – e especialmente suas intermináveis entrevistas e comentários – estavam começando a irritar Tanya, Valya, Voloshin e Abramovich, que decidiram que ele estava fazendo mais mal do que bem. Assim que a ameaça de perder o poder e a liberdade diminuiu, eles começaram a deixar seu antigo amigo de lado"[520].

Qual foi o papel de Putin nessa decisão? Berezovsky contou a Alex Goldfarb que Putin convidou-o para ir à Casa Branca russa no fim de 19 de dezembro de 1999, o dia das eleições parlamentares, especificamente para lhe agradecer por tudo o que ele havia feito para aumentar o apoio popular ao União e prejudicar as perspectivas da aliança Primakov-Luzhkov. As palavras emocionadas de Putin deixaram Berezovsky momentaneamente sem ter o que falar: "Quero lhe dizer, Boris, que o que você fez é fenomenal.

---

518. David Hoffman, "Russia Vote Returns Tycoon to Spotlight", *Washington Post*, 23 dez. 1999, https://www.washingtonpost.com/wp-srv/WPcap/1999-12/23/076r-122399-idx.html.
519. Aven, *Vremia Berezovskogo*, p. 341.
520. Zygar, *All the Kremlin's Men*, p. 24.

Não sou dado a melodrama, portanto, o que vou dizer é particularmente significativo. Eu não tenho irmão e você também não tem. Você deve saber que, em mim, você tem um irmão, Boris. Vindas de mim, não são palavras vazias". Berezovsky lembrou-se de que ficou profundamente tocado e garantiu a Putin, com entusiasmo, que ele venceria a oposição política e continuaria o trabalho de Yeltsin como novo presidente[521].

Dada a propensão de Berezovsky a exagerar a verdade, seu relato sobre essa reunião não pode ser interpretado literalmente. Mas Putin pode muito bem ter decidido apaziguar Berezovsky com alguns comentários gentis para mantê-lo na linha até depois da eleição presidencial. O que quer que tenha acontecido entre os dois homens, o papel de Berezovsky como criador de reis estava acabado, e Putin sabia disso melhor do que ninguém.

---

521. Goldfarb, *Death of a Dissident*, p. 195.

CAPÍTULO 8

UM EMBATE DE TITÃS

> Não há ninguém nos Estados Unidos que corresponda à figura de Boris Berezovsky aqui na Rússia. Imagine alguém com o ego de Donald Trump, a ambição de Ross Perot, os instintos de Rupert Murdoch e a reputação comercial de John Gotti.
>
> TED KOPPEL, EM REPORTAGEM DE MOSCOU
> PARA O *NIGHTLINE*, MARÇO DE 2000

Aparentemente, Putin não contara à sua esposa que Yeltsin planejava renunciar na véspera do Ano Novo. Conforme Liudmila Putina relatou a um biógrafo de Putin:

> Soube só depois de muita gente no país que Boris Nikolaevich estava renunciando. Não vi o comunicado de Yeltsin em rede nacional em 31 de dezembro de 1999 e não sabia nada sobre aquilo. Um conhecido me ligou exatamente cinco minutos depois do discurso na televisão e disse: "Liuda, parabéns!". Eu respondi: "Para você também", lembrando que era Ano Novo. "Não, não, Vladimir Vladimirovich foi nomeado presidente interino da Rússia". Foi assim que fiquei sabendo que meu marido estava substituindo Boris Nikolaevich[522].

Em *First Person*, Liudmila rememora: "Chorei o dia inteiro, porque percebi que nossa vida particular estava acabada por pelo menos três meses, até a eleição presidencial, ou talvez por quatro anos"[523]. Quando foi nomeado primeiro-ministro, Putin informou sua esposa de que poderia se tornar presidente, e advertiu-a de que isso significaria "limitações" em sua vida. Ela, com naturalidade, respondeu que "para todo político, e para qualquer um que esteja engajado na política, o objetivo, é claro, deve ser se tornar presidente. Não é à toa que as pessoas dizem que um soldado

---

522. Blotskii, *Doroga k vlasti*, p. 417.
523. Putin, *First Person*, p. 205-6.

ruim não sonha se tornar um general". Naquela época, porém, Liudmila ainda não havia compreendido totalmente as implicações de ser esposa do presidente – em especial, o fato de que sempre teria guarda-costas, o que ela não via com bons olhos[524].

À meia-noite da véspera de Ano Novo, Putin fez um breve discurso em rede nacional de TV, prometendo que "não haverá vácuo de poder nem por um momento" e que "a liberdade de expressão, a liberdade de consciência, a liberdade de imprensa, o direito à propriedade privada – todos esses princípios básicos de uma sociedade civilizada – serão protegidos de forma confiável pelo Estado"[525]. Em seguida, os Putin voaram de helicóptero para a Chechênia, acompanhados pelo chefe do FSB, Patrushev, e sua esposa, e visitaram uma unidade militar na cidade de Gudermes. Mais tarde, Liudmila declarou que, inicialmente, havia recusado o pedido do marido para que ela fosse junto, porque a viagem representava perigos e significaria deixar as filhas sozinhas em um feriado importante; com relutância, porém, ela mudou de ideia[526]. No entanto, ao retornarem, quando um jornalista o questionou sobre o motivo de ele ter levado a esposa para uma zona de guerra, Putin descartou a presença dela com sarcasmo: "Minha esposa foi junto. Eu não podia fazer nada a respeito"[527]. Essas observações podem ter sido um prenúncio da futura deterioração do casamento dos Putin.

O presidente eleito

Não causa surpresa o fato de Putin ter decidido visitar a Chechênia em sua estreia em público como presidente. Embora seus índices de aprovação ainda estivessem altos, o entusiasmo do público com a guerra ameaçava diminuir à medida que as baixas aumentavam e os militares

---

524. Blotskii, *Doroga k vlasti*, p. 418-20.
525. Celestine Bohlen, "Yeltsin Resigns: The Overview", *The New York Times*, 1º/jan/2000, https://www.nytimes.com/2000/01/01/world/yeltsin-resigns-overview-yeltsin-resigns-naming-putin-acting-president-run-march.html.
526. Putin, *First Person*, p. 144.
527. Alice Lagnado, "Russia's First Lady in Waiting", *The Times* (UK), 8/jan/2000, Johnson's Russia List, http://www.russialist.org/archives/4019.html#5.

russos chegavam ao que parecia ser um impasse em Grozny[528]. Os governos ocidentais e os grupos de direitos humanos expressavam indignação com o número devastador de chechenos mortos[529], e a mídia russa liberal estava se tornando cada vez mais crítica em relação à invasão da Chechênia, à medida que os jornalistas no local relatavam sobre civis inocentes mortos por ataques aéreos ou massacrados por tropas russas "selvagens".

Escrevendo para a *Novaia gazeta*, Anna Politkovskaya (1958-2006) descreveu os horrores diários que viu cobrindo a guerra na Chechênia. Em meados de dezembro, ela descreveu uma menina chechena que morreu em um hospital na Inguchétia após ter sido atingida por balas de um avião russo, enquanto fugia de um vilarejo próximo a Grozny, em um carro com bandeira branca e cheio de refugiados: "Todos desviam o olhar quando, desgastada por sua luta para se manter viva, essa outrora alegre e despreocupada aluna do quarto ano da faculdade de línguas da Universidade de Grozny de repente desvia o olhar do teto e os encara, enquanto repetem suas frases sem sentido". Politkovskaya também relatou o massacre de 23 fazendeiros e suas famílias no mesmo vilarejo, Alkhan-Yurt, durante uma "verificação" russa de seus documentos de residência. "Então, essa é a 'luta feroz contra os combatentes chechenos'", escreveu ela. "O exército nos diz: 'Não estamos atirando nas casas das pessoas' e o resultado é uma aldeia devastada e nenhuma prova de que os combatentes estiveram lá"[530].

Um jornalista da Radio Liberty, Andrei Babitsky (1964-2022), relatou de Grozny, no fim de dezembro de 1999, que viu pelo menos oitenta cadáveres de soldados russos após uma batalha recente na cidade, e disse que tinha imagens de vídeo confirmando a morte de outros militares

---

528. De acordo com uma declaração de 25/jan/2000 dos Ministérios da Defesa e Assuntos Internos russos, 1.173 soldados russos foram mortos em combates no norte do Cáucaso desde agosto de 1999, e 7.500 militantes chechenos e estrangeiros foram mortos desde que os militares russos iniciaram sua incursão no fim de setembro (RFE/RL Newsline, 26/jan/2000, https://www.rferl.org/a/1142080.html).

529. Ver, por exemplo, Editorial, "Ending the Brutality in Chechnya", *The New York Times*, 9/dez/1999, citando o presidente dos Estados Unidos Clinton, Johnson's Russia List, http://www.russialist.org/archives/3672.html ##8.

530. Conforme reproduzido em Anna Politkovskaya, *A Dirty War: A Russian Reporter in Chechnya*, introdução. Thomas de Waal (London: Harvill Press, 2001), p. 113-18.

russos enquanto atacavam Grozny[531]. Como o Kremlin procurava minimizar as baixas russas, a reportagem de Babitsky não foi bem-recebida. Pior ainda: ele parecia defender os rebeldes. Em 16 de janeiro de 2000, as forças russas detiveram-no quando ele estava saindo da Chechênia, alegando que ele havia violado a proibição militar contra a presença de jornalistas na zona de guerra. Depois, porém, negaram que soubessem de seu paradeiro à sua família e colegas, que tentavam freneticamente localizá-lo. Somente em 28 de janeiro as autoridades russas admitiram que Babitsky estava sob custódia, todavia, em vez de libertá-lo, alegaram tê-lo entregado aos líderes militares chechenos, supostamente em troca de soldados russos mantidos em cativeiro. Babitsky foi libertado por seus captores no fim de fevereiro, mas foi preso brevemente pela polícia russa sob a acusação de possuir um passaporte falso[532].

Enquanto isso, a causa de Babitsky foi aceita pelos norte-americanos, que financiaram a Radio Liberty. O Departamento de Estado condenou o tratamento recebido pelo jornalista, e a secretária de Estado, Madeline Albright (1937-2022), interveio pessoalmente por meio de seu homólogo, o ministro das Relações Exteriores da Rússia, Igor Ivanov. Apesar do possível dano à sua imagem global, Putin permaneceu inflexível e disse que Babitsky era, em sua opinião, um traidor devido às suas reportagens: "Ele estava trabalhando diretamente para o inimigo. Não era uma fonte neutra de informações. Trabalhava para os bandidos"[533]. O incidente com Babitsky foi um prenúncio de como os jornalistas seriam tratados sob a presidência de Putin. Conforme Gevorkyan declarou a Masha Gessen: "Eu sabia que era assim que ele [Putin] entendia a palavra patriotismo – exatamente tal como lhe fora ensinado em todas aquelas escolas da KGB: o país é tão grande quanto o medo que inspira, e a mídia deve ser leal"[534].

---

531. Babitsky respondendo ao entrevistador Aleksandr Batchan no programa *Liberty Live*, Radio Svoboda, 24/dez/1999, https://www.svoboda.org/a/24218403.html.
532. Gessen, *Man without a Face*, p. 32-36. Gessen conclui que, provavelmente, nunca ocorreu uma troca de prisioneiros envolvendo Babitsky e líderes militares chechenos.
533. Putin, *First Person*, p. 171.
534. Gessen, *Man without a Face*, p. 36.

Um editorial publicado em meados de janeiro no *The Moscow Times* resumiu a insensatez das operações militares de Putin na Chechênia, em termos inequívocos:

> As campanhas de bombardeio aéreo, que destruíram comunidades inteiras, não têm um objetivo militar claro. Em vez disso, elas são o equivalente a uma fábrica de terroristas – pois o que um homem disposto a pegar em armas contra o Estado é mais provável de produzir do que um Estado que mata seus pais, sua esposa e seus filhos? Pelo que podemos ver, o único beneficiário da guerra, até agora, é o próprio Putin[535].

No entanto, enquanto o Ocidente e a imprensa liberal russa alertavam sobre os métodos pesados de Putin, a elite política e empresarial russa continuava a se unir ao redor dele. Chubais, por exemplo, que antes se opusera à escolha de Putin como primeiro-ministro, tornou-se um de seus maiores apoiadores. Em uma entrevista durante uma visita à Chechênia no fim de novembro de 1999, Chubais disse com todas as letras: "Se Putin me pedir, farei tudo para apoiá-lo", e negou que Putin tivesse iniciado a guerra para aumentar sua popularidade: "Ele acredita que seu dever pessoal e humano está ligado principalmente à Chechênia. Vladimir Vladimirovich, ao que me parece, percebe o problema da Chechênia como uma missão absolutamente pessoal. Ele demonstra estar internamente tocado pelo fato de eles terem atacado a Rússia"[536]. Chubais, que mais tarde se tornou chefe do monopólio estatal de eletricidade RAO UES, era líder da União das Forças de Direita (SPS), juntamente com Boris Nemtsov, Egor Gaidar e outros. Nemtsov, que não gostava muito de Putin e se opunha ao apoio que o partido conferia a ele, estava em menor número quando os líderes do partido votaram[537].

Outro defensor de Putin foi Anatoly Sobchak, que retornou do exílio em Paris, em julho de 1999, para anunciar que concorreria como candidato à Duma por São Petersburgo, representando o partido Pravoe delo [Causa Certa]. Encontrando, porém, forte oposição política em São Petersburgo,

---

535. "Dizzy with Success", *Moscow Times*, 18/jan/2000, Johnson's Russia List, http://www.russialist.org/archives/4044.html#1.
536. Entrevista de Chubais com Nataliya Gevorkyan, *Kommersant*, 24/nov/1999, https://on-demand.eastview.com/browse/doc/3778900.
537. Nemtsov, *buntaria de Ispoved*, p. 62.

ele perdeu a eleição. Nas palavras do historiador Roy Medvedev, "isso foi um golpe duro para esse político corajoso, mas demasiadamente inquieto, arrogante e ambicioso"[538]. Sobchak, então, ofereceu-se para trabalhar na campanha presidencial de Putin, mobilizando eleitores nas regiões do noroeste da Rússia. Mas seu apoio pode ter causado um problema para Putin, pois a imprensa russa foi implacável ao atacar Sobchak, com histórias de corrupção da época em que ele tinha sido prefeito de São Petersburgo e também com sugestões de que o diagnóstico de seu ataque cardíaco em 1997, feito pelo médico Iurii Shevchenko, amigo dele e de Putin, fora uma desculpa para tirá-lo do país[539].

Em 15 de fevereiro de 2000, Sobchak foi a Kaliningrado falar em nome de Putin. Quatro dias depois, foi encontrado morto em seu quarto de hotel, na cidade de Svetlogorsk. Ele, supostamente, sucumbira a um ataque cardíaco. Putin enviou um avião especial para recuperar o corpo de Sobchak e, em um telegrama de condolências à sua esposa e filha, disse: "É impossível para mim aceitar essa perda. Anatoly Aleksandrovich foi muito próximo de mim, meu professor [...]. Ele sempre serviu como exemplo de decência e firmeza em suas convicções". No funeral de Sobchak, em 24 de fevereiro, no qual compareceu toda a elite política do Kremlin, Putin, que fez o discurso fúnebre, foi visto derramando lágrimas[540].

A morte repentina de Sobchak deu origem a teorias de que ele havia sido assassinado. As últimas pessoas em seu quarto de hotel em Kaliningrado foram dois empresários ligados à máfia, que mais tarde foram mortos em confrontos. Foram feitas duas autópsias no corpo de Sobchak; uma em Kaliningrado e outra por Shevchenko, recém-nomeado ministro da Saúde da Rússia. A causa da morte foi determinada por Shevchenko como sendo um ataque cardíaco, mas a promotoria pública de Kaliningrado realizou uma investigação de três meses, que se mostrou inconclusiva, sobre um possível "assassinato premeditado com circunstâncias agravantes". Em 2012, Narusova declarou em uma entrevista que seu marido não havia morrido de ataque cardíaco e que aqueles responsáveis por sua morte

---

538. Roi Medvedev, *Vremia Putina* (Moscow: Vremia, 2014), p. 41.
539. Medvedev, Vremia Putina, p. 41-42.
540. Medvedev, *Vremia Putina*, p. 42; Myers, *New Tsar*, p. 188.

ainda estavam no poder. Ela tinha documentos que provariam que seu marido havia sido assassinado, acrescentou, mas não podia divulgá-los porque temia represálias contra Ksenia, sua filha[541]. Alguns sugeriram que Putin mandara assassinar seu antigo mentor porque ele sabia muito sobre suas atividades criminosas em São Petersburgo. O jornalista Arkady Vaksberg (1927-2011), que havia se encontrado com Sobchak durante sua permanência em Paris, estava convencido de que ele fora envenenado por ordem de Putin[542]. Não surpreende o fato de que as questões levantadas por Vaksberg e outros não resultaram em nada.

Dissensão e repreensão

Embora Berezovsky tivesse sido instruído pela Família a se manter discreto durante a campanha presidencial, não era de sua natureza ficar calado. Ele continuou concedendo entrevistas aos meios de comunicação russos e ocidentais, nunca deixando de expressar seu apoio a Putin. Seu jornal, *Kommersant*, pagou pela publicação e distribuição da autobiografia de Putin, *First Person*, que apareceu pouco antes da eleição presidencial e retratou Putin da melhor maneira possível. Mas Berezovsky, às vezes, escorregava e dizia coisas que pareciam desmerecer o futuro presidente. Em uma entrevista no fim de dezembro, por exemplo, quando foi questionado pelo estrategista político Stanislav Belkovsky se Putin era outro Andropov (1914-1984) (o implacável ex-presidente da KGB que sucedeu Brezhnev e se retratava como um reformador), ele respondeu: "O atual 'sucessor' é um filho do novo sistema; dificilmente ousará cancelar os direitos e liberdades civis. Afinal, ele era apenas tenente-coronel sob o domínio soviético, não um marechal de campo"[543].

---

541. Elena Masiuk, "Liudmila Narusova: Eto moe politicheskoe zaveshchenie", *Novaia gazeta*, 9/nov/2012, https://on-demand.eastview.com/browser/doc/28007606. Narusova voltou atrás em suas declarações, em uma entrevista de 2019 com Philip Short. Ela ainda insistiu que seu marido não havia morrido de ataque cardíaco, mas disse enigmaticamente que sua morte "não foi sensacional nem criminosa" (Short, *Putin*, p. 762-63).
542. Dmitrii Volchek, "'Delo Sobchaka': Zagadki biografii pokrovitelia Putina", Radio Svoboda, 9/jun/2018, https://www.svoboda.org/a/29278219.HTML.
543. Entrevista com Novyi Kompanion, 21/dez/1999, em Berezovsky, *Art of the impossible*, 2:207-9 (208).

Berezovsky também começou a sugerir na imprensa que a guerra na Chechênia não seria bem-sucedida. Entrevistado em janeiro por Sergei Dorenko, na ORT, ele opinou que um governo eficaz deveria ser capaz de resolver a situação na Chechênia por meio de negociações, em vez de força[544]. E pouco antes das eleições de março, disse ao jornal *Vedomosti* que ele e Putin avaliavam a situação na Chechênia de forma completamente diferente e, uma vez mais, enfatizou que negociar com os chechenos era o único caminho a ser seguido[545]. No início de abril, Berezovsky pediu um cessar-fogo e diálogo político com Maskhadov, a fim de evitar que o número de mortos aumentasse[546].

Pelo menos algumas das declarações de Berezovsky devem ter chegado a Putin, e ele não deve ter ficado satisfeito. Na véspera das eleições presidenciais russas, a revista *The Economist* publicou um artigo especulando sobre o relacionamento entre Berezovsky e o presidente interino[547]. "Talvez o sr. Berezovsky tenha chegado ao fim", sugeriu a revista. "O estilo austero e disciplinado do sr. Putin está a anos-luz do fisiologismo indulgente e ostensivo da era Yeltsin. Embora ele [Berezovsky] elogie publicamente o sr. Putin, o presidente eleito respondeu de forma notavelmente mais fria". O artigo citou Putin, dizendo: "Cuidado com os gregos que trazem presentes", quando Berezovsky o endossou como presidente, mas concluiu: "Portanto, mesmo que o sr. Putin deteste o sr. Berezovsky – conforme alguns – e considere sua influência perniciosa, não haveria sentido em se voltar contra ele e seus amigos antes das eleições".

A eleição presidencial de 26 de março não trouxe surpresas. Putin venceu com 53,4% dos votos, seguido por Zyuganov, com 29,5%, e por Grigory Yavlinsky, líder do Yabloko, com 5,9%. Como Jonathan Steele previu no *The Guardian*, dois dias antes:

> Um selo pseudodemocrático de aprovação será carimbado no homem de sorte, no domingo, quando os eleitores russos fortes o suficiente para resistir às mãos esmagadoras da apatia e do desgosto forem às

---

544. ORT, 22/jan/2000, Johnson's Russia List, http://www.russialist.org/archives/4073.html#3.
545. Entrevista com Vedomosti, 24/mar/2000, em Berezovsky, *Art of the Impossible*, 1:543-44.
546. Entrevista com *Kommersant*, 7/abr/2000, em Berezovsky, *Art of the Impossible*, 1:545-46.
547. "Boris Berezovsky: Puppeteer or Future Victim?", *The Economist*, 25-31/mar/2000, https://www.economist.com/europe/2000/03/23/boris-berezovsky-puppeteer-or-future-victim.

urnas. Mas a verdadeira eleição ocorreu em agosto passado, quando um punhado de homens atrás de portas fechadas no Kremlin escolheu um burocrata duro, Vladimir Putin, para suceder a Boris Yeltsin[548].

Steele acrescentou que ser o titular "em uma sociedade onde os instintos autoritários são profundos" dava a Putin uma enorme vantagem, especialmente com seus apoiadores controlando as notícias televisivas. Mas o que aconteceria com esses ricos apoiadores agora que a posição de Putin como líder estava segura?

Putin insinuara publicamente que, uma vez eleito presidente, ele se distanciaria dos magnatas poderosos. Pouco antes da eleição, ele falou em termos mais ameaçadores ao ser questionado em uma entrevista de rádio sobre suas intenções em relação aos oligarcas: "Se por oligarcas [...] queremos dizer representantes de grupos que estão fundindo ou facilitando a fusão do governo com o capital, não haverá tais oligarcas como classe social"[549]. A declaração contrastava fortemente com o que Berezovsky disse à Duma apenas alguns dias depois: "É impossível afastar os oligarcas do poder. Assim é feita a sociedade moderna. Se ele eliminar um oligarca, outros virão"[550].

Putin não perdeu tempo em ir atrás do magnata Vladimir Gusinsky, cujo canal de televisão, NTV, lhe fora tão crítico, com programas como o satírico *Kukly*. Ainda pior, apesar de uma advertência do Kremlin, transmitida por Iumashev, a NTV exibira um programa de entrevistas sensacionalista a respeito do incidente da bomba de Ryazan, apenas dois dias antes da eleição presidencial. Todos os participantes concordaram que a bomba era real, reacendendo assim dúvidas sobre a versão oficial dos atentados de setembro de 1999[551]. Em 11 de maio, comandos mascarados do FSB invadiram os escritórios do império Media-Most, de Gusinsky,

---

548. Jonathan Steele, "If the Russian People Can Be Bothered to Vote, They Will Vote for the Man Who Is Being Foisted on Them", *The Guardian*, 24/mar/2000, Johnson's Russia List, http://www.russialist.org/archives/4196.html##7.

549. Jamestown Foundation Monitor, 20/mar/2000, Johnson's Russia List, http://www.russialist.org/archives/4185.html##1.

550. *Bloomberg*, 4/abr/2000, citando *Interfax*, Johnson's Russia List, http://www.russialist.org/archives/4226.html##8.

551. Goldfarb, *Death of a Dissident*, p. 198.

como parte de uma investigação criminal aberta pelos procuradores russos no mês anterior. Em 13 de junho, após criticar abertamente Putin, Gusinsky foi convocado ao gabinete do procurador, onde foi prontamente preso e jogado na brutal prisão de Butyrka, tendo ficado sem acesso a um advogado por quatro dias. A prisão levou o presidente da NTV, Igor Malashenko, que estava de férias na Espanha na época, a convocar uma coletiva de imprensa em Madrid e anunciar: "Hoje a Rússia fez seu primeiro prisioneiro político"[552].

Putin, que também estava na Espanha em uma turnê pós-eleitoral, afirmou não saber de nada sobre a prisão, mas ninguém acreditou nele. A União dos Jornalistas Russos emitiu uma declaração, dizendo que a ação contra a Media-Most era um ato politicamente motivado e inconstitucional do governo, com o objetivo de intimidar o jornalismo independente[553]. Sergei Dorenko, que passara meses promovendo Putin e destruindo seus oponentes na televisão, ficou tão indignado com o que aconteceu com Gusinsky, que correu para os estúdios da NTV e se juntou a uma transmissão noturna para denunciar os serviços de segurança. A reação de Putin foi estranha. Alguns dias depois, ele chamou Dorenko ao seu escritório e pediu-lhe que se juntasse à "nossa equipe", por uma grande recompensa. Dorenko, indignado, recusou a oferta. Ao sair do escritório de Putin, ligou para Berezovsky em seu celular para gritar: "O que você fez, Boria? O que diabos você fez"[554]?

A condição para o Kremlin retirar as acusações contra Gusinsky foi transmitida a ele por Mikhail Lesin, ministro de Imprensa de Putin, que visitou Gusinsky na prisão: Gusinsky tinha que vender a Media-Most para a Gazprom, o monopólio estatal do gás. Sem escolha, Gusinsky consentiu com os termos de Putin e foi libertado da prisão. Como Gusinsky explicou a David Hoffman: "Eu era refém de fato. Quando você tem uma arma apontada para sua cabeça, tem duas opções: cumprir a condição dos bandidos ou levar um tiro na testa"[555]. Em 18 de julho, depois de concordar

---

552. Arkady Ostrovsky, *The Invention of Russia* (New York: Penguin, 2017), Kindle ed., cap. 9, loc. 4805.
553. *Novaia gazeta*, 15/maio/2000, https://on-demand.eastview.com/browse/doc/3464309.
554. Ostrovsky, *Invention of Russia*, cap. 9, loc. 4826, citando sua entrevista com Dorenko em junho de 2014.
555. Hoffman, *Oligarchs*, p. 483.

em vender seu império por 300 milhões de dólares em troca do perdão de suas dívidas e do arquivamento das acusações criminais, Gusinsky deixou a Rússia e se mudou para a Espanha. Mas, então, mudou de ideia e tentou desistir do acordo. Finalmente, após meses de negociações e mais mandados de prisão emitidos pela Rússia, Gusinsky cedeu. Em abril de 2001, a NTV e as publicações jornalísticas *Itogi* e *Segodnia* estavam nas mãos da Gazprom, que imediatamente fechou a *Segodnia*. Gusinsky nunca mais voltou à Rússia, estabelecendo-se em Israel[556].

Mais problemas no paraíso

Após a eleição de março, Berezovsky acreditou que Putin seguiria uma agenda democrática na Rússia, apesar da guerra na Chechênia. Putin manteve Chubais e Voloshin, aliados de Yeltsin, em sua equipe, e seu novo primeiro-ministro, Mikhail Kasyanov, era um tecnocrata respeitado e um economista de livre mercado. Em algum momento, Berezovsky encontrou Boris Nemtsov e comentou: "Não há mais nada a fazer. Putin foi eleito. Tudo está sob controle. Agora estou entediado. Não sei o que fazer comigo mesmo". Nemtsov respondeu: "Boria, você não deveria ficar entediado; Putin vai mudar muito rapidamente. Ele nunca vai te perdoar pelo fato de você tê-lo visto como fraco e impotente e tê-lo apoiado demasiadamente". Nemtsov lembrou que: "Berezovsky olhou para mim como se eu estivesse louco [...]. Mas acho que depois ele amaldiçoou centenas de vezes o dia em que decidiu apoiar um homem do FSB"[557].

Como se estivesse cumprindo a profecia de Nemtsov, Putin, na primeira semana após sua posse, em maio, partiu para conter os líderes das 89 regiões da Rússia, emitindo um decreto que organizava o país em sete zonas, cada uma sendo supervisionada por um enviado presidencial nomeado especialmente para tanto. A importância desse plano audacioso não podia ser exagerada. O programa enfraqueceu seriamente os poderes dos governadores eleitos, dando controle aos representantes de Putin sobre órgãos regionais, como defesa, segurança, polícia e justiça, o que

---

556. Hoffman, *Oligarchs*, p. 482-85.
557. Nemtsov, *Ispoved' buntaria*, p. 59-60.

incluía a nomeação dos chefes desses órgãos. Além disso, os sete enviados supervisionariam os próprios governadores e atuariam como intermediários entre o Kremlin e a liderança regional. Como observou o *Kommersant*, essa reorganização era apenas o começo; os próximos passos envolveriam dar ao Kremlin o poder de demitir governadores e privá-los de seu direito automático de serem membros da câmara alta da Duma, o Conselho da Federação[558]. De fato, Putin, então, promulgou uma lei que encerrou a adesão ex officio dos chefes executivos e legislativos regionais no Conselho da Federação, lei esta que foi aprovada em julho, com alguns acordos, apesar das fortes objeções dos membros do Conselho da Federação[559].

Berezovsky ficou alarmado quando Putin anunciou seu plano de reformular o sistema de governo regional da Rússia. Da França, onde estava na época, ele ligou para Alex Goldfarb, que estava em Moscou, e pediu-lhe que fizesse algumas pesquisas sobre os conceitos de federalismo e democracia. Ao retornar a Moscou, Berezovsky reuniu-se com Goldfarb e outros aliados para redigir uma extensa carta a Putin, explicando que a reorganização planejada era antidemocrática e um retrocesso aos tempos soviéticos. Em 31 de maio, após ir ver Putin e não conseguir convencê-lo contra seu plano, Berezovsky publicou a carta no *Kommersant*[560]. Goldfarb o alertara de que não deveria fazê-lo: "Boris, se seguir por esse caminho, eu prevejo que em um ano você estará exilado em seu castelo, ou pior, sentado na prisão"[561]. Mas Berezovsky não seria dissuadido.

A carta de Berezovsky começava respeitosamente: "Assim como muitas pessoas no país, estou convencido da sinceridade de suas intenções e vontade de tornar a Rússia poderosa e próspera e criar bem-estar para seus cidadãos". Berezovsky, então, passou a destacar, com considerável detalhe e análise legal, as maneiras pelas quais os planos de Putin violavam

---

558. Irina Nagornykh, "V Rossii nachalas' perekroika", *Kommersant*, 16/maio/2000, https://on-demand.eastview.com/browse/doc/3696769.

559. Para um estudo detalhado das reformas, ver Matthew Hyde, "Putin's Federal Reforms and Their Implications for Presidential Power in Russia", *Europe-Asia Studies* 53, n. 5 (2001): 719-43.

560. *Kommersant*, 31/maio/2000, em Berezovsky, *Art of the Impossible*, 3:293-301.

561. Goldfarb, *Death of a Dissident*, p. 204-6. David Hoffman lembrou-se de ter conversado com Berezovsky em 31 de maio no LogoVAZ Club e observou que "ele parecia esgotado. A serenidade que notei em março havia desaparecido" (*Oligarchs*, p. 487).

a Constituição, infringiam a democracia e prejudicavam o sistema federal existente da Rússia. A carta foi uma grande mudança em relação ao entusiasmo de Berezovsky em apoiar Putin, a ponto de o *Moskovskii komsomolets* especular que ele estava fingindo opor-se ao plano de Putin: "Como é costume entre as pessoas acreditar que 'o que é bom para Berezovsky é a morte para a Rússia', o protesto de Boris Abramovich será visto como um sinal de que, na verdade, a reforma é útil"[562].

Em seguida, veio a notícia da prisão de Gusinsky. Segundo Goldfarb: "Isso abalou Boris de forma ainda mais pessoal do que a luta pelo federalismo. Este último poderia ser um erro honesto cometido por um presidente que desejava um governo eficiente. O primeiro era claramente um ato de vingança". Assim que Putin retornou da Espanha, Berezovsky foi direto vê-lo, dizendo-lhe que a prisão de Gusinsky era uma vingança sem sentido, que prejudicava sua reputação internacionalmente. No entanto, a única resposta de Putin foi lembrar Berezovsky de que Gusinsky estava no topo da lista de inimigos do próprio Berezovsky[563].

No início de julho, determinado a conter Putin, Berezovsky anunciou que estava formando um novo partido político e já havia recrutado membros da Duma para se unirem a ele. Segundo ele, um partido desse tipo era necessário, porque o governo estava seguindo uma direção autoritária[564]. Em uma entrevista à revista *Time Magazine* na semana seguinte, Berezovsky disse não ter dúvidas sobre o desejo de Putin de que a Rússia fosse um país democrático, mas que "o caminho que ele escolheu para tanto é absolutamente equivocado". "Portanto", continuou Berezovsky, "para limitar o poder político de Putin, era necessário criar um partido de oposição composto pela elite empresarial"[565].

As repercussões contra Berezovsky em razão de suas críticas públicas a Putin foram rápidas. Um processo criminal por evasão fiscal contra a AvtoVAZ foi aberto em 12 de julho de 2000. Berezovsky

---

562. Irina Rinaeva e Marina Ozerova, "Senatorskie poddavki", *Moskovskii komsomolets*, 1º/jun/2000, https://on-demand.eastview.com/browse/doc/71047.
563. Goldfarb, *Death of a Dissident*, p. 207-8.
564. "Ocherednaia bor'ba s avtoritarnoi vlast'iu", *Kommersant*, 8/jul/2000, https://on-demand.eastview.com/browse/doc/3700879.
565. *Time Europe*, 17/jul/2000, em Berezovsky, *Art of the Impossible*, 3:319-23.

afirmou não ter mais interesse financeiro na empresa, mas ainda tinha vínculos com sua administração; por isso, a investigação foi um golpe indireto. Dois dias depois, Berezovsky foi convocado para depor como testemunha no caso da Aeroflot, e o investigador-chefe da Rússia no caso teria ido à Suíça no fim do mês para obter documentos que as autoridades suíças haviam apreendido da Andava e da Forus, as duas empresas fundadas por Berezovsky que prestavam serviços financeiros para a companhia aérea[566].

Sob crescente pressão, Berezovsky realizou uma coletiva de imprensa em Moscou, em 17 de julho, para declarar que estava renunciando à Duma Estatal porque "não queria participar da destruição da Rússia". Ele destacou três motivos para sua decisão: (1) sua discordância com a tentativa de o presidente russo aumentar o controle sobre as regiões; (2) a falta de atenção do Kremlin às necessidades de Karachaevo-Cherkessia, onde havia conflito político; e (3) a campanha de Putin contra a elite empresarial. Berezovsky deixou claro que, ao renunciar à sua cadeira na Duma, estaria em pé de igualdade com outros oligarcas que não desfrutavam de imunidade parlamentar. Ele também disse enfaticamente: "Putin acredita que o progresso econômico e político pode ser alcançado centralizando o poder, mas isso é fundamentalmente um erro"[567]. Mais tarde, Khinshtein observou que o ponto de virada havia chegado para Berezovsky e suas relações com Putin:

> Berezovsky se superou. Ele não percebeu como, finalmente, cruzou o Rubicão. A partir de agora, o retorno à convivência pacífica não foi mais possível, e Berezovsky, relutantemente, partiu para o ataque. Em seu último suspiro, foi ver uma dúzia de governadores, instigando-os a lutar contra o regime; ele nem hesitou em ligar – depois de tudo o que havia acontecido entre eles – para Luzhkov. (O prefeito da capital, com grande prazer, respondeu a Boris Abramovich dizendo o que pensava sobre ele; por razões de censura, não citarei esse monólogo).[568]

---

566. Marcel Michelson, "Swiss Court Turns Down Request by Russian Tycoon", *Reuters*, 24/jul/2000, Johnson's Russia List, http://www.russialist.org/archives/4420.html##9.
567. Siuzanna Farizova, "Berezovskii ushel iz bol'shoi politiki", *Kommersant*, 17/jul/2000, https://on-demand.eastview.com/browse/doc/3701374.
568. Khinshtein, *Berezovskii i Abramovich*, p. 410.

Berezovsky e Gusinsky não foram os únicos oligarcas a serem ameaçados. A poderosa polícia tributária havia aberto um processo criminal contra a Lukoil, liderada por Vagit Alekperov, e estava conduzindo inspeções detalhadas nos bancos de Moscou. A Noril'sk Nikel', empresa de mineração de Vladimir Potanin, também estava sendo investigada pela Procuradoria Pública. (Tanto Alekperov quanto Potanin haviam protestado publicamente contra a prisão de Gusinsky)[569]. Comentando o crescente número de casos, o *Moskovskii komsomolets* observou em meados de julho: "Parece que estamos enfrentando um 'verão quente'. De acordo com as nossas leis, é muito fácil prender uma pessoa. O CEO de uma grande empresa pode facilmente acabar atrás das grades sem explicação. Enquanto isso, o 'oligarca' definha na prisão enquanto as autoridades tentam inventar uma acusação qualquer"[570].

Em 29 de julho, Putin realizou uma reunião no Kremlin com 21 dos magnatas empresariais mais poderosos da Rússia, a qual foi transmitida pela TV. Embora tenha tranquilizado o grupo de elite, de que não pretendia reverter as privatizações que ocorreram sob seu antecessor, ele disse que era necessário estabelecer novas regras e novos entendimentos entre o governo e as empresas, porque suas relações haviam sido "excessivamente politizadas". Putin falou com os magnatas em um tom levemente repreensivo: "Quero chamar a atenção de vocês para o fato de que vocês mesmos construíram este Estado, em grande medida por meio de estruturas políticas ou semipolíticas sob seu controle. Portanto, não faz sentido culpar o reflexo no espelho. Vamos direto ao ponto e ser abertos, e fazer o que for necessário para tornar nosso relacionamento civilizado e transparente nesse campo"[571]. O cerne da mensagem de Putin para os oligarcas não poderia ter sido mais claro: fiquem fora da política ou enfrentem sérias repercussões.

---

569. Amelia Gentleman, "Putin Picks Off Opponents Who Matter Most, Wages Partial War on Corruption", *The Guardian*, 13/jul/2000, https://www.theguardian.com/world/2000/jul/14/russia.ameliagentleman?CMP=gu_com.

570. Natal'ia Shipitsyna e Aleksei Borisov, "Putin vozvrashchaet stanu v 1929 godu?", *Moskovskii komsomolets*, 13/jul/2000, https://on-demand.east-view.com/browse/doc/72526.

571. Sabrina Tavernise, "Putin, Exerting His Authority, Meets with Russia's Tycoons", *The New York Times*, 29/jul/2000, https://www.nytimes.com/2000/07/29/world/putin-exerting-his-authority-meets-with-russia-s-tycoons.html.

Berezovsky esteve visivelmente ausente da reunião do Kremlin. Em vez disso, naquele dia, ele concedeu uma entrevista no LogoVAZ Club à jornalista russa Yevgenia Albats. Quando questionado sobre Putin, Berezovsky foi notavelmente contido, insistindo que o novo presidente era um político liberal consciente, que simplesmente cometera alguns erros devido à sua inexperiência, e recontando pela enésima vez a história da aparição surpresa de Putin na festa de aniversário de sua esposa. "Não tenho dúvidas de que Putin sente uma obrigação moral para com as pessoas que ele considera seus camaradas ou amigos", acrescentou Berezovsky. Ele também destacou que os empresários têm a responsabilidade de participar da política, o que contradizia diretamente o que Putin havia dito aos presentes na reunião do Kremlin[572].

Fiel à sua palavra, Berezovsky deu seguimento ao seu plano de criar um movimento político com um comunicado, que foi publicado na primeira página do *Izvestiia* e assinado por nove figuras políticas e culturais proeminentes, de "oposição construtiva" às tendências autoritárias do Kremlin. Os detalhes do movimento e seus objetivos não estavam claros, mas Berezovsky declarou que, com apoio suficiente, poderia se tornar um partido político[573]. Dada a reputação bastante maculada de Berezovsky, era duvidoso que seu movimento fizesse muito progresso. Contudo, era mais uma pedra no sapato de Putin.

Um submarino naufraga

Em 12 de agosto de 2000, o *Kursk*, um submarino nuclear russo carregando mísseis de cruzeiro, estava a 85 milhas da costa de Murmansk, no Mar de Barents, quando afundou após uma explosão resultante do disparo espontâneo de um torpedo de treinamento. Depois de uma segunda explosão, apenas 23 dos 118 marinheiros a bordo sobreviveram. A resposta inadequada de Putin à crise foi um desastre de relações públicas. Durante vários dias, enquanto os marinheiros desesperados esperavam ser resgatados e suas famílias ansiosas aguardavam notícias, Putin foi visto

---

572. *Izvestiia*, 29/jul/2000, em Berezovsky, *Art of the Impossible*, 1:225-31 (228).
573. Gregory Feifer, "Berezovsky Starts Opposition Movement", *Moscow Times*, 10/ago/2000, Johnson's Russia List, http://www.russialist.org/archives/4449.html##12.

na televisão aproveitando férias em sua residência em Sochi, andando de *jet ski* no Mar Negro e fazendo churrasco[574]. As equipes de resgate só chegaram ao *Kursk* dezesseis horas após o acidente e não conseguiram abrir a escotilha de escape. Foi somente depois de cinco dias que o Kremlin autorizou a assistência dos britânicos e noruegueses, que conseguiram abrir a escotilha, mas, a essa altura, todos os marinheiros já haviam morrido. De acordo com Goldfarb, Berezovsky, que na época estava em sua vila em Cap d'Antibes, na Riviera Francesa, ligou para Putin em 16 de agosto e instou-o a ir imediatamente à base do submarino no Mar de Barents ou, pelo menos, voltar a Moscou, advertindo-o de que ele poderia prejudicar seriamente sua reputação. Putin não foi receptivo e esperou até 19 de agosto para voltar a Moscou[575].

Enquanto isso, tanto a ORT quanto a NTV transmitiam entrevistas com as mães angustiadas dos marinheiros mortos, juntamente com relatos sobre as inadequações da marinha russa e a indiferença do Kremlin. Putin ficou furioso. Com Aleksandr Voloshin ao seu lado, ele se encontrou com Berezovsky em Moscou, em 20 de agosto, para lhe dizer que era preciso entregar o controle da ORT ao governo, e sugeriu que, se Berezovsky não cumprisse essa orientação, acabaria na prisão como Gusinsky. Embora, no início daquele verão, Berezovsky tivesse dito publicamente que venderia suas ações da ORT para o governo, ele recusou desafiadoramente a exigência de Putin. E observando que Yeltsin nunca teria silenciado críticos da mídia, acrescentou: "Você está destruindo a Rússia". Por fim, Putin virou seu olhar frio para Berezovsky e disse: "Você foi um dos que me pediu para ser presidente. Então, como pode reclamar?". Essa seria a última vez que os dois se encontrariam[576]. (Em 2011, em Londres, durante o depoimento no julgamento do caso de Berezovsky contra Roman

---

574. Para um relato do acidente e suas consequências, consulte Zoltan Barany, "The Tragedy of the Kursk: Crisis Management in Putin's Russia", Government and Opposition 39, n. 3 (2004): 476-503.

575. Goldfarb, *Death of a Dissident*, p. 209.

576. Goldfarb, *Death of a Dissident*, p. 210-11; Hoffman, *Oligarchs*, p. 487-88; Depoimento da testemunha de Berezovsky, Berezovsky v. Abramovich, 31/maio/2011, publicado pelo *The Guardian*, 2/nov/2011, https://www.theguardian.com/world/interactive/2011/nov/02/boris-berezovsky--witness-statement-full. Em *Autoportret*, Berezovsky escreveu: "Depois da tragédia com o *Kursk*, a minha posição deixou o presidente furioso. Foi um ponto de virada na minha relação com ele" (85).

Abramovich, Voloshin afirmaria que nem ele nem Putin o pressionaram a vender suas ações na ORT[577]).

Depois, Berezovsky voltou ao seu escritório e escreveu uma carta para Putin, apontando mais uma vez os erros do líder russo. Putin estava se tornando um autocrata, escreveu Berezovsky, encontrando "soluções simples para problemas complexos", mas isso não funcionou. Ao entregar a carta a Voloshin, Berezovsky percebeu que seu relacionamento com Putin havia chegado a um impasse[578]. Dois dias depois, Berezovsky anunciou que a campanha de arrecadação de fundos que ele iniciara havia arrecadado mais de um milhão de dólares para auxiliar as famílias dos marinheiros mortos do *Kursk*; afirmou ainda que montaria uma comissão para investigar as causas do desastre[579].

Putin não viajou para Severomorsk, sede da Frota do Norte da Rússia, para se encontrar com as famílias das vítimas do *Kursk* até 22 de agosto, dez dias depois do ocorrido. De acordo com uma transcrição da reunião fechada, publicada posteriormente pelo *Kommersant*, a reunião não correu bem[580]. Putin, confrontado com lágrimas e gritos de raiva, tentou explicar por que não havia vindo antes: "Perguntei aos militares se havia algo que eu pudesse fazer para ajudar, e eles afirmaram categoricamente que não!". Quando Putin prometeu compensação para as famílias, uma mulher chorou: "Estamos passando por um sofrimento tão grande. As pessoas já estão em lágrimas [...]. Não precisamos de dinheiro. Precisamos deles vivos. As crianças tinham pais; as esposas tinham maridos. Elas acreditavam que o Estado as salvaria". Putin respondeu culpando outros pelo desastre. Ele afirmou que a turbulência econômica causada pelas políticas de seus antecessores havia privado os militares dos fundos necessários para manter o equipamento de resgate, e que a mídia havia mentido sobre o desastre para desacreditar o governo. No momento em que ajuda estrangeira foi oferecida ao *Kursk*, Putin mentiu dizendo que ela tinha sido aceita, "e isso significa que a televisão mentiu, mentiu, mentiu".

---

577. Veja a discussão do julgamento no Capítulo 11.
578. Hoffman, *Oligarchs*, p. 488-89.
579. Vechernyi Tomsk, 22/ago/2000, em Berezovsky, *Art of the Impossible*, 1:232.
580. "Vstrecha s rodnymi", *Kommersant*, 29/ago/2000, https://on-demand.eastview.com/browse/doc/3201939.

No dia seguinte, Putin apareceu na televisão estatal e reconheceu a responsabilidade pela tragédia. Mas também expressou sua raiva contra aqueles que "aproveitam essa calamidade de forma desonesta". Em uma clara referência a Berezovsky, Putin disse que alguns dos que estavam ajudando as famílias dos marinheiros, mesmo arrecadando um milhão de dólares, contribuíram por muito tempo para a decadência dos militares e do governo. "Seria melhor se eles vendessem suas vilas na costa mediterrânea da França e da Espanha", disparou Putin. "Então eles teriam de explicar por que toda essa propriedade está registrada em nomes falsos e empresas legais. Nós questionaríamos de onde veio o dinheiro"[581].

No fim, Putin não sofreu um grande desgaste público, por conta do seu modo de tratar a tragédia do *Kursk*. Embora sua taxa de aprovação tenha caído de 73% para 65% imediatamente após a crise, logo se recuperou[582]. Mas Putin era sensível a críticas, e essa foi a primeira crise que enfrentou; então ele sentiu os ataques da mídia pessoalmente e concentrou sua vingança em Berezovsky. Em 27 de agosto, Putin convocou o sócio comercial de Berezovsky, Badri Patarkatsishvili, para seu escritório e perguntou-lhe que tipo de "jogo estranho" Berezovsky estava fazendo. Disse a Patarkatsishvili – que pensava que poderia ser preso naquela hora – que queria que ele e Berezovsky "limpassem" a ORT, e sugeriu que Patarkatsishvili se encontrasse com seu ministro de Imprensa, Mikhail Lesin, que havia negociado a compra de Gusinsky, para discutir a venda de suas ações da ORT[583].

Sentindo a pressão, Berezovsky recorreu a uma tática anterior: uma carta aberta a Putin, que foi publicada no *Kommersant*, em 5 de setembro. Berezovsky escreveu que rejeitava a demanda do Kremlin para que transferisse para o Estado suas participações (49% das ações) na televisão ORT: "Se eu concordar com o ultimato, a informação televisiva deixará de existir na Rússia e será substituída por propaganda televisiva, controlada por seus conselheiros". Observando que o presidente estava insatisfeito com a cobertura da ORT sobre o desastre do submarino *Kursk*, Berezovsky

---

581. "Ot pervogo litsa", *Rossiüskaia gazeta*, 23/ago/2000, https://on-demand.eastview.com/browse/doc/1816946.
582. "39 Percent of Russians Consider *Kursk* Sinking Tragic Coincidence – Poll", *Moscow Times*, 24/ago/2000, Johnson's Russia List, http://www.russialist.org/archives/4472.html#7.
583. Gloster, "Approved Judgment, Berezovsky v. Abramovich", 274.

alegou que o Kremlin estava recorrendo a ameaças e chantagem para tirar dele o controle da ORT, oferecendo-lhe a escolha entre renunciar às suas ações ou seguir Gusinsky para a cadeia. "Mas", ele disse, "você me conhece muito bem e, portanto, não deve ficar surpreso ao saber que não vou me submeter aos seus ultimatos". Em vez disso, escreveu Berezovsky, ele estava transferindo suas ações na ORT para um grupo de jornalistas e intelectuais proeminentes[584].

Desespero

Se Berezovsky tivesse vendido silenciosamente suas ações da ORT para o governo e deixado de falar na mídia sobre as falhas de Putin, talvez pudesse ter firmado uma paz tênue com o presidente russo e permanecido na Rússia. No entanto, tudo indica que, ao divulgar sua disputa com o Kremlin e demonstrar o perigo para a democracia, representado pela tomada do controle da ORT pelo Kremlin, ele esperava pressionar Putin. Um artigo publicado no *Kommersant*, em 5 de setembro, sugeria isso. Apontando que Putin estava indo para a cúpula das Nações Unidas, em Nova York, o autor observou que ele poderia enfrentar perguntas de outros líderes mundiais sobre a liberdade de imprensa:

> Para o Ocidente, Berezovsky é uma figura muito mais odiosa do que Gusinsky. Mas se de fato não sobrar nenhum canal de TV na Rússia que não seja estatal, é provável que o *establishment* ocidental esqueça temporariamente sua antipatia pelo oligarca e concorde condicionalmente em considerá-lo outra vítima da luta do regime de Putin contra a mídia independente[585].

Na verdade, Putin foi questionado sobre Berezovsky durante um jantar com a mídia, promovido por Tom Brokaw, em 8 de setembro de 2000. Questionado por que seu governo assediaria Berezovsky, dado que o oligarca havia ajudado na seleção de Putin como sucessor de Boris Yeltsin, Putin respondeu com raiva: "Ele realmente fez isso? Ele queria que você

---

584. *Kommersant*, 5/set/2000, em Berezovsky, *Art of the Impossible*, 3:61-64.
585. Viktoriia Artiunova e Elena Tregubova, "Negosudarstvennykh aktsii ORT", *Kommersant*, 5/set/2000, https://www.kommersant.ru/doc/17574.

acreditasse nisso", e não respondeu à pergunta[586]. Em uma entrevista exclusiva com Larry King (1933-2021), Putin disse que a liberdade de imprensa na Rússia não estava ameaçada e que a questão real com Gusinsky e Berezovsky era, simplesmente, que eles haviam contraído dívidas. Ele também disse a King que sempre usava a cruz ortodoxa que sua mãe lhe dera e que quase foi perdida no incêndio em sua dacha[587].

Andrei Piontkovsky, mais tarde, ridicularizou a história da cruz, que os russos já haviam ouvido inúmeras vezes, em diferentes versões, e era destinada a mostrar ao público ocidental que Putin tinha um lado humano. "A entrevista com Larry King ajuda a entender por que os líderes ocidentais estão tão encantados com Putin", observou Piontkovsky.

> O Putin modelo exportação é completamente diferente da versão para consumo interno. No exterior, Putin não ameaça exterminar ninguém dando a descarga na privada, e não tem ataques histéricos reveladores, gritando "a televisão está mentindo! A televisão está mentindo! A televisão está mentindo!". O Putin modelo exportação não usa [uma expressão grosseira] quando fala com mulheres. Esse tipo de comportamento só é aceitável em casa, com seus próprios lacaios. Especialmente porque os lacaios adoram isso[588].

Se Berezovsky contava com o apoio do público russo enquanto vítima de Putin, isso era uma ilusão. Albats, provavelmente, refletiu as opiniões da maioria dos russos bem-informados ao comentar duramente no *The Moscow Times* sobre a carta mais recente de Berezovsky para Putin[589]. "A única razão por trás das aventuras públicas e privadas de Berezovsky", ela escreveu, "foi o enriquecimento próprio à custa de subverter todos os nobres desejos pelos quais ele, presumivelmente, está lutando agora". Ele mesmo tinha criado a situação na qual se encontrava agora, com pouco a oferecer na negociação com o Kremlin: "Mais uma vez, Berezovsky

---

586. Robert Kaiser, "Vladimir Putin Dishes with the Media", *Washington Post*, 8/set/2000, Johnson's Russia List, http://www.russialist.org/archives/4500.html.
587. Ron Popeski, "Putin Ends U.N. Summit with Frank Interview", *Reuters*, 8/set/2000, Johnson's Russia List, http://www.russialist.org/archives/4500.html.
588. Andrei Piontkovsky, "Season of Discontent", *Russia Journal*, 16/set/2000, https://on-demand.eastview.com/browse/doc/1904903.
589. Yevgenia Albats, "Power Play: Berezovsky the Victim of His Own Designs", *Moscow Times*, 7/set/2000, https://www.themoscowtimes.com/archive/berezovsky-the-victim-of-his-own-designs.

provou que é bom em táticas de curto prazo, mas não em pensamento estratégico", observou posteriormente Lilia Shevtsova: "Embora o magnata mais inquieto tenha dito as coisas certas sobre a ameaça à democracia, ninguém na Rússia achou que ele fosse sincero. Todos se lembravam de seu papel na evolução do regime de Yeltsin e presumiam que, agora, ele estava apenas tentando salvar a si mesmo e a seu império"[590].

Alguns jornalistas independentes aceitaram a oferta de Berezovsky para se tornarem curadores de suas ações na ORT, apesar da sua reputação de ser mais um manipulador da mídia do que um defensor[591]. Porém, em uma apresentação no Centro de Imprensa Internacional em Washington, DC, em 20 de setembro, Berezovsky lamentou, dizendo que "é mais fácil para mim falar no Ocidente do que em casa, pois os americanos me entendem muito melhor". Os russos, disse ele, têm uma mentalidade de escravo. E continuou, dizendo que sua oposição política a Putin não tinha a intenção de tirá-lo do poder, mas de oferecer ao líder russo estratégias alternativas[592]. De volta a Moscou em meados de outubro, Berezovsky aumentou o tom, alertando que "todo o poder da máquina estatal está sendo usado para impedir a formação de uma oposição"[593].

Em 17 de outubro, Berezovsky foi interrogado durante duas horas pelos promotores russos no caso Aeroflot e depois anunciou que "todo o caso é pura política, promovida primeiro por Primakov e, agora, por Vladimir Putin"[594]. No dia seguinte, ele foi expulso da suntuosa dacha estatal em Aleksandrovka, que alugava para sua família desde 1994. Como se Berezovsky precisasse de mais um lembrete da ira do presidente russo, Putin deu uma entrevista ao *Le Figaro*, em 26 de outubro, na qual respondeu a uma pergunta sobre Berezovsky, sugerindo que o oligarca estava tentando "assustar a liderança política" com chantagem. Putin, então, fez um

---

590. Shevtsova, *Putin's Russia*, p. 113.
591. Sophie Lambroschini, "Journalists Defend Joining Berezovsky's ORT Trust", RFE/RL, 12/set/2000, Johnson's Russia List, http://www.russialist.org/archives/4511.html##4.
592. *Novye izvestiia*, 20/set/2000, Johnson's Russia List, http://www.russialist.org/archives/4537.html##11.
593. *Interfax*, 16/out/2000, Johnson's Russia List, http://www.russialist.org/archives/4583.html##6.
594. RFE/RL Security Watch, 23/out/2000, https://www.rferl.org/a/1344751.html.

aviso direto: "Temos um grande bastão, chamado '*palitsa*', em russo, que pode resolver um argumento com um único golpe. Ainda não o usamos; simplesmente o estamos segurando em nossas mãos, e isso já teve alguma ressonância. Mas se formos provocados, teremos que usá-lo"[595].

Nesse ponto, Berezovsky já havia partido para sua vila na França, onde logo recebeu uma intimação dos procuradores russos para comparecer a um interrogatório em Moscou em 15 de novembro de 2000. Segundo um procurador adjunto, Berezovsky poderia esperar "acusações muito graves de peculato", envolvendo os 700 milhões de dólares dos fundos da Aeroflot que passaram pelas contas bancárias da Forus e da Andava. Nikolai Glushkov, parceiro de negócios de Berezovsky e ex-vice-diretor da Aeroflot, também foi convocado, mas seu comparecimento foi adiado porque ele estava hospitalizado[596].

Alex Goldfarb chegou a Cap d'Antibes em 12 de novembro de 2000, para discutir uma fundação planejada por Berezovsky para a oposição política a Putin. Ele ficou surpreso no dia seguinte, quando Berezovsky anunciou que voaria para Moscou para responder à convocação do promotor russo. Goldfarb, literalmente, puxou Berezovsky para fora de seu carro quando ele estava prestes a sair para o aeroporto de Nice, dizendo: "Boris, você está louco? Eles não disseram que te colocariam na cadeia se você não desistisse da ORT? Por que você está indo lá?". Goldfarb ligou para Elena Bonner (1923-2011), viúva de Andrei Sakharov (1921-1989), para ela falar com Berezovsky. Goldfarb e Elena, a esposa de Berezovsky, ajudados por Bonner, conseguiram dissuadir o oligarca de voltar para a Rússia[597].

Em vez disso, um Berezovsky deprimido escreveu uma longa declaração para a imprensa russa, publicada em 15 de novembro, na qual afirmava que não retornaria a Moscou para o interrogatório promovido pelos procuradores. Ele escreveu que fora compelido a escolher "entre me tornar um prisioneiro político ou um emigrante político".

---

595. A entrevista foi publicada em inglês no website do presidente, http://en.kremlin.ru/events/president/transcripts/by-date/26.10.2000.
596. Berezovsky, *Art of the Impossible*, 2:530-32.
597. Goldfarb, *Death of a Dissident*, 232-33.

Berezovsky prosseguiu, dizendo que, "como candidato à presidência da Rússia, Putin não viu nada de errado em usar os lucros de empresas suíças que cooperavam com a Aeroflot para financiar o partido União e sua própria campanha presidencial". E acrescentou que, no entanto, agora, Putin estava usando o caso da Aeroflot contra ele, porque a ORT havia contado a verdade sobre a tragédia do *Kursk*. Ele terminou a carta prevendo que, se Putin continuasse a usar os serviços de segurança para sufocar a liberdade, "seu regime dificilmente duraria até o fim do primeiro mandato constitucional"[598].

Condenado ao exílio permanente, a exemplo de Trotsky, Berezovsky se tornaria mais extremo na busca por uma vingança contra Putin nos anos seguintes. Mas o que ele declarou nessa carta, na qual acusava abertamente Putin de corrupção, ajudou a selar seu destino. As previsões de Berezovsky sobre o fim do regime de Putin, que abririam caminho para o seu retorno triunfante à Rússia, revelar-se-iam uma fantasia – como fazer um pedido a uma estrela.

---

598. "Zaiavlenie dlia pechati Borisa Berezovskogo", *Kommersant*, 15/nov/2000, https://on-demand.eastview.com/browse/doc/3709892.

CAPÍTULO 9

O PÁRIA VERSUS O TIRANO

> A política americana deve refletir a conclusão preocupante
> de que um governo russo que não compartilha de nossos valores
> mais básicos não pode ser um amigo ou parceiro e corre
> o risco de se definir, por conta de seu próprio
> comportamento, como um adversário.
> – John McCain, 4/nov/2003

Berezovsky não pôde evitar o escândalo, mesmo em nível pessoal. Havia rumores generalizados de que ele e Elena Gorbunova estavam se separando porque Berezovsky se envolvera com uma jovem modelo russa antes de deixar seu país natal[599]. Seja qual for a verdade contida nos rumores, o casal permaneceu junto. Gorbunova e seus dois filhos pequenos, Arina e Gleb, mudaram-se para Cap d'Antibes em algum momento durante o verão de 2000 e, no ano seguinte, acompanharam Berezovsky para a Grã-Bretanha, onde ele pediu asilo político. A segunda esposa de Berezovsky, Galina Besharova, havia se mudado com os dois filhos do casal para Israel, mas mais tarde também passaria a residir na Grã-Bretanha.

Ao deixar a Rússia de vez, Berezovsky precisava reorganizar seus compromissos comerciais e finanças – uma empreitada complicada, dado que sua partida fora repentina e ele não fizera planos antecipados. Com isso em mente, Berezovsky e seu parceiro Badri Patarkatsishvili combinaram de se encontrar com Roman Abramovich em 6 de dezembro de 2000, no Aeroporto de Le Bourget, nos arredores de Paris, para discutir seus

---

599. Andrei Gamalov, "Boris Berezovskii: 'Ia eshche nikogo ne liubil'", *Kar'era*, 5/fev/2001, http://www.compromat.ru/page_10604.htm; Irina Bobrova, "Tainaia zhizn' suprugi oligarkha", *Moskovskii komsomolets*, 17/fev/2005, https://www.mk.ru/editions/daily/article/2005/02/17/199725-taynaya-zhizn-suprugi-oligarha.html.

negócios conjuntos. Os três, que foram separadamente em jatos particulares, chegaram a um impasse sobre acordos financeiros com a Sibneft e a Rusal, uma empresa de alumínio da qual Berezovsky e Patarkatsishvili também afirmavam ser proprietários, juntamente com Abramovich e Oleg Deripaska. Segundo o depoimento posterior de Berezovsky, Abramovich deixou claro a seus interlocutores que estava totalmente integrado à equipe de liderança do Kremlin e tinha influência com o procurador-geral russo. Berezovsky suspeitava que ele estava tentando chantageá-lo e a Patarkatsishvili para que cumprissem suas solicitações[600].

As suspeitas de Berezovsky foram confirmadas duas semanas depois, quando Abramovich se encontrou com ele e Patarkatsishvili em Cap d'Antibes e, agindo como emissário de Putin, pressionou-os a vender-lhe suas ações da ORT. (Abramovich, mais tarde, negaria que essa reunião tivesse ocorrido). De acordo com Berezovsky, ele foi obrigado a concordar, porque seu amigo íntimo e sócio Nikolai Glushkov havia sido preso e detido em Lefortovo, em 7 de dezembro, dia seguinte ao encontro no Aeroporto de Le Bourget. Abramovich disse-lhes que, se não vendessem suas ações na ORT, Glushkov ficaria na prisão por muito tempo. Berezovsky considerou o preço – 175 milhões de dólares – muito subvalorizado, mas este não era negociável. Berezovsky e Patarkatsishvili sentiram que não tinham escolha a não ser concordar. Berezovsky lembrou: "Vi agora que estava errado em confiar no sr. Abramovich. No fim da reunião, deixei claro para ele que sabia que estava me chantageando e que tinha me traído. Disse-lhe: 'É a última vez que vou encontrá-lo, Roma; nunca mais quero vê-lo de novo!'"[601].

Na verdade, Glushkov não foi libertado da prisão e, em abril de 2001, foi pego tentando escapar. (Ele permaneceria encarcerado até março de 2004). A preocupação contínua de Berezovsky e Patarkatsishvili com Glushkov e o medo de que suas ações na Sibneft fossem expropriadas levou-os a desistir de todas as reivindicações sobre a empresa petrolífera em troca de um pagamento de 1,3 bilhão de dólares de Abramovich. Naquela

---

600. Depoimento da testemunha Boris Berezovsky, *Berezovsky v. Abramovich*, 31/maio/2011, *The Guardian*, 2/nov/2011, https://www.theguardian.com/world/interactive/2011/nov/02/boris-berezovsky-witness-statement-full.
601. Depoimento da testemunha Berezovsky, *The Guardian*, p. 83.

primavera, Patarkatsishvili, que deixou a Rússia definitivamente em março de 2001, conduziu as negociações diretas com Abramovich. Abramovich, mais tarde, insistiria que tal pagamento não fora pelas ações na Sibneft, que, segundo ele, Berezovsky e Patarkatsishvili nunca possuíram, mas sim um pagamento final pelos serviços prestados pelos dois à empresa, o que incluía a influência de Berezovsky com o Kremlin em benefício da Sibneft[602].

Enquanto isso, o amigo de Berezovsky, Alexander Litvinenko, estava envolvido em sua própria batalha com o Kremlin. Em março de 1999, quando Putin ainda era chefe do FSB, Litvinenko fora preso sob acusações falsas de exceder sua autoridade ao agredir fisicamente um suspeito da polícia e enviado esse suspeito para a prisão de Lefortovo, onde ele foi colocado em confinamento solitário durante 36 dias e espancado. Em seu julgamento, no fim de novembro de 1999, o juiz considerou Litvinenko inocente de todas as acusações, mas ele foi novamente preso sob novas acusações, igualmente falsas. Somente no fim de dezembro de 1999, quando Berezovsky foi diretamente ao então primeiro-ministro Putin e apelou a ele para intervir, é que Litvinenko foi libertado. No entanto, Litvinenko foi colocado sob vigilância do FSB e seu passaporte foi confiscado, de modo que ele sabia que era apenas uma questão de tempo antes que voltasse à prisão ou, até mesmo pior, fosse assassinado pelo FSB. Putin, aparentemente, considerava Litvinenko um traidor por causa de suas acusações públicas contra o FSB em 1998[603].

Com a ajuda de seu amigo Yuri Felshtinsky, jornalista residente nos Estados Unidos, Litvinenko viajou para a Geórgia no fim de setembro de 2000 e, posteriormente, encontrou sua esposa, Marina, e seu filho, Anatoly, na Turquia. Alex Goldfarb, recrutado por Berezovsky para ajudar os Litvinenko, levou-os de carro até Ancara, onde tentaram obter asilo político na embaixada dos Estados Unidos, mas não foram bem-sucedidos. Após consultar Berezovsky, Goldfarb foi com os Litvinenko para Londres, em 1º de novembro, e conseguiu persuadir as autoridades britânicas a

---

602. Depoimento da testemunha de Roman Abramovich, *Berezovsky v. Abramovich*, 30/maio/2011, *The Guardian*, 2/nov/2011, https://www.theguardian.com/world/interactive/2011/nov/02/roman-abramovich-witness-statement-full.

603. Owen, *Inquérito Litvinenko*, p. 24-25.

acolher a família. Citou-se que um advogado britânico, contratado para defender Litvinenko, declarou que Litvinenko "teme por sua vida também porque sabe muitas coisas, inclusive sobre os atentados dos prédios de apartamentos em Moscou no ano passado"[604]. Berezovsky providenciou acomodação para os Litvinenko em Kensington, onde ficaram pelos dois anos seguintes antes de se mudarem para uma casa em Muswell Hill, em Londres, que Berezovsky comprou para eles. Daquele momento em diante, Berezovsky concedeu apoio financeiro para a família e, assim que ele próprio se mudou para a Grã-Bretanha, contratou Litvinenko para trabalhar com ele em uma campanha política para derrubar Putin[605].

Putin mostra suas garras

Putin havia percebido o papel crucial que a televisão desempenhava na formação da opinião pública durante o ano que antecedeu sua eleição, e especialmente após o incidente do *Kursk*. Ele percebeu que, agora, o controle sobre a televisão era essencial para preservar seu poder político. Na Rússia, os jornais e os meios de comunicação via internet eram independentes e criticavam livremente o Kremlin, mas a maioria dos russos acompanhava as notícias pela televisão. O presidente russo e seus apoiadores avançaram sobre as redes televisivas. Uma vez que Abramovich havia adquirido a participação de 49% de Berezovsky na ORT, ele, aparentemente, cedeu ao Kremlin sua autoridade sobre a estação. O monopólio estatal de gás, Gazprom, conseguiu assumir o controle da NTV em 2001, ao solicitar o pagamento de um empréstimo de 281 milhões de dólares que havia concedido a Gusinsky em 1998. E a única outra emissora independente, a TV6, que era em grande parte de propriedade de Berezovsky, foi fechada pelo Kremlin em janeiro de 2002 por supostos crimes financeiros[606]. Ao contrário de Yeltsin, que fora muitas

---

604. "Does Litvinenko Know Who Is Responsible for Apartment Bombings?", Jamestown Foundation, 2/nov/2000, Johnson's Russia List, http://www.russialist.org/archives/4617.html##2; Goldfarb, *Death of a Dissident*, p. 3-19.
605. Kight, *Orders to Kill*, p. 151-54; Owen, *Litvinenko Inquiry*, p. 26-30.
606. "Silencing Critics of the Kremlin", *The New York Times*, 23/jan/2002, https://www.nytimes.com/2002/01/23/opinion/silencing-critics-of-the-kremlin.html.

vezes vítima de uma cobertura televisiva impiedosa, Putin não apenas seria protegido da publicidade negativa, mas usaria a televisão como uma ferramenta de propaganda para promover seu culto à personalidade, que já estava bem encaminhado no fim de 2001.

O culto a Putin foi promovido de outras maneiras. Retratos do presidente apareciam em todas as bases militares e escritórios do governo, e novos livros didáticos descrevendo a infância de Putin foram introduzidos nas salas de aula russas. Como Shevtsova observou, "a Putinomania gradualmente se tornou um elemento da vida russa"[607]. Nada disso havia acontecido sob Yeltsin, cujo mandato como líder russo foi uma clara ruptura com essa tradição soviética de cultos à liderança.

Putin também tinha um firme controle sobre os órgãos de poder do Kremlin – liderados pelos chamados *siloviki* –, que eram cruciais para manter o povo sob controle em todos os níveis. O FSB de Patrushev estava repleto de elementos leais a Putin em suas fileiras superiores, todos vindos dos serviços de segurança de Leningrado/São Petersburgo. O papel da agência não se limitava à contra-inteligência e ao combate ao terrorismo, mas também incluía investigar crimes econômicos, e as alegações de corrupção eram uma ferramenta poderosa para perseguir inimigos políticos. A Procuradoria-Geral estava nas mãos seguras de Vladimir Ustinov, totalmente leal ao novo regime de Putin. Conforme colocou uma fonte:

> Vladimir Ustinov revelou-se um procurador-geral muito útil para Vladimir Putin e seu séquito. Ao contrário de seu antecessor, Iurii Skuratov, ele não demonstrou nenhuma tentativa de investigar as atividades dos altos funcionários do Estado e seguiu fielmente o ambiente de mudança [...]. Sob Vladimir Ustinov, a Procuradoria tornou-se um instrumento obediente do regime[608].

Além de encerrar o caso Mabetex e perseguir a NTV de Gusinsky, Ustinov assumiu as investigações dos atentados aos prédios de apartamentos em 1999, da tragédia do *Kursk* e dos principais incidentes terroristas que ocorreram posteriormente.

---

607. Shevtsova, *Putin's Russia*, p. 123.
608. Lista de Putin, Ustinov, base de dados do Fórum Rússia Livre, https://www.spisok-putina.org/en/personas/ustinov-2/.

O aliado próximo de Putin, o veterano da KGB de São Petersburgo, Evgenii Murov, foi colocado no comando do Serviço Federal de Guarda (FSO), a agência que protegia o Kremlin. Sob Murov, que ocuparia seu cargo pelos próximos dezesseis anos, o FSO era totalmente leal a Putin. No FSO havia o Serviço de Segurança Presidencial (SBP) – a guarda pessoal de Putin –, liderado por Viktor Zolotov, que tinha protegido Anatoly Sobchak antes de entrar na segurança privada. Zolotov, oriundo da KGB, cujas conexões com a máfia de São Petersburgo eram amplamente conhecidas, era supostamente parceiro de judô de Putin quando este estava na prefeitura, e os dois se tornaram próximos. Em 2016, Putin nomearia Zolotov chefe da recém-criada Guarda Nacional, com cerca de 340 mil homens sob o seu comando[609].

Igor Sechin, nativo de Leningrado e talvez o mais próximo de Putin de todos os seus associados, poderia ser considerado um *silovik* porque servira como tradutor militar na África, no fim da década de 1980, quando tais posições eram cobertas pelos serviços de inteligência soviéticos, e posteriormente aliou-se aos linhas-duras na equipe de Putin. Depois de trabalhar sob Putin no escritório de Sobchak, Sechin o acompanhou até Moscou, em 1996, e ocupou várias posições, algumas diretamente sob o comando de Putin, na administração de Yeltsin. Segundo o autor Thane Gustafson: "Em cada uma das funções de Putin, à medida que Putin subia na hierarquia, Sechin estava lá, guardando a entrada de seu escritório, gerenciando a vida de Putin"[610].

Quando se tornou presidente, Putin nomeou Sechin vice-chefe da Administração Presidencial e, em 2004, Sechin também se tornou presidente do conselho de administração da Rosneft. O ex-oficial da KGB Yuri Shvets descreveu Sechin como "uma pessoa dissimulada e desconfiada, que tem o hábito peculiar de virar de cabeça para baixo os

---

609. Lista de Putin, Murov, base de dados do Fórum Rússia Livre, https://www.spisok-putina.org/en/personas/murov-3/; Knight, *Orders to Kill*, p. 47-49.
610. Conforme citado em Giacomo Tognini, "How Rich Is Putin's Right-hand Man? Inside the Murky Fortune of Igor Sechin, the Darth Vader of the Kremlin", *Fortune*, 2/maio/2022, https://www.forbes.com/sites/giacomotognini/2022/05/02/how-rich-is-putins-right-hand-man-inside-the-murky-fortune-of-igor-sechin-the-darth-vader-of-the-kremlin/?sh=25fcd8195ddc.

documentos na mesa quando alguém entra em seu escritório"[611]. Mikhail Zygar observou que Sechin era o "líder espiritual" dos *siloviki* e acrescentou: "Sechin entendia melhor do que ninguém a psicologia de Putin. Ele sabia que para Putin não havia nada pior do que um traidor. Para Putin, traí-lo pessoalmente era quase a mesma coisa que trair a Rússia"[612].

Quanto ao setor militar, em março de 2001 Putin deu um passo audacioso ao nomear o civil *Sergei Ivanov* como ministro da Defesa. Amigo de confiança do presidente, Ivanov era de São Petersburgo, onde havia trabalhado com Putin na KGB durante a década de 1970. Ivanov passou a maior parte de sua carreira no Serviço de Inteligência Estrangeira antes de ser nomeado substituto de Putin quando este chefiava o FSB em 1998. Analisando os primeiros anos da presidência de Putin, o cientista político Richard Sakwa observou: "Sob Putin, os *siloviki* se apresentaram como os guardiões dos interesses do Estado russo, e sua influência infiltrou-se além de questões de segurança estrita para as relações comerciais e a esfera da informação, bem como para a política externa[613].

Abordagens ao Ocidente

Embora Putin desse a impressão de ser um líder mundial improvável quando apareceu pela primeira vez ao público como primeiro-ministro, em agosto de 1999, logo deixou sua marca no palco global, viajando para dezoito países em seu primeiro ano como presidente, muitas vezes acompanhado por Liudmila. Um ponto alto em seu caminho para a proeminência internacional ocorreu quando Putin se encontrou com o presidente dos Estados Unidos, George Bush, na Eslovênia, em junho de 2001. Os dois se deram tão bem, que Bush disse a famosa frase sobre Putin: "Olhei o homem nos olhos. Achei-o muito franco e confiável. Tivemos um diálogo muito bom. Consegui captar sua alma; um homem profundamente comprometido com seu país e com os melhores interesses da Rússia"[614].

---

611. Yuri Shvets, "Report on Igor Sechin, *The Litvinenko Inquiry*", INQ015691, https://webarchive.nationalarchives.gov.uk/ukgwa/20160613090333/https://www.litvinenkoinquiry.org/evidence.
612. Zygar, *All the President's Men*, p. 305.
613. Richard Sakwa, *The Putin Paradox* (London: I. B. Tauris, 2020), p. 35.
614. C-Span, 17/jun/2001, https://www.c-span.org/video/?c4718091/user-clip-bush-putins-soul.

Mais tarde, após os atentados de 11 de setembro ao World Trade Center, Putin ganhou ainda mais a confiança de Bush quando telefonou para o presidente dos Estados Unidos e ofereceu ajuda na luta contra o terrorismo. Em novembro de 2001, Putin e Liudmila fizeram uma visita ao casal Bush em sua fazenda no Texas, onde Putin continuou com sua ofensiva de encantamento: "Estando aqui, posso sentir a vontade dessas pessoas, a vontade de cooperar com a Federação Russa, a vontade de colaborar com a Rússia. E posso assegurar a vocês que o povo russo compartilha plenamente desse compromisso e também está comprometido a cooperar plenamente com o povo americano"[615]. Em dezembro de 2001, a revista *Time* observou: "O Ocidente, agora, parece estar apaixonado por Putin. O presidente russo parece um paradigma de liberalismo, democracia, sofisticação e defesa dos direitos humanos. Bom ter um aliado assim"[616].

Parecia, neste ponto, que Putin não estava apenas fingindo que estava seduzido pela ideia de que a Rússia cooperaria com o Ocidente na busca por uma ordem mundial estabilizada, com a Guerra Fria bem distante, apesar de suas reformas antidemocráticas iniciais e da brutal guerra na Chechênia. Afinal, ele até mencionara a possibilidade de a Rússia aderir à Otan, pouco antes das eleições presidenciais russas em março de 2000[617]. Richard Sakwa observou que Putin, inicialmente, enfrentou a mesma escolha que Gorbachev e Yeltsin tinham enfrentado quando assumiram a liderança da Rússia: "A Rússia participaria da ordem internacional liberal liderada pelos Estados Unidos, se adaptaria às suas normas, convenções e hierarquia de poder, ou tentaria manter sua autonomia como grande potência e civilização política autônoma, mesmo que isso gerasse conflito com o sistema de poder dominante?"[618].

---

615. National Public Radio, 16/abr/2022, https://www.npr.org/2022/04/16/1092811802/russia-putin-bush-texas-summit-crawford.
616. Yuri Zarakhovich, "Russians Happy to Follow the Leader", *Time Europe*, 6/dez/2001, Johnson's Russia List, http://www.russialist.org/archives/5593-14.php.
617. David Hoffman, "Putin Says 'Why Not?' to Russia Joining NATO", *Washington Post*, 6/mar/2000, https://www.washingtonpost.com/archive/politics/2000/03/06/putin-says-why-not-to-russia-joining-nato/c1973032-c10f-4bff-9174-8cae673790cd/.
618. Sakwa, *Putin Paradox*, p. 1.

Se Putin realmente estava considerando a ideia de uma reaproximação com o Ocidente, logo perceberia que isso era completamente incongruente com o tipo de regime que estava criando. Os esforços dos Estados Unidos para fomentar a democracia no antigo Bloco Soviético e as discussões sobre a inclusão de nações do Leste Europeu na Otan eram anátemas para o Kremlin, que não tinha a intenção de estabelecer o pluralismo político ou uma sociedade civil forte na Rússia. Após as caóticas tentativas de Yeltsin de estabelecer a democracia, o povo russo não exigia tais mudanças, desde que não sofresse economicamente. Eles preferiam a estabilidade, acima de tudo. Não demoraria muito para que Putin e sua equipe considerassem a Otan a maior ameaça à Rússia.

Ao contrário de Putin, a imagem de Berezovsky no Ocidente – assim como na Rússia – era a de um oligarca corrupto, alguém que promovia a si mesmo, e um ex-corretor do poder do Kremlin. No início de 2003, o *The New York Times* descreveu-o como um "matemático da era soviética e oligarca do capitalismo dos barões ladrões, ex-fabricante de reis do Kremlin e agora um simples bilionário autoexilado"[619]. Alguns, como George Soros, tinham uma visão ainda pior de Berezovsky. Em um longo artigo de 2000, Soros até sugeriu que Berezovsky estava por trás dos atentados de setembro de 1999: "Do ponto de vista de Berezovsky, os atentados faziam todo o sentido. Tais ataques não apenas ajudariam a eleger um presidente que forneceria imunidade a Yeltsin e sua família, mas também dariam a ele, Berezovsky, um controle sobre Putin"[620]. Pouco depois do atentado ao World Trade Center, Goldfarb e Berezovsky foram a Washington, DC, para promover sua nova Fundação Internacional para as Liberdades Civis e os esforços de Berezovsky para formar um movimento político liberal contra Putin. Lá, eles experimentaram em primeira mão o impacto da aliança de Putin com a administração de Bush contra o terror. Goldfarb lembrou: "Ficou claro para mim que, a partir de agora, seríamos vistos em Washington como inimigos de um amigo". Ao sair do Departamento de Estado, Berezovsky lamentou a sorte de Putin e opinou:

---

619. Alan Cowell, "Exiled Russian Oligarch Plots His Comeback", *The New York Times*, 18/fev/2003, https://www.nytimes.com/2003/02/18/world/exiled-russian-oligarch-plots-his-comeback.html.
620. George Soros, "Who Lost Russia?" *New York Review of Books*, 13/abr/2000.

"Eu me pergunto se os americanos entendem que ele não é amigo deles. Ele jogará americanos e muçulmanos uns contra os outros, explorando cada fraqueza a seu favor"[621].

Os atentados a bomba revisitados

Em outubro de 2001, Berezovsky mudou-se com Gorbunova e seus filhos para uma mansão de três mil metros quadrados em Surrey e estabeleceu seus escritórios na Savile Row, nº 5, no distrito de Mayfair, em Londres, cerca de 45 minutos de sua casa. (Naquele mesmo mês, o nome de Berezovsky foi incluído na lista de criminosos procurados na Rússia, em conexão com o caso da Aeroflot). Berezovsky, posteriormente, disse ao *The New York Times* que, desde que fugira da Rússia, estava conseguindo passar mais tempo com seus filhos, depois de anos como "um pai não muito bom". "Pela primeira vez na minha vida", disse ele, "visito a escola deles; sei exatamente o que meu filho de cinco anos e minha filha de sete anos estão fazendo[622].

Segundo seu filho Gleb, ele e os outros filhos de Berezovsky achavam seu pai "sempre um ouvinte atento, que, ao mesmo tempo, tentava transmitir seu conhecimento para nós"[623]. Mas Berezovsky dedicou a maior parte de seu tempo à sua causa de derrubar Putin. Depois de desempenhar um papel desproporcional na política do Kremlin por vários anos, ele, aparentemente, não conseguia se resignar à obscuridade do exílio, assistindo impotente o homem que o havia forçado a sair da Rússia acumular poder. Em maio de 2001, Berezovsky hospedara o deputado liberal da Duma Sergei Iushenkov (1950-2003) em sua vila francesa, juntamente com outro parlamentar proeminente, Vladimir Golovlev, para discutir a formação de um novo partido de oposição russo, o Rússia Liberal. O partido patrocinaria candidatos para as eleições da Duma de 2003 que concorreriam com uma plataforma anti-Putin. No primeiro congresso do Rússia Liberal, realizado em Moscou, em dezembro de 2001, Berezovsky foi eleito *in absentia* um dos

---

621. Goldfarb, *Death of a Dissident*, p. 248.
622. Cowell, "Exiled Russian Oligarch Plots His Comeback".
623. Entrevista da autora com Gleb Berezovsky, London, 6/out/2022.

copresidentes do partido, juntamente com Iushenkov e outros. Ele também forneceria vários milhões de dólares em financiamento[624].

Berezovsky começou a se encontrar muito com Litvinenko, que, juntamente com Yuri Felshtinsky, estava terminando um livro sensacionalista, *FSB vzyrvaet Rossiiu* (publicado em inglês como Blowing Up Russia [Explodindo a Rússia]), sobre o FSB e sua história de terrorismo, incluindo os atentados de setembro de 1999. Trechos do livro, que apareceriam em russo e inglês no início de 2002, foram publicados na *Novaia gazeta* em 27 de agosto de 2001, causando sensação[625]. (Na Rússia, o livro foi proibido, então só poderia ser acessado online, no site Grani.ru). Embora o livro não fornecesse prova definitiva de que o FSB estava por trás dos atentados, ele apresentava evidências circunstanciais persuasivas de seu envolvimento.

Até mesmo o cauteloso e respeitado defensor dos direitos humanos Sergei Kovalev, ao concordar com outros que as fontes do livro muitas vezes não eram verificadas, elogiou a obra:

> Sem dúvida, precisamos do livro; é mais do que útil, é simplesmente necessário [...]. Quanto à versão sobre a participação dos serviços especiais nessas explosões, sobre a organização, tenho medo de acreditar nessa versão, mas isso não significa que a rejeitemos [...]. Devo dizer que o episódio de Ryazan é realmente o melhor capítulo do livro; é um compêndio muito bem feito de todas as declarações públicas existentes e uma análise completamente lógica[626].

Até então, Berezovsky havia se recusado a dizer, pelo menos publicamente, que o FSB estava por trás dos atentados. Isso dificilmente surpreendia, dado que ele havia sido um dos principais apoiadores de Putin em sua ascensão à presidência. Além disso, Berezovsky fora acusado de encorajar a incursão de rebeldes chechenos no Daguestão em agosto de 1999, o que foi visto como fato precursor dos atentados. Assim, ele estava pisando em terreno perigoso quando, em 14 de dezembro de

---

624. Goldfarb, *Death of a Dissident*, p. 240-41; "Berezovskii potratil na 'liberal'nuiu' Rossiiu – ne odin, a piat' millionov dollarov", *Lenta.ru*, 9/out/2002.
625. "Otdel'nyi razgovor. FSB vzryvaet Rossiiu", *Novaia gazeta*, 27/ago/2001, https://on-demand.eastview.com/browse/doc/3467508.
626. Lev Roitman, "O knige 'FSB vzryvet Rossiiu': Fakty ili versii?", Radio Svoboda, 11/jun/2002, https://www.svoboda.org/a/24202391.html.

2001, de Londres, ele apareceu por meio de vídeo em uma conferência em Moscou patrocinada por sua Fundação Internacional de Liberdades Civis e afirmou que, agora, estava convencido da culpa do FSB nos atos terroristas de 1999. Mas não foi tão longe a ponto de culpar Putin. "A única coisa que não posso afirmar com certeza", disse, "é se Putin deu as ordens para essas operações ou as comandou"[627].

Embora os comentários de Berezovsky tenham chamado muita atenção, eles foram recebidos com o habitual ceticismo. De acordo com o *The Wall Street Journal*, "observadores dizem que esse último ataque na campanha cada vez mais quixotesca do sr. Berezovsky contra o Kremlin revela a desesperança de um homem que já foi um dos jogadores mais poderosos da política russa, mas viu sua influência diminuir sob o comando do sr. Putin"[628]. O *The New York Times* entrevistou Berezovsky sobre suas alegações, em fevereiro de 2002, uma semana depois que o chefe do FSB, Patrushev, o acusou de fornecer apoio financeiro a terroristas russos. Berezovsky disse que as acusações de Patrushev foram feitas em resposta às investigações dos atentados de 1999 e prometeu que, dentro de semanas, teria evidências documentais da cumplicidade do FSB. Observando que "os atentados não resolvidos que trouxeram terror à Rússia permanecem como um mistério duradouro e perturbador", o *The New York Times* especulou sobre se "o sr. Berezovsky está simplesmente tentando orquestrar uma crise política para o sr. Putin a fim de conseguir asilo político na Grã-Bretanha"[629].

No mês seguinte, em 5 de março, Berezovsky apareceu em um grande encontro em um auditório de Londres para apresentar o documentário *O Assassinato da Rússia*, com base no livro de Litvinenko e Felshtinsky e produzido por dois franceses com o seu apoio financeiro[630]. Elena Bonner apresentou o filme, enfatizando sua importância para um debate sobre o

---

627. Noticiário da NTV/RU, 14/dez/2001, em Berezovsky, *Art of the Impossible*, 2:606-8.
628. Guy Chazan, "Berezovsky, His Influence on the Wane, Alleges Putin's Involvement in Bombings", *The Wall Street Journal*, 17/dez/2001, Johnson's Russia List, http://www.russialist.org/archives/5604-3.php.
629. Patrick E. Tyler, "Russian Says Kremlin Faked Terror Attacks", *The New York Times*, 1º/fev/2002, https://www.nytimes.com/2002/02/01/world/russian-says-kremlin-faked-terror-attacks.html.
630. Assassination of Russia (Blowing Up Russia), https://www.youtube.com/watch?v=9sx2YmSXDy8.

que realmente ocorreu no incidente de Ryazan. O filme concentrou-se no que foi convincentemente descrito como um atentado terrorista planejado pelo FSB a um prédio de apartamentos e que foi inadvertidamente frustrado pelos moradores do prédio. Vários dos moradores do prédio foram entrevistados para o filme e objetaram veementemente à alegação do FSB de que estava apenas realizando um "exercício de treinamento". Além disso, o filme deixou claro que, apesar das afirmações das autoridades russas de que terroristas chechenos haviam realizado os atentados aos apartamentos, dois anos depois tais autoridades não haviam apresentado nenhuma prova do envolvimento checheno. Putin, disse o narrador do filme, poderia chegar ao fundo do mistério ordenando uma investigação oficial, mas isso poderia ameaçar a legitimidade de todos os que estão no poder na Rússia, inclusive a do próprio Putin.

De modo previsível, as críticas ao filme na Rússia foram divididas. O *Moskovskii komsomolets*, há muito tempo um feroz crítico de Berezovsky, ridicularizou o filme. "As grandiosas revelações anunciadas por Berezovsky", relatou o periódico, "se mostraram ser outro blefe. Apesar de suas acusações, o oligarca não forneceu nenhuma evidência real do envolvimento do FSB nos atentados às casas em Moscou"[631]. Não causa surpresa o fato de o jornal de Berezovsky, *Kommersant*, ter considerado o filme significativo: "Pela primeira vez, documentaristas reuniram todos os fatos e detalhes relacionados ao 'caso Ryazan', os alinharam cronologicamente e deram testemunhos contraditórios um após o outro neste caso dos principais oficiais do país, inclusive o então primeiro-ministro Putin"[632].

Entre os presentes na exibição em Londres estavam Iushenkov e outro parlamentar proeminente, Iulii Rybakov, que não era membro do Rússia Liberal. Os homens esperavam distribuir o filme na Rússia e talvez até encontrar um canal de televisão que estivesse disposto a transmiti-lo, mas seus planos foram frustrados em todas as tentativas. Funcionários da alfândega russa confiscaram as cem cópias que Rybakov trouxera consigo

---

631. Aleksandr Vasil'ev, "Shou Berezovskogo i ego 'gadenyshei'", *Moskovskii komsomolets*, 7/mar/2002, https://on-demand.eastview.com/browse/doc/114039.
632. Nataliya Gevorkyan e Vladimir Kara-Murza, "Boris Berezovskii organizoval 'Pokushenie na Rossiiu'", *Kommersant*, 6/mar/2002, https://on-demand.eastview.com/AbDrVoAwNseC/EdDocR/E4A1D7I2N9G71C

de Londres, e ele, subsequentemente, recebeu ameaças de morte. Nenhuma televisão russa teve coragem de exibir o filme, embora ele tenha chegado às mãos de ansiosos deputados da Duma e houvesse uma considerável demanda nas ruas pelas milhares de cópias piratas[633].

Em abril de 2002, Iushenkov foi a Washington, DC, onde ele e Goldfarb distribuíram o filme e o exibiram para a equipe do Comitê de Relações Exteriores do Senado e para o Instituto Kennan, parte do Centro Woodrow Wilson. Depois de uma recepção menos do que calorosa no Departamento de Estado, Iushenkov disse a Goldfarb: "Isso era de se esperar. Imagine se viéssemos a Washington, digamos, em 1944, para reclamar de Stalin. Não teríamos um público simpático, não é mesmo? Tio Joe era o aliado favorito de Roosevelt, então ele podia fazer o que quisesse"[634]. Com Putin do lado dos Estados Unidos na guerra contra o terror, os americanos não estavam dispostos a balançar o barco por causa de alegações sobre os possíveis crimes de Putin.

Por mais circunstanciais que fossem as provas contra o FSB, o regime de Putin não foi capaz de refutá-las. E, apesar de toda sua habilidade forense e poder investigativo, o FSB havia prendido e processado apenas duas pessoas, ambas de Karachaevo-Cherkessia, que haviam atuado como intermediárias remuneradas no transporte dos explosivos. Os organizadores e perpetradores do plano nunca foram encontrados, e o suposto *zakazchik* [aquele que deu a ordem], o jihadista saudita étnico al-Khattab, que residia na Chechênia, não tinha motivo aparente. Como o General Lebed apontara anteriormente, não estava nos interesses dos líderes islâmicos radicais explodir prédios de apartamentos onde viviam cidadãos russos pobres[635].

Violência na Rússia

Igualmente prejudiciais para o FSB foram os assassinatos daqueles que questionavam publicamente a versão oficial do caso Ryazan. Iushenkov, que como copresidente da Comissão Kovalev havia pressionado o Kremlin a fornecer respostas sobre os ataques, foi morto a tiros do lado

---

633. Goldfarb, *Death of a Dissident*, p. 250-51.
634. Goldfarb, *Death of a Dissident*, p. 258.
635. John Dunlop, *Moscow Bombings*, p. 161-62.

de fora do seu prédio, em abril de 2003, por um pistoleiro que alegou ter sido contratado por um líder do Rússia Liberal chamado Mikhail Kodanev[636]. Anteriormente, tinha surgido uma divisão no partido quando Berezovsky deu abertura aos comunistas, atitude à qual Iushenkov e seus apoiadores se opuseram, e Kodanev ficou do lado de Berezovsky. Além disso, Iushenkov foi alertado por um alto funcionário do governo que o Kremlin não permitiria que o partido se registrasse para as eleições de 2003 caso Berezovsky fosse membro. Todas essas circunstâncias, supostamente, forneceram a Kodanev um motivo para assassinar Iushenkov. Depois, porém, Berezovsky explicou que não havia divergência entre eles, e que Iushenkov, com o consentimento de Berezovsky, havia deliberadamente divulgado o conflito para que o Rússia Liberal não tivesse problemas em se registrar para as eleições[637]. Kodanev manteve sua inocência; o caso contra ele era frágil, para dizer o mínimo. Berezovsky afirmou que as acusações de assassinato eram "como algo saído de 1937"[638]. Mesmo assim, Kodanev foi condenado a vinte anos de prisão. Em 2018, ele foi libertado da prisão depois de dizer publicamente que Berezovsky havia ordenado o assassinato de Iushenkov, aumentando a série de assassinatos que, na época, o Kremlin atribuíra ao oligarca[639].

O assassinato de Iushenkov não foi um caso isolado. Vladimir Golovlev, que visitara Berezovsky na França juntamente com Iushenkov, estava passeando com seu cachorro em uma rua perto de sua casa em Moscou quando foi morto a tiros por um agressor não identificado, em agosto de 2002. A reação de Berezovsky foi imediata. "O assassinato", ele disse, "é uma mensagem para as classes políticas da Rússia de que qualquer um que ultrapasse as bandeiras vermelhas dos poderes existentes será morto"[640]. Apenas dois meses após a morte de Iushenkov, em junho

---

636. Knight, *Orders to Kill*, p. 106-11.
637. Catherine Belton, "Killing Raises Awkward Questions", *Moscow Times*, 21/abr/2003, Johnson's Russia List, http://www.russialist.org/archives/7149.htm.
638. "Berezovsky Ally Held over Killing", *BBC News*, 26/jun/2003, http://news.bbc.co.uk/2/hi/europe/3022446.stm.
639. Knight, *Orders to Kill*, p. 106-11; *BNK Informatsionnoe Agenstvo*, 13/maio/2018, https://www.bnkomi.ru/data/news/78720/.
640. Nick Paton Walsh, "Russian MP Shot Dead in Contract Killing", *The Guardian*, 21/ago/2002, https://www.theguardian.com/world/2002/aug/22/russia.nickpatonwalsh.

de 2003, outro membro da Comissão Kovalev, o deputado da Duma e jornalista investigativo Iurii Shchekochikhin adoeceu gravemente devido a uma substância que acabou por causar a falência de todos os seus órgãos e a descamação da sua pele e cabelo. Ele morreu em 3 de julho. Como os médicos retiveram seus registros médicos, a família de Shchekochikhin nunca conseguiu saber mais sobre a substância venenosa que o matou e como ela entrou em seu corpo[641].

A morte desses dois membros importantes constituiu um enorme revés para a comissão de Kovalev, que já enfrentava obstáculos ao ser negado a ele o acesso a testemunhas e documentos importantes. Então, em outubro de 2003, o advogado e principal investigador da comissão, Mikhail Trepashkin, foi preso depois de a imprensa russa ter noticiado uma descoberta feita por ele. O FSB havia alegado que o autor dos atentados a bomba nos apartamentos em Moscou era um homem de Karachaevo-Cherkessia chamado Achemez Gochiaev, que fugira para se esconder. Trepashkin descobriu que Gochiaev era o homem errado, e o verdadeiro criminoso – descrito por Dunlop como o "Mohamed Atta dos atentados de Moscou" – era um ex-oficial do FSB, que, convenientemente, morreu em um acidente de carro no Chipre depois que Trepashkin o localizou[642]. Como resultado desses infortúnios, o trabalho de Kovalev foi interrompido, embora Litvinenko e Felshtinsky, que haviam colaborado com Trepashkin no caso dos atentados, continuassem investigando o assunto, com o apoio de Berezovsky.

Litvinenko e sua família receberam asilo político formal na Grã-Bretanha em maio de 2001, mas a situação de Berezovsky ainda era incerta, e as autoridades russas o perseguiam. Em outubro de 2002, o procurador-geral russo acusou Berezovsky, Patarkatsishvili e seu ex-sócio Iulii Dubov de fraude relacionada à compra pela LogoVAZ de milhares de carros da AvtoVAZ entre 1994 e 1995. Um mês depois, o governo russo solicitou oficialmente a extradição de Berezovsky da Grã-Bretanha para enfrentar as acusações. Após mais pressão da Rússia, Berezovsky foi brevemente preso, em março de 2003, pelas autoridades britânicas, juntamente com Dubov. Ambos

---

641. Knight, *Orders to Kill*, p. 113-14.
642. Dunlop, *Moscow Bombings*, p. 139; Knight, "Finally, We Know about the Moscow Bombings".

alegaram que as acusações tinham motivação política e foram liberados depois que cada um pagou 160 mil dólares de fiança enquanto se aguardava uma audiência judicial, que ocorreu em 2 de abril. Durante a breve audiência, que estendeu os procedimentos até maio, Berezovsky descobriu que seu pedido de asilo tinha sido negado pelo Ministério do Interior por causa dos pedidos de extradição[643].

A decisão da Rússia de solicitar a extradição de Berezovsky pode ter sido motivada por seu anúncio, em 1º de novembro de 2002, de que a sua Fundação Internacional para as Liberdades Civis apoiaria Akhmed Zakaev, um representante do governo checheno no exílio, que também enfrentava extradição da Grã-Bretanha para a Rússia. Zakaev, acusado pelo Kremlin de terrorismo e assassinato em massa por causa de seu apoio à causa chechena, foi libertado da custódia por um tribunal britânico após pagar fiança, em dezembro de 2002, e, assim como Berezovsky, teve que passar por uma audiência de extradição. Então, de repente, o inesperado aconteceu. Em setembro de 2003, o juiz do caso de Berezovsky anunciou que ele havia recebido asilo e que o pedido de extradição para a Rússia fora negado. O MI5 descobrira um plano para matar Berezovsky perfurando-o com uma caneta envenenada. O homem que foi recrutado como assassino pelo Serviço de Inteligência Estrangeira da Rússia, Vladimir Terluk, abordou Goldfarb e Litvinenko em Londres, em março de 2003, e contou sobre o plano, pedindo-lhes assistência financeira e ajuda para obter asilo na Grã-Bretanha. Terluk, mais tarde, confirmou sua história à polícia britânica[644]. Para proteger Berezovsky quando ele viajava para fora da Grã-Bretanha, o Ministério do Interior forneceu-lhe uma identidade falsa: Platon Elenin.

No caso de Zakaev, uma testemunha-chave da acusação fez uma aparição surpresa no tribunal para anunciar que havia sido torturada pelo FSB para fazer falsas acusações contra o líder checheno. Os advogados de Zakaev mostraram também outro acusador mentindo no tribunal. Em

---

643. Berezovsky, *Art of the Impossible*, 2:697-762; Zygar, *All the President's Men*, p. 40-41.
644. Berezovsky *v.* Russian Television and Radio, Royal Courts of Justice, 10/mar/2010, https://www.5rb.com/wp-content/uploads/2013/10/Berezovsky-v-Russian-Television-and-Radio-No-2-2010-EWHC-476-QB.pdf.

novembro de 2003, o juiz Timothy Workman rejeitou o caso de extradição contra Zakaev, concluindo que o governo russo não estava realizando uma operação antiterrorista na Chechênia, mas sim uma guerra, e buscava a extradição de Zakaev para impedi-lo de negociar um acordo de paz[645]. De acordo com Mikhail Zygar, a decisão britânica de recusar a extradição de Berezovsky e Zakaev foi um golpe duro para Putin, especialmente dada sua relação cordial com o primeiro-ministro Tony Blair: "Putin, simplesmente, não podia acreditar que Blair não tivesse influência sobre o sistema judicial britânico"[646].

Putin pode ter sido especialmente sensível à condenação de Berezovsky no exterior em razão dos desafios que enfrentava em casa. Em 23 de outubro de 2002, quarenta terroristas chechenos invadiram o Teatro Dubrovka, no centro de Moscou, fazendo mais de novecentos reféns. Três dias depois, sem que o governo tivesse conduzido negociações sérias com os terroristas, as forças especiais russas bombearam gás venenoso no teatro, matando quase duzentos reféns, junto com seus sequestradores. A imprensa russa, imediatamente, levantou questões a respeito da forma como o regime lidara com o incidente, especialmente sobre como um grupo de terroristas com explosivos tinha conseguido se reunir em Moscou sem ser notado pela polícia de segurança[647]. De acordo com Zygar: "Para Putin, isso foi uma catástrofe. A guerra que ele prometera encerrar três anos antes não apenas não havia acabado, mas chegado à capital. Pessoas próximas a Putin lembraram que ele não estava apenas preocupado – estava convencido de que era o fim de sua carreira política"[648]. Mas em vez de sofrer danos políticos, Putin viu sua taxa de aprovação aumentar de 77%, em outubro, para 82%, em dezembro[649]. O público, aparentemente,

---

645. David Hearst, "Judge Refuses to Extradite Chechen", *The Guardian*, 13/nov/2003, https://www.theguardian.com/uk/2003/nov/14/chech-nya.russia.
646. Zygar, *All the President's Men*, p. 299.
647. John Dunlop, *The 2002 Dubrovka and 2004 Beslan Hostage Crises: A Critique of Russian Counter-Terrorism* (Stuttgart: ibidem Verlag, 2006), p. 103-57.
648. Zygar, *All the President's Men*, p. 41-42.
649. "Levada Center Polling Data", *Levada.ru*, https://www.levada.ru/2022/04/27/odobrenie-institutov-rejtingi-partij-i-politikov-2/.

estava tão indignado com o terrorismo checheno, que o apoio a Putin e à ação militar na Chechênia se fortaleceu.

Dois anos depois, em 1º de setembro de 2004, militantes sob a direção de Shamil Basaev tomaram cerca de 1.200 crianças, pais e professores em uma escola secundária em Beslan, uma cidade na república do sul da Ossétia. Uma vez mais, a crise foi terrivelmente mal administrada pelo FSB. Em vez de buscar seriamente negociações com os sequestradores, o FSB encerrou o impasse abrindo fogo contra eles, causando 333 mortes, incluindo 186 crianças. As autoridades foram posteriormente criticadas por permitir que os agressores passassem pelos postos de controle, como por usarem força excessiva ao encerrar o cerco. Mas como observou Andrei Kovalev, ex-funcionário da política externa do Kremlin, Putin, novamente, aproveitou a tragédia a seu favor: "Ele usou-a para aumentar a tensão tanto dentro da Rússia quanto nos assuntos internacionais e para lançar um novo ataque à democracia. 'Estamos lidando', declarou ele [Putin], 'com a intervenção direta do terrorismo estrangeiro contra a Rússia. Com guerra total, brutal e em grande escala'"[650].

Em seu relatório anual de 2004 sobre a Rússia, o Comitê para Proteção dos Jornalistas observou "uma supressão alarmante da cobertura jornalística durante a crise de Beslan" e relatou que vários jornalistas foram impedidos por agentes de segurança de ir a Beslan, inclusive Anna Politkovskaya. Politkovskaya estava a caminho de cobrir a crise para a *Novaia Gazeta* quando tomou um chá envenenado no voo e ficou tão gravemente doente que teve de ser hospitalizada. De acordo com o relatório, isso refletiu uma tendência maior de supressão dos meios de comunicação pelo regime de Putin:

> Utilizando agentes de inteligência e uma variedade de agências estatais politizadas, Putin pressionou no sentido de obter uma imprensa obediente e patriótica, em conformidade com o seu controle cada vez mais rígido sobre a democracia que se deteriorava na Rússia [...]. Reportagens críticas sobre o histórico do presidente, a corrupção governamental, o terrorismo e a guerra na Chechênia tornaram-se

---

650. Andrei A. Kovalev, *Russia's Dead End: An Insider's Testimony from Gorbachev to Putin*, trans. Steven I. Levine (Lincoln, NE: Potomac Books, 2017), Kindle ed., p. 269.

raras desde que Putin assumiu o cargo. A pressão aberta do Serviço Federal de Segurança (FSB), a obstrução burocrática, os processos judiciais politizados e as aquisições corporativas hostis permitiram que o Kremlin intimidasse e silenciasse muitos de seus críticos[651].

O controle do Kremlin sobre a mídia ajudou a garantir a vitória de Putin nas eleições presidenciais de março de 2004, com 71,9% dos votos. (O candidato comunista, Nikolai Kharitonov, o adversário mais próximo de Putin, recebeu 13,8%). À primeira vista, as eleições pareciam democráticas, mas, como observadores ocidentais apontaram, "os meios de comunicação social controlados pelo Estado falharam totalmente no cumprimento da sua obrigação legal de proporcionar tratamento igual a todos os candidatos, demonstrando claro favoritismo ao sr. Putin"[652]. Dito isso, Putin continuava a desfrutar de uma popularidade genuína em seu país. Seus índices de aprovação em março de 2004 estavam acima de 80%. Graças a um aumento no preço do petróleo, a economia russa havia se recuperado solidamente da queda dos anos 1990, com um crescimento significativo na renda e no consumo. Os russos comuns, agora em melhores condições, estavam gratos ao seu presidente.

A queda de Khodorkovsky

Putin também alcançou uma importante vitória sobre os oligarcas, com a prisão, em outubro de 2003, de Mikhail Khodorkovsky, que era visto pelo presidente russo e seus *siloviki* como uma ameaça ao seu domínio político e financeiro. Nascido em 1963, Khodorkovsky, proprietário da empresa de petróleo Yukos, era muito mais jovem e financeiramente mais bem-sucedido do que Berezovsky. (Em 2003, sua fortuna líquida fora estimada pela *Forbes* em oito bilhões de dólares, tornando-o o homem mais rico da Rússia). Mas, assim como Berezovsky, as ambições de Khodorkovsky iam além da riqueza. Ele não apenas acreditava que a economia deveria

---

651. Committee to Protect Journalists, "Attacks on the Press in 2004 – Russia", https://www.refworld.org/docid/47c566edc.html.
652. "Russian Federation Presidential Election", 14/mar/2004, *OSCE/ODIHR Election Observation Mission Report*, https://www.osce.org/files/f/documents/7/b/33100.pdf.

estar livre do controle estatal, como também se esforçava para estender suas atividades e as da Yukos para esferas sociais e políticas. Em dezembro de 2001, a Yukos estabeleceu a Fundação Open Russia, que logo abriu filiais por todo o país. O objetivo da fundação era promover o desenvolvimento da sociedade civil na Rússia, incentivando o bem-estar social, a saúde pública e a educação. Khodorkovsky também fez grandes doações para instituições sem fins lucrativos nos Estados Unidos e realizou palestras e discursos frequentes na Rússia e no exterior. Richard Sakwa, autor de um livro sobre o caso Yukos, escreve: "O objetivo, como Khodorkovsky disse, era ajudar a criar um 'país normal', mas isso também transformou sua imagem de barão ladrão em filantropo internacional[653]. A Yukos entrou no mercado de mídia no início de 2003, quando comprou o *Moscow News* e contratou um crítico ferrenho do Kremlin, Evgenii Kiselev, como seu editor. Além disso, Khodorkovsky doou milhões de dólares para os partidos políticos de oposição – Yabloko e União das Forças de Direita –, bem como aos comunistas. E ele ainda discutiu com membros do Rússia Unida sobre a possibilidade de fazer mudanças na Constituição para introduzir uma "república presidencial-parlamentar no estilo francês". Não surpreende que as empreitadas de Khodorkovsky tenham incomodado profundamente o Kremlin. O Open Russia, observa Sakwa, "passou a ser visto como um tipo de partido de oposição – o regime temia que pudesse articular um movimento anti-Putin"[654]. Segundo Zygar, "pessoas próximas a Khodorkovsky disseram que ele se via como um futuro primeiro-ministro dentro de um novo governo"[655].

As relações de Khodorkovsky com Putin ficaram especialmente tensas após uma reunião televisionada entre Putin e líderes empresariais no Kremlin em 19 de fevereiro de 2003. Com a aprovação de Voloshin, ainda chefe da Administração Presidencial, e do organizador da reunião, o presidente da Gazprom, Dmitrii Medvedev, Khodorkovsky fez uma apresentação intitulada "Corrupção na Rússia: um Freio ao Crescimento

---

653. Richard Sakwa, *Putin and the Oligarch: The Khodorkovsky-Yukos Affair* (London: I. B. Tauris, 2014), p. 38-41 (39).
654. Sakwa, *Putin and the Oligarch*, p. 41.
655. Zygar, *All the President's Men*, p. 50.

Econômico". Alegando que a corrupção no país era sistemática, totalizando 30 bilhões de dólares por ano, ele observou que era prevalente em transações entre o governo e o setor privado e citou como exemplo a aquisição da empresa de petróleo Severnaia Neft pela Rosneft. Segundo Khodorkovsky, o Estado pagou excessivamente à empresa, e o pagamento excedente serviu como suborno para os envolvidos na transação, incluindo funcionários do governo. O presidente russo ficou visivelmente irritado. Isso equivaleu a um ataque direto ao seu governo e à elite empresarial. O conselheiro de Khodorkovsky, o ex-general da KGB Aleksei Kondaurov, lembrou: "Se não fosse pelo discurso de Mikhail Borisovich em uma reunião com Putin, em fevereiro de 2003, não excluo a possibilidade de que nosso destino pudesse ter sido diferente. Não culpo Khodorkovsky. Ele fez o que achou melhor. Entendeu os riscos, e eu também. Eu achei que os riscos eram mais sérios do que ele pensava"[656].

Assim como aconteceu com Berezovsky, a imprudência de Khodorkovsky teve consequências graves. Após a reunião, o FSB, em colaboração com o procurador-geral Ustinov, intensificou uma investigação sobre a Yukos, iniciada em 2002, com foco na coleta de *kompromat*. Igor Sechin, que se tornaria presidente do conselho de administração da Rosneft em 2004, estava supostamente orquestrando esses esforços nos bastidores. Ele esteve envolvido no negócio da Rosneft para adquirir a Severnaia Neft e por isso, naturalmente, ficou ofendido com as críticas de Khodorkovsky à transação. Sechin também liderava a facção *siloviki* da equipe de Putin que defendia mais controle estatal sobre a economia. Com Khodorkovsky fora de cena, a Rosneft poderia adquirir os ativos da Yukos, o que de fato aconteceu[657].

Enquanto Khodorkovsky estava determinadamente buscando acordos financeiros, o que incluía uma proposta de fusão da Yukos com a Sibneft, de Abramovich, sinais de perigo começaram a aparecer. Primeiro veio a publicação, em maio, de um relatório de Stanislav Belkovsky,

---

656. Mikhail Khodorkovsky e Nataliya Gevorkyan, *Tiur'ma i volia* (Moscow: Howard Roark, 2012), Kindle ed., p. 524-25. Veja também Sakwa, *Putin and the Oligarch*, p. 54-56; e Zygar, *All the President's Men*, p. 51-56. Deve-se notar que Kondaurov declarou em outra fonte que não tinha ideia de que Khodorkovsky faria a apresentação.

657. Khodorkovsky e Gevorkyan, *Tiur'ma i volia*, p. 523-24; Sakwa, *Putin and Oligarch*, p. 72-76.

chefe do Conselho de Estratégia Nacional, intitulado "O Estado e a Oligarquia". O relatório afirmava, entre outras coisas, que Khodorkovsky estava organizando um golpe com alguns outros oligarcas. Em junho de 2003, Aleksei Pichugin, ex-oficial da KGB, responsável pela segurança econômica na Yukos, foi preso sob acusações de assassinato, que mais tarde se provaram falsas, e, no final do mês, os promotores fizeram buscas na sede da Yukos, em Moscou. Poucos dias depois, Platon Lebedev, presidente do Grupo Menatep, de Khodorkovsky, que era dono da Yukos, foi preso pela polícia quando estava internado em um hospital, acusado de fraude e evasão fiscal. As buscas continuaram ao longo do verão, e Khodorkovsky foi convocado para depor como testemunha[658].

Quando Berezovsky enfrentou uma investigação criminal e chamadas agressivas dos promotores para se apresentar para interrogatório, ele sabia que sua prisão era iminente e fugiu da Rússia. Mas Khodorkovsky tinha motivos para acreditar que poderia permanecer no país sem ser preso. Ao contrário de Berezovsky, Khodorkovsky tinha uma imagem altamente favorável no Ocidente e muito apoio de legisladores ocidentais, especialmente nos Estados Unidos. Ele discursou em Washington, tanto no Conselho Empresarial Estados Unidos-Rússia quanto no Carnegie Endowment, em 9 de outubro de 2003, parecendo confiante e seguro. Ele também tinha sido informado (falsamente, como se descobriu) que o presidente Bush tinha levantado o caso Yukos e Putin na cúpula de Camp David em setembro. Além disso, após a prisão de Lebedev, o primeiro-ministro Mikhail Kasyanov informara Khodorkovsky sobre Putin querer que soubesse que ele, Khodorkovsky, não tinha motivo para se preocupar. Voloshin também garantiu a Khodorkovsky que ele estava a salvo da prisão. Aparentemente, ambos os homens subestimaram a autoridade de Sechin, o principal responsável pelas ações contra Khodorkovsky[659].

Tal como aconteceu sob Yeltsin, acusações de má conduta financeira, ou outros atos criminosos, serviam como armas para lutar contra inimigos políticos. Mas, ao contrário de Yeltsin, Putin tinha domínio completo sobre as agências de aplicação da lei, então os acusados não tinham recurso.

---

658. Zygar, *All the President's Men*, p. 57-60; Belton, *Putin's People*, p. 232-38.
659. Sakwa, *Putin and the Oligarch*, p. 78-81; Khodorkovsky e Gevorkyan, *Tiur'ma i volia*, p. 537-39.

Khodorkovsky estava vulnerável. Na madrugada de 25 de outubro, a unidade antiterrorista do FSB, Alpha, realizou uma operação no jato particular de Khodorkovsky quando este fazia uma escala para reabastecer em Novosibirsk. Khodorkovsky foi detido por, supostamente, não ter cumprido uma intimação para comparecer ao escritório do promotor. Depois de ser levado de avião para Moscou, Khodorkovsky foi preso sem direito a fiança, aguardando seu julgamento em junho de 2004 por evasão fiscal, desvio de fundos e outros crimes. Em maio de 2005, um tribunal de Moscou condenou-o a nove anos de prisão em uma colônia de trabalho. (A sentença foi posteriormente reduzida para oito anos). Quanto à Yukos, depois que o governo russo afirmou que a empresa devia 27 bilhões de dólares em impostos e congelou seus ativos, a maior parte dela acabou sendo adquirida pela Rosneft[660].

Berezovsky, previsivelmente, retratou a prisão de Khodorkovsky como motivo de alarme no Ocidente, pela natureza cada vez mais ditatorial do regime de Putin. No início de novembro, justamente quando Putin estava prestes a participar de uma cúpula da União Europeia em Roma, Berezovsky instou os líderes ocidentais a se manifestarem contra as ilegalidades de Putin. Escrevendo no *The Daily Telegraph*, ele observou que "o Ocidente precisa prestar igual atenção aos ataques do sr. Putin às instituições democráticas na Rússia, assim como faz com relação à luta pela segurança global"[661]. Mais tarde, naquele mês, ele escreveu no *Le Monde* que os estadistas ocidentais deveriam parar de legitimar Putin como líder, e comparou-o a Stalin: "Em determinado momento, o Ocidente apoiou Stalin. Todos se lembram quais foram as consequências dessa política para o Ocidente e as consequências para nós"[662].

Berezovsky pregava em grande parte para ouvidos moucos. Por mais que os líderes ocidentais gostassem de ver a democracia na Rússia, uma mudança de regime não estava em seu programa. O senador John

---

660. Khodorkovsky e Gevorkyan, *Tiur'ma i volia*, p. 73-76; Sakwa, *Putin and the Oligarch*, p. 72-75, p. 82-84; Belton, *Putin's People*, p. 278-303. Vide também Myers, *New Tsar*, p. 281-90.

661. Boris Berezovsky, "The West Must Realize That Putin is Becoming a Dictator", *Daily Telegraph*, 6/nov/2003, em Berezovsky, *Art of the Impossible*, 2:365-67.

662. Boris Berezovsky, "We Russians Must Remove Putin from Power", *Le Monde*, 17/nov/2003, em Berezovsky, *Art of the Impossible*, 2:368-70.

McCain (1936-2018) pronunciou-se ferozmente contra o presidente russo após a detenção de Khodorkovsky, instando o presidente Bush a revogar o convite de Putin para a cúpula do G8 de junho de 2004, em King Island, Geórgia[663]. Mas o conselho de McCain foi ignorado. Putin compareceu à cúpula e, embora encorajando o presidente russo a ver os benefícios de se tornar um parceiro global cooperativo, respeitando os direitos humanos em seu país, os líderes ocidentais pareciam aceitar Putin como ele era.

---

663. Vide discurso de McCain no Congresso dos Estados Unidos em 4/nov/2003: https://www.aei.org/research-products/speech/senator-mccain-decries-new-authoritarianism-in-russia/.

CAPÍTULO 10

O KREMLIN NA OFENSIVA

> O senhor pode ser capaz de silenciar um homem, mas o barulho do protesto em todo o mundo ecoará em seus ouvidos, sr. Putin, até o fim de sua vida. Que Deus o perdoe pelo que você fez, não apenas a mim, mas à minha amada Rússia e ao seu povo.
> – ALEXANDER LITVINENKO, DECLARAÇÃO FEITA POUCO ANTES DE SUA MORTE, EM 23/NOV/2006

Com oligarcas politicamente ativos, como Berezovsky e Khodorkovsky, fora do caminho e uma vitória esmagadora nas eleições de março de 2004, Putin estava em posição de comandar o Kremlin como um feudo. E ele fez exatamente isso, nomeando seus aliados para liderar empresas estatais-chave e fundindo dinheiro e poder político como nunca. Conforme observou Andrei Piontkovsky após Putin concluir seu segundo mandato presidencial:

> O direito à propriedade na Rússia é inteiramente condicionado à lealdade do dono da propriedade ao governo russo. O sistema está tendendo a evoluir não na direção da liberdade e da sociedade pós-industrial, mas sim na direção de volta ao feudalismo, quando o soberano distribuía privilégios e terras a seus vassalos e podia retirá-los a qualquer momento[664].

As contribuições de alguns milhões de dólares que Berezovsky fez a Yeltsin e sua equipe na década de 1990 – para o livro de Yeltsin e para as campanhas eleitorais – eram insignificantes em comparação com o que Putin receberia como prova de lealdade de seus magnatas nos anos seguintes. O empresário russo exilado Sergei Kolesnikov lembrou: "Todo empresário sonha dar presentes e ganhar proteção. E se você der um

---

664. Conforme citado em Dawisha, *Putin's Kleptocracy*, p. 335.

presente ao presidente, é como ter o próprio Deus cuidando de você"[665]. Kolesnikov esteve envolvido no financiamento da construção do "palácio de Putin", o retiro presidencial de bilhões de dólares no Mar Negro, usando fundos doados que foram canalizados para uma empresa de investimentos chamada Rosinvest. Em 2022, a riqueza pessoal de Putin – parte dela oculta em contas *offshore* mantidas por terceiros – foi estimada entre 70 bilhões e 200 bilhões de dólares[666].

Parecia que quanto mais dinheiro e poder Putin acumulava, maior era sua necessidade de protegê-lo, eliminando todos os vestígios da democracia de Yeltsin. Em dezembro de 2004, foi aprovada uma nova lei, que pôs fim à eleição popular de governadores regionais, que doravante seriam nomeados pelos parlamentos regionais sob recomendação de Putin. Os governadores não mais prestariam contas ao povo que governavam, mas sim ao presidente russo. Na época em que essa lei entrou em vigor, a chamada Revolução Laranja estava ocorrendo na Ucrânia. Com a capacidade limitada de controlar eventos políticos fora das fronteiras da Rússia, Putin teve mais incentivo para reforçar seu controle político sobre seu próprio país.

Reviravolta na Ucrânia

A Revolução Laranja confundiu Putin e seus camaradas. O presidente da Ucrânia, Leonid Kuchma, estava no cargo desde 1994 e não concorreria a um terceiro mandato nas eleições presidenciais agendadas para outubro de 2004. Em vez disso, apoiava a candidatura de seu primeiro-ministro, Viktor Yanukovich, a escolha preferida do Kremlin. O principal candidato da oposição, o reformador democrático Viktor Yushchenko, defendia laços mais estreitos com o Ocidente, o que incluía a adesão à Otan e à União Europeia, e, portanto, era considerado indesejável pelo Kremlin. Assim, a equipe de Putin pressionou as

---

665. "Putin's Way", documentário *PBS Frontline*, 13/jan/2015, transcrição em https://www.pbs.org/video/frontline-putins-way/.
666. Nicholas Gordon, "How Rich Is Putin? Mystery of Russian President's Net Worth Complicates Biden's Decision to Sanction Him", *Fortune*, 25/fev/2022, https://fortune.com/2022/02/25/putin-net-worth-wealth-russia-ukraine-invasion-sanctions-biden-us/.

empresas russas a contribuírem com grandes somas de dinheiro para a campanha de Yanukovich e enviou assessores à Ucrânia para ajudar a definir estratégias. Na verdade, Putin estava tão empenhado em alcançar a vitória de Yanukovich, que até viajou para Kiev na véspera da eleição e instou os eleitores a apoiarem o candidato que escolhera[667].

Os esforços do Kremlin foram em vão. Depois de um segundo turno em novembro, Yanukovich venceu por pouco, mas a flagrante fraude eleitoral desencadeou protestos em massa por parte dos apoiadores de Yushchenko, e um segundo turno refeito, realizado no final de dezembro, deu a Yushchenko uma vitória com quase 52% dos votos, contra 44% de Yanukovich. Embora para Putin a eleição tenha sido uma derrota humilhante, para Berezovsky foi um triunfo, que, segundo Goldfarb, havia contribuído com cerca de 40 milhões de dólares para a campanha de Yushchenko. Após a eleição, ele e Goldfarb estabeleceram um escritório de sua Fundação Internacional de Liberdades Civis em Kiev, que, nas palavras de Goldfarb, seria usado "como ponte para uma revolução pacífica semelhante na Rússia"[668].

Berezovsky estava ansioso para assumir um papel na nova política da Ucrânia e até falou em se mudar para o país. Segundo relatos, ele pressionou Yushchenko a nomear a política ucraniana Yulia Tymoshenko como sua nova primeira-ministra e pretendia fazer grandes investimentos no país. Mas ele enfrentou fortes obstáculos. As acusações criminais pendentes na Rússia contra Berezovsky implicavam que, se ele fosse para a Ucrânia, o Kremlin pressionaria as autoridades ucranianas a expedirem sua extradição para a Rússia, o que colocaria o novo governo em uma posição embaraçosa. Assim, o governo de Yushchenko negou o pedido de visto de Berezovsky[669]. As contribuições financeiras de Berezovsky para a campanha de Yushchenko também foram controversas, dada sua reputação de fazer negócios financeiros duvidosos. Em outubro de 2005, Berezovsky encontrou-se em Londres com membros do parlamento ucra-

---

667. Myers, *New Tsar*, p. 270-71.
668. Goldfarb, *Death of a Dissident*, p. 316.
669. Al-Jazeera, 15/mar/2005, https://www.aljazeera.com/news/2005/3/15/berezovsky-puts-ukraine-in-quandary; "Russia's Citizen K", *Meduza*, 15/dez/2015, https://meduza.io/en/feature/2015/12/16/russia-s-citizen-k.

niano (Verkhovna Rada) que estavam investigando possíveis contribuições financeiras ilegais para a campanha de Yushchenko. Berezovsky admitiu que havia canalizado milhões de dólares para a Ucrânia, mas insistiu que o dinheiro era para apoiar o processo democrático no país, e não especificamente para a eleição de Yushchenko[670].

Nenhum desses problemas impediu Berezovsky de oferecer conselhos ao novo governo em Kiev, fosse solicitado ou não. Em maio de 2005, ele escreveu uma carta para Tymoshenko, enfatizando que seu principal objetivo era fazer que a Ucrânia influenciasse a mudança política na Rússia. Ele discutiu projetos comerciais propostos na Ucrânia que gerariam lucros a serem utilizados para promover os objetivos da Revolução Laranja e instou Tymoshenko a não fazer concessões à Rússia: "Em geral, o seu maior erro – tanto o seu quanto o de V. Yushchenko – consiste em superestimar o poder da Rússia de Putin. Se o senhor fizesse menos avanços em direção à Rússia [...] e fosse mais metódico, o regime na Rússia poderia ser mudado dentro de um ano, no máximo dois anos"[671].

Berezovsky tinha a firme convicção de que, para avançar, o novo governo ucraniano tinha de abordar o seu passado e finalmente chegar ao fundo de um crime que assolava o país havia vários anos: o terrível assassinato, em setembro de 2000, do jornalista e editor Georgiy Gongadze (1969-2000). Repleto de intriga política, o caso foi investigado de maneira intermitente com pouco sucesso, porque foi repetidamente sabotado por várias autoridades ucranianas. Uma prova importante foi a gravação de uma conversa, algum tempo antes do assassinato, entre o então presidente Kuchma e o ex-ministro de Assuntos Internos Iurii Kravchenko (1951-2005) sobre livrar-se de Gongadze, que havia sido altamente crítico do governo Kuchma. A gravação havia sido feita secretamente pelo guarda-costas de Kuchma, Mykola Melnychenko, que depois fugiu do país e obteve asilo nos Estados Unidos[672].

---

670. "Transcript of Berezovsky's Meeting with the Verhovna Rada Commission", 11/out/2005, in Berezovsky, *Art of the Impossible*, 2:121-29.
671. Carta para Yulia Timoshenko, 29/maio/2005, em Berezovsky, *Art of the Impossible*, 2:107-10.
672. "The Gongadze Inquiry: An Investigation into the Failure of Legal and Judicial Processes in the Case of Georgy Gongadze", Report N. 3, set/2007, https://piraniarchive.files.wordpress.com/2011/05/gongadze3.pdf.

Em algum momento, o pessoal de Berezovsky, incluindo Litvinenko e Felshtinsky, entraram em contato com Melnychenko e obtiveram cópias da gravação. Berezovsky, que concordara em fornecer proteção a Melnychenko, disse aos legisladores ucranianos durante a reunião de outubro que sua fundação havia transcrito algumas das gravações e entregado cópias das fitas e das transcrições às autoridades policiais ucranianas[673]. Melnychenko voltou a Kiev em dezembro de 2005 para falar com investigadores ucranianos e membros do parlamento. Mas, àquela altura, ele aparentemente havia sido pressionado, possivelmente pelos serviços de segurança russos, a ocultar algumas de suas provas contra Kuchma. Melnychenko afirmou que o grupo de Yushchenko o havia mandado "deixar Kuchma para lá", e ele posteriormente rompeu com o grupo de Berezovsky, depois de acusar seus membros de falsificar algumas das suas gravações. No final, o envolvimento de Berezovsky com o caso Gongadze não conseguiu ajudar a expor os responsáveis pelo assassinato, que até hoje permanece sem solução[674].

Putin empoderado

Os esforços de Berezovsky em prol da Revolução Laranja devem ter irritado profundamente o presidente russo. O que Putin e seus colegas, sem dúvida, temiam era o que Berezovsky idealizava: que a democracia na Ucrânia fosse contagiosa e se espalhasse para a Rússia, um temor que motivaria a agressão militar do Kremlin contra a Ucrânia em 2014 e 2022. Sua profunda preocupação com ameaças políticas do exterior foi agravada pela expansão da Otan em direção ao leste europeu, em março de 2004, quando seis países foram admitidos como novos membros: Bulgária, Eslovênia, Eslováquia e os três estados bálticos que anteriormente faziam parte da União Soviética – Lituânia, Letônia e Estônia.

---

673. "Gongadze Inquiry"; "Transcript of Berezovsky's Meeting with the Verhovna Rada".
674. Veja declarações de Felshtinsky e Goldfarb no site fraza.iua, 6/dez/2005, https://fraza.com/news/16365-felshtinskiy-melnichenko-vsegda-vel-razgovory-o-bolshih-dengah; https://fraza.com/news/16358-goldfarb-kole-melnichenko-mesto-v-tyurme; e Dmitrii Simakin, Ekaterina Blinova e Tat'iana Ivzhenko, "Konspirativnyi oblet: Skandal'nyi okhrannik Mel'nichenko vernulsia v Kiev cherez Moskvu, vstretivshis'neizvestnos kem", *Nezavisimaia gazeta*, 1º/dez/2005, https://on-demand.eastview.com/browse/doc/8667684.

Quando Putin se encontrou com George Bush em uma cúpula em Bratislava, capital da Eslováquia, em fevereiro de 2005, ficou claro que sua relação outrora amigável esfriara e que Putin, que alfinetou Bush mais de uma vez durante seus diálogos, perdera o interesse em cooperar com o Ocidente. Conforme observou a secretária de Estado Condoleezza Rice, "este Putin é diferente do homem que conhecemos na Eslovênia"[675]. No mês seguinte, em um discurso perante uma sessão conjunta da Duma e do Conselho da Federação, Putin fez a declaração, agora infame, de que "o colapso da União Soviética foi a maior catástrofe política do século"[676]. Por mais que Putin tenha desejado ser membro do clube dos líderes ocidentais quando se tornou presidente da Rússia, agora ele parecia estar convencido de que sua sobrevivência política em casa dependia de proteger agressivamente o império russo esgotado e de esforçar-se para obter hegemonia sobre o que a Rússia perdera em 1991. Conforme Lenin observou, "a política externa é uma continuação da política interna", e Putin acreditava que sua capacidade de controlar a política doméstica dependia de ser duro no exterior.

Liudmila Putina acompanhou Putin a Bratislava, onde passou tempo passeando com Laura Bush e a esposa do presidente da Eslováquia. Mas suas viagens ao exterior com o marido se tornariam menos frequentes. Segundo Sergei Pugachev, um banqueiro próximo aos Putin, Liudmila estava infeliz com a reeleição de seu marido: "Ela disse que concordou com quatro anos, não mais que isso. Ele teve que convencê-la a ficar"[677]. Em uma entrevista a três jornais russos, em junho de 2005, Liudmila lamentou que ela e suas filhas raramente tinham a oportunidade de conversar com Putin: "Ele não chega em casa antes de onze e meia ou meia-noite. Tentei convencê-lo de que é necessário não apenas trabalhar, mas também viver. Ele trabalha demais. Todos na família sabem disso". Ela também disse que seu envolvimento em projetos, como esposa do presidente, centrava-se em seu desejo de paz mundial e comunicação

---

675. Myers, *New Tsar*, p. 277.
676. Claire Bigg, "Was Soviet Collapse Last Century's Worst Geopolitical Catastrophe?", *RFE/RL*, 29/abr/2005, https://www.rferl.org/a/1058688.html.
677. Belton, *Putin's People*, p. 256.

entre diferentes países: "Provavelmente, toda mulher tem o desejo de salvar o mundo. Afinal de contas, uma mulher dá à luz filhos e ela quer mantê-los vivos, quer que vivam em paz"[678]. Seus objetivos passariam a divergir cada vez mais daqueles que o seu marido perseguia.

Para garantir que seu grupo o apoiasse solidamente, Putin fez mudanças no topo. Voloshin, antes defensor de Berezovsky, renunciou como chefe da Administração Presidencial em outubro de 2003, pouco depois da prisão de Khodorkovsky. Sua simpatia por Khodorkovsky e sua orientação a favor de promover negócios lucrativos colocaram-no em desacordo com a repressão de Putin aos financistas da Rússia[679]. Dmitry Medvedev, leal de longa data ao clã de São Petersburgo de Putin, assumiu o posto de Voloshin. Quatro meses depois, o último membro remanescente da velha guarda de Yeltsin, o primeiro-ministro Mikhail Kasyanov, foi demitido juntamente com todo o gabinete de Putin. Mais tarde, Kasyanov tornou-se um crítico veemente de Putin e juntou-se à oposição democrática. Sob Putin, ele havia defendido reformas muito necessárias no sistema financeiro da Rússia – incluindo novas privatizações de empresas estatais –, bem como um ambicioso programa de modernização da infraestrutura obsoleta da Rússia, como estradas e transporte ferroviário. Mas acabou conseguindo obter apenas reformas fiscais e uma taxa de inflação mais baixa[680].

O novo primeiro-ministro de Putin, Mikhail Fradkov, tinha formação em segurança, tendo servido no exterior em cargos reservados para a KGB e, mais tarde, como diretor da Polícia Tributária Federal. (Posteriormente, em 2007, Putin nomearia Fradkov para chefiar o Serviço de Inteligência Estrangeira). Patrushev permaneceria como chefe do FSB até 2008, enquanto Rashid Nurgaliev, subordinado de longa data de Patrushev na KGB/FSB, assumiu a liderança do MVD, as forças policiais regulares, em 2003. O ministro da Justiça, Chaika, trocou de lugar com

---

678. Marina Volkova, "Liudmila Putina: Strudovym kodeksom u Vladimira Vladimirovicha slozhnosti", RGRU, 1º/jun/2005, https://rg.ru/2005/06/01/putina.html.
679. "Key Kremlin Figure 'Quits'", *BBC News*, 29/out/2003, http://news.bbc.co.uk/2/hi/europe/3223847.stm.
680. Veja minha resenha do livro que conta tudo de Kasyanov, *Bez Putina: Amy Knight*, "Forever Putin?", *New York Review of Books*, 11/fev/2010.

o procurador-geral, Ustinov, em junho de 2006, garantindo assim que a agenda de investigações criminais de Putin fosse seguida rigorosamente. Em resumo, Putin continuou a ter todas as suas bases cobertas quando se tratava de segurança e aplicação da lei, os pilares do seu regime.

Berezovsky abre a guarda

Em 23 de janeiro de 2006, aniversário de sessenta anos de Berezovsky, seu adversário Aleksandr Khinshtein, que se abastecia das fontes dos serviços de segurança russos, publicou um artigo sensacionalista e contundente sobre ele. Khinshtein relatou uma entrevista com Nikita Chekulin, ex-diretor de um instituto científico russo, que já havia afirmado publicamente que fora recrutado pelo FSB e tinha conhecimento direto de que o FSB transferira hexógeno de instalações militares para destinatários secretos, presumivelmente para ser usado nos atentados aos prédios de apartamentos de 1999. Chekulin apareceu na estreia em Londres de "Assassinato na Rússia", em nome da equipe de Berezovsky. Ele, então, discutiu com Berezovsky e disse a Khinshtein que a história sobre o hexógeno era falsa e que Berezovsky e Litvinenko a inventaram. Além disso, Chekulin afirmou que Berezovsky tinha fabricado um plano de assassinato contra si mesmo para obter asilo no Reino Unido[681].

Ao mencionar o plano de assassinato, Chekulin referia-se às alegações de Vladimir Terluk de que ele teria sido recrutado para matar Berezovsky em 2003. Assim como Chekulin, com quem estava familiarizado, Terluk parece ter sido persuadido pelos serviços de segurança russos a retirar sua história original e, assim, fornecer mais munição para uma campanha de desinformação do Kremlin contra Berezovsky. Mais tarde, em abril de 2007, o canal de televisão estatal RTR apresentaria um programa destinado a implicar Berezovsky no envenenamento de Litvinenko. O programa incluía uma entrevista gravada com Terluk (que apareceu em silhueta, sob o pseudônimo Pyotr), alegando que, em 2003, Berezovsky lhe oferecera grandes somas de dinheiro para contar sua

---

681. Aleksandr Khinshtein, "Sensatsiia: Den vyrozhdeniia Berezovskogo", *Moskovskii komsomolets*, 23/jan/2006, https://on-demand.eastview.com/browse/doc/8894102.

história falsa às autoridades britânicas. Em resposta, Berezovsky moveu uma ação por difamação contra a RTR e Terluk e, em março de 2010, foi favorecido por uma sentença de 150 mil libras esterlinas decretada por um tribunal britânico[682].

A tendência de Berezovsky a fazer comentários extremos sobre Putin e o Kremlin testou a paciência das autoridades britânicas. Para comemorar seu sexagésimo aniversário, Berezovsky organizou uma festa suntuosa no Palácio de Blenheim, fretando um avião para trazer trinta de seus amigos mais antigos de Moscou para celebrar com seus amigos exilados de Londres e sua família. No dia seguinte, aparentemente perturbado pelo artigo calunioso de Khinshtein, Berezovsky concedeu duas entrevistas inflamadas à mídia. Ele disse à *Ekho Moskvy* que no último ano e meio vinha trabalhando para uma tomada forçada do poder na Rússia. "O regime atual", disse Berezovsky, "nunca permitirá eleições justas, então só há uma saída: uma mudança, uma interceptação forçada do poder". Ele prosseguiu, apontando que ninguém poderia ter previsto o colapso da União Soviética em 1991, e "o regime de Putin é muito mais fraco em termos de força do que era o regime comunista". Berezovsky detalhou seus planos com a Agence France-Presse (APF), dizendo que o poder seria retirado de Putin por meio de um golpe promovido pela elite, o que, então, inspiraria as pessoas a irem para as ruas. Alegando que sua fortuna triplicara para bilhões de dólares nos últimos cinco anos, Berezovsky disse que financiaria o golpe com seus fundos pessoais[683]. Suas declarações foram tão incendiárias, que até mesmo

---

682. Berezovsky *v*. Russian Television, https://www.5rb.com/wp-content/uploads/2013/10/Berezovsky-v-Russian-Television-and-Radio-No-2-2010-EWHC-476-QB.pdf. Essa não foi a primeira vez que Berezovsky usou o sistema jurídico britânico para defender o seu nome. Em 2000, ele abriu um processo por difamação contra a revista *Forbes* por causa de um artigo de Paul Klebnikov que o ligava à máfia chechena e ao assassinato de Vladislav Listev. Em março de 2003, a *Forbes* publicou uma retratação. Dois anos mais tarde, Berezovsky processou o presidente do Alfa Bank, Mikhail Fridman, por difamação em um tribunal de Londres. Após o julgamento com júri, em maio de 2006, o tribunal decidiu a favor de Berezovsky e Fridman foi condenado a pagar-lhe 50 mil libras, juntamente com os honorários advocatícios. Veja nota arquivada do editor da *Forbes*, 6/mar/2003, https://web.archive.org/web/20050112221325/http://www.forbes.com/forbes/1996/1230/5815090a_7.html; and Al'vina Kharchenko, "Prigovor v chest' Borisa Berezovskogo", *Kommersant*, 27/maio/2006, https://on-demand.eastview.com/browse/doc/9537455.
683. As duas entrevistas estão reproduzidas no site Kompromat.ru: http://www.compromat.ru/page_18101.htm.

Litvinenko achou que Berezovsky tinha ido longe demais, dizendo a um acadêmico britânico: "Eu o avisei de que não pode falar sobre mudar o regime político na Rússia pela força, mas ele me ignora. Vão pegá-lo. Ele não é cuidadoso o suficiente"[684].

Apenas um mês depois é que o governo britânico, provavelmente pressionado pelo Kremlin, reagiu às declarações de Berezovsky. Em uma declaração por escrito à Câmara dos Comuns em 23 de fevereiro de 2006, o ministro do Interior Britânico, Jack Straw, repreendeu severamente Berezovsky: "Advogar a derrubada violenta de um Estado soberano é inaceitável, e condeno esses comentários sem reservas". Depois de observar que o seu governo respeitava a Constituição e a integridade territorial da Rússia e valorizava sua parceria, Straw prosseguiu, alertando Berezovsky de que seu status de refugiado poderia ser revisado a qualquer momento e que "tomaremos medidas contra aqueles que usam o Reino Unido como base para fomentar distúrbios violentos ou terrorismo em outros países"[685].

Berezovsky respondeu ao aviso de Straw no início de março, com uma carta na qual recuou nas suas declarações sobre a derrubada do governo da Rússia, alegando que tinham sido mal interpretadas. "Em nenhuma das entrevistas que dei nem em artigos que publiquei eu apoiei um 'golpe violento', e muito menos uma 'instigação de tumultos violentos ou terrorismo'", escreveu ele. "Na entrevista que o senhor mencionou, usei a expressão 'interceptação forçada do poder', que reflete precisamente o significado de formas pacíficas de substituir regimes políticos autoritários por democráticos, como aconteceu, por exemplo, na Geórgia e na Ucrânia". Berezovsky continuou, dizendo: "Aprecio muito a decisão do Governo de Sua Majestade em me conceder asilo político no Reino Unido, mas não percebo, espero, como o senhor, que isso me condene a um voto de silêncio sobre as ações inconstitucionais do regime de Putin"[686].

Enquanto isso, o Kremlin atacava Berezovsky como nunca o fizera antes. Em 2 de março, a Procuradoria-Geral da Rússia anunciou

---

684. Conforme citado em Martin Sixsmith, *The Litvinenko File: The Life and Death of a Russian Spy* (New York: St. Martin's, 2007), p. 191.
685. *BBC News*, 27/fev/2006, http://news.bbc.co.uk/2/hi/uk_news/politics/4756880.stm.
686. *Gazeta.ru*, 3/mar/2022, http://www.compromat.ru/page_18320.htm#1.

acusações criminais contra ele com base no artigo 278 do Código Penal Russo, que proíbe "ações destinadas à tomada forçada do poder". Novos documentos solicitando sua extradição foram enviados ao Ministério do Interior um dia antes[687]. A mídia russa cumpriu seu papel. No final de fevereiro, o Primeiro Canal, da televisão estatal, transmitiu uma coletiva de imprensa realizada por Alu Alkhanov, presidente da República da Chechênia e aliado do Kremlin, que acusou Berezovsky de financiar terroristas chechenos. O *Izvestiia* especulou que Berezovsky enfrentaria um tribunal britânico por promover uma derrubada violenta do governo e, como resultado, poderia ser extraditado para a Rússia. E o *Moskovskii komsomolets* levantou questões sobre a saúde mental de Berezovsky[688].

Com seus investimentos comerciais cada vez mais em risco após as declarações feitas em janeiro, Berezovsky anunciou, em meados de fevereiro de 2006, que pretendia vender sua participação na Casa Editorial Kommersant para seu parceiro Badri Patarkatsishvili. Ele disse ao *The New York Times* que a pressão do governo Putin o estava impossibilitando de realizar negócios na Rússia[689]. Apenas meses depois, Patarkatsishvili venderia o *Kommersant* para Alisher Usmanov, um magnata dos metais que mantinha estreitos laços com o Kremlin. Embora Patarkatsishvili insistisse que não havia "nenhum subtexto político" envolvido no acordo de 300 milhões de dólares, observadores da mídia consideraram a venda uma manobra do Kremlin para obter controle sobre os meios de comunicação independentes, antes das eleições de 2007-2008[690].

No final, a persistência do Kremlin em pressionar o governo do Reino Unido para extraditar Berezovsky se mostrou inútil. Em 1º de junho de 2006, o juiz Timothy Workman emitiu uma sentença na qual negou o pedido de março do procurador russo, porque, segundo ele, Berezovsky tinha asilo político no Reino Unido e devolvê-lo à Rússia

---

687. *Vremia*, 3/mar/2006, http://www.vremya.ru/2006/37/51/146770.html.
688. *Kompromat.ru*, http://www.compromat.ru/page_18282.htmmpromat.ru.
689. Andrew E. Kramer, "Russia Forces Tycoon to Sell His Holdings", *The New York Times*, 16/fev/2006, https://www.nytimes.com/2006/02/17/business/worldbusiness/russia-forces--tycoon-to-sell-his-holdings.html.
690. "Russia: 'Kommersant' Purchase Changes Media Landscape", RFE/RL, 1º/set/2006, https://www.rferl.org/a/1071011.html.

violaria as disposições da Convenção de Genebra que protegiam aqueles com status de asilo[691].

O Kremlin abre fogo

O governo russo não comentou sobre a decisão relativa a Berezovsky, mas Putin e sua equipe não ficaram parados. Se as autoridades britânicas não cooperariam com Moscou na perseguição daqueles rotulados como criminosos e terroristas pela Rússia, outra estratégia se fazia necessária, e isso implicava a promulgação de leis que fornecessem ao Kremlin uma justificativa legal para a retaliação contra inimigos fora da Rússia. Em março de 2006, o parlamento russo aprovou uma lei antiterrorismo, que autorizava tanto as forças armadas quanto o FSB a agir contra terroristas no exterior. Essa lei foi seguida, em julho de 2006, por uma emenda à lei contra o chamado extremismo, que ampliou a lista de ações que constituem extremismo para incluir não apenas atividades terroristas, mas uma vasta gama de outros crimes, como a calúnia e a defesa da violência contra a integridade territorial da Rússia[692].

A linguagem vaga dessas leis deu ao FSB licença para agir sem restrições além das fronteiras da Rússia, alarmando os russos exilados na Grã-Bretanha, que temiam estar na lista de alvos do Kremlin. Vladimir Bukovsky (1942-2019), o famoso dissidente da era soviética, e Oleg Gordievsky, desertor da KGB, chamaram a atenção para o perigo em uma carta ao *The Times*, em julho de 2006:

> O palco está montado para qualquer crítico do regime de Putin no exterior, especialmente aqueles que fazem campanha contra o genocídio russo na Chechênia, para ter um encontro com um guarda-chuva de ponta envenenada [uma referência a Georgii Markov (1929-1978), um dissidente búlgaro que foi perfurado com um guarda-chuva em Londres, em 1978][693].

---

691. A decisão foi publicada no site do escritório de advocacia Carter-Ruck, que representava Berezovsky: https://www.carter-ruck.com/news/berezovsky-wins-again-on-extradition/.
692. Owen, *Litvinenko Inquiry*, p. 86-91.
693. Owen, *Litvinenko Inquiry*, p. 88.

Como um dos críticos mais ferrenhos de Putin e defensor declarado da causa chechena, Litvinenko estava especialmente preocupado. Berezovsky posteriormente disse à polícia britânica: "Sasha mencionou várias vezes que essa legislação, é claro, foi projetada, em primeiro lugar, para se livrar de nós – ele, Zakaev e eu"[694]. Em junho de 2002, as autoridades russas apresentaram novas acusações criminais contra Litvinenko por supostamente ter cometido atos ilegais de violência quando servia como oficial de contraterrorismo do FSB, e, segundo relatos, teriam feito uma tentativa frustrada de extraditá-lo antes de ele obter a cidadania britânica em 2005. Sir Robert Owen, que presidiu o inquérito de 2015 sobre Litvinenko, observaria mais tarde: "Como as evidências sugerem que a raiva do FSB não diminuiu com a partida de Litvinenko da Rússia, que ao menos alguns de seus membros parecem ter considerado traição do sr. Litvinenko à sua antiga organização, é razoável especular que tais sentimentos de traição, na verdade, tenham aumentado nos anos seguintes"[695].

Isso foi um eufemismo. Litvinenko não foi apenas coautor de dois livros (financiados por Berezovsky), um acusando o FSB de organizar os atentados de 1999 e outro, *The Lubianka Gang*[696], documentando o envolvimento do FSB em crimes organizados e terrorismo; ele também prestava consultoria para o serviço de inteligência britânico, MI6, e ajudava as autoridades espanholas a reunir evidências sobre figuras da máfia russa na Espanha. Pior de tudo: Litvinenko publicou um artigo para o *Chechen Press*, em julho de 2006, no qual afirmava que Putin era um pedófilo e tinha destruído fitas de si mesmo tendo relações sexuais com meninos menores de idade. Não é de admirar, portanto, que a fotografia de Litvinenko estivesse sendo usada para treinamento de tiro em um centro de treinamento das forças especiais russas[697].

Litvinenko ficou profundamente abalado com o assassinato da incansável jornalista russa Anna Politkovskaya, em Moscou, em 7 de outubro de 2006. Politkovskaya, que visitara Litvinenko em Londres pouco

---

694. Owen, *Litvinenko Inquiry*, p. 88.
695. Owen, *Litvinenko Inquiry*, p. 54.
696. Em tradução livre, *A Gangue de Lubianka*. (N. T.)
697. Owen, *Litvinenko Inquiry*, p. 54-60; Knight, *Orders to Kill*, p. 158.

antes de ser morta, compartilhava seu profundo desprezo por Putin e sua forte simpatia pelos chechenos. Ela fazia campanha incessante em seus artigos contra os horrores indescritíveis que o exército russo infligia ao povo checheno. Falando no Frontline Club de Londres, em 19 de outubro, Litvinenko disse à sua plateia: "Tenho certeza de que o assassinato de uma jornalista tão proeminente quanto Politkovskaya só poderia ter sido ordenado por uma pessoa: Putin"[698].

Embora Litvinenko temesse que pudesse ser a próxima vítima do Kremlin, ele não suspeitava que Andrei Lugovoi, que por muito tempo fizera parte do círculo de Berezovsky, fosse o executor designado. Ex-oficial da KGB, Lugovoi conheceu Berezovsky em 1993, enquanto trabalhava para a agência de guarda de Yeltsin e fornecia segurança para o vice-primeiro-ministro, Egor Gaidar. Em 1996, Berezovsky contratou Lugovoi para supervisionar a segurança da sua emissora de televisão, a ORT, onde Patarkatsishvili era diretor adjunto. No verão de 1998, Lugovoi acompanhou Berezovsky à Chechênia, onde Berezovsky negociou a libertação de reféns, e em 1999 estava ao lado de Berezovsky, juntamente com Litvinenko, quando Berezovsky fez campanha para a eleição à Duma, no Norte do Cáucaso[699].

Após deixar a ORT em 2001 para iniciar um negócio de segurança privada, Lugovoi visitou Berezovsky em Cap d'Antibes em diversas ocasiões para organizar a segurança e, posteriormente, prestou serviços semelhantes para membros da família de Berezovsky, inclusive para seu genro Egor Shuppe (1971-2023). Lugovoi também assumiu a proteção de Patarkatsishvili quando este estava em sua residência na Geórgia. Em julho de 2004, Lugovoi visitou Berezovsky em Londres e, no ano seguinte, viajou com ele para Israel e Kiev. Segundo Lugovoi:

> Por muito tempo, estive no centro da vida do sr. Berezovsky e do sr. Patarkatsishvili. O sr. Berezovsky não negou isso, e nem poderia. Fui encarregado de realizar muitas vigilâncias secretas e outras tarefas

---

698. Alexander Litvinenko at the Frontline Club, 19/out/2006, https://www.youtube.com/watch?v=m-feiiuj2I4.
699. Depoimento da testemunha Lugovoi no processo judicial Berezovsky u. Terluk, p. 4/mar/2011, Litvinenko Inquiry Evidence, https://webarchive.nationalarchives.gov.uk/ukgwa/20160613090333/https://www.litvinenkoinquiry.org/evidence; Knight, Orders to Kill, p. 158-61.

delicadas relacionadas à vida pessoal e romântica do sr. Berezovsky, até mesmo seus assuntos médicos, atuando como intermediário para ele com médicos e coisas do tipo[700].

Lugovoi chegou a voar para Londres, para o sexagésimo aniversário de Berezovsky, no avião particular do oligarca e compartilhou uma mesa com Litvinenko e sua esposa, juntamente com Goldfarb e Akhmed Zakaev.

Em 2006, Lugovoi viajava regularmente para Londres e se encontrava com Litvinenko para discutir vários planos de negócios. Não está claro quando Lugovoi foi recrutado para trabalhar secretamente para o FSB, mas, provavelmente, não foi muito tempo depois da desavença de Berezovsky com Putin e envolveu uma história aparentemente inventada sobre a prisão de Lugovoi. Lugovoi alegou que cumpriu pena de prisão por tentar ajudar Glushkov, colega de Berezovsky, a escapar da prisão em 2001. Mas Glushkov, há muito, suspeitava de que Lugovoi fazia parte de um complô para mantê-lo atrás das grades por mais tempo, ao mesmo tempo que fazia com que Lugovoi fosse confiável para o grupo de Berezovsky. O ardil claramente funcionou, permitindo que Lugovoi se infiltrasse ainda mais no círculo de Berezovsky e, por fim, estabelecesse uma amizade com Litvinenko. Quando o ex-oficial da KGB Yuri Shvets tentou alertar Litvinenko sobre Lugovoi, este respondeu que confiava em Lugovoi porque "ele cumpriu pena de prisão por Boris Berezovsky"[701].

Quando Litvinenko encontrou Lugovoi e seu cúmplice Dmitrii Kovtun (1965-2022) no Pine Bar do Millennium Hotel, em Londres, na tarde de 1º de novembro de 2006, um bule de chá verde estava sobre a mesa. Sem que Litvinenko percebesse, enquanto servia o chá em uma xícara, um dos dois homens derramou gotas de polônio-210, um veneno altamente letal, no bule. O restante desta trágica história é bem conhecido. Litvinenko ficou gravemente doente e morreu no hospital, após três

---

700. Depoimento da testemunha Lugovoi no processo judicial Berezovsky v. Terluk, 26/out/2011, Litvinenko Inquiry evidence, https://webarchive.nationalarchives.gov.uk/ukgwa/20160613090333/https://www.litvinenkoinquiry.org/evidence.

701. Depoimento de Glushkov para o inquérito Litvinenko, 27/fev/2015, https://webarchive.nationalarchives.gov.uk/ukgwa/20160613090328/https://www.litvinenkoinquiry.org/hearings; Depoimento de Shvets para o inquérito Litvinenko, 12/mar/2015, https://webarchive.nationalarchives.gov.uk/ukgwa/20160613090328/https://www.litvinenkoinquiry.org/hearings.

semanas de agonia, em 23 de novembro. Não demorou muito para a polícia identificar Lugovoi e Kovtun como os prováveis assassinos, mas eles já haviam fugido para a Rússia[702].

Consequências

Para Berezovsky, as ramificações do envenenamento de Litvinenko foram enormes. Tendo reunido Litvinenko e Lugovoi, ele provavelmente sentiu remorso, além de medo de ser o próximo na fila a ser morto. Conforme se constatou, no dia do envenenamento, Litvinenko havia se encontrado com um associado italiano chamado Mario Scaramella, que estava trabalhando com ele na investigação do crime organizado russo na Espanha. Scaramella enviara a Litvinenko e-mails de uma fonte de inteligência russa, indicando que o Kremlin estava por trás do recente assassinato de Politkovskaya e, também, planejava matar Litvinenko e Berezovsky. Percebendo subitamente a importância dos e-mails, depois de deixar o Millennium Hotel, Litvinenko foi ao escritório de Berezovsky para fotocopiá-los. Ele então pediu a Berezovsky que desse uma olhada nas mensagens fotocopiadas, mas este estava se preparando apressadamente para voar para a África do Sul naquela noite e estava com pressa demais para dar atenção aos documentos[703].

Enquanto ainda estava na África do Sul, Berezovsky soube da doença de Litvinenko e, depois de falar ao telefone tanto com Litvinenko quanto com sua esposa, entendeu que seu amigo estava em estado grave. No dia seguinte ao seu retorno a Londres, em meados de novembro, Berezovsky, foi ao hospital visitar Litvinenko, com Goldfarb, e seus piores temores foram confirmados. O cabelo de Litvinenko estava caindo, e ele sentia dores terríveis, mal conseguindo falar. Um relatório toxicológico confirmou que ele fora envenenado, mas somente depois que Goldfarb contratou um renomado toxicologista é que se descobriu que a causa do envenenamento tinha sido o polônio-210.

O polônio-210, uma substância altamente radioativa, foi a prova definitiva no caso de Litvinenko. Indetectável por contadores Geiger

---

702. Knight, *Orders to Kill*, p. 175-87.
703. Knight, *Orders to Kill*, p. 177.

comuns, porque emite radiação alfa, ao contrário da radiação gama, o veneno é extremamente difícil e perigoso de ser produzido. Na Rússia, era produzido e armazenado em apenas uma instalação nuclear, que era guardada pelo FSB. O fato de Lugovoi e Kovtun terem deixado vestígios de polônio – detectados por instrumentos especiais – em todos os locais onde estiveram durante sua visita a Londres confirmou que eles eram as pessoas recrutadas pelo FSB para envenenar Litvinenko. Lugovoi chegou a contaminar duas cadeiras no escritório de Berezovsky, quando passou para pegar ingressos de futebol que Egor Shuppe havia conseguido para ele em 31 de outubro e tomou uma taça de vinho com Berezovsky[704]. O Kremlin negou que estivesse envolvido no envenenamento, e mais tarde recusou-se a permitir que Lugovoi fosse extraditado para o Reino Unido para ser processado, piorando assim as já azedadas relações com o governo britânico. No início de fevereiro de 2007, Berezovsky recebeu uma ligação telefônica de Lugovoi, que havia sido nomeado publicamente como suspeito no assassinato de Litvinenko logo após a morte deste. (Lugovoi e Kovtun deram uma entrevista coletiva em Moscou, em 24 de novembro, negando sua culpa). Lugovoi perguntou a Berezovsky se ele acreditava em tais acusações. Berezovsky foi evasivo, sugerindo que Lugovoi fosse a Londres e falasse com a polícia para resolver o assunto, e oferecendo-se para pagar a um advogado. Lugovoi não apenas recusou a oferta, mas também virou o jogo contra Berezovsky. Em maio de 2007, depois que os britânicos emitiram um mandado internacional de prisão contra ele, Lugovoi deu outra entrevista coletiva com Kovtun, na qual anunciou que Berezovsky havia envenenado Litvinenko em conluio com o MI6 porque Litvinenko o estava chantageando com ameaças de revelar que ele era um espião do MI6. Lugovoi também alegou que ele e Kovtun foram incriminados por estarem contaminados com polônio[705].

---

704. Goldfarb, *Death of a Dissident*, p. 320-27, p. 335-38; Knight, *Orders to Kill*, p. 172-74; Entrevista de Berezovsky com a polícia britânica, 30/mar/2007, evidências do inquérito Litvinenko, https://webarchive.nationalarchives.gov.uk/ukgwa/20160613090333/https://www.litvinenkoinquiry.org/evidence.

705. Knight, *Orders to Kill*, p. 182-84; transcrição da coletiva de imprensa de Lugovoi e Kovtun, 31/maio/2007, Litvinenko Inquiry evidence, https://webarchive.nationalarchives.gov.uk/ukgwa/20160613090333/https://www.litvinenkoinquiry.org/evidence.

O tema da alegada conivência de Berezovsky em assassinatos na Rússia, é claro, não era novo. Mesmo Putin, quando questionado sobre o assassinato de Litvinenko durante uma coletiva de imprensa em fevereiro, deu a entender que Berezovsky estava envolvido, dizendo que os verdadeiros inimigos eram os "oligarcas fugitivos, escondidos na Europa Ocidental" que buscavam prejudicar a Rússia[706]. A ideia de que Berezovsky teria envenenado Litvinenko, especialmente com polônio, era ridícula. É verdade que o relacionamento de Berezovsky com Litvinenko estava tenso, porque, quando Litvinenko começou a trabalhar com o MI6, Berezovsky parou de pagá-lo. Litvinenko ficou descontente com a decisão de Berezovsky, mas os dois não estavam de forma alguma afastados. Os Litvinenko continuaram a viver na casa que Berezovsky lhes fornecera, e Berezovsky continuou a pagar a mensalidade escolar de Anatoly Litvinenko na City of London School. Litvinenko passava pelo escritório de Berezovsky pelo menos uma vez por mês[707]. Conforme Berezovsky sugeriu em uma entrevista concedida posteriormente, Lugovoi poderia facilmente ter colocado polônio em sua taça de vinho quando o visitara em seu escritório no dia anterior ao envenenamento de Litvinenko, mas o Kremlin queria que Berezovsky fosse o vilão, e não a vítima: "eles precisavam de um demônio, que está por trás de todas as conspirações, para ser considerado culpado de qualquer assassinato político"[708].

Na verdade, Egor Gaidar, o arquiteto das reformas econômicas liberais de Yeltsin, já havia preparado o terreno para a versão do Kremlin sobre a morte de Litvinenko – que o envenenamento fora uma provocação contra a Rússia, que nada tinha a ganhar com essa morte. Em 24 de novembro, apenas um dia após a morte de Litvinenko, Gaidar adoeceu enquanto participava de uma conferência em Dublin. Ele passou a noite no

---

706. Myers, *New Tsar*, p. 314.
707. Entrevista com Berezovsky, 24/nov/2006, evidências do inquérito Litvinenko, https://webarchive.nationalarchives.gov.uk/ukgwa/20160613090333/https://www.litvinenkoinquiry.org/evidence; Audiências de inquérito de Litvinenko, depoimento de Alex Goldfarb, 4/fev/2015, https://webarchive.nationalarchives.gov.uk/ukgwa/20160613090328/https://www.litvinenkoinquiry.org/hearings.
708. Dmitrii Bykov, "Boris Berezovskii: U Putina bylo tri varianta. On vybral khudshii," *Sobesednik*, 7/maio/2008, http://www.compromat.ru/page_22683.htm.

hospital, onde os médicos suspeitaram de gastroenterite ou complicações decorrentes do diabetes, e voltou um dia depois para Moscou, para dar continuidade ao tratamento médico. Então, em 29 de novembro, quando a notícia da hospitalização de Gaidar se espalhou, Anatoly Chubais declarou a jornalistas que estava certo de que Gaidar havia sido envenenado, porque a sua morte, assim como as de Politkovskaya e Litvinenko, "seria altamente favorável aos defensores de uma mudança anticonstitucional de poder na Rússia"[709]. No mesmo dia, em resposta aos votos de melhoras enviados por George Soros, Gaidar enviou-lhe uma carta por fax (publicada posteriormente em um site russo), na qual observava que Berezovsky tinha defendido a cooperação com terroristas internacionais e estava determinado a prejudicar as relações da Rússia com o Ocidente como forma de minar o poder de Putin. Gaidar sugeriu que Soros lembrasse às pessoas no Ocidente sobre a crueldade e a imoralidade de Berezovsky[710].

Uma semana depois, Gaidar escreveu um artigo no *The Financial Times* afirmando que "adversários do regime russo" estavam por trás do seu envenenamento[711]. Outros políticos concordaram, relacionando o crime aos assassinatos de Politkovskaya e Litvinenko. E todos repetiram a mesma linha do Kremlin, de que tais crimes não poderiam ser atribuídos à liderança russa, porque prejudicavam os interesses do Kremlin. O nome de Berezovsky não foi mencionado publicamente até o jornalista de televisão russo Nikolai Svanidze revelar que Gaidar lhe dissera que Berezovsky era o adversário do Kremlin que tinha cometido esses crimes. Isso provocou uma dura repreensão de Alex Goldfarb, que declarou que o Kremlin fora pego em flagrante no caso Litvinenko e que era lamentável que um economista respeitado como Gaidar estivesse ajudando o Kremlin a enganar as pessoas com propaganda falsa. Em uma entrevista com Yevgenia Albats, em junho de 2007, Gaidar vingou-se de Goldfarb ao dizer, falsamente, que Goldfarb era um especialista em química nuclear e,

---

709. "Chubais uveren, chto Gaidara khoteli ubit'", *Vesti.ru*, 29/nov/2006, https://www.vesti.ru/article/2307961.

710. Grani.ru, 2/fev/2007, http://www.compromat.ru/page_20146.htm.

711. Yegor Gaidar, "I Was Poisoned and Russia's Political Enemies Were Surely Behind It", *Financial Times*, 6/dez/2006, https://www.ft.com/content/aacc818a-855b-11db-b12c-0000779e2340.

portanto, provavelmente tinha ele mesmo envenenado Litvinenko. Uma campanha do Kremlin contra Goldfarb continuaria por anos[712].

Conforme apontou o comentarista russo Andrei Illarionov, a versão de Berezovsky como o culpado pela doença de Gaidar era absurda. Por que demorou vários dias para que o suposto envenenamento se tornasse conhecido? Por que não houve comentários ou relatos do episódio pelos médicos, nem em Dublin nem em Moscou? Por que tanto a polícia irlandesa quanto o Ministério das Relações Exteriores da Irlanda insistiram que não havia motivo para pensar que a doença de Gaidar fosse resultado de ação criminosa? E se ele estivesse gravemente doente por envenenamento, por que Gaidar já estava de volta ao seu escritório dois dias após retornar a Moscou? Illarionov concluiu que não houve envenenamento. Chubais e Gaidar inventaram essa história falsa para demonstrar sua lealdade, enquanto líderes do Partido União das Forças de Direita (SPS), a Putin[713].

A mão de ferro de Putin

O surgimento de Gaidar como defensor destacado da linha do Kremlin foi indicativo da natureza insidiosa do governo autoritário de Putin, à medida que transformava democratas em bajuladores. Sob Yeltsin, Gaidar fora um defensor vigoroso e corajoso dos ideais políticos e econômicos ocidentais, criticando até mesmo a guerra na Chechênia. Mas ele ficou em silêncio quando Putin começou a desmantelar reformas democráticas e a agir contra Khodorkovsky. Conforme observou o sociólogo Vladimir Shlapentokh (1926-2015): "A evolução política de Gaidar como figura pública, de um defensor da democracia e dos valores ocidentais a um partidário lastimável de qualquer movimento no Kremlin, é uma história triste [...]. O comportamento público recente

---

712. Andrei Illarionov, "Spetsoperatsiia 'Otravlenie Gaidara Borisom Berezovskim'", *LiveJournal*, 9/abr/2019, https://aillarionov.livejournal.com/1114866.html; entrevista de Gaidar para Albats, *Ekho Moskvy*, 17/jun/2007, https://soundstream.media/clip/17-06-2007-19-09-polnyy--al-bats-liberal-nyye-ekonomisty-i-vlast-protivorechiye-ili-neobkhodimost. Em 2020, Goldfarb e Marina Litvinenko entraram com um processo por difamação contra a televisão RT.
713. Illarionov, *LiveJournal*.

de Gaidar revela até que ponto o regime de Putin irá para intimidar a elite do povo russo"[714].

No entanto, havia aqueles como Boris Nemtsov, que se tornara um crítico contundente de Putin e de seu regime. Em um artigo de julho de 2007 para o *Vedomosti*, por exemplo, Nemtsov enumerou os motivos pelos quais a vida na Rússia de Putin se tornara "repugnante": a supressão da mídia, a vergonhosa corrupção governamental, a violência contra os manifestantes, as eleições fraudulentas e a promoção de uma corrida armamentista contra o Ocidente. O pior, escreveu Nemtsov, era que o regime tinha feito isso com a aprovação da maioria do povo russo, que estava satisfeito porque estava materialmente melhor do que antes de Putin[715]. Nemtsov deixou o Partido União das Forças de Direita (SPS) em 2004 e juntamente com Garry Kasparov, em 2008, fundou o movimento de oposição Solidariedade. A partir de sua prisão por participar de um protesto em novembro de 2007, Nemtsov enfrentou assédio legal contínuo das autoridades até ser tragicamente assassinado em frente ao Kremlin, em fevereiro de 2015[716]. Nemtsov permaneceu corajosamente na Rússia, mas, conforme demonstrado pelo assassinato de Litvinenko, mesmo a residência no estrangeiro não era uma proteção. Esse perigo óbvio não impediu Berezovsky de continuar desafiando imprudentemente o Kremlin em todas as oportunidades. Em abril de 2007, Berezovsky, talvez encorajado pelo status de pária da Rússia no Reino Unido, disse ao *The Guardian* que estava planejando a derrubada violenta de Putin e que tinha forjado laços estreitos com membros da elite dominante da Rússia, que planejavam um golpe palaciano. Berezovsky foi direto: "Precisamos usar a força para mudar este regime. Não é possível mudar este regime por meios democráticos". Além de oferecer orientação ideológica, Berezovsky disse que financiaria os

---

714. Vladimir Shlapentokh, "How Putin's Russia Embraces Authoritarianism: The Case of Yegor Gaidar", *Communist and Post-Communist Studies* 40, n. 4 (2007): 493-99 (497).

715. Boris Nemtsov, "Zhit' stalo luchshe, no protivnee", *Vedomosti*, 18/jul/2007, https://on-demand.eastview.com/browse/doc/12308262.

716. Knight, *Orders to Kill*, p. 257-81.

conspiradores do golpe[717]. A Procuradoria-Geral da Rússia respondeu às declarações de Berezovsky emitindo novas acusações criminais contra ele por conspiração para tomar o poder[718].

Berezovsky recuou de suas declarações de abril quando lhe perguntaram sobre seus planos para uma revolução na Rússia durante uma longa entrevista no Frontline Club[719], no início de junho de 2007[720]. Ele disse que a revolução não seria necessariamente sangrenta, mas não explicou os detalhes e foi vago ao ser questionado como o povo russo poderia ser convencido de que precisava de uma mudança política. Questionado se temia por sua vida naquele momento, ele respondeu: "Se o Kremlin decidir me matar, eu não tenho nenhuma chance de sobreviver [...]. Mas sou psicologicamente forte e durmo bem".

Ironicamente, não muito depois de sua aparição no Frontline, Berezovsky foi novamente alvo de uma tentativa de assassinato. Em junho de 2007, a Scotland Yard descobriu um plano para matar Berezovsky, e a polícia, mais tarde, prendeu um pistoleiro armado de etnia chechena, chamado Movladi Atlangeriev, no saguão do prédio do escritório de Berezovsky. O incidente causou alvoroço em Whitehall, o centro administrativo do Reino Unido. Mas devido a preocupações com uma deterioração adicional nas relações com o Kremlin, decidiu-se simplesmente expulsar Atlangeriev, que tinha laços conhecidos com o FSB, de volta para a Rússia. Mais tarde, após ser sequestrado e espancado em Moscou, ele desapareceu[721].

Nesse meio tempo, as relações entre Rússia e Grã-Bretanha haviam se deteriorado ainda mais. Quando Putin assumiu pela primeira vez a presidência da Rússia, a avaliação oficial britânica era de que "ele era

---

717. Ian Cobain, Matthew Taylor e Luke Harding, "I Am Plotting a New Russian Revolution", *The Guardian*, 13/abr/2007, https://www.theguardian.com/world/2007/apr/13/topstories3.russia.

718. "Protiv Berezovskogo vozbuzhdeno delo o zakhvate vlasti", *Gazeta.ru*, 13/abr/2007, https://www.gazeta.ru/news/lenta/2007/04/13/n_1057186.shtml.

719. O Frontline Club é um clube de mídia e instituição de caridade fundado em Londres pelo casal de jornalistas Vaughan e Pranvera Smith. (N. T.)

720. "Boris Berezovsky – Putting One over Putin", *Frontline Club*, 6/jun/2007, https://www.youtube.com/watch?v=lMB2o_rwW3E.

721. *BBC News*, 18/jul/2007, http://news.bbc.co.uk/2/hi/uk_news/6905271.stm; Depoimento da testemunha Alexander Goldfarb, inquérito Litvinenko, 20/maio/2013, https://webarchive.nationalarchives.gov.uk/ukgwa/20160613090333/https://www.litvinenkoinquiry.org/evidence.

essencialmente um modernizador liberal por instinto, que às vezes pode estar inclinado a usar métodos autoritários". Mas essa avaliação, é claro, mostrou-se errada. As contínuas tentativas da Rússia de extraditar Berezovsky e Zakaev e sua recusa em cooperar com a investigação britânica sobre o envenenamento de Litvinenko foram fontes importantes de tensão entre os dois países, levando a Grã-Bretanha a expulsar quatro diplomatas russos em julho de 2007; depois disso, o Kremlin retaliou ordenando que quatro diplomatas britânicos deixassem a Rússia[722].

As tensões da Rússia com a Grã-Bretanha refletiam a crescente beligerância em relação ao Ocidente por parte de Putin. Graças aos altos preços do petróleo e do gás, o crescimento econômico do país havia sido robusto por vários anos, contribuindo para uma nova confiança dentro do Kremlin sobre o papel da Rússia como ator global. Ao mesmo tempo, as "revoluções coloridas" nos antigos Estados soviéticos, juntamente com a expansão da Otan, levaram Putin e seus colegas a verem cada vez mais o Ocidente, em particular os Estados Unidos, como uma ameaça à Rússia. O discurso histórico de Putin na Conferência de Segurança de Munique, em fevereiro de 2007 – defensivo e ao mesmo tempo carregado de confrontação –, expressou uma série de queixas sobre a dominação dos Estados Unidos nos assuntos mundiais, que iam desde seus sistemas de defesa antimísseis balísticos até a inclusão dos países bálticos na Otan e o apoio financeiro ocidental a grupos russos de oposição política[723].

Enquanto isso, Putin estava gerenciando um conflito de poder e lucros entre os dois principais clãs *siloviki*, que eclodiu abertamente em outubro de 2007, quando oficiais do FSB prenderam um dos vices de Viktor Cherkesov, chefe da agência antinarcóticos. Cherkesov, que era aliado do guarda-costas de Putin, Viktor Zolotov, estava sob ataque de um grupo rival liderado por Patrushev e Igor Sechin. Sua resposta foi escrever uma carta aberta, publicada no *Kommersant*, na qual lamentava a luta entre os serviços de segurança da Rússia, dizendo que isso ameaçava a

---

722. Relatório da Comissão Parlamentar Selecionada do Reino Unido sobre Relações Exteriores, nov/2007, https://publications.parliament.uk/pa/cm200708/cmse-lect/cmfaff/51/5107.htm.
723. Thom Shanker e Mark Landler, "Putin Says U.S. Is Undermining Global Stability", *The New York Times*, 11/fev/2007, https://www.nytimes.com/2007/02/11/world/europe/11munich.html.

estabilidade do regime. Em uma entrevista subsequente, Putin repreendeu Cherkesov (sem mencionar seu nome) por expor suas queixas publicamente, e Cherkesov acabou por ser transferido para um cargo inferior. Até 2008, a guerra de clãs havia diminuído, mas deixara cicatrizes[724].

Parte do que alimentou o conflito *siloviki* foi a incerteza sobre as eleições presidenciais agendadas para março de 2008. Alguns radicais queriam que Putin fizesse a Duma alterar a Constituição para que ele pudesse concorrer a um terceiro mandato, enquanto outros tinham seus candidatos preferidos para suceder a Putin. No final, Putin escolheu seu leal protegido Dmitry Medvedev para concorrer à presidência, e Medvedev então anunciou que seu primeiro-ministro seria ninguém menos que Putin. Não surpreende que Medvedev, de quarenta e três anos, tenha tido dificuldade em estender sua autoridade sobre o governo. Conforme Myers escreveu, "todo o sistema – a burocracia, o exército, os meios de comunicação – estava tão condicionado ao papel [de Putin] como líder supremo, que lutava para preservar a aparência de que Medvedev estava no comando"[725].

Na condução das relações exteriores, Medvedev também foi limitado por Putin, que vetou a maioria de suas decisões. É verdade que Medvedev tinha suas próprias opiniões e estava mais aberto a melhorar as relações com o Ocidente do que Putin. Ele até se atreveu a não vetar uma resolução do Conselho de Segurança da ONU, em março de 2011, que autorizava intervenção militar na Líbia, o que deixou Putin furioso. Mas como Putin revelou mais tarde, Medvedev, antes das eleições, tinha concordado com ele que ele, e não Medvedev, concorreria novamente à presidência em março de 2012. Isso tornou Medvedev um presidente sem poder real, com Putin esperando nos bastidores[726]. Conforme observou Berezovsky, "não tendo controle sobre o governo nem sobre o parlamento,

---

724. Vide Peter Reddaway, *Russia's Domestic Security Wars: Putin's Use of Divide and Rule against His Hardline Allies* (Cham, Switzerland: Palgrave Macmillan, 2018).

725. Myers, *New Tsar*, p. 351.

726. Sobre Medvedev como presidente russo, veja as memórias do ex-embaixador dos Estados Unidos na Rússia, Michael McFaul: *From Cold War to Hot Peace: The Inside Story of Russia and America* (Boston: Mariner Books, 2018).

Medvedev um dia perguntará: 'quais são, de fato, os meus poderes?', e, nesse momento, Sechin certamente responderá: 'Ah, eu te avisei!'"[727].

O mandato de Medvedev como presidente da Rússia não trouxe alívio para Berezovsky. A campanha de mentiras do Kremlin contra ele continuou. Logo após a eleição de Medvedev em 2008, um ex-oficial do Comitê de Investigação do procurador afirmou em uma entrevista que Berezovsky havia ordenado o assassinato de Anna Politkovskaya[728]. Meses antes, o procurador-geral Chaika já havia insinuado que Berezovsky era o culpado, ao afirmar que a pessoa que ordenara o crime vivia no exterior e estava tentando "desestabilizar a liderança da Rússia". Mas essa foi a primeira vez que Berezovsky foi publicamente acusado por uma fonte policial de estar por trás da morte de Politkovskaya.

O filho de Politkovskaya, Ilya Politkovskii, diria mais tarde que os investigadores russos os pressionaram, a ele e à sua irmã Vera, a endossar suas alegações sobre Berezovsky, para que ele pudesse ser extraditado para a Rússia. Mas os irmãos resistiram, sabendo que Berezovsky estava sendo usado como bode expiatório. Embora os cinco assassinos contratados de Politkovskaya tenham, por fim, sido capturados e condenados, o *zakazchik*, isto é, o mandante, nunca foi encontrado. Como observou Vera Politkovskaya: "A pessoa que ordenou o assassinato não será revelada até que haja uma mudança de regime na Rússia"[729]. Mas essa possibilidade se tornava cada vez mais remota.

---

727. Bykov, "Boris Berezovskii".
728. Sergei Sokolov, "Agenty spetssluzhb – sredi organizatorov ubiistva Anny Politkovskoi", *Novaia gazeta*, 6/abr/2008, http://www.compromat.ru/page_22494.htm.
729. Knight, *Orders to Kill*, p. 132-43 (140). Os cinco assassinos de Politkovskaya eram chechenos e há fortes razões para acreditar que o presidente checheno Ramzan Kadyrov, a quem Politkovskaya acusou de ser um "dragão checheno", organizou os assassinatos. Mas Kadyrov nunca teria feito isso por sua própria iniciativa, como Philip Short nos quer fazer acreditar (ver Short, *Putin*, p. 56-57, 70). Kadyrov sempre recebia ordens de Putin.

CAPÍTULO 11

UMA VIDA DESMORONANDO

> Berezovsky era um jogador. Mas em seu cassino o jogo era a política. E é fato que, se uma pessoa joga para valer em um cassino, mais cedo ou mais tarde ela certamente perderá muito.
> – ANDREI VASILIEV, EX-EDITOR DO *KOMMERSANT*

Em 12 de fevereiro de 2008, Berezovsky sofreu uma perda devastadora. Seu parceiro de negócios de longa data e amigo mais próximo por quase duas décadas, Badri Patarkatsishvili, morreu repentinamente de um aparente ataque cardíaco aos cinquenta e dois anos, após desmaiar em seu quarto, na sua propriedade de 20 milhões de dólares em Surrey. Berezovsky estivera com Patarkatsishvili, apenas quatro horas antes de sua morte, em uma reunião em Londres com o advogado de Patarkatsishvili. Quando telefonou para seu consultor de mídia, Lord Timothy Bell (1941-2019), para informá-lo da morte de Patarkatsishvili, pouco depois de ter ouvido a notícia, Berezovsky chorou. Mais tarde, ele disse à jornalista Suzanna Andrews: "Ele [Badri] era como meu pai, irmão e filho – tudo ao mesmo tempo [...]. Nunca tivemos nenhum, nenhum conflito". De acordo com um amigo em comum, os dois homens, que falavam ao telefone quatro ou cinco vezes ao dia, estavam tão conectados que "eram quase como amantes"[730].

Como cidadão mais rico da Geórgia, Patarkatsishvili investira muito dinheiro nas empresas e instituições de caridade do país empobrecido. Ele também era dono da Imedi, a popular estação de televisão independente da Geórgia. Inicialmente um forte apoiador de Mikheil

---

730. Suzanna Andrews, "The Widow and the Oligarchs", *Vanity Fair*, 9/set/2009.

Saakashvili, que se tornou presidente da Geórgia em 2004 depois de liderar a Revolução das Rosas, Patarkatsishvili, mais tarde, desentendeu-se com ele e começou a apoiar a oposição política. A pedido de Berezovsky – e contra o conselho de sua esposa, Inna Gudavadze –, Patarkatsishvili concorreu à presidência do país em janeiro de 2008, opondo-se a Saakashvili. Apesar de prometer eletricidade e gás gratuitos para os eleitores se ganhasse, ele obteve apenas 7% dos votos. Cinco semanas depois, Patarkatsishvili estava morto[731].

Berezovsky perdera mais do que um amigo. Patarkatsishvili administrava finanças dos dois homens há anos. "Eu não prestava atenção em quanto dinheiro tínhamos, onde o dinheiro era alocado, como Badri organizava contratos. Eu não sabia de nada", disse Berezovsky a Andrews[732]. De acordo com Andrei Vasiliev:

> Quando Boria precisava de dinheiro para todos os seus projetos, para a política, ele pegava quanto precisava. E tudo era controlado por Badri. No alvorecer do capitalismo, todo mundo fazia negócios dessa maneira – Khodorkovsky, Fridman e Smolensky. Mas esses homens mudaram seus modos: eles passaram do jardim de infância para a primeira série, para a segunda, para a décima [...]. Boria, por outro lado, não frequentou essas aulas de jeito nenhum[733].

Acontece que Patarkatsishvili compartilhava do hábito soviético de Berezovsky de fazer acordos financeiros verbais, em vez de registrar as coisas por escrito; e ele escondeu seus ativos conjuntos em uma miríade de contas *offshore* e fundos no Chipre, no Panamá e nas Ilhas Cayman. Para complicar a situação, havia uma segunda esposa secreta de Patarkatsishvili em Moscou e um primo-irmão georgiano-americano, Joseph Kay, que afirmava que Patarkatsishvili o nomeara executor de seu testamento e se apoderara de seus ativos, estimados entre 2,6 bilhões de dólares e 6 bilhões de dólares. Gudavadze iniciou uma batalha feroz

---

731. Vladimir Socor, "Badri Patarkatsishvili: From Russian Businessman to Georgian Presidential Claimant", Partes 1 e 2, Jamestown Foundation, *Eurasian Daily Monitor* 4, n. 237, 21/dez/2007; Jim Nichol, "Georgia's January 2008 Presidential Election: Outcome and Implications", *CRS Report for Congress*, 25/jan/2008, https://sgp.fas.org/crs/row/RS22794.pdf.
732. Andrews, "Widow and the Oligarchs".
733. Albats, "Berezovskii byl chast'iu nashei zhizni".

contra Kay, que ocorreu em tribunais em todo o mundo e envolveu prisões e um suposto sequestro[734].

Por fim, a viúva de Patarkatsishvili prevaleceu sobre Kay, e ela recuperou os bens de seu falecido marido, mas isso levou vários anos. Nesse ínterim, ela e Berezovsky tiveram uma briga. Imediatamente após a morte de Patarkatsishvili, Berezovsky fez Gudavadze assinar documentos certificando que metade das participações de Patarkatsishvili eram legitimamente suas, por causa do acordo de parceria verbal que ambos fizeram em 1995. Em junho de 2008, Gudavadze mudou de ideia, alegando que Berezovsky e seu marido se separaram financeiramente em 2006, separando seus ativos. Em dezembro, Berezovsky, que não falava mais com Gudavadze, entrou com uma ação contra o espólio de Patarkatsishvili[735]. Ele argumentaria que o assédio político e legal que sofria do Kremlin o forçaram a fazer com que Patarkatsishvili mantivesse seus bens conjuntos apenas em nome de Patarkatsishvili, enquanto, na realidade, ele permanecia sendo proprietário de metade do patrimônio[736].

Berezovsky precisava desesperadamente da sua parte do dinheiro do espólio de Patarkatsishvili. Além das despesas com a sua grande família e estilo de vida luxuoso, seus projetos políticos agora incluíam um plano ambicioso para democratizar a Bielorússia. Berezovsky convenceu Alexander Lukashenko, o autoritário presidente da Bielorússia, de que ele deveria tomar medidas para se aproximar mais do Ocidente e se afastar de Moscou, que estava criando tensões com a Bielorússia por causa das tarifas de produtos de energia russos. Em meados de 2008, em um esforço para melhorar sua reputação no Ocidente, Lukashenko contratou a renomada empresa de relações públicas de Timothy Bell para fazer a sua "gestão de reputação", com Berezovsky pagando a conta de 3,9 milhões de dólares, que Bell, mais tarde, disse que nunca foi paga integralmente.

---

734. Andrews, "Widow and the Oligarchs"; Irina Khalip, "Voina za nasledstvo oligarkha Patarkatsishvili", *Novaia gazeta*, 9/dez/2009, http://www.compromat.ru/page_28642.htm.

735. "Berezovskii khochet zabrat' u vdovy Patarkatsishvili 3 milliard funtov", *Rosbalt.ru*, 8/fev/2009, https://www.rosbalt.ru/main/2009/02/08/616481.html.

736. Pavel Bandakov, "Berezovskii schitaet, chto Patarkatsishvili mog ego predat'", *BBC News*, 24/jan/2012, https://www.bbc.com/russian/business/2012/01/120124_berezovsky_badri_court_case.

Embora Lukashenko tenha dado alguns passos cautelosos em direção à reforma, como libertar alguns prisioneiros políticos, ele não conseguiu permitir eleições democráticas. Em 2009, ficou claro que o projeto estava fadado ao fracasso, e o grupo de Bell deixou o país[737].

Uma nova batalha

Berezovsky também embarcou em uma importante luta jurídica que lhe custaria milhões e, segundo alguns, contribuiria para sua morte prematura. Em julho de 2005, ele anunciou ao jornal de negócios russo *Vedomosti* que estava processando Roman Abramovich por "usar chantagem e ameaças para me forçar a vender ativos na Rússia a um preço reduzido"[738]. Quase dois anos depois, em junho de 2007, Berezovsky entrou com uma ação formal contra seu ex-parceiro no valor de 5,6 bilhões de dólares no Tribunal Superior britânico. No mês de outubro seguinte, ao avistar Abramovich em uma loja Hermes, em Knightsbridge, Berezovsky entregou-lhe documentos do tribunal, dizendo: "Tenho um presente para você". Mais tarde, ele disse que esse incidente tinha sido "como uma cena de *O Poderoso Chefão*"[739].

Diz-se que Abramovich, avaliado em mais de 12 bilhões de dólares, continuava a desfrutar do favor de Putin, embora passasse cada vez mais tempo na Grã-Bretanha, onde era proprietário de várias casas luxuosas, além do Chelsea Football Club. Ele também era proprietário de um Boeing 767 e do maior iate do mundo – uma embarcação de 560 pés equipada com dois helipontos e um submarino[740]. Conforme observado, em 2001, Berezovsky e Patarkatsishvili receberam um pagamento de 1,3 bilhão de

---

737. "How British Spin-doctors and Boris Berezovsky Tried to Help Alexander Lukashenko Win over the West", *Meduza*, 10/set/2020, https://meduza.io/en/feature/2020/09/10/guys-get-out?fbclid=IwAR2FV7cv3zwju--tWGbpkdcjiyYkcFwSPF6sunu5lZYqlOYIErbMejmb5cs.
738. Tat'iana Egorova e Mariia Rozhkova, "Berezovskii sobiraetsia v sud", *Vedomosti*, 5/jul/2005, https://www.vedomosti.ru/newspaper/articles/2005/07/05/berezovskij-sobiraetsya-v-sud.
739. Sarah Lyall, "A Clash of Titans Exposes Russia's Seamy Underside", *The New York Times*, 9/nov/2011, https://www.nytimes.com/2011/11/10/world/europe/berezovsky-v-abramovich-offers-peek-into-post-soviet-russia.html.
740. Masha Gessen, "Comrades-in-Arms", *Vanity Fair*, 13/nov/2012, https://www.vanityfair.com/news/politics/2012/11/roman-abramovich-boris-berezovsky-feud-russia.

dólares de Abramovich para desistirem de suas reivindicações sobre a Sibneft. Quatro anos depois, Abramovich vendeu a sua participação de 70% na Sibneft para a gigante da energia Gazprom por incríveis 13 bilhões de dólares. Em sua ação judicial, Berezovsky afirmou que, se não tivessem sido forçados por Abramovich a renunciar às suas ações anteriormente, ele e Patarkatsishvili teriam recebido metade dessa quantia, dado que seu interesse conjunto na Sibneft era dividido meio a meio com Abramovich.

Outra parte, muito menor, da reivindicação de Berezovsky contra Abramovich tinha a ver com ações em empresas de alumínio, que, segundo Berezovsky, ele, Patarkatsishvili e Abramovich haviam adquirido usando seus lucros da Sibneft, e depois, em 2000, fundiram com os ativos do oligarca Oleg Deripaska para formar uma empresa chamada Rusal. Berezovsky argumentava que, juntos, ele e Patarkatsishvili possuíam 25% das ações da Rusal, embora estas fossem controladas e legalmente possuídas por Abramovich. Em 2003, Abramovich havia vendido ações da Rusal para Deripaska sem a permissão de Berezovsky e Patarkatsishvili e não os compensara, exceto por uma quantia para Patarkatsishvili por, supostamente, fornecer serviços que facilitaram o empreendimento[741].

O julgamento de Berezovsky contra Abramovich no Tribunal Superior de Justiça de Londres, o maior caso financeiro na história britânica, só começou em outubro de 2011, após extensos procedimentos legais que envolveram rodadas e rodadas de recursos sobre questões processuais e factuais e extensas declarações de testemunhas. Apenas para o julgamento, havia 4 mil páginas de alegações por escrito. Nas palavras da juíza que presidiu o caso, a Juíza Elizabeth Gloster: "Dados os substanciais recursos das partes e as graves alegações de desonestidade, o caso foi fortemente defendido por ambos os lados. Isso significou que nenhuma pedra de evidência foi deixada sem ser virada, sem ser abordada ou sem ser polida"[742].

As audiências, no melhor estilo drama de tribunal, continuaram até 19 de janeiro de 2012, atraindo uma cobertura midiática sem precedentes. Segundo o *The New York Times*:

---

741. Depoimento da testemunha Berezovsky, Berezovsky *v.* Abramovich.
742. Berezovsky *v.* Abramovich, Resumo Executivo do Julgamento Completo, https://www.bailii.org/ew/cases/EWHC/Comm/2012/2463(image1).pdf, 14.

Em um momento de austeridade e notícias sombrias vindas da Europa, o julgamento se provou ser uma diversão cinematográfica bem-vinda. Os dois oligarcas viajam com grandes comitivas, que incluem seguranças corpulentos, parecidos com "leões de chácara", ostentando fones de ouvido no estilo Serviço Secreto, e belas namoradas empunhando bolsas de grife[743].

O jornalista Peter Pomerantsev ficou igualmente impressionado:

> As testemunhas no tribunal número 26 do Edifício Rolls eram um "quem é quem" da Rússia pós-soviética: ativistas anti-Putin, ministros chechenos no exílio, ex-chefes da administração do Kremlin, diretores do Chelsea Football Club e uma equipe de trinta advogados ingleses. "São os últimos vinte anos da nossa história enfiados em uma sala", disse um jornalista russo[744].

A disputa centrava-se na questão de saber se Berezovsky e Patarkatsishvili de fato possuíam ações da Sibneft e da Rusal. A alegação de Abramovich era que os dois nunca haviam contribuído financeiramente para seus empreendimentos comerciais e nunca foram acionistas. Eles recebiam os pagamentos dele por fornecerem *krysha*, inclusive patrocínio político e lobby[745]. Segundo Berezovsky, ele e Patarkatsishvili eram acionistas reais e recebiam lucros como tal, mas Abramovich havia insistido que eles mantivessem sua propriedade em segredo e permitissem que ele controlasse suas ações por causa do envolvimento político de Berezovsky com a administração Yeltsin. "Eu não teria utilizado minhas próprias conexões comerciais e capital político pessoal, muito menos teria feito compromissos financeiros", disse Berezovsky em sua declaração de testemunha, "se não fosse pelo fato de me tornar coproprietário da empresa recém-criada"[746]. Segundo o relato de Berezovsky, Abramovich mais tarde os pressionou a vender suas ações, ameaçando-os com represálias do Kremlin, inclusive contra seu amigo Glushkov, que estava minguando em uma prisão russa. Mas Abramovich alegou que, quando ele e Patarkatsishvili conduziram

---

743. Lyall, "Clash of Titans".
744. Pomerantsev, "Berezovsky's Last Days".
745. Depoimento da testemunha de Abramovich, *Berezovsky v. Abramovich*.
746. Depoimento da testemunha Berezovsky, *Berezovsky v. Abramovich*, p. 28.

negociações no início de 2001, não houve discussão a respeito de Patarkatsishvili e Berezovsky venderem seus interesses na Sibneft, que eles não tinham, e que Patarkatsishvili solicitara apenas um pagamento final em dinheiro por serviços de *krysha*. Abramovich também afirmou que nunca usou a prisão de Glushkov como ameaça. Disse que discutira sobre Glushkov com Patarkatsishvili apenas por temer que o comportamento de confronto de Berezovsky em relação ao Kremlin colocasse em risco a situação de Glushkov:

> O sr. Patarkatsishvili e eu discutimos "como controlar o Boris", ou seja, qual seria a melhor forma de tentar persuadir o sr. Berezovsky a moderar sua conduta (que eu achava bastante irresponsável) para não piorar ainda mais as relações com o governo russo. Lembro-me de ter dito ao sr. Patarkatsishvili que o sr. Berezovsky se comportava como uma criança[747].

Com Patarkatsishvili morto, não havia ninguém que contestasse o relato desse encontro feito por Abramovich. Patarkatsishvili tinha prestado depoimentos como testemunha antes de morrer, os quais foram oferecidos como evidência no julgamento, para mostrar que suas discussões com Abramovich eram baseadas na suposição de que ele e Berezovsky eram acionistas da Sibneft. Mas ao interrogar aqueles que prepararam os depoimentos, os advogados de Abramovich lançaram dúvidas sobre sua veracidade, fortalecendo assim a alegação de Abramovich de que ele tinha um bom relacionamento com Patarkatsishvili até a sua morte, encontrando-se com ele em várias ocasiões. (A viúva de Patarkatsishvili, Inna Gudavadze, naquela época já estava alinhada com Abramovich, que a estava ajudando a acessar os ativos de Patarkatsishvili na Rússia. Ela sentou-se visivelmente ao lado de Abramovich na sala do tribunal). Segundo Abramovich, quando os dois se encontraram em Israel, no início de 2006, Patarkatsishvili disse-lhe que não apoiaria o processo de Berezovsky contra ele: "Lembro-me dele dizendo que achava que eu os tinha tratado muito justamente em relação à Sibneft. Ele disse que ninguém lhes pagaria mais"[748].

---

747. Depoimento da testemunha de Abramovich, Berezovsky *v.* Abramovich, p. 59.
748. Depoimento da testemunha de Abramovich, Berezovsky *v.* Abramovich, p. 95-96.

Testemunho em tribunal

O ônus da prova estava sobre Berezovsky, como reclamante, e ele foi o primeiro a depor, testemunhando por seis dias. As coisas não correram bem. Em 6 de outubro, o principal advogado de Abramovich, Jonathan Sumption, interrogou Berezovsky e o colocou em uma situação difícil quando mencionou o fato de que ele persuadira a Família Yeltsin a aprovar a criação da Sibneft para poder usar os lucros para a ORT, o que se mostrou crucial para convencer as pessoas a votarem em Yeltsin em 1996:

> P.: O senhor, nestes procedimentos, negou indignadamente a sugestão de que era corrupto; presumivelmente, portanto, o senhor desaprova isso, a corrupção?
> R.: Eu realmente confirmo que não sou corrupto e não subornei ninguém...
> P.: Agora, suponha que um empresário aborde um político eleito e diga: "Vou apoiar sua campanha de reeleição, por isso, por favor, exerça os seus poderes oficiais de uma forma que favoreça os interesses comerciais meus e de meus associados", e o político eleito diga: "Sim". Na sua opinião, isso é ser corrupto?
> R.: Espere um segundo. Me dê uma referência: onde está isso?
> P.: O senhor pode ler minha pergunta na tela?
> R.: Não, não, estou lendo... Espere um segundo. (Pausa) Sim, é corrupto[749].

Em outro momento, Sumption perguntou a Berezovsky sobre uma declaração que ele fizera à jornalista russa Nataliya Gevorkyan em uma entrevista de 1999: "Eu não sou acionista da Sibneft e disse isso muitas vezes, embora eu estivesse fazendo lobby pela criação desta empresa, e tenho interesses estratégicos nesta empresa e em relação a ela". Berezovsky concordou que a citação estava correta, mas pediu a Sumption para entender "o contexto de tudo o que estamos discutindo"[750]. A questão de Berezovsky era que ele negava publicamente ser dono de ações da Sibneft por razões políticas, por causa de sua associação com Yeltsin e o Kremlin.

---

749. Opus 2 Internacional, Berezovsky *v.* Abramovich, dia 4, 6/out/2011, transcrição, p. 13-14, https://pravo.ru/store/interdoc/doc/298/Day_4.pdf.
750. Opus 2 Internacional, Berezovsky *v.* Abramovich, Dia 4, p. 131-32.

Mas o interrogatório de Sumption e as inconsistências de Berezovsky prejudicaram sua credibilidade.

A razão pela qual Abramovich fizera pagamentos a Berezovsky e a Patarkatsishvili era crucial para a questão da propriedade. Em seu depoimento, Abramovich disse:

> As demandas do sr. Berezovsky [por pagamentos] não estavam vinculadas a nenhuma noção de "participação nos lucros" – seja da Sibneft ou de qualquer outra empresa. O sr. Berezovsky nunca me pediu para lhe fornecer qualquer posição oficial de lucros e perdas da Sibneft nem de qualquer outra empresa sob o meu controle. Parecia que ele só estava interessado em saber se eu tinha dinheiro suficiente disponível para atender às suas demandas de pagamento[751].

A abordagem indiferente de Berezovsky foi confirmada em seu testemunho no julgamento, quando a juíza Gloster perguntou-lhe: "Houve algum processo formal ou informal pelo qual Badri ou o senhor, ou funcionários em seu nome, auditavam os lucros que estavam sendo gerados pela Sibneft?". A resposta de Berezovsky (em inglês imperfeito) foi: "Não sei de nenhum processo formal. Só sei das reuniões regulares que Badri [tinha] com Roman". Quando questionado por Sumption a respeito de como Patarkatsishvili tinha apurado os lucros da Sibneft, Berezovsky respondeu: "Não tenho a menor ideia. Acho que, como concordamos [...] em 1995, confiamos em Abramovich e não tínhamos tempo para gerenciar a empresa e enviar auditoria"[752].

Essas declarações seriam citadas pela juíza Gloster em seu julgamento final, onde comentou: "Se de fato tivesse havido um acordo expresso de que o sr. Berezovsky e o sr. Patarkatsishvili teriam direito conjuntamente a 50% dos lucros líquidos após impostos da Sibneft e/ou das Trading Companies do sr. Abramovich, poder-se-ia esperar que, pelo menos, algum tipo de processo de auditoria informal tivesse ocorrido"[753]. Berezovsky explicou sua falta de preocupação com detalhes financeiros e contratos por escrito, em sua declaração de testemunha. "Tais acordos

---

751. Depoimento da testemunha de Abramovich, Berezovsky *v.* Abramovich, p. 132-33.
752. Gloster, *Approved Judgment*, p. 160.
753. Gloster, *Approved Judgment*, p. 160.

verbais eram simplesmente uma prática comum naquela época entre russos na Rússia, onde a maioria das transações comerciais no nível em que eu operava colocavam, necessariamente, uma grande ênfase na confiança pessoal"[754]. Enquanto dava seu depoimento, ele teve dificuldade em transmitir essa questão.

Não ajudou em nada o caso de Berezovsky o fato de que o ex-chefe de gabinete de Putin, Aleksandr Voloshin, ter testemunhado no tribunal que nem ele nem Putin pressionaram Berezovsky a vender a ORT em agosto de 2000 ou o ameaçaram trazendo à tona a prisão de Gusinsky. De acordo com Voloshin, não havia necessidade de fazer Berezovsky vender suas ações na ORT, porque o governo possuía 51% das ações na empresa de televisão e Berezovsky controlava apenas 49%; então eles poderiam nomear o diretor e controlar o conteúdo e a programação. O governo apenas queria que Berezovsky parasse de exercer sua influência "informal" sobre a ORT. Na verdade, Berezovsky sempre exercera controle suficiente sobre o conselho de administração da ORT para vetar decisões importantes. Mais tarde, a juíza Gloster diria em sua decisão que achou o testemunho de Voloshin convincente: "Embora ele tenha dado seu testemunho por meio de um tradutor, tive a impressão, pela maneira como ele deu suas respostas, pela sua conduta e pelo conteúdo de suas respostas, de que ele deu seu testemunho de forma honesta e direta [...], seu relato das reuniões [com Berezovsky] foi mais crível do que o dado por Berezovsky"[755].

A juíza Gloster também aceitou como verdadeiro o testemunho do oligarca de confiança de Putin, Oleg Deripaska, feito ao tribunal por videoconferência. Berezovsky declarara que, em março de 2000, no Dorchester Hotel de Londres, ele, Patarkatsishvili e Abramovich se reuniram com Deripaska e concordaram com a fusão de seus ativos de alumínio, obtidos com os lucros de ações da Sibneft, com os de Deripaska, para formar a Rusal. Berezovsky e Patarkatsishvili deteriam de 25% da nova empresa, Abramovich 25% e Deripaska 50%. Deripaska testemunhou que não houve negociações relativas à Rusal na reunião de Londres, porque

---

754. Depoimento da testemunha Berezovsky, Berezovsky *v.* Abramovich, p. 28.
755. Gloster, Approved Judgment, p. 264.

ele e Abramovich já haviam concordado com a fusão, sendo apenas os dois os proprietários da Rusal. Admitindo seu intenso desgosto tanto por Berezovsky quanto por Patarkatsishvili, Deripaska disse que compareceu à reunião porque isso lhe deu a oportunidade de conhecer melhor Abramovich e, acrescentou, porque Berezovsky lhe devia dinheiro[756]. Naquela época, Berezovsky ainda residia em Moscou, então não estava claro por que Deripaska sentiu que precisava ir para Londres para confrontá-lo.

Por sua vez, Abramovich disse que tinha voado para Londres para a reunião apenas porque Berezovsky havia solicitado: "Naquela época, eu ainda considerava Berezovsky um dos homens mais poderosos da Rússia, e quando ele me convidava para uma reunião, eu sempre comparecia"[757]. Para um observador experiente da política russa, a explicação de Abramovich deve ter parecido fraca. Em março de 2000, ficou claro que Berezovsky já não tinha influência com aqueles que governavam o país, muito menos com Putin. Quaisquer que fossem as incongruências das suas narrativas sobre a reunião em Londres, a juíza Gloster acabaria tomando partido dos detratores de Berezovsky, concluindo: "Prefiro o testemunho deles ao do sr. Berezovsky"[758].

A juíza também interpretaria a favor de Abramovich uma prova fundamental apresentada pela equipe de Berezovsky: a transcrição de uma conversa gravada secretamente por Patarkatsishvili entre Abramovich e Berezovsky no Aeroporto de Paris-Le Bourget em dezembro de 2000. Na conversa, Berezovsky diz claramente que ele, Patarkatsishvili e Abramovich deveriam legalizar seu interesse na Rusal. E Abramovich responde: "Nós só detemos 50% lá, então a outra parte tem que concordar", e acrescenta que, por causa dos impostos, essa legalização reduziria sua renda [da Rusal]. Ele, então, diz: "Além disso, você terá de esperar na fila para receber os dividendos". Surpreendentemente, a juíza Gloster concluiu: "Considerando o contexto, pode-se ver que o comentário do sr. Abramovich foi uma resposta à sugestão do sr. Berezovsky de que ele

---

756. Transcrição do depoimento de Deripaska, 18/nov/2011, https://pravo.ru/store/interdoc/doc/317/Day_29.pdf.
757. Depoimento da testemunha de Abramovich, *Berezovsky v. Abramovich*, p. 51.
758. Gloster, *Approved Judgment*, p. 473.

deveria se tornar acionista da Rusal para receber pagamentos no futuro, ao invés de qualquer reconhecimento de um interesse existente"[759]. Seriam necessários sete meses após o fim das audiências, em janeiro de 2012, para que a juíza revelasse suas conclusões a um tribunal lotado e ansioso.

Putin desafiado em casa

Durante o interregno de Medvedev, Putin, enquanto primeiro-ministro, continuou a puxar os cordões do poder no Kremlin, para grande decepção dos líderes ocidentais, incluindo o presidente Barack Obama. O embaixador dos Estados Unidos em Moscou em 2010, John Beyrle, teria repetido uma piada que circulava em Moscou: "Medvedev senta-se no banco do motorista de um carro novo, examina o interior, o painel de instrumentos e os pedais. Ele olha em volta, mas está faltando o volante. Ele se vira para Putin e pergunta: 'Vladimir Vladimirovich, onde está o volante?'. Putin tira um controle remoto do bolso e diz: 'Sou eu quem vai dirigir'"[760]. Putin chegou a convencer Medvedev a iniciar uma lei que alterava o mandato presidencial de quatro para seis anos.

Quando, na conferência do partido Rússia Unida, no final de setembro de 2011, Medvedev anunciou que Putin seria o candidato à presidência nas eleições de 2012, foi um choque violento para os adversários políticos de Putin. Nemtsov, líder do Partido Liberdade do Povo (Parnas), disse a um jornalista que esse era "o pior cenário possível para o desenvolvimento do meu país"[761]. À medida que a notícia foi sendo divulgada, as implicações tornaram-se claras: Putin, que certamente venceria a disputa presidencial, poderia permanecer como líder da Rússia não apenas até 2018, mas até 2024 – mais tempo do que Brejnev havia permanecido! Para piorar a situação, Putin anunciou então que escolheria Medvedev

---

759. Gloster, *Approved Judgment*, p. 482-84.
760. Luke Harding, "WikiLeaks cables: Dmitry Medvedev 'Plays Robin to Putin's Batman'", *The* Guardian, 1º/dez/2010, https://www.theguardian.com/world/2010/dec/01/wikileaks-cables-medvedev-putin-russia.
761. "Putin Announces Presidential Bid, With Medvedev Backing", RFE/RL, 24/set/2011, https://www.rferl.org/a/medvedev_says_putin_should_be_next_russian_president/24338593.html.

como seu primeiro-ministro, e que essa troca havia sido acordada antes de Medvedev concorrer à presidência em 2008.

Lilia Shevtsova observou: "A facção governante demonstrou seu foco no governo vitalício. Eles não podem mais fugir da lógica da onipotência. Eles não podem sair. E este é o resultado mais importante da troca entre Putin e Medvedev. As próprias autoridades começaram a preparar a Rússia para a Primavera Árabe"[762]. A explosão dos levantes árabes que começaram no início de 2011 causou, de fato, considerável consternação no Kremlin. Putin e seus homens não apenas temiam que os levantes encorajassem os movimentos islamistas no norte do Cáucaso, onde a insurgência continuava a agravar-se, mas tinham uma preocupação mais geral, de que o sentimento revolucionário se espalhasse por toda a Rússia. Acreditavam também que as potências ocidentais estavam apoiando as revoluções para expulsar a Rússia do Oriente Médio e inspirar o povo russo a seguir o exemplo árabe[763].

A reação pública negativa à troca logo apareceu na Internet, onde a raiva relativamente ao plano de sucessão foi expressa no *Twitter*, *Facebook*, *YouTube* e *VKontakte*. O descontentamento espalhou-se a ponto de Putin ser vaiado por multidões no Estádio Olímpico de Moscou, em novembro de 2011. Naquela época, segundo pesquisas do Centro Levada, a taxa de aprovação de Putin, embora alta pelos padrões ocidentais, havia caído para 66%, a mais baixa desde 2000, e cairia para 63% em dezembro[764]. Quando a Rússia elegeu delegados para a Duma, em 4 de dezembro, o partido pró-Kremlin Rússia Unida mal manteve a maioria, apesar da fraude eleitoral generalizada, que foi documentada por observadores eleitorais.

A notícia espalhou-se de forma rápida, juntamente com os protestos. Os russos estavam acostumados com eleições manipuladas, mas, somada à anunciada troca pela dupla Putin-Medvedev, a fraude fora demais para a maioria. Na noite de 5 de dezembro, quase 5 mil pessoas apareceram no

---

762. Conforme citado em Andrei Kolesnikov, "Fal'sh-intriga", *Novaia gazeta*, 26/set/2011, https://on-demand.eastview.com/browse/doc/26021183.
763. Stephen Blank e Carol Saivetz, "Russia Watches the Arab Spring", RFE/RL, 24/jun/2011, https://www.rferl.org/a/commentary_russia_watchs_arab_spring/24245990.html.
764. Levada Center, https://www.levada.ru/en/ratings/.

centro de Moscou e ouviram o ativista da oposição Aleksei Navalny falar, enquanto agitavam faixas com os dizeres "Rússia sem Putin". A polícia prendeu quase trezentas pessoas, inclusive Navalny, que foi condenado a quinze dias de prisão. Depois de saber das prisões, o senador norte-americano John McCain enviou uma mensagem para Putin pelas redes sociais: "Caro Vlad, a Primavera Árabe está chegando a um bairro perto de você"[765]. Os protestos continuaram, chegando a dezenas de milhares na Praça Bolotnaya algumas noites depois.

Em 24 de dezembro, quase 100 mil manifestantes se reuniram na Prospekt Andrei Sakharov, onde os membros mais proeminentes da oposição política da Rússia falaram, inclusive Navalny, recém-saído da prisão. Navalny roubou a cena, declarando: "Posso ver que há pessoas suficientes aqui para tomar o Kremlin. Somos uma força pacífica e não faremos isso agora. Mas se esses vigaristas e ladrões tentarem nos enganar, se continuarem mentindo e roubando de nós, vamos pegar o que nos pertence com as nossas próprias mãos"[766].

Se houve um momento em que o controle de Putin sobre o poder parecia seriamente ameaçado, foi esse. As autoridades, claramente surpreendidas pelo grande número de cidadãos indignados, ficaram abaladas. Como disse a jornalista Julia Ioffe: "2011 é o grande despertar para eles. É quando a revolução colorida finalmente chega a Moscou. Esse é o maior medo de Putin. Lembre-se, isso acontece no final de um ano em que Muammar Qaddafi (1942-2011) é derrubado do poder e morto de forma pública e muito humilhante. E começou, mais uma vez, como protestos pacíficos"[767]. Comentários como os do senador McCain podem ter reforçado a impressão no Kremlin de que o Ocidente estava ajudando a fomentar os protestos.

---

765. James Brooke, "Protests over Russian Elections Spread to More Cities", *Voice of America*, 5/dez/2011, https://www.voanews.com/a/tropes-patrol-moscow-to-prevent-election-protests-135109338/149195.html.

766. Ellen Barry e Michael Schwirtz, "Vast Rally in Moscow Is a Challenge to Putin's Power", *The New York Times*, 24/dez/2011, https://www. nytimes.com/2011/12/25/world/europe/tens-of-thousands-of-protesters-reunir-in-moscow-russia.html.

767. *PBSFrontline*, "The Putin Files: Julia Ioffe", entrevista, jun/2017, https://www.pbs.org/wgbh/frontline/interview/julia-ioffe/#highlight-2289-2302.

Até mesmo alguns membros leais do Kremlin, como Vladislav Surkov, primeiro vice-chefe de gabinete da Administração Presidencial, expressaram, significativamente, simpatia pela causa dos opositores: "Conceder as demandas sensatas da parte ativa da sociedade não é uma manobra forçada pelas autoridades, mas sua obrigação e dever constitucional"[768]. O aliado de longa data de Putin, Aleksei Kudrin, que havia recentemente renunciado ao cargo de ministro das Finanças, subiu ao palco no comício de 24 de dezembro e pediu uma nova eleição e a demissão do chefe da Comissão Eleitoral Central. Até Medvedev, aparentemente encorajado pela agitação a exercer alguma independência de seu mentor, Putin, propôs reformas eleitorais em seu discurso sobre o estado da nação em 22 de dezembro. As medidas posteriormente adotadas incluíram: um procedimento simplificado para o registro de partidos políticos, a restauração de distritos de mandato único para metade dos 450 delegados da Duma e o retorno à eleição direta de governadores regionais[769].

Mas o próprio Putin nunca chegou perto de reconhecer que os manifestantes tinham demandas legítimas, e compensou as concessões com repressão. Depois de ter sido reeleito presidente com uma maioria sólida, em 4 de março de 2012, houve uma grande marcha de protesto na véspera de sua posse, em 7 de maio; aproximadamente 13 mil policiais foram convocados. Pelo menos quatrocentas pessoas, inclusive Navalny, foram presas, e algumas receberam pesadas sentenças de prisão. Uma vez iniciado seu terceiro mandato presidencial, Putin introduziu punições mais severas para manifestações não autorizadas e, em 2013, assinou uma lei que permitia aos legisladores regionais decidir se teriam eleições diretas para governadores regionais, assim enfraquecendo a reforma de 2012. Conforme escreveu Richard Sakwa: "Putin fez tudo em seu poder para garantir que o modelo de insurgência eleitoral de mudança política, operacionalizado como 'revoluções coloridas' em outros lugares, tivesse uma adesão mínima na Rússia"[770].

---

768. Richard Sakwa, "Whatever Happened to the Russian Opposition?" Research Paper, Russia and Eurasia Programme, Chatham House, maio/2014, https://www.chathamhouse.org/sites/default/files/field/field_document/20140523SakwaFinal.pdf, 5.
769. Sakwa, "Whatever Happened to the Russian Opposition?".
770. Sakwa, "Whatever Happened to the Russian Opposition?".

Apesar de todo o carisma de Navalny, de toda a bravura e determinação dos manifestantes, Putin e seus *siloviki* linhas-duras prevaleceram. Houve várias razões pelas quais a agitação política da Rússia entre 2011 e 2012 não se transformou em outra Primavera Árabe, como temiam Putin e seus aliados. A primeira razão é que os opositores não tinham uma liderança unida com metas concretas e progressistas. Navalny, o mais popular entre eles, fora expulso do Partido Yabloko em 2007 por suas supostas tendências nacionalistas. A segunda é que os manifestantes eram principalmente da classe média educada, e metade tinha menos de quarenta anos, então não representavam o país como um todo. E, finalmente, como no passado, o Kremlin controlava a transmissão televisiva – ainda a principal fonte de informação para a maioria dos russos –, que tinha propagandistas habilidosos que manipulavam fatos e persuadiam o público de que os manifestantes eram infratores apoiados por governos ocidentais.

O rude despertar de Berezovsky

Após o término do julgamento de seu caso contra Abramovich, Berezovsky, convencido de que havia vencido, voltou sua atenção para protestar contra a próxima eleição e posse de Putin para um terceiro mandato como presidente. Em meados de janeiro, ele postou em seu blog no *LiveJournal* uma carta aberta ao patriarca russo, Cirilo I, instando-o a trazer Putin à razão e persuadi-lo a desistir do poder. Ele seguiu com uma carta a Putin, dizendo: "Volodia, ainda está ao seu alcance evitar uma revolução sangrenta". Apontando que Putin havia "se encurralado", instou-o a deixar o governo imediatamente[771].

Em 1º de fevereiro, o *Ekho Moskvy* publicou um apelo de Berezovsky em seu site com o título "Aos que não nasceram na URSS". Endereçado à juventude russa, o apelo instava a nova geração a se tornar "uma força legítima para derrubar o regime fraudulento dos ladrões" e impedir as eleições presidenciais de 4 de março. Depois de os líderes do partido Rússia

---

771. "Otkrytoe pis'mo Berezovskogo Putinu", *Grani.ru*, 17/jan/2012, https://graniru.org/Politics/Russia/President/m.194904.html#letter.

Unida reclamarem e ameaçarem ações legais, o site removeu a carta⁷⁷². No final de abril, Berezovsky fez uma postagem em seu blog oferecendo uma recompensa de 50 milhões de rublos pela prisão de Putin, "um criminoso particularmente perigoso", alegando que ele estava cometendo um crime ao retornar à presidência. De acordo com a Constituição, escreveu Berezovsky, Putin não tinha permissão para servir como presidente por um terceiro mandato, e o Kremlin não apresentou nenhum documento legal para justificar sua ação. Assim, ao assumir o cargo, ele estava tomando o poder pela força. No mês seguinte, Berezovsky apelou em seu blog para os empresários na lista da *Forbes* russa, dizendo que era hora de parar de "lamber as botas de Putin" e apoiar aqueles que se rebelavam contra ele⁷⁷³.

O Kremlin, previsivelmente, respondeu às provocações de Berezovsky com mais acusações criminais contra ele no final maio 2012. Dessa vez, acusou-o de incitar os cidadãos russos a realizar uma insurreição⁷⁷⁴. As acusações eram sem sentido, dado que a Grã-Bretanha se recusaria a extraditar Berezovsky, mas sugeriam que, por mais bizarros que tenham sido os apelos de Berezovsky aos russos, eles haviam chamado a atenção de Putin. Na verdade, Putin pode ter ficado particularmente sensível naquele momento, dado que seu novo mandato como presidente da Rússia começara de forma tão instável.

Impotente para retaliar contra Berezovsky por meio dos canais legais, Putin deve ter ficado satisfeito ao tomar conhecimento do veredito da juíza Gloster em Berezovsky versus Abramovich, emitido em 31 de agosto de 2012. A juíza rejeitou a alegação de Berezovsky de que Abramovich o forçara e a Patarkatsishvili a vender as participações na Sibneft sob ameaça. Ela determinou que o valor de 1,3 bilhão de dólares que Abramovich pagou era uma quantia fixa para cobrir a *krysha* que os dois homens forneceram⁷⁷⁵. Ao decidir também que Berezovsky e Patarkatsishvili não

---

772. "Genprokuratura nashla ekstremizm v pis'me Berezovskogo", *Grani.ru*, 18/maio/2012, https://graniru.org/Society/Media/Freepress/m.197815.html.
773. Vide seu blog *LiveJournal*, 23/abr/2012, https://bberezovsky.live-journal.com/2356.html and May 17, 2012, https://bberezovsky.livejournal.com/3012.html.
774. "Protiv Berezovskogo vozbuzhdeny dva ugolovnykh dela", *Grani.ru*, 29/maio/2012. https://graniru.org/Politics/Russia/m.198037.html#bab.
775. Gloster, *Approved Judgment*, p. 361.

tinham interesses financeiros na Rusal, a juíza concluiu: "Segue-se que eu rejeito as reivindicações do sr. Berezovsky, tanto em relação à Sibneft quanto em relação à Rusal, em sua totalidade"[776].

A juíza Gloster dirigiu palavras duras a Berezovsky:

> A maneira como ele depôs e o conteúdo de suas provas também mostraram que ele era um homem com um alto senso de seu próprio valor, que estava ansioso para se mostrar como figura central e indispensável em eventos políticos e comerciais [...]. Achei o sr. Berezovsky uma testemunha pouco inexpressiva e intrinsecamente pouco confiável, que considerava a verdade como um conceito transitório e flexível, que poderia ser moldada para atender aos seus propósitos atuais[777].

A juíza, por outro lado, considerou Abramovich "uma testemunha verdadeira e, em geral, confiável" e elogiou sua atuação no tribunal: "Ele não se apresentou no interrogatório cruzado como um 'homem humilde' ou como alguém que estava tentando parecer simpático ou obter simpatia. Embora seu comportamento fosse reservado e contido, ele não fez nenhuma tentativa de fingir que era algo além de um empresário altamente bem-sucedido e muito rico, que havia feito uma fortuna muito substancial no desafiador ambiente de negócios russo das décadas de 1990 e 2000"[778].

Claramente, a juíza Gloster foi influenciada não apenas pelo que Berezovsky disse, mas também pela forma como ele se apresentou. Masha Gessen, que compareceu ao julgamento, observou: "Quando Berezovsky estava no tribunal, ele se emocionava a ponto de ser exagerado – articulado, mas ridículo em seu mau inglês, que parecia estranhamente adequado à realidade fragmentada que ele estava tentando descrever"[779]. Como apontou o jornalista britânico Luke Harding, frequentador regular da sala do tribunal, Berezovsky estava em desvantagem. Abramovich testemunhou em russo, com perguntas e respostas traduzidas para o inglês ao tribunal, o que lhe deu tempo extra para refletir antes de responder. Berezovsky, por outro lado, optou por testemunhar em seu

---

776. Gloster, *Approved Judgment*, p. 529.
777. Gloster, *Approved Judgment*, p. 47-49.
778. Gloster, *Approved Judgment*, p. 56-57.
779. Gessen, "Comrades-in-Arms".

inglês gramaticalmente imperfeito e, portanto, respondia de forma mais espontânea, muitas vezes sem pausar para pensar sobre a impressão que estava causando[780]. Além disso, enquanto Abramovich havia se preparado muito bem para o julgamento, Berezovsky, de acordo com Elena Gorbunova, "não ensaiou o que diria no tribunal, porque achava que venceria apenas sendo ele mesmo"[781].

Mais importante ainda, como Harding observou, a juíza Gloster e os advogados britânicos tinham pouca noção do mundo em que Berezovsky e Abramovich operavam: "O Tribunal Superior Inglês não era um lugar para entender como os russos faziam grandes negócios na época. Os russos não tinham tradição legal; seus acordos muitas vezes eram feitos verbalmente, sem contratos formais, e os pagamentos eram feitos em dinheiro. Os participantes dependiam de contatos políticos e propinas tanto quanto de astúcia financeira. Esse mundo era completamente estranho para os juristas britânicos"[782]. A juíza, aparentemente sem saber que a televisão era uma arma de propaganda crucial do Kremlin, recusou até mesmo a aceitar a alegação de Berezovsky de que Putin o intimidara a vender a ORT. Escrevendo no *The Guardian*, Harding observou que "sua conclusão fez os observadores experientes da Rússia gargalharem"[783].

Mikhail Khodorkovsky, por exemplo, afirmou que não tinha dúvidas de que Berezovsky era, de fato, acionista da Sibneft:

> Eu poderia ter testemunhado a qualquer momento que eles eram parceiros no final dos anos 1990. Além disso, foi Boris quem convidou Roman para se juntar a ele. Quando a fusão entre Yukos e Sibneft foi proposta pela primeira vez, eles falaram comigo como parceiros. Não houve conversa sobre "proteção política". Eles eram parceiros meio a meio[784].

---

780. Entrevista da autora com Luke Harding, 29/jun/2022.
781. Entrevista da autora com Elena Gorbunova, Londres, 6/out/2022.
782. Entrevista da autora com Harding. Para um estudo aprofundado da economia informal russa, vide Alena Ledeneva, *How Russia Really Works: The Informal Practices That Shaped Post-Soviet Politics and Business* (Ithaca, NY: Cornell University Press, 2006).
783. Luke Harding, "Humiliation for Boris Berezovsky in Battle of the Oligarchs" *The Guardian*, 31/ago/2012, https://www.theguardian.com/world/2012/aug/31/humiliation-boris-berezovsky-battle-oligarchs.
784. Zygar, *All the President's Men*, p. 237.

Khodorkovsky não pôde testemunhar, é claro, porque naquela época estava na prisão.

Gorbunova lembrou-se de que naquela manhã, quando ela e Berezovsky estavam no carro a caminho do Tribunal Superior, Berezovsky recebeu uma ligação telefônica de alguém que disse: "Você vai perder, e Abramovich organizou uma festa"[785]. Ignorando a mensagem, Berezovsky chegou ao tribunal sorridente e confiante na vitória, dizendo: "Estou confiante. Eu acredito no sistema". Mais tarde, com o rosto apoiado nas mãos e balançando a cabeça, ele ouviu a juíza repudiar todo o seu caso e difamar seu caráter. Mas ele insistiu, depois, que não se arrependeu de sua ação judicial e deixou aberta a possibilidade de apelação, dizendo "às vezes tive a impressão de que foi Putin quem escreveu a sentença". Abramovich, aparentemente sabendo que sairia vitorioso, nem se deu ao trabalho de comparecer e ouvir o veredito. Supostamente, ele estava em Mônaco, assistindo a um jogo de seu time, o Chelsea[786].

Berezovsky não recorreu, em parte porque enfrentava enormes despesas jurídicas. Seus advogados pediram uma investigação sobre a juíza Gloster, alegando que ela deveria ter se recusado a participar do julgamento porque seu enteado, Andrew Popplewell, havia sido o principal advogado de Abramovich quando o caso começou e havia preparado sua alegação de defesa inicial em 2008. Mas Gloster havia divulgado o envolvimento de seu enteado anteriormente, e a defesa não se opusera formalmente, então havia pouco o que recorrer nesse quesito[787].

Apesar de toda a bravata de Berezovsky, o resultado do julgamento não poderia ter sido mais devastador para ele. Ele não apenas perdeu uma batalha judicial; o julgamento reforçou sua imagem de oligarca corrupto, que não hesitaria em fazer qualquer coisa para enriquecer. Como ele

---

785. Entrevista com Gorbunova.

786. Harding, "Humiliation for Boris Berezovsky"; John F. Burns e Ravi Somalya, "Russian Tycoon Loses Multibillion-Dollar Case over Oil Fortune to Kremlin Favorite", *The New York Times*, 31/ago/2012, https://www.nytimes.com/2012/09/01/world/europe/russian-tycoon--loses-5-8-billion-case-against-ex-partner.html.

787. David Leppard, "Berezovsky Cries Foul over £3.5bn Abramovich Trial Judge", *Sunday Times*, 22/set/2012, https://www.thetimes.co.uk/article/berezovsky-cries-foul-over-pound35bn-abramovich-trial-judge-wrgwrp9dbq7.

poderia continuar afirmando que era uma vítima do Kremlin e liderar uma campanha confiável contra Putin? Conforme Aleksei Venediktov expressou:

> Isso não é sobre dinheiro, mas sobre o fato de que toda a estratégia de exposição do regime de Putin, que Berezovsky construiu durante doze anos, desmoronou. Se ele tivesse sido compensado com apenas uma libra, mas o tribunal tivesse reconhecido que ele era honesto, então o resultado teria sido seu testemunho contra o regime de Putin, e ele teria feito história. Mas isso não aconteceu[788].

Depois da derrota

No momento em que Berezovsky perdeu seu caso contra Abramovich, Putin, de volta ao Kremlin como presidente da Rússia, estava em pleno modo de batalha. A recomposição com o Ocidente, que a administração Obama tentou iniciar, tornou-se uma lembrança distante. Os ataques da Otan contra a Líbia, a guerra na Síria e os protestos em massa em casa – que Putin acusou o Ocidente de incitar – levaram o Kremlin a adotar uma postura de Guerra Fria. Putin, é claro, não compareceu à cúpula do G8 em maio de 2012, em Camp David, enviando Medvedev em seu lugar. Quando ele se encontrou com o presidente Obama na cúpula do G20 na Califórnia, em junho de 2012, a tensão era evidente. Eles não chegaram a um acordo sobre questões urgentes, como o conflito na Síria e o controle de armas. Obama esperava que Putin fosse mais receptivo à melhoria das relações com Washington após sua eleição, mas aconteceu exatamente o oposto.

As suspeitas de Putin de que o Ocidente estava determinado a derrubar seu regime apenas se intensificaram. Em setembro de 2012, a Agência dos Estados Unidos para o Desenvolvimento Internacional recebeu ordens para sair da Rússia, e, no mês seguinte, duas organizações americanas que apoiavam eleições justas também foram forçadas a sair. Por sua vez, Washington também enviou sinais de que uma retomada com a Rússia não estava mais nos planos. O Congresso dos Estados Unidos aprovou a Lei Magnitsky, um projeto bipartidário promulgado em lei por

---

788. "Aleksei Venediktov o Borise Berezovskom", *Ekho Moskvy*, 24/mar/2013, https://echo.msk.ru/programs/svoi-glaza/1038068-echo/.

um relutante presidente Obama, em dezembro de 2012, que declarou as autoridades russas responsáveis pela morte do advogado fiscal russo Sergei Magnitsky (1972-2009) em uma prisão de Moscou em 2009. Os russos retaliaram, promulgando uma lei que proíbe adoções de crianças russas por estadunidenses. Este ciclo de retaliação mútua continuaria.

Enquanto isso, Putin começou a se dedicar aos preparativos para os Jogos Olímpicos de Inverno de 2014, a serem realizados na cidade russa de Sochi. Isso não era apenas um projeto para afirmar a grandeza de Putin e da Rússia; oferecia-lhe uma oportunidade para enriquecer seus amigos – funcionários e empresários como Arkady e Boris Rotenberg e Vladimir Yakunin – concedendo-lhes contratos de construção. O Kremlin, originalmente, anunciou que o custo das Olimpíadas seria de 12 bilhões de dólares, mas, de acordo com um relatório publicado em maio de 2013 por Nemtsov e seu colega Leonid Martynyuk, o custo estava se aproximando de 50 bilhões de dólares, grande parte consistindo em desvio de verbas e propinas[789]. Em Londres, Berezovsky havia instigado os russos a boicotarem os jogos de Sochi, em seu blog no *LiveJournal*[790], mas poucos de seus compatriotas prestaram atenção, e esse seria seu último *post* no blog. Onze dias depois, foi anunciado o veredito do caso Berezovsky versus Abramovich, drenando Berezovsky da energia ardente necessária para continuar sua batalha contra Putin.

Na verdade, outubro de 2012 trouxe algumas boas notícias para Berezovsky e seu amigo Nikolai Glushkov. Os dois homens continuaram a ser perseguidos pelos procuradores russos devido ao caso Aeroflot, após a saída de Berezovsky da Grã-Bretanha. Glushkov, que havia sido libertado da prisão em 2004, foi condenado por um tribunal distrital de Moscou em 2006 por novas acusações de suposta fraude contra a Aeroflot, o que o fez fugir imediatamente para a Grã-Bretanha; no ano seguinte, Berezovsky foi igualmente condenado à revelia. Posteriormente, as autoridades russas perseguiram agressivamente os ativos financeiros dos dois homens, com algum sucesso em relação a Berezovsky. Em 2010, procuradores russos, trabalhando com um magistrado suíço, conseguiram obter, em nome da

---

789. Amy Knight, "Putin's Downhill Race", *New York Review of Books*, 26/set/2013.
790. "Russy-2014: Boikott Olimpiada v Sochi!", https://bberezovsky.live-journal.com/4081.html.

Aeroflot, mais de 52 milhões de dólares de fundos mantidos pela Andava, empresa suíça vinculada a Berezovsky. Porém, quando foram a um tribunal britânico para fazer cumprir uma sentença monetária russa de 2011 contra Berezovsky e Glushkov por fraude relacionada à Andava, esses procuradores não tiveram sucesso. Em 30 de outubro, um juiz britânico concedeu um pedido dos dois réus para julgamento sumário e rejeitou a ação da Aeroflot[791].

Berezovsky também foi condenado por um suposto desvio de dinheiro da AvtoVAZ, pelo qual, em 2009, foi condenado à revelia por um tribunal russo a treze anos em uma colônia penal. Seu ex-parceiro de negócios, Iulii Dubov, foi condenado a nove anos, também à revelia. Os procuradores russos não conseguiram documentar o montante do desfalque, então as acusações se basearam de forma mais geral no que chamaram de "prejuízo". Berezovsky considerou o veredito "uma tentativa das autoridades [russas] de verificar a confiabilidade da Grã-Bretanha como local de asilo político"[792]. Ainda assim, embora a Grã-Bretanha estivesse protegendo Berezovsky e seus amigos russos da extradição, a segurança física deles era algo que as autoridades britânicas não necessariamente poderiam garantir.

As batalhas que Berezovsky havia travado contra seus inimigos russos afetaram seu relacionamento com Gorbunova. Ela acompanhou seu companheiro de quase vinte anos às audiências no caso Abramovich e testemunhou em seu nome, mas Berezovsky já tinha se envolvido com uma jovem russa chamada Katerina Sabirova, que ele conheceu em 2008, quando Sabirova tinha apenas dezoito anos. No final de 2011, ele e Gorbunova discutiram uma separação financeira, aparentemente de forma amigável, e em janeiro de 2012 Berezovsky mudou-se de sua propriedade de Surrey, Wentworth Park. Três meses depois, eles foram forçados a vender a propriedade. Em dezembro de 2012, Gorbunova, de quarenta e cinco anos, que agora vive em Londres com seus dois filhos, apresentou um processo contra Berezovsky, alegando que ele lhe devia oito milhões de dólares, sua parte da venda de Wentworth Park por 40 milhões de dólares. Além disso, ela afirmou que Berezovsky

---

791. Joint Stock Company (Aeroflot-Russian Airlines) v. Berezovsky & Anzor, Julgamento, 30/out/2012, https://www.casemine.com/judgement/uk/5a8ff75260d03e7f57eab42c.
792. "Sroki s rodiny", Vremia, 29/jun/2009, http://www.vremya.ru/2009/112/46/232127.html.

estava se preparando para vender duas propriedades no sul da França que ele tinha prometido a ela. A pedido de Gorbunova, o juiz congelou 317 milhões de dólares de fundos de Berezovsky. Em 23 de janeiro de 2013, o sexagésimo sétimo aniversário de Berezovsky, ele contestou o congelamento em tribunal. Embora o juiz tenha dito que a soma de 317 milhões de dólares era inadequada, ele concordou em princípio com um congelamento, dizendo: "Sobre a evidência, o senhor Berezovsky é um homem sob pressão financeira. É provável que ele sinta uma necessidade mais urgente de satisfazer os credores do que a sra. Gorbunova"[793].

Berezovsky estava, de fato, sob pressão financeira. Em 2011, ele pagou 150 milhões de dólares a Galina Besharova como parte do acordo de divórcio e disponibilizou grandes somas aos advogados que trabalharam no processo de Abramovich. Depois que perdeu o caso, ele teve de pagar as despesas legais de Abramovich, que totalizaram 56 milhões de dólares. E três semanas após o veredito devastador, quando Berezovsky finalmente resolveu seu caso contra a família de Patarkatsishvili, a soma foi de apenas 150 milhões de dólares, em vez dos bilhões que ele esperava[794]. Ele tinha sido forçado a colocar suas propriedades francesas no mercado, e o seu precioso quadro *Red Lenin*, de Andy Warhol, estava nas mãos da casa de leilões Christie's. Seu Rolls-Royce vintage de 1927 seria o próximo tesouro a ser perdido. Embora em 2008 o patrimônio líquido de Berezovsky fosse estimado em 1,3 bilhão de dólares, no início de 2013 as suas dificuldades financeiras eram tais, que ele estava prestes a demitir funcionários, incluindo a maioria de seus guarda-costas[795].

---

793. Elena Belova, "Babe – morozhennoe", *Gazeta.ru*, 24/jan/2013; Lewis Smith, "Boris Berezovsky's Former Girlfriend Claims He Owes Her Millions", *Independent*, 23/jan/2013, https://www.independent.co.uk/news/uk/home-news/boris-berezovsky-s-former-girlfriend-claims-he-owes-her-millions-8464108.html.
794. Como parte do acordo, Berezovsky retirou a queixa contra o magnata do alumínio Vasili Anisimov, relativa a uma participação que Berezovsky e Patarkatsishvili tinham na empresa Metalloinvest de Anisimov.
795. "Byvshei zhene Berezovskogo ne khvataet deneg, chtoby platit' sadovniku", RAPSI News, 25/abr/2016, https://rapsinews.ru/international_news/20160425/275954399.html; "Berezovsky to Sell Warhol Painting to Pay Court Fees," Moscow Times, 19/mar/2013, https://www.themoscowtimes.com/2013/03/19/berezovsky-to-sell-warhol-painting-to-pay-court-fees-a22476; Neil Buckley, "Boris Berezovsky: A Death in Exile", *Financial Times*, 29/mar/2013, https://www.ft.com/content/e472f0d4-985c-11e2-867f-00144feabdc0.

Ironicamente, o casamento de Putin também estava em ruínas, embora, para ele, os riscos fossem tanto políticos quanto pessoais. Quando ele e Liudmila finalmente revelaram, em junho de 2013, que estavam se divorciando – depois de meses de especulação –, ambos descreveram o fato como uma separação amigável e inevitável, causada pela devoção de Putin ao seu trabalho. Os Putin, que não eram vistos juntos publicamente desde a última posse dele, assistiam a um balé no Palácio do Kremlin quando um repórter do canal de TV estatal Rossiia 24 perguntou se os rumores de que eles haviam se separado eram verdadeiros. Depois de Putin responder afirmativamente, dizendo que era uma decisão mútua, Liudmila interveio: "Nosso casamento acabou porque mal nos vemos. Vladimir Vladimirovich está absorto em seu trabalho. Nossos filhos cresceram. Eles vivem suas próprias vidas. Todos nós vivemos"[796].

O anúncio dos Putin alimentou os rumores que circulavam há anos sobre os casos extraconjugais de Putin com mulheres mais jovens. Em 2008, ao visitar o primeiro-ministro italiano, Silvio Berlusconi (1936-2023), Putin chegou a negar publicamente as alegações de que estava envolvido com a ginasta Alina Kabaeva, então com 27 anos: "Não há uma palavra de verdade no que você diz. Sempre tratei mal aqueles que metem o nariz e suas fantasias eróticas na vida alheia"[797]. Independentemente da indignação de Putin, havia um aspecto positivo nesses rumores. Eles fizeram o líder russo parecer mais humano. Era difícil imaginar Putin, que parecia nunca baixar a guarda, sentir emoção por alguém – exceto, é claro, por seus inimigos políticos.

---

796. Myers, *New Tsar*, p. 432.
797. Luke Harding e Alexander Winning, "Vladimir Putin and His Wife Announce Their Separation in TV Interview", *The* Guardian, 6/jun/2013, https://www.theguardian.com/world/2013/jun/06/vladimir-putin-wife-lyudmila-separation.

CAPÍTULO 12

O FIM DE BEREZOVSKY

> É difícil ouvir que Boria se foi para sempre. Ele gostava muito da vida em todas as suas manifestações, cometeu erros, pecou, arrependeu-se e pecou novamente. Muitas vezes eu me irritava com ele, mas agora que se foi, estou triste.
>
> MIKHAIL KHODORKOVSKY, ENTREVISTA AO *NOVOE VREMIA*, 31/MAR/2013

Não há dúvida de que a derrota no caso Abramovich foi um golpe terrível para Berezovsky, agravado pelo fato de ele estar tão confiante na vitória. Como lembrou a ex-esposa de Berezovsky, Galina Besharova, em uma entrevista a Petr Aven: "O veredito foi completamente inesperado e Boria ficou extremamente chateado. Como isso pôde acontecer em um tribunal britânico? Ele acreditava que aquele havia sido o julgamento mais justo. O veredito foi um choque. E com esse choque, é claro, outras reações se seguiram"[798]. Besharova continuou a ter um relacionamento próximo com seu ex-marido após o divórcio, e no outono de 2012 ele mudou-se para sua mansão em Ascot, Tites Park, enquanto ela permaneceu em sua residência em Londres. (Nikolai Glushkov observou: "Galina ainda amava Boris. Todas as esposas dele o amavam. Ele teve muita sorte com isso"[799]).

Besharova fez questão de visitar Berezovsky com frequência depois que o veredito foi anunciado. "Eu me preocupava muito com ele e tentava apoiá-lo em todos os sentidos", disse ela a Aven. "Todos o apoiavam, todos cuidavam dele da melhor maneira possível; ele estava sempre cercado da atenção de suas filhas mais velhas e de seus filhos mais novos. Ele não

---

798. Aven, *Vremia Berezovskogo*, p. 391.
799. Citado em Luke Harding e Robert Booth, "Berezovsky's Death Leaves Friends Suspecting Foul Play", *The Guardian*, 24/mar/2013, https://www.theguardian.com/world/2013/mar/24/boris-berezovsky-death-foul-play.

queria receber visitas em casa, não queria atender ao telefone nem falar com ninguém que não fosse da família". Naquele momento, Berezovsky já havia saído de seu escritório em Londres. De acordo com Besharova, ele normalmente bebia pouquíssimo álcool, mas durante o mês seguinte – antes de partir para uma viagem a Israel – ele passou a consumir uma garrafa de uísque por dia[800]. Quando a namorada de Berezovsky em Moscou, Katerina Sabirova, chegou para uma visita prolongada em setembro, ela também ficou impressionada com a mudança para pior, observando que, em alguns dias, ele fumava um cigarro atrás do outro, ficava na cama a manhã toda e era muito pessimista: "Ele sempre dizia que não sabia como poderia continuar vivendo, ou se havia algo para viver", lembrou ela em uma entrevista posterior[801].

Besharova insistiu que o desespero de Berezovsky tinha pouco a ver com dinheiro: "O dinheiro estava em último lugar. Quando ele foi acusado de ser mentiroso, um golpe foi desferido no seu ego, na sua imagem. É difícil para qualquer pessoa passar por isso. E para ele, com sua psique sensível, foi simplesmente devastador"[802]. Iulii Dubov, um dos poucos que viram Berezovsky com frequência após o julgamento, observou que ele não estava tão mal financeiramente. Ainda tinha um carro e um motorista e, embora estivesse com pouco dinheiro, não havia perdido todos os seus recursos financeiros: "De um homem muito rico, ele se tornou apenas um homem rico. No fim das contas, de quanto uma pessoa precisa para viver? Ele tinha mais do que o suficiente"[803].

O consultor jurídico de Berezovsky, Michael Cotlick, concordou: "Sim, houve problemas com dinheiro. Mas com doze meses de trabalho intensivo, Boris poderia voltar a ser uma pessoa extremamente rica. Não um bilionário, como antes, mas muito rico. Se ultimamente ele falava em ruína quase total, era porque queria dar essa impressão. Isso não é

---

800. Aven, *Vremia Berezovskogo*, p. 391-92.
801. Mariia Mishina, "Ongovoril: 'Mneochen' plokho'", *Novoevremia*, 1º/abr/2013, https://newtimes.ru/articles/detail/64627. Vide também Mark Franchetti, "My Tycoon's Slide into Despair", *Sunday Times*, 21/abr/2013, https://www.thetimes.co.uk/article/my-tycoons-slide-into-despair-6m83hv78b7v.
802. Aven, *Vremia Berezovskogo*, p. 392.
803. Aven, *Vremia Berezovskogo*, p. 421.

verdade"[804]. Embora a mídia viesse a noticiar posteriormente as vastas dívidas de Berezovsky, ele, aparentemente, possuía ativos financeiros que não haviam sido rastreados. Em agosto de 2013, por exemplo, os investigadores russos – ainda perseguindo o dinheiro do oligarca – descobriram que Berezovsky possuía sete empresas na Sérvia, no valor total de 273 milhões de dólares[805]. O verdadeiro problema para Berezovsky, disse Dubov, não era o fato de ter perdido uma sentença financeira, mas a forma como isso aconteceu: "Perder, não em qualquer lugar, mas em um tribunal britânico, que para ele representava a direita de Deus, foi um golpe terrível. Ele era apaixonado pelos tribunais britânicos da mesma forma que amava garotas, e isso foi extremamente prejudicial à sua reputação"[806].

Seguindo em frente

Berezovsky começou a se tratar de depressão na Priory Clinic de Londres, e Besharova ficou aliviada ao ver que, depois de mais ou menos um mês, ele parecia melhorar. A certa altura, recordou-se ela, "ele recuperou-se totalmente; conversamos sobre o futuro, fizemos planos, e ele disse: 'Nunca mais voltarei para a política, farei negócios, tenho algumas ideias'. Ele acalmou-se, não estava mais dominado pela decepção ou pelo ressentimento. Aquela vida tinha acabado, não havia mais volta, agora era só o futuro: 'Vou cuidar dos filhos, dos netos, não quero mais nada'"[807].

---

804. Mariia Timokhova, "Smert' za zakrytoi dver'iu", *Novoe vremia*, 28/mar/2014, https://newtimes.ru/articles/detail/80941; gravação do inquérito público sobre a morte de Berezovsky, 26/mar/2014 a 27/mar/2014, depoimento de Cotlick. (Observação: não há transcrição do inquérito, e a gravação obtida pela autora, de Elizaveta Berezovskaya, às vezes não era clara, então também me baseio nos relatos da mídia sobre o inquérito).
805. Ivan Nechepurenko, "Uncertainty Hangs over Berezovsky's Estate as New Assets Found", *Moscow Times*, 20/ago/2013, https://www.themoscowtimes.com/2013/08/20/uncertainty-hangs-over-berezovsky-estate-as-new-assets-found-a26931. Parece que, de fato, em 2016, com os credores exigindo pagamento, o patrimônio de Berezovsky tornou-se, como disse um juiz britânico, "irremediavelmente insolvente". Vide Gorbunova v. Estate of Boris Berezovsky, Judgment, 22/jul/2016, https://www.bailii.org/ew/cases/EWHC/Ch/2016/1829.html#para3.
806. Aven, *Vremia Berezovskogo*, p. 421.
807. Aven, *Vremia Berezovskogo*, p. 393.

Elena Gorbunova, que mantivera contato com Berezovsky apesar do rompimento e do conflito financeiro, também acreditava que a saúde mental dele havia melhorado. Mais tarde, quando Aven lhe perguntou: "Não houve ataques de pânico nem depressão?". Gorbunova respondeu: "Não, não. Boris, como você sabe muito bem, sempre tentou encontrar uma maneira de sair da situação"[808]. Dubov, que conversara com Berezovsky duas vezes na semana anterior à sua morte, achava que a depressão dele não parecia grave: "Ele fez planos, estava indo para Israel, seus amigos estavam lá esperando por ele"[809]. E Nikolai Glushkov descartou totalmente a depressão de Berezovsky: "Eu o vi no dia em que a juíza Gloster proferiu sua sentença. Naquele momento, ele estava cheio de vida, falando sobre uma certa jovem que o esperava em casa. Ultimamente, ele havia conseguido resolver seus problemas financeiros"[810].

De acordo com Gorbunova e Sabirova, logo depois que Berezovsky perdeu o caso Abramovich, ele decidiu que queria retornar à Rússia e escreveria uma carta informando Putin. Gorbunova disse que o encorajara, assim como o fizera Anna, a mãe de Berezovsky, a buscar algum tipo de aproximação com o presidente russo. Gorbunova lembrou-se de que Berezovsky escreveu uma carta a Putin, a qual ele entregou a um emissário, que mais tarde disse ser um empresário alemão chamado Klaus Mangold. Mas a carta só foi entregue a Putin após a morte de Berezovsky, pois este estava em dúvida e dissera ao emissário para esperar. Por meio de intermediários, ele havia começado a negociar com a viúva de Badri Patarkatsishvili e com Roman Abramovich a respeito do dinheiro que lhe era devido, proveniente dos ativos de Patarkatsishvili, alguns dos quais estavam congelados e eram mantidos em Moscou. De acordo com Gorbunova, Abramovich teria sugerido que o processo seria acelerado

---

808. Aven, *Vremia Berezovskogo*, p. 377.
809. Dmitrii Bykov, "Iulii Dubov: Borisa Berezovskogo ubivali trinadtsat' let", *Sobesednik*, 7/maio/2013, https://sobesednik.ru/dmitriy-bykov/20130507-yulii-dubov-borisa-berezovskogo-ubivali-trinadtsat-let.
810. Luke Harding, "Boris Berezovsky and the Dangers of Being a Russian Exile in the UK", *The Guardian*, 25/mar/2013, https://www.theguardian.com/world/2013/mar/25/boris-berezovsky-russian-exile-uk.

se Berezovsky escrevesse uma carta a Putin, pedindo para retornar à Rússia, a qual Abramovich providenciaria para que fosse entregue ao presidente russo. Gorbunova disse que essa segunda carta foi enviada em 7 de outubro, dia do aniversário de Putin: "Na carta ele disse que tinha algumas ideias e que gostaria muito de participar de alguma forma dos processos em andamento no país. Ele havia se envolvido com a ideia. Ele discutia isso comigo o tempo todo"[811].

Sabirova tinha conhecimento de apenas uma carta, que Berezovsky lhe mostrara e que ela pensava ter sido enviada em novembro: "Ele pediu desculpas a Putin e perguntou se era possível voltar à Rússia. Foi uma grande aberração. Ele me perguntou o que eu achava e eu disse que ele ficaria malvisto se a carta fosse publicada e que isso não o ajudaria. Ele respondeu que não se importava, que todos já o acusavam de vários pecados e que essa era sua única chance"[812].

Dubov achava difícil acreditar que Berezovsky tivesse escrito uma carta se desculpando com Putin e pedindo para voltar à Rússia. Berezovsky nunca havia mencionado essa carta para ele, afirmou Dubov, e nunca falou sobre voltar ao seu país de origem: "Boris tinha muitas ideias malucas [...]. Mas a única coisa que ele entendia muito bem era que, se voltasse para a Rússia, iria para a cadeia". Embora admitindo que Berezovsky pudesse ter escrito a Putin, Dubov acredita que a única coisa que ele teria proposto ao presidente russo seria algum tipo de "acordo de paz", não um retorno à Rússia. De acordo com Dubov, a polícia britânica fez uma busca minuciosa nos computadores e documentos de Berezovsky depois que ele morreu, mas não conseguiu localizar nenhuma carta para Putin, de modo que o conteúdo não pôde ser verificado[813].

Após a partida de Sabirova para Moscou (seu visto britânico havia expirado em novembro), Berezovsky passou dois meses em Israel para continuar sua recuperação e visitar políticos e parceiros de negócios. Em janeiro, reuniu-se com Vladimir Zhirinovsky (1946-2022), líder do Partido

---

811. Aven, *Vremia Berezovskogo*, p. 375-76; entrevista do autor com Gorbunova.
812. Mishina, "On govoril: 'Mne ochen' plokho'".
813. Entrevista da autora com Iulii Dubov, Londres, 7/out/2022.

Liberal Democrático nacionalista, na cidade turística israelense de Eilat, e os dois discutiram a sua intenção de retornar à Rússia. Aparentemente, Berezovsky queria que Zhirinovsky negociasse com o Kremlin em seu nome. Segundo consta, eles teriam conversado sobre alguma garantia que Berezovsky poderia obter a respeito de seu futuro no país e que tipo de punição o aguardaria. Que tipo de sacrifícios ele teria de fazer[814]? Mais tarde, Zhirinovsky disse ao *Ekho Moskvy* que havia sugerido a Berezovsky uma campanha para preparar o caminho para a implementação de seus planos: "Ele respondeu com grande entusiasmo [...], estava preparado para retornar à Rússia sob quaisquer condições"[815].

Quaisquer que fossem as esperanças de Berezovsky em relação a um novo futuro na Rússia, elas não se concretizaram. Aproximadamente às 15h23 do sábado, 23 de março de 2013, seu ex-guarda-costas do Mossad, Avi Navama, encontrou-o morto no chão do banheiro adjacente ao seu quarto na casa de Besharova. Seu cachecol de cashmere preto estava amarrado em volta do pescoço, e uma tira do tecido rasgado do cachecol estava na barra acima da banheira. Berezovsky vestia uma camiseta preta e calças de caminhada, e seu rosto estava muito roxo. Ele havia morrido aproximadamente às 9h30 daquela manhã. Navama, que não via seu chefe desde a noite anterior, estivera fora por várias horas para realizar algumas tarefas. Quando foi verificar como estava Berezovsky, encontrou a porta do banheiro trancada por dentro. Depois de ligar para o serviço de emergência e para Michael Cotlick, Navama finalmente arrombou a porta e descobriu Berezovsky[816]. Parecia suicídio. Mas as ações de Berezovsky nos dias que antecederam sua morte não sugeriam que ele fosse um homem prestes a se suicidar.

---

814. Yevgenia Albats, "Zhertvoprinoshenie", *Novoe vremia*, 1º/abr/2013, https://newtimes.ru/articles/detail/64622.
815. Howard Amos, "Boris Berezovsky Was 'in Talks over Return to Russia'", *The Guardian*, 24/mar/2013, https://www.theguardian.com/world/2013/mar/24/boris-berezovsky-talks-return-russia.
816. Avi Navama, depoimento da testemunha à polícia, 25/mar/2013, fornecido, juntamente com seu depoimento, em 28/mar/2013, à autora por um membro da família Berezovsky; gravação do inquérito Berezovsky, testemunho de Navama.

Últimos dias

Na segunda-feira, 18 de março, Berezovsky fez várias ligações telefônicas, inclusive para seu genro Egor Shuppe, que se preparava para voar para Kiev. Ele conversava praticamente todos os dias com Shuppe, um empresário bem-sucedido. Suas secretárias sempre ajudavam Berezovsky, porque ele não tinha mais funcionários no escritório, e Berezovsky pediu-lhes que reservassem uma passagem aérea para Israel na semana seguinte. Ele também ligou para seu sócio comercial, Mikhail Sheitelman, que estava na Letônia na época, e marcou um encontro com ele em Israel para discutir uma nova ideia de negócio. Sheitelman disse a Berezovsky que o informasse caso mudasse de planos, e não soube de mais nada. Berezovsky passou o restante do dia planejando sua próxima viagem, organizando reuniões de negócios e consultas médicas. Naquela noite, ligou para Iulii Dubov e pediu-lhe que entrasse em contato com um jornalista da *Forbes* russa, Ilia Zhegulev, que queria entrevistá-lo[817].

No dia seguinte, Berezovsky telefonou novamente para Dubov, para dizer-lhe que havia marcado um encontro com Zhegulev para a quinta-feira, 21 de março. Seria uma conversa, disse Berezovsky, não uma entrevista, e ele falaria apenas extraoficialmente, mas havia chegado o momento de ele sair das sombras. Dubov lembrou que Berezovsky estava cheio de energia e entusiasmo, muito diferente do homem que antes reclamava de tudo e buscava a simpatia das pessoas ao seu redor. Na quarta-feira, 20 de março, Berezovsky reuniu-se com o diretor do colégio interno de sua filha Arina, juntamente com Elena Gorbunova, e naquela noite jantou em um restaurante londrino com Vladimir Gusinsky para discutir a sua proposta de retorno à Rússia e o que poderia esperar de Putin. Gusinsky prometeu emprestar dinheiro a Berezovsky e os dois concordaram em se encontrar novamente em Israel. Mais tarde, Gusinsky disse que Berezovsky "sentiu que não estava mais no jogo e que havia perdido o rumo, mas disse que estava pronto para lutar"[818].

---

817. Albats, "Zhertvoprinoshenie".
818. Declaração da testemunha Navama, 28/mar/2013; Albats, "Zhertvoprinoshenie"; Mark Franchetti, "The Last Days of an Oligarch," *Sunday Times*, 8/ago/2015, https://www.thetimes.co.uk/article/the-last-days-of-an-oligarch-p3jbqgr6crt.

Na quinta-feira, Berezovsky ligou para Zhegulev e disse que queria adiar o encontro para a noite seguinte, porque estava resfriado. De acordo com Navama, Berezovsky também cancelou uma consulta com seu psiquiatra na Priory Clinic. Ele disse a Navama que estava se sentindo bem mentalmente e que não achava necessário consultar o médico. Ele tinha acabado de parar de tomar antidepressivos, por causa de seus efeitos colaterais negativos, e Navama achou que seu chefe parecia melhor. Naquela noite, os dois jantaram costeletas de vitela e macarrão, que Berezovsky apreciou[819].

No dia seguinte, sexta-feira, 22 de março, Berezovsky telefonou para o seu amigo Mikhail Cherny, um empresário de Tel Aviv que o ajudara a pagar honorários advocatícios quando ele se preparava para o julgamento de Abramovich, e pediu-lhe que reservasse um hotel para ele em Eilat, onde planejava passar férias com Sabirova depois que terminasse os três dias de reuniões planejadas em Tel Aviv. No final daquela manhã, Berezovsky reuniu-se com seus contadores em Londres e depois almoçou em um restaurante com Cotlick. Por volta das 19h, Navama levou-o de carro até o Four Seasons Hotel, para encontrar-se com Zhegulev[820].

Zhegulev publicou uma matéria sobre a entrevista na noite seguinte, logo após a notícia da morte de Berezovsky[821]. Ele ressaltou que o restaurante do hotel estava barulhento, com o piano tocando e empresários árabes tratando de negócios nas mesas próximas. Berezovsky, vestido com uma "gola alta preta surrada, um cachecol preto amarrado às pressas e uma jaqueta", estava nervoso e parecia pouco entusiasmado em discutir suas finanças. Mas quando Zhegulev lhe perguntou se sentia falta da Rússia, ele foi mais receptivo: "Não quero nada mais do que voltar para a Rússia. Mesmo quando foi aberto um processo criminal contra mim, eu queria voltar". Berezovsky prosseguiu, dizendo que havia superestimado muito a democracia no Ocidente e que havia depositado muita esperança na capacidade da Rússia de desenvolver a democracia.

---

819. Declaração da testemunha Navama, 28/mar/2013.
820. Declaração da testemunha Navama, 25/mar/2013.
821. Ilia Zhegulev, "Poslednee interv'iu Borisa Berezovskogo: 'Ia ne vizhu smysla zhizni'", *Forbes*, 23/mar/2013, https://www.forbes.ru/sobytiya/obshchestvo/236176-poslednee-intervyu-borisa-berezovskogo-ya-ne-vizhu-smysla-zhizni.

A conversa foi assim:

Zhegulev: "Se você tivesse ficado na Rússia, estaria na prisão agora. Você quer isso?"

Berezovsky: "Não tenho uma resposta para essa pergunta neste momento. Khodorkovsky [...] preservou-se. Isso não significa que eu me perdi. Mas passei por muito mais reavaliações e decepções do que Khodorkovsky. Perdi o sentido..."

Zhegulev: "Da vida?"

Berezovsky: "O sentido da vida. Não quero me envolver em política."

Zhegulev: "O que você vai fazer?"

Berezovsky: "Não sei o que vou fazer. Tenho sessenta e sete anos de idade. Não sei o que fazer agora."

Em seguida, Berezovsky disse que gostaria de voltar à ciência, ressaltando que havia sido membro da Academia Russa de Ciências. Mas quando Zhegulev sugeriu que eles conversassem detalhadamente sobre o assunto, Berezovsky não pareceu entusiasmado. Zhegulev escreveu: "Parece que ele realmente não acreditava nem no retorno à sua terra natal nem na ciência. Tentando incentivá-lo, prometi que a próxima vez que o encontrasse seria em Moscou, na Academia de Ciências. Ao ouvir isso, Berezovsky deu uma risada sinistra e disse: 'Exatamente'".

No carro, a caminho de casa, Berezovsky falou ao telefone com Gorbunova por cerca de vinte minutos, principalmente sobre sua filha Arina e seus planos de estudo, aos quais Gorbunova se opunha. Berezovsky também conversou com seu filho Gleb, dizendo-lhe que tentaria fazer com que Arina e sua mãe "fizessem as pazes" e afirmando planos de ir almoçar com ele no dia seguinte[822]. Às 21h, ele chegou ao seu destino e foi para o seu quarto. Fez várias outras ligações naquela noite, e uma delas foi para sua filha Ekaterina, para parabenizá-la por seu aniversário de quarenta anos. Outra foi para Sabirova, para discutir detalhes de última hora sobre as férias que estavam por vir. Sabirova achava que Berezovsky parecia bem: "Seu estado interior sempre se refletia em sua voz, e tive a impressão de que ele estava muito melhor. Além disso, suas intenções

---

822. Entrevista da autora com Gleb Berezovsky.

eram muito sólidas – encontrar-se em Israel. Não havia a sensação de que algo seria cancelado ou remarcado"[823].

Berezovsky, então, conversou por telefone com Shuppe, ainda em Kiev, durante mais de uma hora sobre seus planos para Israel e sobre como os sites de denúncias se opõem aos governos. Shuppe relembrou: "Ele estava absolutamente normal. Tivemos uma conversa estimulante. Ele estava com a disposição de alguém prestes a partir para uma viagem a Israel. Eu o tinha visto no fundo do poço, quando realmente temia por ele. Mas agora eu achava que talvez tivéssemos passado pelo pior e que conseguiríamos tirá-lo daquela situação"[824].

Inquérito

Essa foi a última coisa que se ouviu de Berezovsky. Não se sabe nada sobre o que aconteceu antes de sua morte na manhã seguinte. Quando a polícia respondeu ao chamado de Navama naquela tarde, não encontrou nenhuma evidência de luta violenta e nenhum sinal de entrada forçada na casa; os relatórios toxicológicos subsequentes não mostraram nenhuma evidência de envenenamento. O patologista que realizou a autópsia concluiu que os ferimentos de Berezovsky eram "consistentes com enforcamento". No entanto, não havia nenhuma nota de suicídio e, em casos de mortes violentas ou incomuns, são necessários inquéritos para apurar todos os fatos e descartar a possibilidade de crime.

Embora um breve inquérito tenha sido conduzido imediatamente após a morte de Berezovsky, o inquérito formal de dois dias, realizado em Windsor Guildhall, em Berkshire, só foi realizado em março de 2014. O dr. Simon Poole, patologista do Ministério do Interior que realizou a autópsia, reiterou sua conclusão de que Berezovsky havia se enforcado e que não havia nada que indicasse crime, mas seu testemunho foi inesperadamente contestado. A filha de Berezovsky, Elizaveta, que a princípio presumira que a morte de seu pai havia sido suicídio, teve dúvidas e contratou um eminente especialista alemão em asfixia,

---

823. Mishina, "On govoril: 'Mne ochen' plokho'".
824. Franchetti, "Last Days of an Oligarch".

o professor Bernd Brinkmann, para examinar as fotografias do corpo de Berezovsky[825]. Brinkmann testemunhou que "a marca de estrangulamento é completamente diferente da marca do estrangulamento por enforcamento" – ela é circular, em vez da típica marca em forma de V deixada pelo enforcamento. Além disso, Berezovsky tinha petéquias, ou manchas na pele e nos olhos – a chamada síndrome de congestão – que eram consistentes com estrangulamento homicida[826].

De acordo com Brinkmann, Berezovsky poderia ter sido estrangulado por trás, no quarto, o que explicava a ausência de sinais de luta no banheiro e no corpo. Depois, continuou Brinkmann, o cadáver poderia ter sido arrastado para o banheiro, onde foi descoberto por Navama. Essa teoria explicaria uma estranha impressão digital no corrimão do chuveiro, que a polícia não conseguiu identificar, apesar de ter sido verificada em vários bancos de dados, inclusive os da Interpol e do FBI[827].

Navama testemunhou que ligou para o número de emergência da polícia e depois para Michael Cotlick antes de arrombar a porta do banheiro. Isso levantou uma pergunta de Bedford sobre o motivo pelo qual Navama, um guarda-costas profissional, não arrombara a porta imediatamente. Navama respondeu: "Boris se tornou mais do que um chefe para mim, ele se tornou meu amigo, e eu tinha medo do que poderia ver lá dentro". Em seu depoimento à polícia, Navama disse que Berezovsky costumava acordar entre 6h e 7h para tomar seu café da manhã, que Navama preparava. No entanto, nesse dia, Navama dormiu até as 11h30 e não verificou se seu chefe estava bem, antes de sair por

---

825. Brinkmann era bem conhecido na Grã-Bretanha. A sua análise, mostrando que o banqueiro italiano Roberto Calvi fora assassinado em Londres em 1982, fez com que o veredito inicial de suicídio fosse anulado.
826. Mariia Timokhova, "Smert' za zakrytoi dver'iu"; Alexis Flynn, "Berezovsky Death Remains Unexplained", *Wall Street Journal*, 27/mar/2014, https://www.wsj.com/articles/expert-says-berezovsky-likely-strangled-1395 939091; gravação do inquérito Berezovsky, testemunho de Brinkman.
827. Timokhova, "Smert' za zakrytoi dver'iu"; Alex Spence, "'Broken' Boris Berezovsky Talked of Killing Himself after Losing Abramovich Lawsuit", *Times*, 26/mar/2014, https://www.thetimes.co.uk/article/broken-boris-berezovsky-talked-of-killing-himself-after-losing-abramovich-lawsuit-hgzvvd58gc7.

mais de duas horas para realizar algumas tarefas corriqueiras[828]. Isso era intrigante, dado que, como Navama disse no inquérito, ele achava que Berezovsky tinha tendências suicidas: "Ele queria morrer, estava falando sobre isso nos últimos seis meses. Uma vez, quando estava falando sobre querer morrer, segurou uma faca de carne e me perguntou onde deveria cortar. Ele queria que eu lhe mostrasse como se asfixiar. Ele perguntou: 'Como morrer? Qual é a melhor maneira?'"[829].

Observando que Navama, em dado momento, havia sido guarda-costas de um primeiro-ministro israelense, Elizaveta Berezovskaya expressou preocupação em uma entrevista posterior sobre o que ela via como negligência de Navama:

> Por algum motivo, o segurança dormiu toda a manhã naquele dia fatídico, embora Papai sempre acordasse cedo. Depois disso, o segurança conversou ao telefone com sua esposa por muito tempo, depois saiu para tomar café, depois foi à farmácia comprar remédio para resfriado para si mesmo, depois comprou mantimentos. Ele não retornou até as três da tarde, embora todos os outros funcionários estivessem de folga naquele dia. Não está claro por que Avi decidiu, de repente, que estava tudo bem e resolveu ficar ausente por tanto tempo. Isso é um grande mistério[830].

Igualmente preocupante, ela disse mais recentemente, era que Navama não ligou o alarme de segurança ou as câmeras de CFTV antes de sair, embora soubesse que Berezovsky ficaria sozinho em casa por várias horas. Quando questionado sobre o motivo de ter deixado de fazer isso, a resposta de Navama foi: "Boris não me disse para fazer isso"[831].

O filho de Berezovsky, Gleb, compartilhou as dúvidas de sua meia-irmã sobre Navama. Ele lembrou que, pouco antes de morrer, seu pai lhe dissera que não confiava mais em Avi[832]. Berezovsky também

---

828. Navama, depoimento da testemunha, 25/mar/2013.
829. Claire Duffin, "Oligarch Boris Berezovsky's Death: The Unanswered Questions", *Sydney Morning Herald*, 27/mar/2014, https://www.smh.com.au/world/oligarch-boris-berezovskys--death-the-unanswered-questions-20140327-zqng2.html.
830. Entrevista de Berezovskaya com Dmitrii Gordon.
831. Entrevista da autora com Elizaveta Berezovskaya, Londres, 7/out/2022.
832. Entrevista da autora com Gleb Berezovsky.

expressara sentimentos negativos semelhantes sobre Navama para Akhmed Zakaev[833]. Mas outros, inclusive Michael Cotlick e Iulii Dubov, insistiram que Navama era confiável e leal a Berezovsky[834]. Sabirova disse a um jornalista que, depois de saber da morte de seu amante, ela ligou para Navama, de Moscou, e "ele chorou, repetindo constantemente 'me desculpe' e voltando a chorar. Ele não conseguia falar"[835].

Cotlick contou aos responsáveis pela investigação que Berezovsky havia falado sobre suicídio durante meses e pedira conselhos sobre como se matar. Mas Cotlick não levou seu cliente a sério, raciocinando que, devido ao fato de ele falar sobre suicídio para "quase todo mundo", era improvável que realmente o fizesse. E concluiu seu depoimento assim: "Se alguém me dissesse antes que ele acabaria com a própria vida, eu nunca acreditaria. Vendo em retrospectiva, acho que essa é a única explicação"[836].

No inquérito, o psiquiatra de Berezovsky, Saeed Islam, testemunhou que Berezovsky tinha apenas uma depressão moderada e não estava "ativamente suicida", e Besharova, em uma declaração por escrito, disse que no domingo, 24 de março, alguns amigos de Berezovsky estavam planejando uma visita, juntamente com seus filhos. Ela acrescentou que "o suicídio não estava em sua natureza, ele não era esse tipo de pessoa. Ele nunca teria feito isso, especialmente sabendo que as crianças viriam"[837]. Elizaveta Berezovskaya expressou uma opinião semelhante e até sugeriu que Putin tinha matado seu pai. Depois de ela ter dito no inquérito que "várias pessoas" estariam interessadas na morte de seu pai, o legista, Peter Bedford, a pressionou para saber quem ela tinha em mente. Ela

---

833. Entrevista da autora com Akhmed Zakaev, Londres, 8/out/2022.
834. Entrevista da autora com Iulii Dubov; entrevista *FaceTime* da autora com Michael Cotlick, 22/nov/2022.
835. Mishina, "On govoril: 'Mne ochen' plokho'".
836. "Oligarch Berezovsky 'a Broken Man', *Belfast Telegraph*, 26/mar/2014, https://www.belfasttelegraph.co.uk/news/uk/oligarch-berezovsky-a-broken-man-30125952.html. Em sua entrevista com esta autora, Cotlick confirmou sua convicção de que a morte de Berezovsky tinha sido suicídio. Ele afirmou que os membros da família Berezovsky se recusaram a aceitar que Berezovsky se suicidara, porque se sentiam culpados por não terem cuidado dele quando ele estava deprimido. Cotlick cortou todos os laços com a família após a morte de Berezovsky.
837. Timokhova, "Smert'za zakrytoi dver'iu"; gravação do inquérito Berezovsky, testemunho de Saeed Islam.

respondeu: "Acho que todos nós sabemos. Acho que eles não gostaram do que meu pai estava dizendo. Ele estava dizendo que Putin era um perigo para o mundo inteiro, e agora isso pode ser visto"[838]. Como resultado das evidências conflitantes, o legista declarou um veredito aberto: "É impossível dizer, dado o ônus de prova necessária, que uma explicação prevaleça sobre outra"[839].

O Kremlin se manifesta

Na esteira da morte de Berezovsky, o Kremlin pintou um quadro do oligarca como um filho pródigo que buscava o perdão de um sábio Putin antes de tirar a própria vida. Em 23 de março de 2013, o dia em que Berezovsky morreu, o porta-voz de Putin, Dmitry Peskov, anunciou que, dois meses antes, Berezovsky escrevera uma carta ao presidente russo: "Boris Berezovsky enviou uma carta escrita pessoalmente por ele. Ele admitiu que cometeu muitos erros e pediu perdão a Vladimir Putin", disse Peskov; "ele pediu a Putin uma chance de voltar à Rússia". Peskov não mencionou nada sobre a reação de Putin à carta de Berezovsky, acrescentando apenas: "Posso dizer que, em qualquer caso, as informações sobre a morte de alguém – quem quer que seja – não podem trazer emoções positivas"[840].

No mesmo dia, a suposta carta de arrependimento de Berezovsky a Putin foi publicada no *LiveJournal* por um obscuro blogueiro russo chamado Viktor Telegin. Na carta, Berezovsky se mostrava suplicante ao extremo: "Estou pronto para admitir abertamente os meus erros [...]. Muito do que fiz e disse não tem justificativa e merece severa censura. Mas tenho sessenta e oito anos [...]. O isolamento da Rússia está me matando. Peço-lhe, Vladimir Vladimirovich, que me perdoe por essas más ações e

---

838. Ian Cobain, "Boris Berezovsky Inquest Returns Open Verdict on Death", *The Guardian*, 27/mar/2014, https://www.theguardian.com/world/2014/mar/27/boris-berezovsky-inquest-open-verdict-death.
839. Flynn, "Berezovsky Death Remains Unexplained".
840. Ian Cobain et al., "Berezovsky Found Dead at His Berkshire Home", *The Guardian*, 23/mar/2013, https://www.theguardian.com/world/2013/mar/23/boris-berezovsky-found-dead-berkshire-home.

palavras que disse na cegueira da raiva [...]. Vladimir Vladimirovich, eu, como o Judeu Errante, estou cansado de vagar pela terra. Permita-me voltar, sr. Presidente. Peço ao senhor. Eu imploro. Sinceramente seu, Boris Berezovsky"[841].

Dois dias depois, quando questionado sobre a carta publicada, Peskov disse que era semelhante à mensagem que Vladimir Putin tinha recebido, mas não podia afirmar com certeza se a carta era autêntica: "É parecido, mas não tenho certeza, não posso dizer"[842]. Parece ter passado despercebido que, na carta, Berezovsky declarou ter sessenta e oito anos, em vez de sessenta e sete. Um erro improvável.

Peskov, mais tarde, afirmou que a carta na internet era falsa e declarou que a carta real de Berezovsky para Putin nunca seria divulgada. Sergei Ivanov, chefe de gabinete de Putin, fez uma declaração semelhante[843]. Mas muitas pessoas aceitaram a carta publicada como autêntica, de modo que ela serviu aos propósitos do Kremlin. Na verdade, já no início de março, o Kremlin havia vazado a notícia da carta de arrependimento de Berezovsky aos jornalistas do *Vedomosti*, e provavelmente a outros, preparando o terreno para as revelações de Peskov e a avalanche de especulações que se seguiria. Os jornalistas também foram informados por outras fontes de que Abramovich era o emissário[844].

Enquanto isso, a mídia russa deu sua própria interpretação sobre a morte de Berezovsky. O ex-chefe do FSB, Nikolai Kovalev, disse na televisão russa que Berezovsky, como traidor, recebeu o que merecia – uma morte sórdida[845]. Em 31 de março, a NTV da Rússia transmitiu um documentário intitulado "Veja o Big Ben e Morra", no qual se afirmava que o MI6 havia assassinado tanto Litvinenko quanto Berezovsky. Segundo essa teoria, ao

---

841. Viktor Telegin, *LiveJournal*, 24/mar/2013, https://dr-ionych.live-journal.com/23130.html.
842. *Wikinews*, https://ru.wikinews.org/wiki/Виктор_Телегин_(dr-ionych):_Письмо_Бориса_Березовского_к_Владимиру_Путину.
843. Bezformata, St. Petersburg, 3/abr/2013, https://sanktpeterburg.bezformata.com/listnews/pismo-berezovskogo-putinu-opublikovannoe/10638681/.
844. Irina Reznik e Timofei Dziadko, "Pis'mo Berezovskogo Putinu peredal Abramovich", *Vedomosti*, 3/abr/2013, https://www.vedomosti.ru/politics/articles/2013/04/03/pismo_berezovskogo_putinu_peredal_abramovich.
845. Harding, "Berezovsky and the Dangers of Being a Russian Exile".

saber que Berezovsky se desiludira com o Ocidente e planejava retornar à Rússia, os serviços de inteligência britânicos decidiram eliminá-lo, para que não pudesse revelar seus segredos[846].

No final de abril de 2013, o próprio Putin falou sobre a carta de Berezovsky, em resposta a uma pergunta durante seu programa anual de perguntas e respostas transmitido nacionalmente, o *Linha Direta*: "Recebi a primeira carta dele no início deste ano, em fevereiro, acho, e a segunda carta chegou recentemente, após a sua morte. O texto era o mesmo". Putin observou que a primeira carta, entregue por um dos ex-parceiros comerciais russos de Berezovsky, era manuscrita, enquanto a segunda, trazida por um empresário estrangeiro, estava digitada, com um cabeçalho manuscrito. Questionado sobre o conteúdo, Putin pareceu endossar a versão da internet: "Na verdade, alguns detalhes já apareceram na mídia. Ele escreveu que cometeu muitos erros e causou grandes danos e pediu perdão e a oportunidade de voltar à sua pátria"[847].

O Kremlin, aparentemente com a carta original de Berezovsky em mãos, parece ter esperado pela oportunidade certa – a morte de Berezovsky – para revelar sua existência e retratá-la como uma rendição incondicional, independentemente do que a carta de fato dizia. Conforme escreveu o cientista político Vladimir Pastukhov:

> Seu conteúdo destrói Berezovsky como figura histórica. Isso é mais do que morte, é o apagamento da sua memória histórica, transformando-a em poeira cósmica [...]. Tudo se encaixa se a ideia de uma·carta (ou uma carta real) foi mantida em antecipação à possibilidade de morte, preparada antecipadamente como uma espécie de cenário, como um plano de ação pré-aprovado e acordado no caso de surgir uma situação "imprevista"[848].

As ameaças russas à vida de Berezovsky continuaram, significativamente, após a prisão de um assassino de aluguel em Londres, em 2007. Em junho de 2010, Lugovoi, o acusado de matar Litvinenko, membro

---

846. Pomerantsev, "Berezovsky's Last Days".
847. Linha direta com Vladimir Putin, 25/abr/2013, http://en.kremlin.ru/events/president/news/17976.
848. Vladimir Pastukhov, "Pis'mo nedrugu", *Polit.ru*, 25/mar/2013, https://polit.ru/article/2013/03/25/letter/.

do parlamento que mais tarde receberia uma honraria do Estado de Putin, enviou a Berezovsky uma camiseta preta com as palavras "a morte radioativa está batendo à sua porta" impressas nas costas[849]. Michael Cotlick, que estava presente quando Berezovsky recebeu a camiseta, disse no inquérito que, após a derrota de Berezovsky no tribunal para Abramovich, ele não representava mais perigo para o Kremlin, sugerindo assim que o Kremlin não tinha motivo para matá-lo[850]. Mas o senso de ameaça de Putin não necessariamente correspondia à realidade, e sua necessidade de vingança nem sempre diminuía quando um inimigo era derrotado. Conforme declarou Dubov: "Putin não perdoaria Berezovsky em nenhuma circunstância. Não se trata de revelações, não se trata do partido Liberal da Rússia, não se trata das suas atividades aqui. O ponto é que Berezovsky tornou Putin presidente. Isso é imperdoável"[851].

Amarrando as pontas soltas

Durante o programa de perguntas e respostas de abril, Putin também foi questionado sobre os atentados na Maratona de Boston, perpetrados por dois imigrantes chechenos doze dias antes, deixando 3 mortos e 260 feridos. Mais tarde, seria revelado que Tamerlan Tsarnaev (1986-2013), o autor dos atentados, juntamente com seu irmão mais novo, Dzhokhar, tinha viajado para a Rússia em janeiro de 2012, sob o olhar atento do FSB, e passado várias semanas no norte do Cáucaso com jihadistas islâmicos. As autoridades russas nunca notificaram seus homólogos americanos sobre a visita de Tamerlan, quando ocorreu grande parte de sua radicalização. De acordo com um oficial antiterrorista dos Estados Unidos, se soubessem da viagem à Rússia, "isso teria mudado tudo"[852].

Os atentados em Boston ofereceram a Putin uma oportunidade para transmitir uma mensagem importante: que a Rússia e os Estados

---

849. Knight, *Orders to Kill*, p. 213.
850. Jane Croft, "Open Verdict Fails to Dispel Mystery over Death of Berezovsky", *Financial Times*, 27/mar/2014, https://www.ft.com/content/061639fe-b5de-11e3-b40e-00144feabdc0.
851. Bykov, "Iulii Dubov: Borisa Berezovskogo ubivali trinadtsat' let".
852. Knight, *Orders to Kill*, p. 245.

Unidos eram vítimas do terrorismo internacional e deveriam se unir na luta contra esse mal:

> Sempre me senti indignado quando nossos parceiros ocidentais [...] se referiam aos terroristas que cometeram crimes brutais, sangrentos e terríveis no território de nosso país como "insurgentes". Sempre dissemos que os governos ocidentais não deveriam fazer declarações vazias de que o terrorismo é uma ameaça comum, mas, sim, fazer esforços reais e cooperar mais de perto conosco. Agora, esses dois criminosos forneceram a melhor prova possível de que estávamos certos[853].

Washington entendeu a mensagem. Em junho de 2013, Nikolai Patrushev, desde 2008 secretário do Conselho de Segurança Nacional, foi convidado para a Casa Branca, onde se encontrou com Obama para discutir a união de esforços contra o terrorismo global.

A estatura de Putin como líder global foi fortalecida pelos Jogos Olímpicos de fevereiro de 2014 em Sochi. Mas a anexação da Crimeia pela Rússia e o incitamento à insurgência no leste da Ucrânia no mês seguinte resultaram em sérios prejuízos à sua imagem no exterior. A Rússia foi expulsa do G8 e sujeita a sanções econômicas do Ocidente. As relações entre Washington e Moscou permaneceram em baixa desde o fim da Guerra Fria até a eleição de Donald Trump em 2016, que ansiava pela amizade de Putin. Trump não apenas tentou suspender as sanções econômicas dos Estados Unidos contra a Rússia; ele procurou enfraquecer a Otan. Não obstante sua relação amigável com o novo presidente dos Estados Unidos, Putin continuava temendo que a Otan minasse seu regime, e que a oposição política interna, incitada por democratas como Aleksei Navalny, se fortalecesse. Essas supostas ameaças podem ter dado a Putin o ímpeto para acertar velhas contas pouco antes da eleição presidencial russa em 18 de março de 2018.

Sergei Skripal, que vivia na cidade britânica de Salisbury, era um ex-coronel da agência de inteligência militar russa (GRU). Em 1995, quando estava em Madri, Skripal foi recrutado pelo MI6. Posteriormente, ele repassou para a inteligência britânica os nomes de centenas de agentes que trabalhavam disfarçados para a GRU, juntamente com detalhes

---

853. Linha direta com Vladimir Putin, 25/abr/2013.

valiosos das operações da GRU no exterior. O papel de Skripal como informante foi finalmente descoberto. Ele foi preso pelo FSB em 2004 e, dois anos depois, condenado por traição, com uma sentença de treze anos de trabalhos forçados. Em 2010, Skripal foi libertado da prisão como parte de uma "troca de espiões" com os Estados Unidos e se estabeleceu na Grã-Bretanha. Na época da troca, Putin emitiu uma ameaça não tão velada: "Essas pessoas traíram seus amigos, seus irmãos de armas. O que quer que tenham recebido em troca, eles vão se engasgar com essas trinta moedas de prata que receberam"[854].

Na tarde de 4 de março, Skripal e sua filha Iulia, vinda de Moscou para visitá-lo, foram encontrados inconscientes em um banco de um parque de Salisbury após almoçarem em um restaurante italiano local. Eles haviam sido envenenados com Novichok, um agente nervoso letal desenvolvido na Rússia. Mas o envenenamento foi realizado de forma descuidada. Não apenas Skripal e sua filha sobreviveram (após meses no hospital); os supostos assassinos, dois agentes da GRU, foram flagrados por câmeras de segurança caminhando perto da casa de Skripal antes do envenenamento, e traços de Novichok foram encontrados em seu quarto de hotel em Londres. Os britânicos foram rápidos em condenar o Kremlin pelo envenenamento de Skripal e sua filha e, em questão de dias, expulsaram vinte e três diplomatas russos.

Por que o Kremlin esperaria oito anos antes de assassinar Skripal? A essa altura, ele já havia revelado todos os seus segredos para a inteligência britânica. Talvez, como com Berezovsky, tenha havido tentativas anteriores que não foram bem-sucedidas, ou talvez Moscou tenha tido uma súbita necessidade de dissuadir outras deserções usando Skripal como exemplo. Dado que o envenenamento ocorreu apenas duas semanas antes da eleição de Putin, também pode ser que ele quisesse enviar um sinal de força aos seus apoiadores russos e ao Ocidente: o Kremlin iria atrás de seus inimigos, quaisquer que fossem as consequências.

---

854. Alexandra Ma, "'Traitors Will Kick the Bucket' – Watch Vladimir Putin's Chilling Warning to Spies Who Betray Russia", *Business Insider*, 7/mar/2018, https://www.businessinsider.com/putin-threatened-russian-traitors-the-year-sergei-skripal-went-to-uk-2018-3.

Seguindo a lógica dessa mensagem, o acusado de matar Litvinenko, Andrei Lugovoi, deu uma entrevista na *Ekho Moskvy* sobre os envenenamentos de Skripal. Embora tenha negado que a Rússia fosse responsável, ele, ainda assim, deu um recado: "Algo acontece com frequência a cidadãos russos que fogem da justiça russa ou que, por algum motivo, escolhem para si uma forma de vida que chamam de 'mudar a sua pátria'. Então, quanto mais a Grã-Bretanha aceitar em seu território todos os imprestáveis, toda escória de todo o mundo, mais problemas terá"[855].

Em 12 de março de 2018, seis dias após a entrevista de Lugovoi, o corpo sem vida de Nikolai Glushkov foi descoberto pela sua filha, Natalia, em sua casa em New Malden. Ele deveria comparecer ao Tribunal Comercial de Londres para uma audiência no caso da Aeroflot naquele mesmo dia. A polícia lançou uma investigação de assassinato, entrevistando mais de 1.800 testemunhas e analisando 2.200 horas de imagens de CCTV, juntamente com milhares de amostras forenses e provas físicas. Após um inquérito em abril de 2021, o legista determinou que Glushkov fora estrangulado por um terceiro que tentou fazer com que a morte parecesse um suicídio. O agressor enrolou a coleira do cachorro de Glushkov em seu pescoço e colocou uma pequena escada de dois degraus ao lado de seu corpo para simular um enforcamento. Mas a escada estava em pé, enquanto em um enforcamento autoinduzido ela teria caído. Tal como o perito forense Brinkman supôs no caso Berezovsky, Glushkov foi aparentemente surpreendido por trás e rapidamente dominado. Como descreveu Natalia Glushkova, "foi uma configuração desprezível de um assassinato"[856].

Além das imagens de uma van preta vista passando perto da casa de Glushkov na noite do assassinato, que nunca foi identificada, a polícia não encontrou pistas para determinar quem foi o assassino. Mas o envolvimento de Moscou parecia provável. Na verdade, após a morte de Berezovsky, Glushkov previu que ele seria o próximo alvo do Kremlin,

---

855. Amy Knight, *Putin's Killers: The Kremlin and the Art of Political Assassination* (London: Biteback Publishing, 2019), p. 320. Esse livro, publicado no Reino Unido, é uma edição atualizada em brochura do *Orders to Kill*.

856. Luke Harding, "Murder of Kremlin Critic in London 'Was Made to Look Like Suicide'", *The Guardian*, 9/abr/2021, https://www.theguardian.com/uk-news/2021/apr/09/murder-kremlin-critic-london-made-look-like-suicide-nikolai-glushkov.

dizendo ao *The Guardian* que a lista de alvos russos na Grã-Bretanha estava diminuindo e "não vejo mais ninguém nela além de mim"[857]. Como se constatou, Glushkov também parece ter sido vítima de um envenenamento pouco depois da morte de Berezovsky. Em novembro de 2013, ele estava hospedado em um hotel em Bristol quando dois russos, que ele havia conhecido anteriormente, aproximaram-se dele com uma garrafa de champanhe. Glushkov aceitou o convite de sentar-se com eles e tomar uma taça. Na manhã seguinte, ele estava tão doente que teve de ser levado de ambulância para o hospital[858].

Glushkov recebeu alguma justiça postumamente de um tribunal britânico. A Aeroflot desistiu subitamente do processo contra ele e o grupo Forus, e, em uma audiência em junho de 2018, o tribunal ordenou que as companhias aéreas pagassem 3,9 milhões de dólares em custas indenizatórias ao espólio de Glushkov e aos outros réus. O juiz criticou a Aeroflot pela maneira "agressiva e insensível" com que tratou os entes queridos enlutados de Glushkov após a sua morte e observou:

> Os réus do [grupo] Forus não hesitam em afirmar que nem a Aeroflot nem seus representantes legais jamais acreditaram realmente na veracidade das alegações de fraude que estavam fazendo. "O jogo da Aeroflot, ou o jogo do Estado russo agindo por meio da Aeroflot, era, essencialmente, usar processos civis como instrumento de opressão política"[859].

Fabricando uma lenda

Por mais que Putin gostasse de transmitir a mensagem de que os traidores seriam punidos, retratar a morte de Berezovsky como um suicídio tinha vantagens. Berezovsky aparecia como um inimigo caído, desesperado por perceber quão errado estava ao se voltar contra Putin. Também serviram aos propósitos de Putin os ataques póstumos ao caráter

---

857. Harding, "Boris Berezovsky and the Dangers of Being a Russian Exile".
858. Luke Harding, "Murdered Russian Exile Survived Earlier Poison Attempt, Police Believe", *The Guardian*, 7/set/2018, https://www.theguardian.com/uk-news/2018/sep/07/murdered-russian-exile-nikolai-glushkov-poisoning-attempt-bristol.
859. Rose, "Approved Judgment, Aeroflot *v.* Leeds & Anor & Ors".

de Berezovsky e seu legado como empresário bem-sucedido que havia sido um mediador de poder nos anos de Yeltsin. Em abril de 2013, a RT produziu um documentário sobre a vida de Berezovsky, comparando-o a Rasputin[860]. E Petr Aven começou a entrevistar amigos, associados e duas das esposas de Berezovsky, para um livro que retrataria Berezovsky da pior maneira possível[861].

O livro de Aven, *O Tempo de Berezovsky* (*Vremia Berezovskogo*), composto por trechos de trinta entrevistas gravadas de duas horas, foi publicado na Rússia em 2017. Por si só, as entrevistas são valiosas, porque são relatos em primeira mão de pessoas que conheciam bem Berezovsky. Mas Aven encorajou aqueles que entrevistou a focarem nas falhas profundas de Berezovsky[862]. No longo prefácio do livro, o próprio Aven prepara o terreno: "Boris tinha uma indiferença patológica ao sofrimento dos outros [...]. À medida que seu status social crescia, ficava mais fácil para Boris não demonstrar a mínima simpatia, e sua indiferença ofendia e repugnava a muitos". De acordo com Aven, Berezovsky não pagava suas dívidas: "Boris ainda deve muito dinheiro a muitas pessoas [...]. Para mim, essa atitude casual em relação a dívidas é inaceitável". Mais adiante, Aven diz aos leitores: "Boris era um péssimo matemático [...]. Ele mesmo nunca escreveu um único artigo acadêmico; eles foram escritos pelos jovens que trabalhavam para ele"[863].

Em uma entrevista com Vladimir Borzenko, que colaborou com Berezovsky como acadêmico, Aven pergunta: "Se não me engano, a tese de doutorado dele passou por apenas um voto [...]. Qual foi o problema? A tese não era muito boa, ou alguém mais a escreveu?". E Borzenko responde que nenhum dos casos era verdadeiro, que, simplesmente, havia muita competição e intrigas acontecendo. Em uma conversa com o magnata

---

860. Life and Death of Once Most Powerful Russian Boris Berezovsky, https://documentary.net/video/life-death-of-once-most-powerful-russian-boris-berezovsky/.
861. Segundo Iulii Dubov, Aven tinha um motivo pessoal para escrever o livro: "Ele tinha ciúmes de Boris, porque este sempre esteve no centro das atenções, ofuscando-o com sua presença descomunal, enorme energia e personalidade magnética. Essa foi uma oportunidade para Aven vingar-se dele" (entrevista da autora com Dubov).
862. Veja minha resenha do livro: "Friends and Enemies", *Times Literary Supplement*, 23/mar/2018, https://www.the-tls.co.uk/articles/friends-enemies-boris-berezovsky/.
863. Aven, *Vremia Berezovskogo*, p. 19-23.

da mídia Vladimir Voronov, Aven observa: "Havia um mito de que Boris era um grande matemático; foi fácil dissipar esse mito, porque eu sabia que não era verdade"[864].

Aven discute as habilidades empresariais de Berezovsky com Chubais, que diz: "Petya, você sabe melhor do que eu que Boris Abramovich Berezovsky, certamente, não era um grande empresário no verdadeiro sentido da palavra". "Absolutamente, não", concorda Aven. Chubais então elabora: "Houve empresários que criaram empresas gigantes a partir do zero. O que Boris Abramovich criou? Que novo empreendimento ele criou?". "Nada, absolutamente nada", responde Aven[865].

Aven comenta com o bilionário Leonid Boguslavskii, que havia sido colega de classe de Berezovsky e depois trabalhado na LogoVAZ: "Boris, certamente, não acreditava na democracia. Ele valorizava sua liberdade, mas não os direitos dos outros". E Boguslavskii, que em algum momento havia se desentendido com Berezovsky, concorda[866]. Mas Demian Kudriavtsev, ex-diretor-geral do *Kommersant*, recusa-se a colaborar. Quando Aven afirma que "Boris era uma pessoa extremamente autoritária, desprezava as opiniões dos outros e, na minha opinião, não era de todo um democrata", Kudriavtsev retruca: "Isso não é verdade, absolutamente. Esta é a razão pela qual eu não quis participar do seu projeto: você não apenas não entende Berezovsky, você nem mesmo quer entendê-lo!"[867].

Claramente determinado a confirmar a versão preferida pelo Kremlin sobre a morte de Berezovsky – que ele se suicidou –, Aven se concentra na depressão de Berezovsky. Depois que Alex Goldfarb diz a Aven que tinha conversado com Berezovsky por telefone várias vezes antes de sua morte, Aven pergunta: "Você teve a sensação de que ele estava deprimido?". Aven também pergunta ao ex-editor do *Kommersant*, Andrei Vasiliev: "Boris estava com o humor alterado? Falei com diferentes pessoas, e muitas disseram que ele estava deprimido". Quando Aven pergunta a Dubov se ele deu a impressão de estar doente, Dubov se esquiva: "Bem,

---

864. Aven, *Vremia Berezovskogo*, p. 57, p. 91.
865. Aven, *Vremia Berezovskogo*, p. 121.
866. Aven, *Vremia Berezovskogo*, p. 91.
867. Aven, *Vremia Berezovskogo*, p. 254.

eu não sou médico". Aven então o pressiona: "Você não percebeu a depressão dele?". Mas Dubov apenas responde: "Veja, eu realmente não consigo reconhecer a depressão"[868].

O editor da *Ekho Moskvy*, Aleksei Venediktov, expressou indignação com *O Tempo de Berezovsky* durante uma discussão do livro no Centro Yeltsin, em Moscou. Em suas entrevistas, Venediktov afirmou que Voloshin, Chubais e Iumashev "obscureceram deliberadamente o papel político de Boris Berezovsky" porque "tinham vergonha de admitir que alguém como ele, que depois se tornou um 'traidor', tenha sido fundamental em eventos como a reeleição de Boris Yeltsin, em 1996". Classificando o livro como "cheio de desprezo" com relação a Berezovsky, Venediktov disse que a obra visava retratá-lo como um "pequeno demônio". Mas, continuou, "o ponto principal não é que ele seja um demônio, é que ele é pequeno. E ele perde o tempo todo". Venediktov concluiu: "Se Boris estivesse vivo, este livro não teria sido publicado"[869].

Após a publicação do livro de Aven, uma série da web, "Berezovsky – Quem é ele?", baseada nas entrevistas em vídeo de Aven, apareceu online. A série de dez episódios, produzida pelo jornalista russo Andrei Loshak, incluía segmentos mais longos das entrevistas e apresentava Berezovsky de forma mais equilibrada do que o livro de Aven. Conforme observou Loshak sobre seu filme: "Ao contrário dos outros, Berezovsky declarou guerra às tendências autoritárias – e se viu completamente sozinho. Nem um único antigo camarada do mundo dos poderosos o apoiou"[870]. Mas a série teve um público muito menor do que teria se fosse exibida na televisão, onde continuava prevalecendo a imagem de Berezovsky como um vilão derrotado.

A morte de Berezovsky permitiu que seus inimigos reescrevessem a sua história, dando assim a Putin uma vitória final contra o oligarca que o ajudara a se tornar o líder do Kremlin mais poderoso e duradouro desde

---

868. Aven, *Vremia Berezovskogo*, p. 359, p. 387, p. 421.
869. "Iz nepravdy kazhdogo mozhno slozhil pravdivuiu kartinu". *Kommersant*, 3/fev/2018, https://www.kommersant.ru/doc/3539844.
870. O comentário de Lozhak e o trailer da série, "Berezovskii – eto kto", apareceram no site de mídia russo *Meduza*, 22/fev/2018., https://meduza.io/feature/2018/02/22/berezovskiy-eto-kto-veb-serial-andreya-loshaka.

Joseph Stalin. Mas Putin agora vive com o conhecimento de que o seu próprio legado será o de um líder implacável e autoritário que lançou uma invasão militar não provocada à Ucrânia e colocou seu país no caminho do isolamento e declínio econômico. As urgentes advertências de Berezovsky feitas no exílio sobre os perigos da liderança de Putin, ignoradas por tanto tempo, agora serão reconhecidas por sua presciência.

Os defeitos de Berezovsky eram muitos. Sua ambição tinha prioridade sobre preocupações com o desenvolvimento democrático da Rússia, e sua arrogância cegou-o para os perigos da ascensão de Putin ao poder, até que fosse demasiado tarde. Mas ele estava longe de estar sozinho em não reconhecer Putin como este realmente era. Foi Yeltsin quem deixou seu país nas mãos de um chekista de carreira, cujo desrespeito implacável pelos direitos humanos tornou-se evidente com a invasão da Chechênia – e o povo russo prontamente o acompanhou. Por ocasião da posse de Putin em seu segundo mandato como presidente em 2004, Anna Politkovskaya escreveu:

> Amanhã, um espião da KGB, que nem mesmo nessa capacidade chegou a impressionar muito, vai desfilar pelo Kremlin, assim como fez Lenin [...]. Somos nós os responsáveis pelas políticas de Putin; nós, em primeiro lugar, não Putin [...]. A sociedade mostrou uma apatia ilimitada, e foi isso que deu a Putin a indulgência de que ele necessita[871].

Duas décadas depois, com a maioria dos opositores democráticos tendo sido forçados a deixar a Rússia ou enfrentar a prisão, essa apatia social prevalece.

---

871. Anna Politkovskaya, *Putin's Russia*, trans. Arch Tait (London: Harvill Press, 2004), 270-73.

AGRADECIMENTOS

Tenho uma grande dívida de gratidão para com meu amigo Alex Goldfarb, um assessor próximo e associado de Berezovsky por vários anos. Não apenas me baseei nos escritos perspicazes de Alex sobre Berezovsky, que são citados ao longo do livro, mas também me beneficiei de longas conversas com ele, que me inspiraram e informaram. Além disso, agradeço a outras pessoas do círculo pessoal e familiar de Berezovsky, que, generosamente, me concederam tempo para entrevistas: Elizaveta Berezovskaya, Gleb Berezovsky, Michael Cotlick, Iulii Dubov, Elena Gorbunova, Marina Litvinenko e Akhmed Zakaev. Elizaveta também me forneceu gentilmente importantes materiais de pesquisa, assim como Gleb Berezovsky. Além disso, Peter Morgan, criador da peça londrina *Patriots*, sobre Putin e seus oligarcas, teve a gentileza de compartilhar seu tempo comigo para falar sobre Putin e Berezovsky.

Eu não poderia ter escrito este livro sem a ajuda inestimável do meu agente literário, Philip Turner, que me incentivou a escrever a proposta e conseguiu encontrar um lugar para o livro na Cornell University/NIU Press. Philip também leu o manuscrito em sua totalidade e fez muitas sugestões úteis. Minha editora, Amy Farranto, me ajudou muito a aprimorar o texto e foi um prazer trabalhar com ela, sempre paciente e receptiva. Jessica Landy foi essencial na localização de fotografias e na obtenção de permissões de uso, assim como o foi em um livro anterior. Também sou grata à minha produtora editorial, Karen M. Laun, e à minha revisora de texto, Carolyn Pouncy, por seu papel indispensável na transformação do meu manuscrito em livro.

Agradecimentos especiais também são devidos ao meu amigo do *The Guardian*, Luke Harding, que gentilmente compartilhou suas percepções e informações comigo, e a Peter Reddaway, um mentor para mim quando era estudante na London School of Economics. Por fim, sou grata pelo incentivo de minha filha, a escritora/produtora Molly Knight Raskin. A energia e o entusiasmo de Molly por meus textos, nosso interesse comum pela Rússia e sua disposição em ouvir quando tive problemas fizeram de mim uma autora e uma pessoa melhor.

Acompanhe a LVM Editora nas Redes Sociais

 https://www.facebook.com/LVMeditora/

 https://www.instagram.com/lvmeditora/

Esta edição foi preparada pela LVM Editora com tipografia
Baskerville e Morganite, em julho de 2024.